특수교육의 심리학적 기초

김삼섭 김기룡 공저

신정

머리말

젊은 교수 시절에는 종종 경찰서나 검찰청의 전화를 받곤 했다. 학교 앞 문방구에서 물건을 훔치다 잡혀온 지적장애아동, 동네 지인으로부터 성적 학대를 당해온 지적장애 여성, 같은 반 아이 머리를 벽돌로 내리친 초등학교 자폐성장애 학생 등 많고도 다양했다. 대개 자신의 행위가 잘못이고 또 죄라는 것을 깨닫지 못한 채 저지른 무도덕적 행위인 경우가 많았다. 그때마다 특수교육대상자들의 특성, 특히 심리적 특성을 설명하며 무턱대고 선처를 바라곤 했는데, 특수교육대상자의 심리적 특성만으로는 부족함을 느꼈다. 특수교육 관련법과 정책, 그리고 인권에 관한 지식과 정보가 필요함을 절실하게 느끼곤 했다.

21세기에 접어들어 인권은 하나의 시대정신으로 간주되었다. 특수교육도 그 변화에 민감하게 반응하기 시작했다. 특수교육에서 인권의 문제는 다학문적 접근을 필요로 하였고, 그리하여 융합학문이자 응용학문으로서의 성격이 더욱 짙어졌다. 특히 장애학생 통합교육이 보편화된 이후부터는 학교 안 교육뿐 아니라 학교 밖 삶의 문제까지 특수교육의 범주가 넓어졌다. 그리하여 특수교육이 세상의 흐름에 적응하기 위해서는 특수교육 관련법과 정책, 그리고 차별과 인권에 대한 재인식이 필요함을 절실히 느꼈다.

이 책이 세상에 나온 것이 1992년이니 강산이 세 번도 더 변한 셈이지만, 그동안 세월의 흐름을 따라가지 못했다. 최근 들어 장애인과 일반인 간의 소통이 제대로 이루어지지 않은 탓에 소수집단에 속한 장애인들은 편견에 사로잡히게 된다는 사실에 주목하였다. 편견은 차별로 이어지고, 차별은 곧 인권의 핵심 과제이며, 이를 위해서는 사회심리학적 접근이 필요하다는 사실도 뒤늦게 깨달았다. 그런데 그와 같은 과제를 해결하기에는 역량이 미치지 못했다. 학문간 융합이 절실했다.

이번 개정판은 '학교 안팎을 아우르는 특수교육의 심리학적 기초'를 나름의 슬로건으로 정했다. 이를 위해 기꺼이 공동 저자로 참여해 준 김기룡 교수에게 감사를 드린다. 김기룡 교수는 특수교육의 길 안내자 역할을 하는 특수교육법과 정책은 물론 장애인 인권에 관한 한 특수교육계에서 내로라하는 전문가임은 잘 알려진 사실이다. 특히 장애인 인권옹호를 주제로 한 그의 박사학위 논문은 특수교육의 사회심리학적 접근의 기틀을 마련하여 시대 흐름에 맞는 특수교육의 새로운 길을 개척하는 데 공헌하였다.

이 개정판은 1부 특수교육: 개념 · 법 · 정책, 2부 심리학적 접근: 정신분석 · 행동 · 인지, 3부 발달심리학적 접근: 장애아동의 심리적 특성, 4부 사회심리학적 접근: 장애 차별과 인권으로 나뉜다. 그 중 2장 특수교육 법령 및 정책, 12장 장애 차별, 13장 장애아동 인권은 김기룡 교수가 집필하였다.

이 책이 특수교육대상자는 물론 그의 가족과 교사, 예비 특수교사, 관련 서비스를 비롯하여 장애인의 삶을 위해 뛰고 계시는 모든 분들에게 특수교육의 새로운 지평을 소개하는 역할을 할 수 있기를 소망한다.

2024년 12월

공동 저자

차례

PART 03
발달심리학적 접근: 장애아동의 심리적 특성

PART 01

특수교육: 개념 · 법 · 정책

학습목표

특수교육은 다학문적 접근을 필요로 하는 융합 학문이요 응용 학문이다. 특수교육과 관련이 없는 학문 분야는 찾아보기 어렵다. 특히 특수교육 관련법과 정책은 특수교육의 안내자 역할을 한다.

특수교육이란 무엇이고 그 대상은 누구인가, 그리고 특수교육 관련 법령과 정책을 중심으로 특수교육의 최근 동향을 살펴봄으로써 그 과제와 개선 방안을 가늠하는 안목을 기르고자 한다.

특수교육 개요

CHAPTER 01

1. 역사

1) 특수교육 발전 단계

우리나라 특수교육사는 태동기, 정초기, 발전기, 도약기, 성숙기로 나눌 수 있다. 첫째, 개화기부터 미군정시대까지는 특수교육 **태동기**(1870~1948년)로서, 다시 국가의 공권력을 중심으로, 개화기(1870~1910년), 일제강점기(1911~1945년), 미군정기(1946~1948년)로 구분한다. 둘째, 교육법에 특수학교와 특수학급을 규정하고, 특수교육대상자의 교육을 제도화한 시기로 특수교육정책 **정초기**(1949~1976년)이다. 셋째, 1977년 12월 31일 교육법보다 우선하여 적용할 수 있는 「특수교육진흥법」을 특별법으로 제정함으로써 특수교육정책이 이전의 특별법의 제정 취지에 맞추어 발전적으로 이루어진 시기로 특수교육정책 **발전기**(1977~1993년)이다. 넷째, 「특수교육진흥법」을 현실에 맞게 개정하고 정책을 추진하여 특수교육이 한 단계 도약한 시기로 특수교육정책 **도약기**(1994~2007년)이다. 다섯째, 「특수교육진흥법」이 폐기되고 「장애인 등에 대한 특수교육법」이 제정되어 특수교육의 질적 수준이 제고되는 시기로 특수교육정책 **성숙기**(2008~현재)이다(이석진, 2005).

2) 장애인 등에 대한 특수교육법

1977년 12월 31일, 특수교육에 관한 최초의 공법으로서 교육법보다 우선하여 적용할 수 있는 「특수교육진흥법」을 특별법으로 제정하였다. 그 후 여러 차례 개정 절차를 거친 후 2007년에는 「특수교육진흥법」이 폐기되고 「장애인 등에 대한 특수교육법」(이하 특수교육법)이 일반법으로 제정되어 특수교육의 획기적 발전 계기를 마련하였다.

「특수교육법」은 「교육기본법」 제18조에 따라 국가 및 지방자치단체가 장애인 및 특별한 교육적 요구가 있는 사람에게 통합된 교육환경을 제공하고, 생애주기에 따라 장애 유형과 정도의 특성을 고려한 교육을 실시하여 이들의 자아실현과 사회통합을 실현하고자 하였다. 그리하여 국가 및 지방자치단체가 장애인 등 특수교육대상자에게 고등학교까지 의무교육을 실시하고 영유아 때부터 장애의 유형과 정도를 고려한 특수교육 및 특수교육 관련 서비스를 제공하는 등을 주요 내용으로 하는 「특수교육법」이 제정(법률 제8483호 2007. 5. 25. 공포, 2008. 5. 26. 시행)됨에 따라 법률에서 위임한 사항과 그 시행에 필요한 사항을 동법 시행령에서 규정하게 되었다.

2. 정의

특수교육[1]의 정의는 「특수교육법」(2023. 4. 19. 시행, 법률 제18992호 2022. 10. 18. 일부 개정) 제2조에서 규정하고 있다.

> 특수교육이란 특수교육대상자의 교육적 요구를 충족시키기 위하여 특성에 적합한 교육과정 및 제2호에 따른 특수교육 관련 서비스 제공을 통하여 이루어지는 교육을 말한다.

이 정의에 따르면 특수교육의 주요 구성요소는 교육과정과 특수교육 관련 서비스이다.

특수교육대상자는 특수교육이 필요한 사람으로 선정된 자를 말하며, 동법 15조는 ① 시각장애, ② 청각장애, ③ 지적장애, ④ 지체장애, ⑤ 정서 · 행동장애, ⑥ 자폐성장애(이와 관련된 장애를 포함한다), ⑦ 의사소통장애, ⑧ 학습장애, ⑨ 건강장애, ⑩ 발달지체, ⑪ 그 밖에 대통령령으로 정하는 장애 중 특수교육을 필요로 하는 사람으로 진단 · 평가된 사람으로 규정하고 있다(개정 2021. 12. 28).

특수교육 관련 서비스는 특수교육대상자의 교육을 효율적으로 실시하기 위하여 필요한 인적 · 물적 자원을 제공하는 서비스로서, 상담 지원 · 가족 지원 · 치료 지원 · 지원인력 배치 · 보조공학기기 지원 · 학습보조기기 지원 · 통학 지원 및 정보접근 지원 등을 말한다.

1) 우리말 '특수'에 해당하는 영어는 special과 exceptional이다. special education은 심신장애로 인하여 일반에서 일탈된 사람을 대상으로 하는 특수교육(特殊敎育)이고, exceptional education은 심신장애인뿐만 아니라 우수아 혹은 천재아도 포함하는 특수교육(特秀敎育)을 의미한다. 미국은 주에 따라 special education을 하는 주도 있고 exceptional education을 하는 주도 있지만, 우리나라 특수교육은 영어의 special education(특수[特殊]교육)에 해당한다.

「장애인 등에 대한 특수교육법」 제2조(정의) [시행일: 2025.2.28.]

1. "특수교육"이란 특수교육대상자의 교육적 요구를 충족시키기 위하여 특성에 적합한 교육과정 및 제2호에 따른 특수교육 관련 서비스 제공을 통하여 이루어지는 교육을 말한다.
2. "특수교육 관련 서비스"란 특수교육대상자의 교육을 효율적으로 실시하기 위하여 필요한 인적 · 물적 자원을 제공하는 서비스로서, 상담 지원 · 가족 지원 · 치료 지원 · 지원인력 배치 · 보조공학기기 지원 · 학습보조기기 지원 · 통학 지원 및 정보접근 지원 등을 말한다.
3. "특수교육대상자"란 제15조에 따라 특수교육이 필요한 사람으로 선정된 사람을 말한다.
4. "특수교육교원"이란 「초 · 중등교육법」 제2조제4호에 따른 특수학교 교원자격증을 가진 사람으로서 특수교육대상자의 교육을 담당하는 교원을 말한다.
5. "보호자"란 친권자 · 후견인, 그 밖의 사람으로서 특수교육대상자를 사실상 보호하는 사람을 말한다.
6. "통합교육"이란 특수교육대상자가 일반학교에서 장애 유형 · 장애 정도에 따라 차별을 받지 아니하고 또래와 함께 개개인의 교육적 요구에 적합한 교육을 받는 것을 말한다.
7. "개별화 교육"이란 각급 학교의 장이 특수교육대상자 개인의 능력을 계발하기 위하여 장애 유형 및 장애 특성에 적합한 교육목표 · 교육방법 · 교육내용 · 특수교육 관련 서비스 등이 포함된 계획을 수립하여 실시하는 교육을 말한다.
8. "순회교육"이란 특수교육교원 및 특수교육 관련 서비스 담당 인력이 각급 학교나 의료기관, 가정 또는 복지시설(장애인복지시설, 아동복지시설 등을 말한다. 이하 같다) 등에 있는 특수교육대상자를 직접 방문하여 실시하는 교육을 말한다.
9. "진로 및 직업교육"이란 특수교육대상자의 학교에서 사회 등으로의 원활한 이동을 위하여 관련 기관의 협력을 통하여 직업재활훈련 · 자립생활훈련 등을 실시하는 것을 말한다.
10. "특수교육기관"이란 특수교육대상자에게 유치원 · 초등학교 · 중학교 또는 고등학교(전공과를 포함한다. 이하 같다)의 과정을 교육하는 특수학교 및 특수학급을 말한다.
11. "특수학급"이란 특수교육대상자의 통합교육을 실시하기 위하여 일반학교에 설치된 학급을 말한다.

11의2. "통합학급"이란 특수교육대상자와 또래 일반 학생이 함께 편성된 학급을 말한다.

12. "각급학교"란 「유아교육법」 제2조제2호에 따른 유치원 및 「초 · 중등교육법」 제2조에 따른 학교를 말한다.

3. 현황

2024년 현재 특수교육 주요 현황 및 특수교육대상자와 특수학교(급) 현황은 다음과 같다(교육부, 2024).[2)]

1) 주요 현황

2024년 현재 특수교육대상자는 115,610명으로 2023년보다 5,907명이 증가하였으며, 그 중 일반학교 배치 학생 수는 85,220명(73.7%)으로 2023년보다 4,753명(5.9%)이 증가하였다. 장애 유형별로는 자폐성장애, 발달지체학생 비율이 각각 1.6%p, 0.6%p 증가하였다.

2024년 특수학교는 총 195교로 2023년보다 1교 증가하였으며, 일반학교 특수학급은 총 13,931학급으로 2023년보다 644학급이 증가하였다. 특수교육교원은 총 27,084명으로 2023년보다 1,485명이 증가하였다.

2024년 4월 1일 현재 특수교육 주요 현황은 〈표 1-1〉과 같다.

2) 특수교육 현황은 교육부의 2024 특수교육 연차보고서에서 발췌, 요약하였음.

〈표 1-1〉 **특수교육 주요 현황**

<table>
<tr><th colspan="3" rowspan="2">배치별</th><th rowspan="2">특수학교</th><th colspan="2">일반학교</th><th rowspan="2">특수교육
지원센터</th><th rowspan="2">계</th></tr>
<tr><th>특수학급</th><th>일반학급
(전일제
통합학급)</th></tr>
<tr><td colspan="3">특수교육대상자 수</td><td>30,027</td><td>65,966</td><td>19,254</td><td>363</td><td>115,610</td></tr>
<tr><td rowspan="18">학생수</td><td rowspan="11">장애영역별</td><td>시각장애</td><td>1,025</td><td>213</td><td>459</td><td>1</td><td>1,698</td></tr>
<tr><td>청각장애</td><td>535</td><td>666</td><td>1,630</td><td>11</td><td>2,842</td></tr>
<tr><td>지적장애</td><td>14,777</td><td>37,299</td><td>5,798</td><td>9</td><td>57,883</td></tr>
<tr><td>지체장애</td><td>3,784</td><td>3,097</td><td>2,308</td><td>74</td><td>9,263</td></tr>
<tr><td>정서 · 행동장애</td><td>73</td><td>1,186</td><td>577</td><td>–</td><td>1,836</td></tr>
<tr><td>자폐성장애</td><td>8,742</td><td>11,876</td><td>1,574</td><td>2</td><td>22,194</td></tr>
<tr><td>의사소통장애</td><td>201</td><td>1,405</td><td>994</td><td>–</td><td>2,600</td></tr>
<tr><td>학습장애</td><td>6</td><td>632</td><td>427</td><td>–</td><td>1,065</td></tr>
<tr><td>건강장애</td><td>12</td><td>100</td><td>1,867</td><td>–</td><td>1,979</td></tr>
<tr><td>발달지체</td><td>872</td><td>9,524</td><td>3,639</td><td>266</td><td>14,301</td></tr>
<tr><td>계</td><td>30,027</td><td>65,998</td><td>19,273</td><td>363</td><td>115,661</td></tr>
<tr><td rowspan="7">학교과정별</td><td>장애영아</td><td>107</td><td>–</td><td>–</td><td>363</td><td>470</td></tr>
<tr><td>유치원</td><td>905</td><td>5,803</td><td>2,038</td><td>–</td><td>8,746</td></tr>
<tr><td>초등학교</td><td>10,316</td><td>35,042</td><td>8,925</td><td>–</td><td>54,283</td></tr>
<tr><td>중학교</td><td>6,904</td><td>13,778</td><td>4,331</td><td>–</td><td>25,013</td></tr>
<tr><td>고등학교</td><td>6,895</td><td>11,185</td><td>3,960</td><td>–</td><td>22,040</td></tr>
<tr><td>전공과</td><td>4,900</td><td>158</td><td>–</td><td>–</td><td>5,058</td></tr>
<tr><td>계</td><td>30,027</td><td>65,966</td><td>19,254</td><td>363</td><td>115,610</td></tr>
<tr><td colspan="3" rowspan="2">학교 및 센터 수</td><td rowspan="2">195</td><td colspan="2">12,166</td><td rowspan="2">197</td><td rowspan="2">12,558</td></tr>
<tr><td>9,512</td><td>8,352</td></tr>
<tr><td colspan="3">학급 수</td><td>5,582</td><td>13,931</td><td>18,255</td><td>69</td><td>37,837</td></tr>
<tr><td colspan="3">특수학교(급) 교원 수*</td><td>10,441</td><td>14,904</td><td>–</td><td>1,739</td><td>27,084</td></tr>
<tr><td colspan="3">특수교육 지원인력 수</td><td>5,355</td><td>11,001</td><td>369</td><td>–</td><td>16,725</td></tr>
</table>

*국 · 공 · 사립학교 및 특수교육지원센터 교원(기간제 교사 포함)

2) 특수교육대상자 현황

(1) 학교급별 현황

2024년 현재 학교급별 특수교육대상자는 초등학교(47%), 고등학교(전공과 포함, 23.4%), 중학교(21.6%)의 순으로 나타났다.

초등학교에서 특수교육을 받은 학생들 중 일반 중학교로 진학한 학생들이 많음을 보여주고 있는데, 이는 통합교육이 점차 강조되고 있는 추세를 반영하는 듯하다.

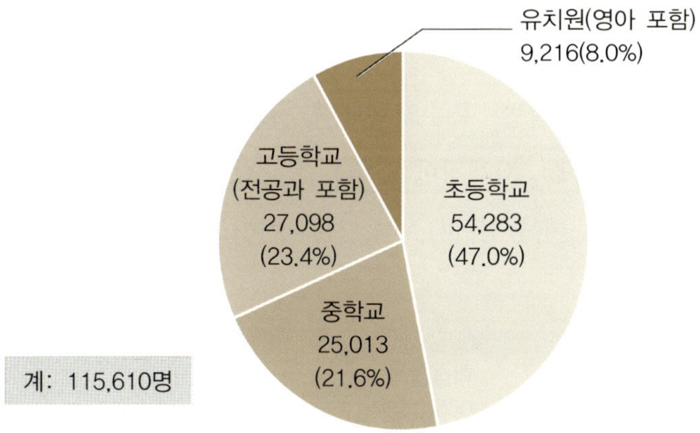

[그림 1-1] 학교급별 특수교육대상자 현황

(2) 교육환경별 현황

2023년 현재 교육환경별 특수교육대상자는 특수학급(56.5%), 특수학교(26.4%), 일반 학급(16.8%)의 순으로 나타났다.

일반학교에 배치된 특수교육대상자 비율이 73.3%에 이르고 있다. 물리적 통합 수준에 머물고 있는 일반 학급의 특수교육대상자에 대한 교육과정 및 심리적 통합이 필요함을 시사한다.

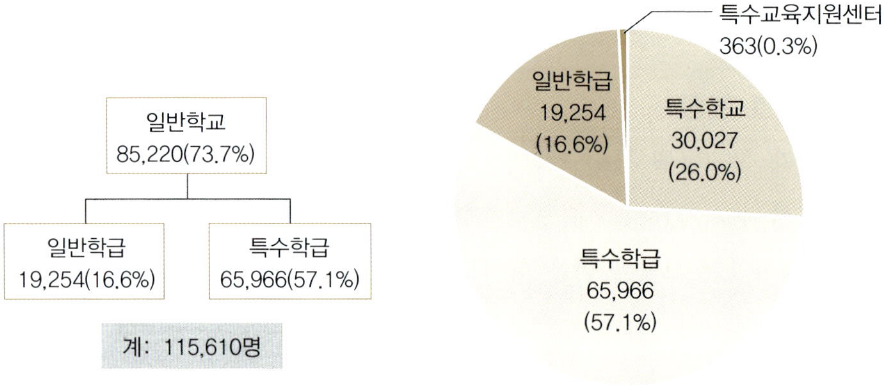

[그림 1-2] 교육환경별 특수교육대상자 현황

(3) 장애영역별 현황

2024년 현재 장애영역별 특수교육대상자는 지적장애(50.1%), 자폐성장애(19.2%), 발달지체(12.4%), 지체장애(8.0%), 청각장애(2.5%), 의사소통장애(2.2%), 건강장애(1.7%), 정서 · 행동장애(1.5%), 시각장애(1.5%), 학습장애(0.9%)의 순으로 나타났다.

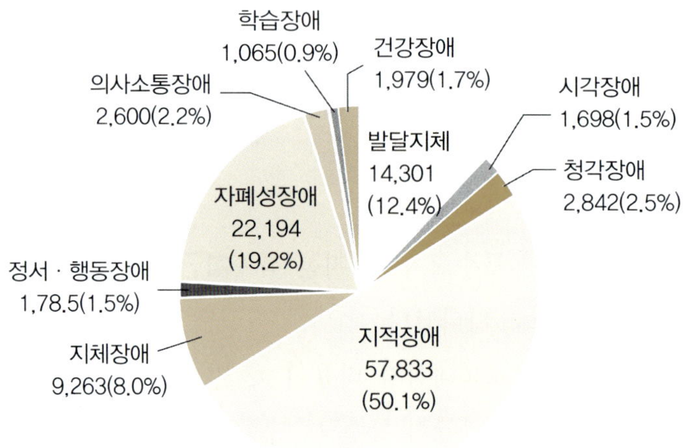

[그림 1-3] 장애영역별 특수교육대상자 현황

지적장애가 반절 이상을 차지하고 있으며, 자폐성장애도 점차 증가하고 있는 추세이다. 지적장애와 자폐성장애를 아우르는 발달장애에 대한 특수교육적 지원 방안을 모색할 시기가 되었음을 말해주고 있다. 특수교육현장에서 학습장애 특성을 보이는 학생이 상당수 됨에도 불구하고 학습장애 비율이 현저히 낮은 것은 학습장애 진단 기준에 대한 재검토가 필요함을 역설하고 있다.

4. 특수교육대상자

1) 개념

어느 나라를 막론하고 오랫동안 특수교육대상자를 지칭하는 말로 **특수아동**(special children)이라는 용어를 사용해 왔다. 그러나 1980년대 초부터 특수아동 대신 특수교육요구아동(children with special educational needs), 혹은 **특수요구아동**(children with special needs)이라 부르고 있다(Campion, 1992). 이 용어는 1978년 영국의 워녹 보고서(Warnock Report)에서 처음으로 채택되어 1981년 「교육법」(1981 Education Act)에 반영되었다. 이 보고서는 **특수교육요구**(special educational needs)라는 개념을 채택하여 특수교육의 본질을 개념화하였다(김삼섭 · 임경원, 2008). 이 보고서의 권장 사항들 중 가장 돋보이는 점은 특수교육을 필요로 하는 아동을 판별하는 기준으로 이용된 법정장애 범주를 폐지하고, 특수아동에 대한 구체적인 사정 절차와 취학 전 · 후의 특수교육 확대를 제안하고 있다는 점이다.

영국의 1981년 「교육법」에 따르면, 같은 연령의 대부분 아동들이 경험하는 것보다 현저하게 큰 학습문제를 가지고 있거나, 일반적으로 같은 연령의 또래들에게 유용한 교육시설을 이용하기가 어려울 정도로 심한 장애를 가지고 있으면, 그 아동은 특수교육요구를 가지고 있는 것으로 간주된다. 그리고 이 법은 특수교육을 "일반적으로 지방교육당국의 관할하에 있는 학교에서 일반아동들에게 제공하는 교육과 다르거나 혹은 부가적인 교육"으로 정의하고 있다. 한편, 일본에서는 2004년부터 이전의 특수교육을 '특별지원교육'으로, 특수아동을 '특별지원아동'으로 부르고 있다.

장애아동이라는 용어는 유럽을 비롯하여 국제적으로 널리 받아들여지고 있다. 우리나라는 특수교육대상 아동을 학계에서는 특수교육요구아동 혹은 장애아동이라는 개념을 사용하고 있지만, 아직까지도 법적 명칭은 특수교육대상자이다. 「특수교육법」(법률 제8483호 신규제정 2007. 5. 25)은 특수교육대상자의 범주를 규정하고 있고, 「특수교육법 시행령」(2008. 5. 26. 대통령령 제20790호)은 특수교육대상자 선정 기준을 규정하고 있다.

「특수교육법」 제2조에 의하면, 특수교육대상자는 제15조의 규정에 의하여 특수교육을 필요로 하는 사람으로 선정된 사람을 말한다. 그리고 동법 제15조는 ① 시각장애, ② 청각장애, ③ 지적장애, ④ 지체장애, ⑤ 정서 · 행동장애, ⑥ 자폐성장애(이와 관련된 장애를 포함한다), ⑦ 의사소통장애, ⑧ 학습장애, ⑨ 건강장애, ⑩ 발달지체, ⑪ 그 밖에 대통령령으로 정하는 장애 중 특수교육을 필요로 하는 사람으로 진단 · 평가된 사람을 특수교육대상자로 선정한다고 규정하고 있다(개정 2021. 12. 28).

장애아동이라고 해서 누구나 특수교육대상자가 되는 것은 아니다

「장애인복지법시행령」 별표에 규정된 장애인 범주에 속하는 사람이라 할지라도 「장애인 등에 대한 특수교육법 시행령」 별표에 규정된 특수교육대상자 선정 기준에 해당되는 사람만이 특수교육대상자가 된다.

2) 출현율

장애아동의 출현율은 학령인구(3~17세) 중 특수교육이 필요한 아동의 비율을 말한다. 즉, 전체 학령인구 중에서 장애아동으로 선정된 학생의 수를 백분율로 표시한다.[3)]

장애아동의 출현율은 특수교육기관의 확충, 특수교육교원 양성, 특수교육 예산 등 특수교육정책을 결정하는 데 중요한 기초자료로 활용된다.

특수요구학생 수는 특수교육대상학생 수, 취학 특수요구학생 수 및 미취학 특수요구학생 수를 조사한 결과를 통하여 추정할 수 있다.

3) 특수교육대상자

장애아동에 대한 각 장애별 관련 학회(2008)의 정의[4)]와 「특수교육법 시행령」(시행 2023. 4. 19., 대통령령 제33406호, 2023. 4. 18. 일부 개정) 별표 〈특수교육대상자 선정 기준〉(개정 2022. 6. 28.)은 다음과 같다.

(1) 시각장애를 지닌 특수교육대상자

① 정의

한국시각장애재활학회(2008)의 시각장애 정의는 다음과 같다.

---

3) $\text{장애아동 출현율} = \dfrac{\text{장애아동 수}}{\text{학령인구 수}}$

4) 2008년 이전까지 특수교육대상자가 누구이고 어디까지 포함시킬 것인가에 관한 학술적 연구가 미흡하여 공식적인 견해를 찾아볼 수 없었다. 이에 2008년 5월 한국특수교육학회(회장 김삼섭)는 시각장애학회 등 7개 장애 유형별 학회에 의뢰하여 '특수교육대상자의 개념과 선정 기준'을 마련하였는데, 이것이 우리나라 특수교육대상자의 정의에 관한 최초의 공식적 · 학술적 문서이다. 그후 현재까지 각 학회별로 공식적인 개정 연구가 이루어지지 않았다.

좋은 쪽 눈을 교정하고 측정한 시력이 0.3 이하이거나 시력이 0.3 이상이라도 중심 시야가 20도 이하인 경우를 시각장애라 함

② 선정 기준

현행 「특수교육법 시행령」 별표 〈특수교육대상자 선정 기준〉의 '시각장애를 지닌 특수교육대상자'의 선정 기준은 다음과 같다.

시각계의 손상이 심하여 시각 기능을 전혀 이용하지 못하거나 보조공학기기의 지원을 받아야 시각적 과제를 수행할 수 있는 사람으로서, 시각에 의한 학습이 곤란하여 특정의 광학기구 · 학습매체 등을 통하여 학습하거나 촉각 또는 청각을 학습의 주요 수단으로 사용하는 사람

이와 같은 교육적 정의는 법적 · 의학적 정의와는 달리 실제로 불편을 어느 정도 겪느냐의 관점을 강조한다. 즉, 시각장애는 손상이나 불능으로 인하여 지적 · 심리적 · 신체적 · 사회적 · 직업적 분야 등에서 개인이 불리하게 됨을 의미한다. 그러므로 시각 손상이나 불능은 개인적인 것으로서 시간 · 공간을 초월하여 존재하지만, 시각장애는 사회적인 것으로서 시간 · 장소 · 문화 등에 따라 달라질 수 있다.

점사랑 5.0

점사랑 5.0(국립국어원 · 한국시각장애인연합회, 2024)은 묵자 문서를 점자로 변환하는 점역기능과 점자문서를 묵자로 변환하는 역점역기능을 이용할 수 있는 소프트웨어다. 파일 관리, 문서 편집, 점자파일 인쇄 등의 기능을 갖추고 있어 점자문서 편집 프로그램으로도 활용될 수 있다.

올해 개정된 '한국 점자 규정'을 반영한 점역 엔진을 탑재하고 있어 바뀐 점자 규정을 점역에 빠르게 적용할 수 있다. 또한 개정 전 규정도 탑재하고 있어 필요에 따라 사용자가 규정을 선택, 점역할 수 있는 기능도 제공하고 있다.

'점사랑 5.0'을 설치하면 함께 설치되는 '점사랑 촉각 프로그램 1.0'은 최초의 촉각 그래픽 제작 소프트웨어다. '촉각 그래픽'은 촉각으로 감지할 수 있도록 이미지를 변형해 만든 표현물로, '점사랑 촉각 프로그램'은 이러한 촉각 그래픽을 생성하고 편집할 수 있도록 설계되었다. '점사랑 촉각 프로그램'에서는 직선, 곡선, 삼각형, 원 등의 그리기 도구와 편집 도구, 이미지 파일 불러오기 기능, '점사랑'을 통한 출력 기능 등을 지원한다.

출처: 에이블뉴스[https://www.ablenews.co.kr] (2024. 4. 19.)

(2) 청각장애를 지닌 특수교육대상자

① 정의

한국청각 · 언어장애교육학회(2008)의 청각장애 · 농 · 난청 정의는 다음과 같다.

- 청각장애: 청각기관의 손상을 지칭하는 일반적인 용어로 농과 난청을 포함함
- 농: 청각보조장치를 사용하거나 사용하지 않은 상태에서 청각에 의한 언어정보의 처리가 매우 어려워 교육 수행에 부적 영향을 미치는 심한 청각장애를 의미함
- 난청: 청각보조장치를 사용하거나 사용하지 않은 상태에서 청각에 의한 언어정보의 처리가 원활하지 않아 교육 수행에 부적 영향을 미치는 청각장애를 의미함

② 선정 기준

현행 「특수교육법 시행령」 별표 〈특수교육대상자 선정 기준〉의 '청각장애를 지닌 특수교육대상자'의 선정 기준은 다음과 같다.

청력손실이 심하여 보청기를 착용해도 청각을 통한 의사소통이 불가능 또는 곤란한 상태이거나, 청력이 남아 있어도 보청기를 착용해야 청각을 통한 의사소통이 가능하여 청각에 의한 교육적 성취가 어려운 사람

일반적으로 **청각장애**는 농과 난청을 포함하는 일반적인 용어이다. **농**은 어떤 소리를 지각할 수는 있으나 말소리를 알아듣지 못할 정도로 청력이 손실되어 있는 상태를 말한다. 달리 표현하면, 농인은 보청기를 착용하거나 착용하지 않은 상태에서 청각으로 언어정보를 성공적으로 처리하지 못한다. **난청**은 보청기 등 특수한 적응기기를 필요로 할 만큼의 청각손실 상태를 말한다.

수어 사용 실태

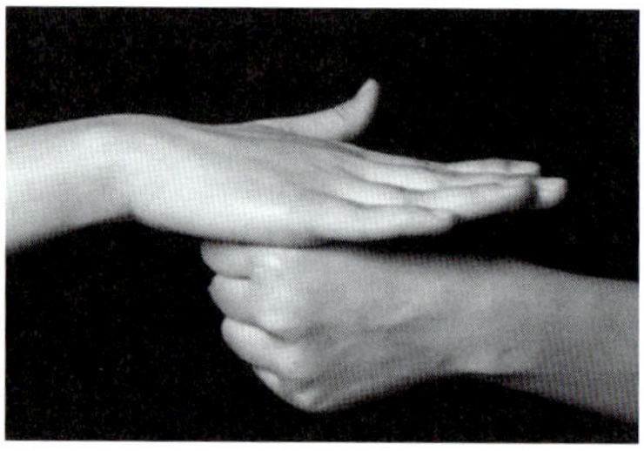

한국수화언어법(시행 2022. 7. 19., 법률 제18783호, 2022. 1. 18.)은 수어(手語)가 국어와 동등한 자격을 지닌 공용어임을 규정하고 있다.
국립국어원(2024)은 수어 사용 실태와 수어에 대한 인식 등을 분석한 '2023년 한국 수어 활용 조사' 결과를 발표했다.

조사 결과에 따르면, 수어통역이 가장 필요한 영역은 의료기관(83.0%)이라고 답했고 공공기관(62.9%), 법률 서비스(24.1%)가 그 다음으로 많았다. 만 20세 이상 청각장애인 중 수어를 주된 의사소통방법으로 사용하는 비율은 전체 응답자의 30.1%로 나타났다. 수어를 처음 배운 시기는 만 7~12세(44%)가 가장 많았으며, 수어를 주로 가르쳐준 사람은 농인 친구(32.4%)가 가장 많은 것으로 나타났다.

교육과 관련해 수어를 사용하는 청각장애인 65.6%가 학교에서 주로 사용하는 의사소통방법으로 수어를 꼽았으며, 학교에서 사용하길 원하는 의사소통방법 역시 수어가 84.6%로 가장 높은 것으로 나타났다. 농인이 사용하기에 가장 적절한 언어를 묻는 질문에는 수어를 사용하는 청각장애인의 90.8%가 한국 수어라고 응답했다.

출처: 에이블뉴스[https://www.ablenews.co.kr] (2024. 6. 3).

(3) 지적장애를 지닌 특수교육대상자

① 정의

한국지적장애교육학회(2008)의 지적장애 정의는 다음과 같다.

> 지적 기능과 적응행동에 어려움이 함께 존재하여 교육적 성취와 일상생활 및 직업기술 습득에 어려움이 있는 사람

이 정의는 2007년 1월 1일 미국정신지체협회가 미국지적 및 발달장애협회(American Association on Intellectual and Developmental Disabilities: AAIDD)로 개명하고, 기존의 정신지체를 지적장애로 부르면서 내린 정의와 일치한다.[5)]

② 선정 기준

현행 「특수교육법 시행령」 별표 〈특수교육대상자 선정 기준〉의 '지적장애를 지닌 특수교육대상자'의 선정 기준은 다음과 같다.

> 지적 기능과 적응행동상의 어려움이 함께 존재하여 교육적 성취에 어려움이 있는 사람

그런데 이 정의는 수량화가 곧 과학적이라는 맹신을 바탕으로 하고 있을 뿐 아니라 적응행동에 대한 개념이 모호하게 규정되어 있기 때문에 실용적이지 못하다는 비판을 받기도 한다.

---

5) 한국특수교육학회가 한국정신지체학회에 정신지체의 개념과 선정 기준에 관한 연구를 의뢰한 것은 2007년 5월이었다. 그런데 같은 해 1월 1일 미국지적장애협회의 명칭 변경 및 지적장애라는 용어의 채택 등 급격한 변화가 일어나는 시점에서 정신지체를 지적장애로 바꾸는 것이 쉽지 않았을 것이다. 미국에 대한 '학문적 종속관계'로 오해할 수도 있었기 때문으로 이해된다.

수량화의 늪

햇밤 한 자루 5,000원

어떤 아동의 지능을 표시할 때, 상당수의 특수교사들은 '열등하다'라는 표현보다는 'IQ 71'이라는 표현을 더 선호할지도 모른다. 더 나아가 'IQ 71'이라고 표기해야 어쩐지 과학적이고 객관적인 듯한 느낌을 가질 뿐만 아니라 마음이 편안할 지도 모른다. 그러나 수량화가 곧 과학적인 것을 의미하지는 않기 때문에, 특수교사들 스스로가 수량화의 늪에 빠져 점수로 표시하지 않은 데서 오는 허전함을 물리쳐야 할 것이다.

본래 우리나라 사람들은 양적 접근인 수량화에 익숙하지 않다. 길을 가다 보면 국도변에 '햇밤 한 자루 5천원', '수박 2통 1만원' 등의 입간판을 볼 수 있다. 수량화의 사고에 젖은 서구 사람들은 저 말의 의미를 알아차릴 수가 없을 것이다. 자루도 자루 나름이고 수박도 크기 나름일 터인지라, 어느 정도 크기를 말하는지 도무지 이해가 되지 않을 수밖에 없다. 그러나 우리나라 사람들에게는 문제가 되지 않는다. 실제로 햇밤을 사려고 가보면, 어쩌면 그렇게도 '5천원'어치에 딱 어울리는 '자루'에 햇밤이 담겨 있고, '적절한' 크기의 수박이 놓여 있는지….

수량화를 생명으로 하는 실증주의를 제창한 꽁트(A. Comte, 1798~1857)의 후손들이라면 모르겠지만, 최소한 우리나라 사람들에게는 수량화만이 곧 과학적이고 객관적이라고 말하기는 어렵다. 중증장애아동들마저 억지로라도 지능검사를 실시하여 IQ가 얼마라고 해야 직성이 풀리는 '수량화의 늪'은 그 깊이가 어느 정도일까.

(4) 지체장애를 지닌 특수교육대상자

① 정의

한국지체 · 중복 · 건강장애교육학회(2008)의 지체장애 정의는 다음과 같다.

원인에 관계없이 지체(체간 및 사지) 기능에 대한 부자유로 인하여 그대로 두면 장차 자활이 곤란한 사람

② 선정 기준

현행 「특수교육법 시행령」 별표 〈특수교육대상자 선정 기준〉의 '지체장애를 지닌 특수교육대상자'의 선정 기준은 다음과 같다.

> 기능 · 형태상 장애를 가지고 있거나 몸통을 지탱하거나 팔다리의 움직임 등에 어려움을 겪는 신체적 조건이나 상태로 인해 교육적 성취에 어려움이 있는 사람

지체장애인은 그 심한 정도가 매우 이질적인 집단으로서, 한 가지 혹은 그 이상의 일상 활동을 실질적으로 제한하는 신체장애를 가지고 있는 사람을 말한다. 그리고 지체장애는 신경학적 손상 · 척추손상 · 근골격손상 · 심폐손상 등으로 분류하는 것이 보통이다.

우리나라의 경우 지체장애학교 학생의 대부분이 신경학적 손상에 속하는 뇌성마비아동이다. 뇌성마비는 뇌손상으로 인한 운동 혹은 자세의 비진행성 장애로서, 주요 증상은 근육 결함 혹은 나약함, 과도한 불수의운동, 자세불균형, 경련 등이다.

뇌성마비의 생리학적 분류는 1950년대부터 미국뇌성마비학회가 채택하여 널리 적용되어 왔는데, 경직형, 강직형, 불수의 운동형, 운동실조형, 진전형, 혼합형으로 분류하여 왔다. 최근에는 경직형, 무정위형, 운동실조형, 혼합형으로 분류하고, 무정위형에 경직형, 불수의운동형, 진전형을 포함시키기도 한다(McMurraly, Jones, & Khan, 2002).

뇌성마비의 주요 특징은 다음과 같다.

- 뇌성마비는 질병이 아니라 하나의 조건이다.
- 뇌성마비는 운동중추 결함이 주요 원인이다.
- 뇌성마비의 가장 뚜렷한 증후는 운동장애이다.
- 뇌성마비는 생애 초기에 발생하는 발달장애이다.
- 뇌성마비는 비진행성이기 때문에 뇌기능을 더 이상 저하시키지는 않는다.
- 뇌성마비는 운동장애 외에도 여러 가지 장애를 수반하는 것이 보통이다.
- 뇌성마비는 운동, 자세 및 균형에 영향을 미치는 다양한 장애를 포괄하는 용어다.

뇌전증 환자의 응급 처치 요령
뇌전증 발작 중에는 환자 옆의 위험한 물건을 치우고, 환자의 허리띠를 풀어주며, 공기가 잘 통하도록 조치를 취하는 것은 좋으나, 주물러 준다거나 정신을 차리도록 뺨을 때리는 등의 행위는 오히려 발작 시간을 길게 하고 그 강도도 높이는 역효과를 초래할 수 있다. 역설적으로 들릴지 모르지만, 발작 중에는 그대로 놔둔 채 지켜보는 것이 최선의 방법일 수 있다.

(5) 정서 · 행동장애를 지닌 특수교육대상자

① 정의

한국정서행동장애학회(2008)의 정서 · 행동장애 정의는 다음과 같다.

정서 및 행동이 또래집단의 규준 혹은 기대 수준을 심하게 벗어나 일반적인 환경하에서 사회적 관계, 감정조절, 활동 수준, 주의집중 등의 곤란으로 자신 및 타인의 기능을 방해하며, 학업, 대인관계, 일상생활에 부정적인 영향을 미치는 상태

② 선정 기준

현행 「특수교육법 시행령」 별표 〈특수교육대상자 선정 기준〉의 '정서 · 행동장애를 지닌 특수교육대상자'의 선정 기준은 다음과 같다.

• 장기간에 걸쳐 다음 각 목의 어느 하나에 해당하여 특별한 교육적 조치가 필요한 사람
가. 지적 · 감각적 · 건강상의 이유로 설명할 수 없는 학습상의 어려움을 지닌 사람
나. 또래나 교사와의 대인관계에 어려움이 있어 학습에 어려움을 겪는 사람
다. 일반적인 상황에서 부적절한 행동이나 감정을 나타내어 학습에 어려움이 있는 사람
라. 전반적인 불행감이나 우울증을 나타내어 학습에 어려움이 있는 사람
마. 학교나 개인 문제에 관련된 신체적인 통증이나 공포를 나타내어 학습에 어려움이 있는 사람

정서장애라는 용어는 학문적 관점에 따라 행동장애라 하기도 한다. 즉, 행동주의심리학 관점에서는 **행동장애**(behavior disorder)라는 용어를 주로 사용하고, 인지주의심리학 관점에서는 **정서장애**(emotional disturbance)라는 용어를 주로 사용한다. 두 용어 중 어느 쪽을 사용하여도 무방하다고 생각하지만, 미국행동장애아동위원회는 행동장애라는 용어가 ① 교육에 유용하고, ② 특정 원인론과 무관하며, ③ 종합적인 사정을 할 수 있게 하고, ④ 낙인을 찍지 않게 하며, ⑤ 이 분야에 종사하는 대다수의 전문가들이 좋아하고, ⑥ 지원 대상을 보다 잘 설명해 준다고 주장한다(Huntze, 1985). 우리나라에서는 정서 · 행동장애(emotional or behavior disorder)라는 용어가 선호되고 있다(이소현, 2020).

(6) 자폐성장애를 지닌 특수교육대상자

① 정의

한국자폐학회(2008)의 자폐성장애 정의는 다음과 같다.

자폐성장애는 자폐라고도 불리며, 3세 전에 나타나는 발달장애, 자폐는 사회적 상호작용 및 의사소통 발달에 있어서의 질적인 결함과 제한적이고 반복적이고 상동적인 관심 및 행동을 보이는 등 세 가지 주요 영역에 영향을 미치는 장애

『정신질환 진단 및 통계편람-5(DSM-5)』(APA, 2013)은 기존의 자폐증, 아스퍼거장애, 소아기붕괴성장애, 레트장애 등 광범위성 발달장애를 아우르는 자폐범주성장애라는 명칭을 사용함에 따라 '전반적 발달장애'라는 용어는 사라지게 되었다.

② 선정 기준

현행 「특수교육법 시행령」 별표 〈특수교육대상자 선정 기준〉의 '자폐성장애를 지닌 특수교육대상자'의 선정 기준은 다음과 같다.

> 사회적 상호작용과 의사소통에 결함이 있고, 제한적이고 반복적인 관심과 활동을 보임으로써 교육적 성취 및 일상생활 적응에 도움이 필요한 사람

서번트증후군 실제 인물을 모델로 한 영화들

- 서번트증후군(savant syndrome): 자폐범주성장애(autism spectrum disorder)에 속하는 증후군으로 '특별한 자폐증'으로 불리기도 하며, 기억 · 수학 · 음악 · 미술 등 특정 분야에서 뛰어난 능력을 보인다.

〈그것만이 내 세상〉

(감독: 최성현. 출연: 이병헌, 윤여정, 박정민. 2018)
'서번트증후군'으로 피아노에 천재적인 재능을 보이는 동생 진태(박정민). 17년 만에 만난 동생이 '자폐'를 가지고 있다는 것에 당황한 주인공 조하(이병헌)는 처음엔 진태와 사사건건 부딪치지만, 시간이 지나며 가까워지는 따뜻한 가족 영화

〈하늘과 바다〉

(감독: 봉수. 출연: 장나라, 현쥬니, 유아인. 2009)
6살의 지능을 가진 24살의 바이올리니스트의 이야기를 다룬 작품. 하늘(장나라)은 특별한 기억력과 천재적인 음악 실력으

로 바이올린을 연주하는(장나라), 반항아 바다(현쥬니)와 피자 친구(유아인)와 우정을 쌓아 가는 하늘의 이야기

〈스플릿〉

(감독: 최국희. 출연: 유지태, 이정현, 이다윗. 2016)

볼링 도박이라는 독특한 주제를 다룬 영화. 도박 볼링의 세계에 뛰어든 한물간 볼링 스타 철종(유지태)과 자폐성장애를 가지고 있는 볼링 천재 영훈(이다윗)의 이야기를 다룬 작품

(7) 의사소통장애를 지닌 특수교육대상자

① 정의

한국특수교육학회(2008)의 의사소통장애 정의는 다음과 같다.[6]

말과 언어를 사용하여 의사소통을 하는 데 문제를 보이는 장애

② 선정 기준

현행 「특수교육법 시행령」 별표 〈특수교육대상자 선정 기준〉의 '의사소통장애를 지닌 특수교육대상자'의 선정 기준은 다음과 같다.

다음 각 목의 어느 하나에 해당하여 특별한 교육적 조치가 필요한 사람
가. 언어의 수용 및 표현능력이 인지능력에 비하여 현저하게 부족한 사람
나. 조음 능력이 현저히 부족하여 의사소통이 어려운 사람
다. 말 유창성이 현저히 부족하여 의사소통이 어려운 사람
라. 기능적 음성장애가 있어 의사소통이 어려운 사람

6) 2008년 당시 의사소통장애와 직접 관련이 있는 학회가 없었으며, 그후 2013년 현재의 한국보완대체의사소통학회가 설립되었다. 이와 같은 사정을 고려하여 한국특수교육학회 이사 중 의사소통장애 전공 교수와 협의하여 내린 정의이다.

미국정신의학협회(American Psychiatric Association, 2022)의 『정신질환 진단 및 통계 편람(DSM-5-TR)』은 의사소통장애를 언어장애, 말소리장애, 아동기 발병형 유창성장애(말더듬), 사회적(실용적) 의사소통장애로 분류하면서, 각 하위 개념을 다음과 같이 정의하고 있다.

- 의사소통장애는 언어, 말 및 의사소통에서의 결함을 포함한다.
- 말(speech)은 조음, 유창성, 소리 및 공명의 질 등을 포함하는 소리의 표현적 생성을 말한다.
- 언어(language)는 규칙적인 의사소통방법에서 상징체계(단어 말하기, 수어, 단어 쓰기, 그림 등)의 형태, 기능 및 사용을 포함한다.
- 의사소통(communication)은 행동, 개념 혹은 다른 사람에 대한 태도에 영향을 주는 언어 혹은 비언어 행동(의도적이든 비의도적이든)을 포함한다.

(8) 학습장애를 지닌 특수교육대상자

① 정의

한국학습장애학회(2008)의 학습장애 정의는 다음과 같다.

> 학습장애란 개인 내적 원인으로 인하여 일생 동안 발달적 학습(듣기, 말하기, 주의집중, 지각, 기억, 문제해결 등)이나 학업적 학습(읽기, 쓰기, 수학 등) 영역들 중 하나 이상에서 심각한 어려움을 겪는 것을 말한다. 이 장애는 다른 장애조건(감각장애, 지적장애, 정서장애 등)이나 환경실조(문화적 요인, 경제적 요인, 교수적 요인 등)와 함께 나타날 수 있으나 이러한 조건이 직접적인 원인이 되어 나타난 것은 아니다.

② 선정 기준

현행 「특수교육법 시행령」 별표 〈특수교육대상자 선정 기준〉의 '학습장애를 지닌 특수교육대상자'의 선정 기준은 다음과 같다.

> 개인의 내적 요인으로 인하여 듣기, 말하기, 주의집중, 지각, 기억, 문제해결 등의 학습기능이나 읽기, 쓰기, 수학 등 학업성취 영역에서 현저하게 어려움이 있는 사람

학습장애는 1963년 커크(S. A. Kirk)에 의해 비로소 특수교육의 범주로 인정되었다. 그러나 아직까지 학자들에 따라 각기 달리 정의되어 일치된 견해를 찾아보기 어렵다. 실제로 학습장애와 학습지진 · 학업저성취 · 학업지체 등의 개념과 명백히 구별하는 것은 쉬운 일이 아니다.

학습장애에 대한 정의는 뇌상해 단계, 미세뇌기능부전 단계, 교육적 불일치 단계, 입법 단계, 조작적 정의 단계로 구분할 수 있다.

학습장애 정의의 변천과정을 고려하여 종합해 보면, 학습장애란 듣기 · 말하기 · 읽기 · 쓰기 · 수학 등의 능력이나 사회적 기술이 현저하게 떨어지는 것을 의미하는 용어이다. 이 장애들은 선천적이고 중추신경장애에 기인한 것으로 추정된다. 물론 학습장애는 감각장애 · 지적장애 · 정서장애 · 문화실조 등에 의해서도 일어날 수 있으나, 이들 요인이 직접적인 원인이 되어 나타나는 결과는 아니다.

학습장애 선별 기준(교육부)

1조건: 선별 및 중재

선별검사 결과 학습에 문제가 있는 것으로 의심되는 학생을 대상으로 최소 3개월 이상의 집중적이고 효과적인 소집단 규모의 보충학습이나 방과후 학습 등 체계적인 서비스를 제공받은 후에도 학업성취도(학교단위 학력평가나 교육과정 중심 평가) 평가결과 동 학년의 하위 15~20%에 해당하는 자

2조건: 지능
최소 2가지 이상의 지능검사로 측정한 지능 평균이 75 이상(±5)에 해당하는 자

3조건: 학력
기초학습기능 검사나 KISE 기초학력검사, 읽기검사, 기초학습기능 수행평가 등을 통한 검사결과 동학년 수준의 평균으로부터 최소 -2 표준편차(또는 2학년) 이하의 학력 수준을 가진 자

4조건: 배제 요인
지적장애, 정서 · 행동장애, 감각장애 등의 다른 장애나 가정불화, 폭력, 학교생활 부적응, 문화적 기회 결핍(탈북아동, 국내이주학생 등) 등 개인의 내적 요인이 아닌 외적 요인으로 인하여 학업에 집중하지 못할 만큼의 뚜렷한 이유가 있을 경우에는 학습장애로 인정하지 않음

학습장애를 겪은 유명 인사들

• 미국의 부통령을 지낸 록펠러(Nelson Rockefeller, 1908~1979)
록펠러는 난독증(dyslexia)으로 읽기를 배우는 데 대단히 어려움을 겪었다. 그는 읽기능력이 열등하여 학교에서 좋은 성적을 얻지 못했다.

• 미국의 발명가 에디슨(Thomas Edison, 1847~1931)
에디슨은 자신의 일기에서 결코 학업진도를 따라갈 수 없었고, 또한 학급에서는 항상 끝에서 맴돌았다고 술회하고 있다. 그의 아버지는 에디슨을 바보라고 생각했으며, 에디슨 자신도 열등아라고 생각하였다.

• 프랑스의 조각가 로댕(Auguste Rodin, 1840~1917)
로댕은 학교에서 성적이 좋지 않은 학생이었다. 교사들은 로댕을 교육할 수 없다고 판단하여 부모에게 그를 학교에 보내지 말도록 권고하기도 하였다.

• 미국의 28대 대통령 윌슨(Woodrow Wilson, 1856~1924)
윌슨은 9세까지 문자를 학습하지 못했으며 11세가 되어서도 읽지를 못하였다. 그의 친지들은 윌슨이 머리가 둔하고 바보이기 때문으로 생각하여 그의 부모에게 애석함을 표시하기도 하였다.

• 미국의 물리학자 아인슈타인(Albert Einstein, 1879~1955)
아인슈타인은 3세 무렵까지 말을 전혀 하지 못했다. 7세가 되어서도 문장을 구성하지 못했다. 그의 학교 성적은 전반적으로 좋지 않았으며, 수학에 아무런 재주도 나타내지 않았다. 읽을 때 단어를 듣기는 하지만 들은 단어를 쓰는 데는 어려움을 겪었고, 글로서 의사소통을 전혀 하지 못했다.

(9) 건강장애를 지닌 특수교육대상자

① 정의

한국특수교육학회(2008)는 당시 건강장애 관련 학회의 부재로 인하여 건강장애에 대한 별도의 정의를 내리는 대신 일본과 미국의 건강장애 정의를 그대로 사용하였다.[7] 일본과 미국의 건강장애 정의는 다음과 같다.

일본의 건강장애 정의
첫째, 만성 호흡기질환, 신장질환 및 신경질환, 악성 신생물, 그 외의 질환 상태가 지속되어 의료 또는 생활 규제를 필요로 하는 정도의 사람
둘째, 신체 허약의 상태가 지속되어 생활 규제를 필요로 하는 정도의 사람

미국의 장애인교육법(IDEA)에 규정된 건강장애 정의
허약한 체력, 활기, 민첩성, 활동력을 가지고 있을 뿐만 아니라, 심장병 · 결핵 · 류머티즘 · 신장병 · 천식 · 겸상적혈구빈혈 · 혈우병 · 경련장애 · 납중독 · 백혈병 · 당뇨병과 같은 만성 또는 급성 건강 문제에 의해 제한된 근력 · 지구력 · 민첩성을 가진 자

7) 건강장애는 2005년에 특수교육대상자에 포함되었다. 한국특수교육학회가 장애 영역별 관련 학회에 의뢰하여 특수교육대상자 정의를 시도하던 2008년 당시에는 건강장애 관련 학회도 없었을 뿐 아니라 그에 대한 학술적 연구도 드물었다.

② 선정 기준

현행 「특수교육법 시행령」 별표 〈특수교육대상자 선정 기준〉의 '건강장애를 지닌 특수교육대상자'의 선정 기준은 다음과 같다.

> 만성질환으로 인하여 3개월 이상의 장기입원 또는 통원치료 등 계속적인 의료적 지원이 필요하여 학교생활 및 학업수행에 어려움이 있는 사람

건강장애(health impairment)는 2005년 「특수교육진흥법」에서 처음으로 특수교육대상 범위에 포함되었다.

(10) 발달지체를 보이는 특수교육대상자

① 정의

한국특수교육학회(2008)의 발달지체 정의는 다음과 같다.

> 발달지체 영 · 유아는 아래의 항목 중 한 가지 이상에 해당되어 특별한 교육적 조치가 필요한 자이다.
> 가. 적절한 진단도구와 절차에 의해 인지발달, 신체발달, 의사소통발달, 사회성 또는 정서발달, 적응행동발달 중 한 가지 이상의 영역에서 지체를 보이는 자
> 나. 발달지체를 일으킬 높은 가능성을 지닌 이미 형성된 정신적, 신체적 조건을 지닌 것으로 진단된 자
> 다. 생물학적 또는 환경적 위험요인으로 발달지체의 잠재적인 가능성을 지닌 자

미국장애인교육법(Idividual with Disabilities Education Improvement Act of 2004)은 **발달지체**(developmental delay)라는 비범주성 명칭을 1991년에 새로 추가하였다. 발달지체라는 용어는 3세에서 5세 사이의 유치원 연령의 유아와 9세 미만의 초등학교 연령 학생에게 사용될 수 있다.

② 선정 기준

현행 「특수교육법 시행령」 별표 〈특수교육대상자 선정 기준〉의 '발달지체를 보이는 특수교육대상자'의 선정 기준은 다음과 같다.

> 신체, 인지, 의사소통, 사회 · 정서, 적응행동 중 하나 이상의 발달이 또래에 비하여 현저하게 지체되어 특별한 교육적 조치가 필요한 영아 및 9세 미만의 아동

③ 과제

현재 우리나라는 「특수교육법」에 따라 3세 미만의 장애영아 교육은 무상교육을, 3세에서 17세까지의 특수교육대상자는 의무교육을 실시하고 있다. 그런데 유 · 유아(infants and toddlers)의 경우, 시각 · 청각 · 지체장애 등과 같이 유형이 분명한 장애를 가지고 있는 경우도 있지만, 대부분은 특정 장애 영역으로 분류하기 어렵다. 특히 3세까지는 부모나 의사, 가족 등도 문제를 발견하기 어려운 경우가 많다. 발달지체는 나이가 어릴 때 장애 진단을 잘못하거나 바르지 못한 유형으로 분류하는 일이 없도록 하기 위해, 특정 장애 유형으로 분류하지 않고도 특수교육이나 관련 서비스를 받을 수 있도록 하기 위해 제안된 개념이다.

(11) 두 가지 이상 중복된 장애를 지닌 특수교육대상자

① 정의와 선정 기준

중복장애, 즉 두 가지 이상 중복된 장애에 관한 정의는 학자에 따라 약간씩 다를 뿐 아니라 일관성이 부족하다. 따라서 「특수교육법 시행령」 별표 〈특수교육대상자 선정 기준〉에 규정된 법적 정의를 따르는 것이 최선으로 보인다.

「특수교육법 시행령」 별표 〈특수교육대상자 선정 기준〉의 '두 가지 이상 중복된 장애를 지닌 특수교육대상자'의 정의와 선정 기준은 다음과 같다.

다음 각 목의 구분에 따른 장애를 지닌 사람으로서 제1호부터 제6호까지의 규정에 따른 특수교육대상자에 대한 각각의 교육 지원만으로 교육적 성취가 어려워 특별한 교육적 조치가 필요한 사람

가. 중도중복(重度重複)장애: 다음의 구분에 따른 장애를 각각 하나 이상씩 지니면서 각각의 장애의 정도가 심한 경우. 이 경우 장애의 정도는 법 제14조 제1항에 따른 선별 검사결과, 제9조 제4항에 따라 제출한 진단서 및 「장애인복지법 시행령」 제2조 제2항에 따른 장애의 정도 등을 고려하여 정한다.
- 지적장애 또는 자폐성장애
- 시각장애, 청각장애, 지체장애 또는 정서 · 행동장애

나. 시청각장애: 시각장애 및 청각장애를 모두 지니면서 시각과 청각에 의한 학습이 곤란하고 의사소통 및 정보 접근에 심각한 제한이 있는 경우

② 과제

일반적으로 중복(重複)장애는 말 그대로 두 가지 이상의 장애를 지니고 있는 것을 뜻하고, 중도(重度)장애는 그 정도가 심한 장애를 뜻한다. 중복장애는 그 장애 유형이 정해져 있지 않아 모호하고, 중도장애는 그 정도가 천차만별이라서 모호하다. 중도중복은 모호한 두 용어가 합해진 말로 그 모호성은 한층 더하다. 예를 들면, 두 가지 장애는 어떤 장애들인가, 신체적 장애인가 정신적 장애인가, 장애 정도는 어떠한가, 몇 가지 장애를 지니고 있는가 등에 따라 중도중복장애의 특성이 달라진다. 이와 같은 이유로 중도중복장애의 정의가 쉽지 않아 특수교육대상자 선정에 어려움이 있었는데, 「특수교육법 시행령」 제10조 전문개정(2022. 6. 28.)을 통해 그 첫발을 내딛은 셈이다. 이 정의와 선정 기준은 지금까지 학계의 연구 결과와 관련 단체의 의견을 반영한 것이지만, 중복과 중도에 대한 해석이 각기 달라 논쟁이 끊이지 않고 있는 실정이다.

중도중복장애의 정의는 세계 어느 나라를 막론하고 어려운 과제로 여기고 있는 듯하다. 해당 국가의 법령에 중도중복장애를 명백히 규정하고 있는 나라는 많지

않은 실정이다. 참고로 미국장애인교육법[8]에 규정된 중도장애아동(children with severe disabilities)의 정의를 소개한다.

> 중도장애아동은 신체적, 정신적, 정서적 문제들로 인하여 특별하게 고안된 교육적, 사회적, 심리학적, 의학적 서비스, 즉 지역사회에 의미 있게 참여하여 활동하는 것과 자아 성취를 위하여 그들의 잠재력을 최대한으로 키워주기 위한 서비스를 필요로 하는 아동을 의미한다.

8) 미국장애인교육법(Individuals with Disabilities Education Act: IDEA)은 미국의 장애인에 대한 특수교육 및 관련 서비스를 위한 연방 법률이다. 2004년에 개정된 IDEIA(Individuals with Disabilities Education Improvement Act of 2004)의 핵심 내용은 2001 아동낙오방지법(No Child Left Behind: NCLB)과의 연계이다. 2004 IDEIA에 적용된 NCLB의 주요 원리는 ① 교육의 결과에 대한 책무성 강조, ② 전문적 자질의 교사 양성, ③ 과학적으로 검증된 연구기반 교수법 강조, ④ 학교 안전, ⑤ 부모의 선택권 확대 등이다.

특수교육 법령 및 정책

CHAPTER 02

1. 특수교육 관련 법령

1) 장애 관련 법령

2024년 12월 2일 현재 우리나라의 법령은 헌법 1건, 법률 1,659건, 대통령령 1,930건, 총리령 및 부처령 1,462건, 지방자치단체의 조례와 규칙 147,283건 등 자치법규 총 152,335건이고, 기타 규칙 또는 훈령까지 포함할 경우 154,015건에 이르고 있다(그림 2-1).

현행법령 | 공포현황

현행법령

2024-12-02 기준

헌법	법령		자치법규	
1건	• 법률	1,659건	• 조례	119,964건
	• 대통령령	1,930건	• 규칙	27,319건
	• 총리령	778건	• 기타(훈령 등)	1,307건
	• 부령	1,384건	**소계**	**148,590건**
	• 기타(국회규칙 등)	373건		
	소계	**5,424건**		

계 154,015건

[그림 2-1] 법령 현황

이와 같은 법령 중 "장애"를 직접 다룬 법률은 19건이고(표 2-1), 장애 관련 내용을 다룬 법률은 총 338건인 것으로 파악되고 있으며, 이중 실제 장애인에게 직접적인 영향을 미치거나 장애인 관련 정책에 영향을 줄 수 있는 법률은 대략 57건인 것으로 파악되고 있다.

〈표 2-1〉 장애 관련 법률 현황

법률 명칭	약칭	소관 부처	제정일
노인 · 장애인 등 사회복지시설의 급식안전 지원에 관한 법률	사회복지시설 급식법	식품의약품안전처	2021.07.27.
장애예술인 문화예술 활동 지원에 관한 법률	장애예술인지원법	문화체육관광부	2020.06.09.
점자법	점자법	문화체육관광부	2016.05.29.
한국수화언어법	–	문화체육관광부	2016.02.03.
장애인 · 노인 등을 위한 보조기기 지원 및 활용촉진에 관한 법률	장애인보조기기법	보건복지부	2015.12.29.
장애인 건강권 및 의료접근성 보장에 관한 법률	장애인건강권법	보건복지부	2015.12.29.

발달장애인 권리보장 및 지원에 관한 법률	발달장애인법	보건복지부	2014.05.20.
장애인 · 고령자 등 주거약자 지원에 관한 법률	주거약자법	국토교통부	2012.02.22.
장애아동복지지원법	장애아동복지법	보건복지부	2011.08.04.
장애인활동 지원에 관한 법률	장애인활동법	보건복지부	2011.01.04.
장애인연금법	–	보건복지부	2010.04.12.
중증장애인 생산품 우선구매 특별법	중증장애인생산품법	보건복지부	2008.03.21.
장애인 차별금지 및 권리구제 등에 관한 법률	장애인차별금지법	보건복지부	2007.04.10.
장애인 기업활동 촉진법	장애인기업법	중소벤처기업부	2005.07.29.
교통약자의 이동편의 증진법	교통약자법	국토교통부	2005.01.27.
장애인노인임산부 등의 편의증진보장에 관한 법률	장애인등편의법	보건복지부	1997.04.10.
장애인고용촉진 및 직업재활법	장애인고용법	고용노동부	2000.07.01.
장애인복지법	–	보건복지부	1989.12.30.
장애인 등에 대한 특수교육법	특수교육법	교육부	2007.05.25.

2) 특수교육 관련 법령

특수교육 관련 법령은 국제인권조약과 국내 법률로 구분할 수 있다.

(1) 국제인권조약

특수아동 또는 장애아동의 교육권을 규정하고 있거나, 국가 수준의 인권 보장 가이드라인을 제시한 대표적인 국제인권조약에는 '장애인의 권리에 관한 협약'(이하 장애인권리협약)과 '아동의 권리에 관한 협약'(이하 아동권리협약)이 있다. 각 협약에서 명시하고 있는 장애아동의 교육과 관련된 주요 내용은 다음과 같다.

① 아동권리협약

1990년 유엔에서 제정된 아동권리협약은 1991년 국내 비준을 거쳐 국내법과 동등한 효력을 지닌 국제인권조약이다. 아동권리협약은 아동의 발달권, 생존권,

보호권 및 참여권 보장을 위하여 국가가 지원하거나 고려하여야 할 사항을 제시하고 있다. 이중 제23조에서는 장애아동의 존엄성 보장과 품위 있는 생활 보장 등 아동으로서의 동등한 권리 존중을 강조하고 있고, 장애아동에 대한 특별한 보호를 강조하고 장애아동의 사회 참여와 개인적 발전 달성을 위하여 적절한 교육, 훈련, 건강관리 지원 등을 제공하는 것을 규정하고 있다.

아동권리협약 중 장애아동 관련 내용

제23조

1. 당사국은 정신적 또는 신체적 장애아동이 존엄성이 보장되고 자립이 촉진되며 적극적 사회참여가 조장되는 여건 속에서 충분히 품위 있는 생활을 누려야 함을 인정한다.
2. 당사국은 장애아동의 특별한 보호를 받을 권리를 인정하며, 신청에 의하여 그리고 아동의 여건과 부모나 다른 아동양육자의 사정에 적합한 지원이, 활용 가능한 재원의 범위 안에서, 이를 받을만한 아동과 그의 양육책임자에게 제공될 것을 장려하고 보장하여야 한다.
3. 장애아동의 특별한 어려움을 인식하며, 제2항에 따라 제공된 지원은 부모나 다른 아동양육자의 재산을 고려하여 가능한 한 무상으로 제공되어야 하며, 장애아동의 가능한 한 전면적인 사회참여와 문화적 · 정신적 발전을 포함한 개인적 발전의 달성에 이바지하는 방법으로 그 아동이 교육, 훈련, 건강관리지원, 재활지원, 취업준비 및 오락 기회를 효과적으로 이용하고 제공받을 수 있도록 계획되어야 한다.
4. 당사국은 국제협력의 정신에 입각하여, 그리고 당해 분야에서의 능력과 기술을 향상시키고 경험을 확대하기 위하여 재활, 교육 및 직업보도방법에 관한 정보의 보급 및 이용을 포함하여, 예방의학분야 및 장애아동에 대한 의학적 · 심리적 · 기능적 처치 분야에 있어서의 적절한 정보의 교환을 촉진하여야 한다. 이 문제에 있어서 개발도상국의 필요에 대하여 특별한 고려가 베풀어져야 한다.

② 장애인권리협약

장애인권리협약 중 제7조는 장애아동에 관한 내용을, 제24조는 교육에 관한 내용을 규정하고 있다.

제7조는 장애아동의 다른 아동과의 동등한 권리를 인정하고, 장애아동 최대 이익을 최우선적으로 고려하여야 하며, 아동의 참여, 표현, 적절한 지원을 받을 권리를 강조하고 있다.

제24조는 모든 수준에서의 장애인의 통합교육과 평생교육을 보장하여야 하고, 특히 인간의 잠재력과 존엄성 및 자아존중감의 계발과 촉진을 위한 노력과 함께 개인의 인성, 재능, 창의성 계발을 극대화하기 위한 교육을 실시하는 것을 강조하고 있다. 장애아동의 의무교육 보장과 중등교육으로부터의 배제 금지 등 교육기회에 관한 원칙과 함께 양질의 교육을 받을 수 있도록 합리적인 편의(정당한 편의제공) 등을 규정하고 있으며, 일반 교육제도 내에 접근과 완전한 참여를 보장하기 위한 국가의 역할을 명시하고 있다. 또한 교육현장에서의 적극적 참여를 보장하기 위하여 적절한 학습방법 제공, 개인에게 적합한 방식의 의사소통 지원, 제한되지 않은 환경에서의 교육적 지원 등 교육현장에서의 실질적인 접근과 참여를 보장하기 위한 노력을 강조하고 있다.

장애인권리협약 중 장애아동 및 교육 관련 내용

제7조 장애아동

1. 당사국은 장애아동이 다른 아동과 동등하게 모든 인권과 기본적인 자유를 완전히 향유하도록 보장하기 위하여 필요한 모든 조치를 취한다.
2. 장애아동과 관련된 모든 조치에 있어서는 장애아동의 최대 이익을 최우선적으로 고려한다.
3. 당사국은 장애아동이 자신에게 영향을 미치는 모든 문제에 대하여 다른 아동과 동등하게 자신의 견해(이 견해에 대하여는 연령과 성숙도에 따라 정당한 비중이 부여된다)를 자유로이 표현할 권리를 갖고, 이 권리를 실현하기 위하여 장애 및 연령에 따라 적절한 지원을 받을 권리가 있음을 보장한다.

제24조 교육

1. 당사국은 장애인의 교육을 받을 권리를 인정한다. 당사국은 이러한 권리를 균등한 기회에

기초하여 차별 없이 실현하기 위하여, 모든 수준에서의 통합적인 교육제도와 평생교육을 보장한다. 이는 다음과 같은 목적을 지향한다.

가. 인간의 잠재력, 존엄성 및 자기존중감의 완전한 계발과, 인권, 기본적인 자유 및 인간의 다양성에 대한 존중의 강화

나. 장애인의 정신적, 신체적 능력뿐만 아니라 인성, 재능 및 창의성의 계발 극대화

다. 장애인의 자유사회에 대한 효과적인 참여의 증진

2. 당사국은 이러한 권리를 실현함에 있어 다음의 사항을 보장한다.

가. 장애인은 장애를 이유로 일반 교육제도에서 배제되지 아니하며, 장애아동은 장애를 이유로 무상 의무초등교육이나 중등교육으로부터 배제되지 아니한다.

나. 장애인은 자신이 속한 지역사회에서 다른 사람과 동등하게 통합적인 양질의 무상 초등교육 및 중등교육에 접근할 수 있다.

다. 개인의 요구에 의한 합리적인 편의가 제공된다.

라. 장애인은 일반 교육제도 내에서 효과적인 교육을 촉진하기 위하여 필요한 지원을 제공받는다.

마. 학업과 사회성 발달을 극대화하는 환경 내에서 완전한 통합이라는 목표에 합치하는 효과적이고 개별화된 지원 조치가 제공된다.

3. 당사국은 장애인의 교육에 대한 참여 그리고 지역사회의 구성원으로서 완전하고 평등한 참여를 촉진하기 위하여 생활 및 사회성 발달 능력을 학습할 수 있도록 한다. 이를 위하여, 당사국은 다음의 사항을 포함한 적절한 조치를 취한다.

가. 점자, 대체문자, 보완대체 의사소통의 방식, 수단 및 형식, 방향정위 및 이동기술의 학습을 촉진하고, 동료집단의 지원과 조언 및 조력을 촉진할 것

나. 수화 학습 및 청각장애인 집단의 언어 정체성 증진을 촉진할 것

다. 특히 시각, 청각 또는 시청각장애를 가진 아동을 포함하여 이러한 장애를 가진 장애인의 교육이 개인의 의사소통에 있어 가장 적절한 언어, 의사소통방식 및 수단으로 학업과 사회성 발달을 극대화하는 환경에서 이루어지도록 보장할 것

4. 이러한 권리 실현의 보장을 돕기 위하여, 당사국은 장애인 교사를 포함하여 수화 그리고/또는 점자언어 활용이 가능한 교사를 채용하고 각 교육 단계별 전문가와 담당자를 훈련하기 위한 적절한 조치를 취한다. 그러한 훈련은 장애에 대한 인식과 더불어, 장애인을 지원하기 위하여 적절한 보완대체 의사소통의 방식, 수단 및 형태, 교육기법 및 교재의 사용을 통합한다.

5. 당사국은 장애인이 차별 없고 다른 사람과 동등하게 일반적인 고등교육, 직업훈련, 성인교육 및 평생교육에 접근할 수 있도록 보장한다. 이를 위하여 당사국은 장애인에 대하여 합리적인 편의 제공을 보장한다.

(2) 국내 법률

「특수교육법」과 타 법률의 관계를 살펴보면, 「특수교육법」은 「헌법」 제31조에 따른 헌법상 교육 기본권에 따라 제정된 「교육기본법」 제18조에 의한 하위법이며, 「유아교육법」, 「초 · 중등교육법」, 「고등교육법」, 「평생교육법」 등과 함께 교육 관련 법률들과 병렬적 지위를 가진 교육 일반법이다(박창언, 2019). 또한 「특수교육법」은 장애인 등을 대상으로 하고 있으므로 장애 관련 법률과도 병렬적 지위를 가진 법률이다(그림 2-2).

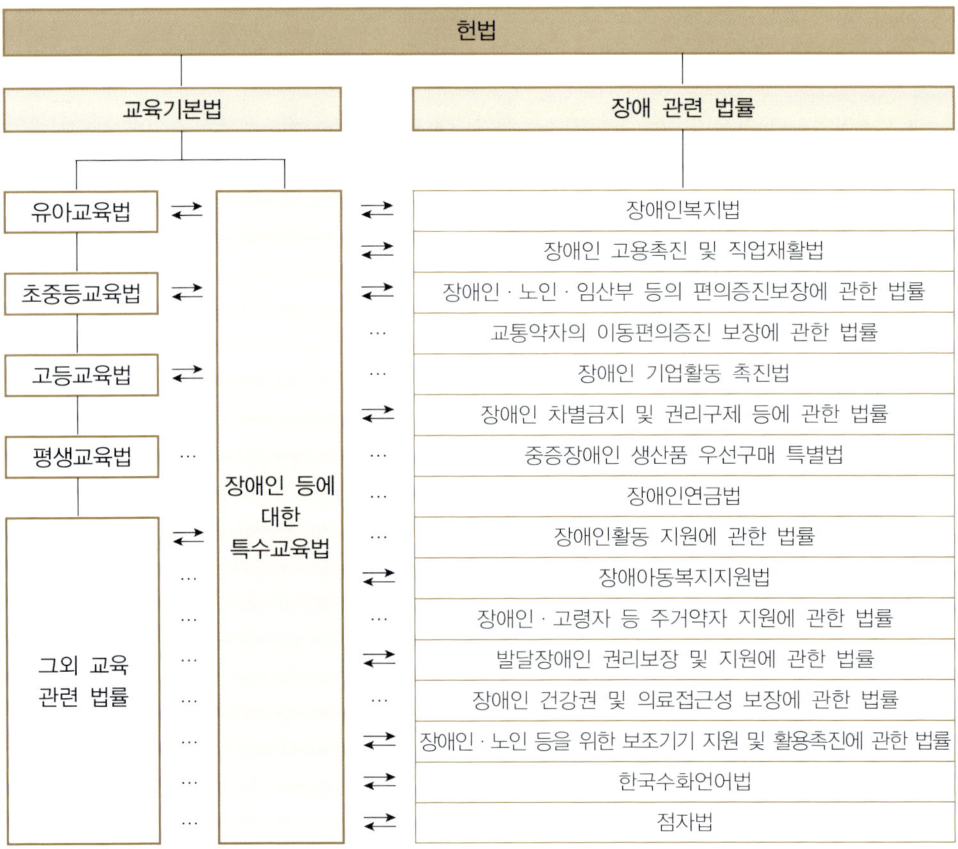

[그림 2-2] 특수교육법과 타 법률의 관계도

① 헌법

「헌법」 제10조의 행복추구권, 제31조의 교육의 권리와 의무 등이 발달장애아동의 교육권과 관련된 의미 있는 조항이라 할 수 있다. 이중 제10조는 모든 국민이 인간으로서의 존엄과 가치를 갖고 행복을 추구할 권리를 가진 주체로 규정하고 있고, 이와 같은 조항 내용을 실현하기 위하여 능력에 따라 균등하게 교육받을 권리를 「헌법」 제31조에 규정하고 있다.

헌법 교육 관련 조항

제10조

모든 국민은 인간으로서의 존엄과 가치를 가지며, 행복을 추구할 권리를 가진다. 국가는 개인이 가지는 불가침의 기본적 인권을 확인하고 이를 보장할 의무를 진다.

제31조

① 모든 국민은 능력에 따라 균등하게 교육을 받을 권리를 가진다.
② 모든 국민은 그 보호하는 자녀에게 적어도 초등교육과 법률이 정하는 교육을 받게 할 의무를 진다.
③ 의무교육은 무상으로 한다.
④ 교육의 자주성 · 전문성 · 정치적 중립성 및 대학의 자율성은 법률이 정하는 바에 의하여 보장된다.
⑤ 국가는 평생교육을 진흥하여야 한다.
⑥ 학교교육 및 평생교육을 포함한 교육제도와 그 운영, 교육재정 및 교원의 지위에 관한 기본적인 사항은 법률로 정한다.

② 교육 관련 법령

교육 관련 법령은 「교육기본법」, 「유아교육법」, 「초 · 중등교육법」이 대표적이다.

• **교육기본법**

「교육기본법」 제3조에는 모든 국민은 평생에 걸쳐 학습하고, 능력과 적성에 따라 교육받을 권리를 갖고 있다고 규정하고 있다.

제4조 제1항은 "모든 국민은 성별, 종교, 신념, 인종, 사회적 신분, 경제적 지위 또는 신체적 조건 등을 이유로 교육에서 차별을 받지 아니한다"고 규정하고 있다. 이 조항 중 "신체적 조건 등을 이유로 교육에서 차별을 받지 않는다"는 내용은 장애를 이유로 한 교육 차별을 금지하고 있는 조항이다. 또한 제4조 제2항에 따라 국가와 지방자치단체는 학습자가 평등하게 교육을 받을 수 있도록 교원 수급 등 교육 여건 격차를 최소화하는 시책을 마련하도록 규정함으로써 평등한 교육을 위한 국가의 의무와 노력을 강조하고 있다.

교육기본법 특수교육 관련 조항 1

제3조(학습권)
모든 국민은 평생에 걸쳐 학습하고, 능력과 적성에 따라 교육받을 권리를 가진다.

제4조(교육의 기회균등 등)
① 모든 국민은 성별, 종교, 신념, 인종, 사회적 신분, 경제적 지위 또는 신체적 조건 등을 이유로 교육에서 차별을 받지 아니한다.
② 국가와 지방자치단체는 학습자가 평등하게 교육을 받을 수 있도록 지역 간의 교원 수급 등 교육 여건 격차를 최소화하는 시책을 마련하여 시행하여야 한다.
③ 국가는 교육 여건 개선을 위한 학급당 적정 학생 수를 정하고 지방자치단체와 이를 실현하기 위한 시책을 수립 · 실시하여야 한다.

「교육기본법」 제12조는 학습자의 인권 존중 및 인격과 개선 존중, 학습자의 능력 발휘 보장 등 학습자의 권리를 강조하고 있다.

교육기본법 특수교육 관련 조항 2

제12조(학습자)

① 학생을 포함한 학습자의 기본적 인권은 학교교육 또는 평생교육의 과정에서 존중되고 보호된다.

② 교육내용 · 교육방법 · 교재 및 교육시설은 학습자의 인격을 존중하고 개성을 중시하여 학습자의 능력이 최대한으로 발휘될 수 있도록 마련되어야 한다.

③ 학생은 학습자로서의 윤리의식을 확립하고, 학교의 규칙을 지켜야 하며, 교원의 교육 · 연구활동을 방해하거나 학내의 질서를 문란하게 하여서는 아니 된다.

「교육기본법」 제18조는 신체적 · 정신적 · 지적장애 등으로 특별한 교육적 요구가 있는 학생을 위한 별도의 학교를 설립 · 경영할 수 있는 근거와 특수교육을 효과적으로 지원하는데 필요한 시책을 수립 · 실시할 것을 규정하고 있다.

교육기본법 특수교육 관련 조항 3

제18조(특수교육)

국가와 지방자치단체는 신체적 · 정신적 · 지적장애 등으로 특별한 교육적 배려가 필요한 사람을 위한 학교를 설립 · 경영하여야 하며, 이들의 교육을 지원하기 위하여 필요한 시책을 수립 · 실시하여야 한다.

제27조(보건 및 복지의 증진)

① 국가와 지방자치단체는 학생과 교직원의 건강 및 복지를 증진하기 위하여 필요한 시책을 수립 · 실시하여야 한다.

② 국가 및 지방자치단체는 학생의 안전한 주거환경을 위하여 학생복지주택의 건설에 필요한 시책을 수립 · 실시하여야 한다.

- **유아교육법**

「유아교육법」 제15조는 특수교육을 필요로 하는 유아에게 유치원에 준하는 교육과 실생활 기능 교육을 담당하는 특수학교를 단설로 설치 · 운영할 수 있는 근거를 규정하고 있다.

유아교육법 특수교육 관련 조항

제15조(특수학교 등)

① 특수학교는 신체적 · 정신적 · 지적장애 등으로 특수교육이 필요한 유아에게 유치원에 준하는 교육과 실생활에 필요한 지식 · 기능 및 사회적응 교육을 하는 것을 목적으로 한다.

② 국가 및 지방자치단체는 특수교육이 필요한 유아가 유치원에서 교육을 받으려는 경우에는 따로 입학절차 · 교육과정 등을 마련하는 등 유치원과의 통합교육 실시에 필요한 시책을 마련하여야 한다.

• **초 · 중등교육법**

「초 · 중등교육법」 제55조는 특수학교는 초등학교, 중학교 또는 고등학교에 준하는 교육과 실생활에 필요한 지식 · 기능 및 사회적응 교육을 실시하여야 하고, 고등학교 이하의 각급 학교에 대해 특수학급을 증설하는 것을 명시하고 있다.

초·중등교육법 특수교육 관련 조항

제55조(특수학교)

특수학교는 신체적 · 정신적 · 지적장애 등으로 인하여 특수교육이 필요한 사람에게 초등학교 · 중학교 또는 고등학교에 준하는 교육과 실생활에 필요한 지식 · 기능 및 사회적응 교육을 하는 것을 목적으로 한다.

제56조(특수학급)

고등학교 이하의 각급 학교에 특수교육이 필요한 학생을 위한 특수학급을 둘 수 있다.

③ 장애인 관련 법령

장애인 관련 법령으로는 「장애인복지법」, 「장애아동복지지원법」, 「발달장애인 권리보장 및 지원에 관한 법률」, 「장애인 차별금지 및 권리구제 등에 관한 법률」 등을 들 수 있다.

• **장애인복지법**

「장애인복지법」 제20조는 국가 및 지방자치단체가 장애인의 장애 유형 또는 장애 정도에 따른 충분한 교육을 제공하기 위한 필요한 정책 마련, 관련 조사·연구 실시, 전문 진로교육 실시 제도 강구, 입학 거부 금지, 입학과 수학에 필요한 조치 강구 등을 추진하도록 규정하고 있다. 「장애인복지법」의 교육 관련 조항은 관련 법률인 「특수교육법」에 대다수의 내용이 중복 규정되어 있고, 「장애인복지법」의 소관부처인 보건복지부가 교육부 관할의 교육기관을 지원, 관리하기 어려우므로 「장애인복지법」 제20조의 규정은 실제 교육기관에 유의미하게 적용되기 어렵다. 실제로 교육현장에서는 「장애인복지법」 제20조의 규정보다 제25조(사회적 인식 개선)의 규정에 따른 장애인식 개선 교육의 실시 근거로 「장애인복지법」을 활용, 적용하고 있다.

장애인복지법 교육 관련 조항

제20조(교육)

① 국가와 지방자치단체는 사회통합의 이념에 따라 장애인이 연령·능력·장애의 종류 및 정도에 따라 충분히 교육받을 수 있도록 교육내용과 방법을 개선하는 등 필요한 정책을 강구하여야 한다.

② 국가와 지방자치단체는 장애인의 교육에 관한 조사·연구를 촉진하여야 한다.

③ 국가와 지방자치단체는 장애인에게 전문 진로교육을 실시하는 제도를 강구하여야 한다.

④ 각급 학교의 장은 교육을 필요로 하는 장애인이 그 학교에 입학하려는 경우 장애를 이유로 입학 지원을 거부하거나 입학시험 합격자의 입학을 거부하는 등의 불리한 조치를 하여서는 아니 된다.
⑤ 모든 교육기관은 교육대상인 장애인의 입학과 수학(修學) 등에 편리하도록 장애의 종류와 정도에 맞추어 시설을 정비하거나 그 밖에 필요한 조치를 강구하여야 한다.

제25조(사회적 인식 개선 등)
① 국가와 지방자치단체는 학생, 공무원, 근로자, 그 밖의 일반국민 등을 대상으로 장애인에 대한 인식 개선을 위한 교육 및 공익광고 등 홍보사업을 실시하여야 한다.
② 국가기관 및 지방자치단체의 장, 영유아보육법에 따른 어린이집, 유아교육법 · 초 · 중등교육법 · 고등교육법에 따른 각급 학교의 장, 그 밖에 대통령령으로 정하는 교육기관 및 공공단체(이하 "국가기관등"이라 한다)의 장은 매년 소속 직원 · 학생을 대상으로 장애인에 대한 인식 개선을 위한 교육(이하 "인식개선교육"이라 한다)을 실시하고, 그 결과를 보건복지부장관에게 제출하여야 한다.
③~⑪(생략)

• **장애아동복지지원법**

「장애아동복지지원법」은 「특수교육법」 개정 이후 학교밖 가정 또는 지역사회에서 생활하는 장애아동에 대한 효과적인 복지지원체계를 구축하기 위하여 제정되었다. 그러나 「장애아동복지지원법」 중 교육현장을 직접 지원하는 내용은 보육 지원을 제외하고 거의 존재하지 않고, 교육기관과 지역사회 간 협력을 통해 조기 발견 및 중재, 지역사회로의 전환 지원 등을 국가와 지방자치단체의 임무 중 하나로 규정하고 있다.

장애아동복지지원법 교육 관련 조항

제4조(장애아동의 권리)

① 장애아동은 모든 형태의 학대 및 유기 · 착취 · 감금 · 폭력 등으로부터 보호받아야 한다.
② 장애아동은 부모에 의하여 양육되고, 안정된 가정환경에서 자라나야 한다.
③ 장애아동은 인성 및 정신적 · 신체적 능력을 최대한 계발하기 위하여 적절한 교육을 제공받아야 한다.
④ 장애아동은 가능한 최상의 건강상태를 유지하고 행복한 일상생활을 영위하기 위한 의료적 · 복지적 지원을 받아야 한다.
⑤ 장애아동은 휴식과 여가를 즐기고, 놀이와 문화예술활동에 참여할 수 있는 기회를 제공받아야 한다.
⑥ 장애아동은 의사소통 능력, 자기결정 능력 및 자기권리 옹호 능력을 향상시키기 위한 교육 및 훈련 기회를 제공받아야 한다.

제22조(보육지원)

① 국가와 지방자치단체는 영유아보육법 제27조에 따른 어린이집 이용대상이 되는 장애아동(이하 "장애영유아"라 한다)에 대하여 같은 법 제34조에 따라 보육료 등을 지원하여야 한다.
② 국가 및 지방자치단체는 영유아보육법 제10조에 따른 어린이집 또는 유아교육법 제2조 제2호에 따른 유치원을 이용하지 아니하는 장애영유아에게 영유아보육법 제34조의2에 따라 양육수당을 지급할 수 있다.
③ 제32조에 따른 장애영유아를 위한 어린이집은 장애영유아에 대한 체계적인 보육지원과 원활한 취학을 위한 보육계획을 수립 · 실시하여야 하며 대통령령으로 정하는 자격을 가진 특수교사와 장애영유아를 위한 보육교사 등을 배치하여야 한다.
④ 제3항에 따른 특수교사와 장애영유아를 위한 보육교사의 자격 및 배치는 국가와 지방자치단체의 재정 및 교원수급 여건을 고려하여 대통령령으로 정하는 바에 따라 순차적으로 실시한다.

제25조(지역사회 전환 서비스지원)

국가와 지방자치단체는 장애아동이 18세가 되거나 초 · 중등교육법 제2조의 고등학교와 이에 준하는 각종 학교 또는 장애인 등에 대한 특수교육법 제24조의 전공과를 졸업한 후 주거 · 직업체험 등의 지역사회 전환 서비스를 제공하도록 노력하여야 한다.

• **발달장애인 권리보장 및 지원에 관한 법률**

「발달장애인 권리보장 및 지원에 관한 법률」은 장애인 중 지적장애 또는 자폐성장애가 있는 사람의 권리를 보장하고 필요한 복지서비스를 효과적으로 제공하기 위하여 제정된 법률이다. 이 법률 역시 발달장애인의 권익 신장과 복지지원을 제공하는 내용을 골자로 하고 있으므로, 교육현장에 직접 활용, 적용될 수 있는 내용은 많지 않다.

다만 제10조 의사소통지원 규정에 따라 교육부장관은 발달장애인이 자신의 의사를 원활하게 표현할 수 있도록 학습에 필요한 의사소통도구를 개발하고 의사소통지원 전문인력을 양성하여야 한다. 또한 제26조의 규정에 따라 국가와 지방자치단체는 발달장애인의 평생교육을 위한 교육과정을 적절하게 운영하고, 발달장애인 평생교육과정을 운영하는 평생교육기관에 대하여 예산의 범위에서 필요한 경비를 지원하여야 한다.

발달장애인법 교육 관련 조항

제10조(의사소통지원)

① 국가와 지방자치단체는 발달장애인의 권리와 의무에 중대한 영향을 미치는 법령과 각종 복지지원 등 중요한 정책정보를 발달장애인이 이해하기 쉬운 형태로 작성하여 배포하여야 한다.

② 교육부장관은 발달장애인이 자신의 의사를 원활하게 표현할 수 있도록 학습에 필요한 의사소통도구를 개발하고 의사소통지원 전문인력을 양성하여 발달장애인에게 도움이 될 수 있도록 초 · 중등교육법 제2조 각호의 학교와 평생교육법 제2조 제2호의 평생교육기관 등을 통하여 필요한 교육을 실시하여야 한다.

③ 행정안전부장관은 국가와 지방자치단체의 민원담당 직원이 발달장애인과 효과적으로 의사소통할 수 있도록 의사소통 지침을 개발하고 필요한 교육을 실시하여야 한다.

④ 제1항부터 제3항까지에 따른 정책정보의 작성 및 배포, 의사소통도구의 개발 · 교육 및 전문인력 양성, 민원담당 직원에 대한 의사소통 지침 개발 및 교육 등에 필요한 사항은

대통령령으로 정한다.

제26조(평생교육 지원)

① 국가와 지방자치단체는 발달장애인에게 교육기본법 제3조 및 제4조에 따른 평생교육의 기회가 충분히 부여될 수 있도록 특별자치시 · 특별자치도 · 시 · 군 · 구(자치구를 말한다. 이하 같다)별로 평생교육법 제2조 제2호의 평생교육기관을 지정하여 발달장애인을 위한 교육과정을 적절하게 운영하도록 조치하여야 한다.

② 제1항에 따른 평생교육기관의 지정 기준과 절차, 발달장애인을 위한 교육과정의 기준, 교육제공인력의 요건 등은 교육부장관이 보건복지부장관과 협의하여 정한다.

③ 국가와 지방자치단체는 제1항에 따라 지정된 평생교육기관에 대하여 예산의 범위에서 발달장애인을 위한 교육과정의 운영에 필요한 경비의 전부 또는 일부를 지원할 수 있다.

• 장애인 차별금지 및 권리구제 등에 관한 법률

「장애인 차별금지 및 권리구제 등에 관한 법률」은 장애를 이유로 한 차별을 금지하고 차별 당한 장애인의 권리를 구제하기 위하여 제정된 법률이다. 이 법률은 직접차별, 간접차별, 정당한 편의제공 거부에 의한 차별 등 장애를 이유로 한 차별의 유형, 영역별 대표적인 차별행위의 유형, 차별행위가 발생될 수 있는 대상기관의 범위 등을 명시하고 있는데, 이 중 고용 영역과 함께 교육 영역에서도 장애를 이유로 한 차별행위의 범위와 정당한 편의제공의 범위 등을 구체적으로 규정하고 있다. 특히 교육현장에서의 장애를 이유로 한 제한 · 배제 · 분리 · 거부 등의 행위를 금지하고 있고, 교육책임자가 정당한 사유 없이 장애인 또는 보호자의 정당한 편의제공 요구를 거부할 수 없으며, 이동용 보장구 지원, 교육보조인력의 배치, 의사소통도구 지원, 통역 지원, 편의시설 지원 등 교육현장에서 구체적인 정당한 편의제공의 범위를 명시하고 있다.

장애인차별금지법 교육 관련 조항

제13조(차별금지)

① 교육책임자는 장애인의 입학 지원 및 입학을 거부할 수 없고, 전학을 강요할 수 없으며, 영유아보육법에 따른 어린이집, 유아교육법 및 초 · 중등교육법에 따른 각급 학교는 장애인이 당해 교육기관으로 전학하는 것을 거절하여서는 아니 된다.

② 제1항에 따른 교육기관의 장은 장애인 등에 대한 특수교육법 제17조를 준수하여야 한다.

③ 교육책임자는 당해 교육기관에 재학 중인 장애인 및 그 보호자가 제14조 제1항 각 호의 편의 제공을 요청할 때 정당한 사유 없이 이를 거절하여서는 아니 된다.

④ 교육책임자는 특정 수업이나 실험 · 실습, 현장견학, 수학여행 등 학습을 포함한 모든 교내외 활동에서 장애를 이유로 장애인의 참여를 제한, 배제, 거부하여서는 아니 된다.

⑤ 교육책임자는 취업 및 진로교육, 정보제공에 있어서 장애인의 능력과 특성에 맞는 진로교육 및 정보를 제공하여야 한다.

⑥ 교육책임자 및 교직원은 교육기관에 재학 중인 장애인 및 장애인 관련자, 특수교육 교원, 특수교육보조원, 장애인 관련 업무 담당자를 모욕하거나 비하하여서는 아니 된다.

⑦ 교육책임자는 장애인의 입학 지원 시 장애인 아닌 지원자와 달리 추가서류, 별도의 양식에 의한 지원 서류 등을 요구하거나, 장애인만을 대상으로 한 별도의 면접이나 신체검사, 추가시험 등(이하 "추가서류 등"이라 한다)을 요구하여서는 아니 된다. 다만, 추가서류 등의 요구가 장애인의 특성을 고려한 교육시행을 목적으로 함이 명백한 경우에는 그러하지 아니하다.

⑧ 국가 및 지방자치단체는 장애인에게 장애인 등에 대한 특수교육법 제3조 제1항에 따른 교육을 실시하는 경우, 정당한 사유 없이 해당 교육과정에 정한 학업시수를 위반하여서는 아니 된다.

제14조(정당한 편의제공 의무)

① 교육책임자는 당해 교육기관에 재학 중인 장애인의 교육활동에 불이익이 없도록 다음 각 호의 수단을 적극적으로 강구하고 제공하여야 한다.

1. 장애인의 통학 및 교육기관 내에서의 이동 및 접근에 불이익이 없도록 하기 위한 각종 이동용 보장구의 대여 및 수리
2. 장애인 및 장애인 관련자가 필요로 하는 경우 교육보조인력의 배치
3. 장애로 인한 학습 참여의 불이익을 해소하기 위한 확대 독서기, 보청기기, 높낮이 조절용 책상, 각종 보완 · 대체 의사소통 도구 등의 대여 및 보조견의 배치나 휠체어의 접근을 위한 여유 공간 확보

4. 시 · 청각장애인의 교육에 필요한 한국수어 통역, 문자통역(속기), 점자자료 및 인쇄물 접근성바코드(음성변환용 코드 등 대통령령으로 정하는 전자적 표시를 말한다. 이하 같다)가 삽입된 자료, 자막, 큰 문자자료, 화면낭독 · 확대프로그램, 보청기기, 무지점자단말기, 인쇄물음성변환출력기를 포함한 각종 장애인보조기구 등 의사소통 수단
5. 교육과정을 적용함에 있어서 학습진단을 통한 적절한 교육 및 평가방법의 제공
6. 그 밖에 장애인의 교육활동에 불이익이 없도록 하는 데 필요한 사항으로서 대통령령으로 정하는 사항

② 교육책임자는 제1항 각 호의 수단을 제공하는 데 필요한 업무를 수행하기 위하여 장애학생지원부서 또는 담당자를 두어야 한다.

③ 제1항을 적용함에 있어서 그 적용대상 교육기관의 단계적 범위와 제2항에 따른 장애학생지원부서 및 담당자의 설치 및 배치, 관리 · 감독 등에 필요한 사항은 대통령령으로 정한다.

3) 장애인 등에 대한 특수교육법

「장애인 등에 대한 특수교육법」은 특수교육의 근간이 되는 법률이다. 이 법의 체계와 성격, 변천과정 및 주요 내용을 살펴보면 다음과 같다.

(1) 특수교육법의 체계와 성격

현행 「특수교육법」은 본칙과 부칙으로 구성되어 있다. 본칙은 총칙, 국가 및 지방자치단체의 임무, 특수교육대상자의 선정 및 학교배치 등, 영유아 및 초 · 중등교육, 고등교육, 보칙 및 벌칙 등 6장 38개 조항으로 구성되어 있다. 부칙은 시행일, 다른 법률의 개정 등으로 구성되어 있다(표 2-2).

〈표 2-2〉 특수교육법의 장별 조문 현황

장	조문 제목	장	조문 제목
제1장 총칙	제1조(목적) 제2조(정의) 제3조(의무교육 등) 제4조(차별의 금지)	제4장 영유아 및 초 · 중등 교육	제18조(장애영아의 교육지원) 제19조(보호자의 의무 등) 제20조(교육과정의 운영 등) 제21조(통합교육) 제22조(개별화 교육) 제23조(진로 및 직업교육의 지원) 제24조(전공과의 설치 · 운영) 제25조(순회교육 등) 제26조(방과후 과정을 운영하는 유치원 과정의 교육기관) 제27조(특수학교의 학급 및 각급 학교의 특수학급 설치 기준) 제28조(특수교육 관련 서비스)
제2장 국가 및 지방자치 단체의 임무	제5조(국가 및 지방자치단체의 임무) 제6조(특수교육기관의 설립 및 위탁교육) 제7조(위탁교육기관의 변경신청) 제8조(교원의 자질향상) 제9조(특수교육대상자의 권리와 의무의 안내) 제10조(특수교육운영위원회) 제11조(특수교육지원센터의 설치 · 운영) 제12조(특수교육에 관한 연차보고서) 제13조(특수교육 실태조사) 제13조의2(인권침해 사건 신고 시스템의 구축 · 운영 등	제5장 고등교육	제29조(특별지원위원회) 제30조(장애학생지원센터) 제31조(편의제공 등) 제32조(학칙 등의 작성) 제33조(삭제) 제34조(삭제)
제3장 특수교육 대상자의 선정 및 학교배치	제14조(장애의 조기발견 등) 제15조(특수교육대상자의 선정) 제16조(특수교육대상자의 선정절차 및 교육지원 내용의 결정) 제17조(특수교육대상자의 배치 및 교육)	제6장 보칙 및 벌칙	제35조(대학의 심사청구 등) 제36조(고등학교 과정 이하의 심사청구) 제37조(권한의 위임과 위탁) 제38조(벌칙) 제38조의2(벌칙)

「특수교육법」은 대통령령(시행령)과 부령(시행규칙)을 모두 보유한 3단 법령 체계를 갖춘 법률이다. 즉 법률의 시행을 위한 시행령과 시행규칙 등이 하위법령으로 제정되어 있다. 「특수교육법」 시행 관련 행정규칙으로는 교육부장관이 고시한 특수교육교육과정, 특수학교 기숙사 운영 등과 관련된 자치규칙 등이 있다.

「특수교육법」과 타 법률의 관계를 살펴보면, 「특수교육법」은 「헌법」 제31조에 따른 헌법상 교육 기본권에 따라 제정된 「교육기본법」 제18조에 의한 하위법이며, 「유아교육법」, 「초 · 중등교육법」, 「고등교육법」, 「평생교육법」 등과 함께 교육 관련 법률들과 병렬적 지위를 가진 교육 일반법이다(박창언, 2019). 또한 「특수교육법」은 장애인 등을 대상으로 하고 있으므로 장애 관련 법률과도 병렬적 지위를 가진 법률이다.

(2) 특수교육법의 변천과정 및 주요 내용

① 역사적 변천과정

우리나라는 100여년이 넘는 특수교육의 역사를 갖고 있으나, 국가 차원의 공적 특수교육 지원 체계가 갖추어진 시기는 지난 1979년 「특수교육진흥법」이 제정되면서부터였다고 할 수 있다(이석진 · 김삼섭, 2004). 그 이후 특수교육은 시대 변화와 사회적 요구에 부응하는 다양한 정책이 수립, 시행되면서 도약하고 성숙되어 왔다.

1994년 「특수교육진흥법」이 전면 개정되면서 통합교육, 개별화 교육, 치료교육, 직업교육 등 특수교육의 내용이 구체화되고 다양화되었으며, 2007년 「장애인 등에 대한 특수교육법」(이하 특수교육법)으로 전부개정되면서 생애주기에 따른 맞춤형 교육지원 체계를 구축하고, 특수교육 관련 서비스 도입으로 교육의 질을 제고해 왔다. 또한 기존 「특수교육진흥법」이 국가가 교육할 권리를 가지는 국가 주도적 교육을 규정한 것이었다면, 「특수교육법」은 장애인 교육 주체들의 노력 끝에 시민이 교육할 권리를 찾게 되는 의미 있는 결실이었다(강경희 외, 2007).

이 법률의 시행으로 특수교육기관 및 특수교육교원이 확충되는 등 그 성과는 분명히 나타나고 있다. 「장애인 등에 대한 특수교육법」의 시행은 의무교육 연한 확대, 무상교육 확대, 특수교육 관련 서비스 확대, 고등교육 기회 확대, 특수교사 법정 정원 확보율 제고 등 장애학생의 교육 기회 증진에 기여하였고, 통합교육 촉진, 일반교사 및 특수교사의 전문성 제고 등 장애학생의 교육의 질 향상에 기여했다고 평가되고 있다(김종무, 2017).

② 특징

「특수교육법」은 「교육기본법」 제18조에 따라 국가 및 지방자치단체가 장애인 및 특별한 교육적 요구가 있는 사람에게 통합된 교육환경을 제공하고 생애주기에 따라 장애 유형 · 장애 정도의 특성을 고려한 교육을 실시하여 이들이 자아실현과 사회통합을 하는데 기여하는 것을 목적으로 한다. 「특수교육법」은 이와 같은 목적을 실현하기 위하여 특수교육, 특수교육 관련 서비스, 통합교육, 개별화교육, 순회교육, 진로 및 직업교육 등 다양한 교육내용과 교육방법을 특수교육기관에서 효과적으로 제공하기 위한 구체적 지원 절차와 지원 내용을 규정하고 있다. 또한 「특수교육법」은 특수교육대상자와 대학 장애학생을 대상으로 법률 수혜 대상을 제한하고 있으며, 보호자와 특수교육교원 등이 특수교육대상자의 교육 지원을 효과적으로 지원하기 위한 사람으로 규정하고 있다.

또한 「특수교육법」은 유치원 및 고등학교 과정의 의무교육을 도입하고, 장애의 조기발견체계를 구축하면서 장애영아에 대한 무상교육부터 대학 장애학생에 대한 고등교육지원에 이르기까지 장애인의 생애주기별 교육지원체계를 확립하였다는데 의의가 있는 법률로 평가받고 있다. 또한, 특수학교의 학급 및 일반학교의 특수학급당 학생 수를 대폭 낮추어 이를 법률에 명시함으로써 특수교육의 질을 제고하고자 하였고, 특수교육대상자에 대하여 가족지원, 치료지원, 보조인력 지원 등 관련 서비스의 제공을 의무화함으로써 장애인의 교육권을 실질적으로 보장하기 위하여 제정된 법률이기도 하다.

그밖에 특수교육법의 주요 특징은 다음과 같다.

첫째, 「특수교육법」은 장애인을 대상으로 한 우리나라 최초의 법률로 평가되고 있다.

둘째, 「특수교육법」은 장애영아에 대한 교육지원, 대학 장애학생에 대한 교육지원, 장애성인을 위한 평생교육 지원 등의 내용이 포함되는 등 장애인을 위한 생애주기별 교육지원체계를 마련한 법률이다.

셋째, 「특수교육법」은 0세부터 전공과까지 무상 · 의무교육을 법률로써 보장한 법률이다.

넷째, 「특수교육법」은 무상의 적절한 공교육환경 마련, 보호자 참여 강화, 교육현장에서 장애를 이유로 한 차별 금지, 개별화 교육계획 수립, 특수교육 관련 서비스 지원 등 미국의 장애인교육향상법(IDEIA)에 제시된 특징이 많이 반영된 법률로 평가되고 있다.

다섯째, 「특수교육법」은 장애인 중에서도 특수교육대상자로 선정되거나, 장애인이 아니면서 특수교육대상자로 선정된 사람을 법률의 주요 수혜 대상으로 제시하고 있다.

(3) 주요 내용

「특수교육법」의 주요 내용을 키워드를 중심으로 살펴보면 다음과 같다.

① 특수교육의 개념

「특수교육법」 제2조 제1호에서 "특수교육"은 "특수교육대상자의 교육적 요구를 충족시키기 위하여 특성에 적합한 교육과정 및 제2호에 따른 특수교육 관련 서비스 제공을 통하여 이루어지는 교육"으로 정의하고 있다. 현행 「특수교육법」은 특수교육을 '교육과정'과 '특수교육 관련 서비스' 등 두 요인으로 구성된 개념을 사용함으로써 특수교육이 교육과정적 지원뿐만 아니라 특수교육대상자에게 적절한 교육과정을 효과적으로 제공하기 위한 교육복지적 지원 중 하나인 특수교육 관련 서비스까지 포함하는 개념으로 설정하고 있다. 이와 같은 정의 규정으로 인해 특수교육대상자로 선정될 경우, 특별히 고안된 교육과정뿐만 아니라 필요한 경우 특수교육 관련 서비스까지 함께 제공받을 수 있게 된다.

특성에 적합한 교육과정이라는 개념은 특수교육대상자를 위한 교육과정이 기존 일반적인 교육과정을 특수교육대상자의 특성과 요구에 맞게 수정하여 적용하거나, 별도의 대안적인 교육과정을 적용하는 것을 의미하고, 구체적으로는 교육과정의 목표, 내용, 방법 및 평가에 이르는 사항을 특수교육대상자의 특성을 고려하여 수정, 조정, 적합화환 방식으로 적용하는 것을 말한다.

특수교육 관련 서비스는 특수교육대상자의 교육을 효율적으로 실시하기 위하여 필요한 인적 · 물적자원을 제공하는 서비스로서 상담지원 · 가족지원 · 치료지원 · 보조인력지원 · 보조공학기기지원 · 학습보조기기지원 · 통학지원 및 정보접근지원 등을 말한다. 「특수교육법」 제28조 및 같은 법 하위법에는 이와 같은 특수교육 관련 서비스의 구체적인 지원방법과 절차를 규정하고 있으며, 최근 「특수교육법」 개정으로 의료적 지원에 관한 사항도 추가되었다.

② 특수교육대상자

특수교육 지원을 제공받기 위해서는 「특수교육법」에 따라 특수교육대상자로 선정받아야 한다. 「특수교육법」 제15조의 규정에 따라 11가지 유형 중 어느 하나에 해당되면서 특수교육을 필요로 하는 사람으로 진단 · 평가된 사람을 특수교육대상자로 규정하고 있다. 특수교육대상자에 포함될 수 있는 장애 유형은 11개 유형으로 제시하고 있으나, 이때의 장애 유형은 「장애인복지법」에 따른 등록장애인의 장애 유형과는 다소 차이가 있다. 이는 우리나라의 특수교육대상자가 장애인만을 지칭하는 것이 아니라 장애를 갖고 있어서 특별한 교육적 요구가 있거나, 장애를 갖고 있지 않더라도 특별한 교육적 요구가 있는 사람까지 확대하여 규정하고 있기 때문이다.

장애인복지법			장애인 등에 대한 특수교육법
대분류	중분류	소분류	
신체적 장애	신체 외부 기능장애	시각장애	시각장애
		청각장애	청각장애
		지체장애	지체장애
		뇌병변장애	X (지체장애)
		언어장애	의사소통장애
		안면장애	X
	신체 내부 기능장애	심장장애	X (건강장애) 희귀난치성질환, 백혈병, 소아암 등 장기간결석이 불가피한 학생
		신장장애	
		간장애	
		장루요루장애	
		뇌전증장애	
		호흡기장애	
정신적 장애	발달장애	지적장애	지적장애
		자폐성장애	자폐성장애
	정신장애	정신장애	X (정서행동장애)
		X	학습장애
		X	발달지체
		X	기타 장애

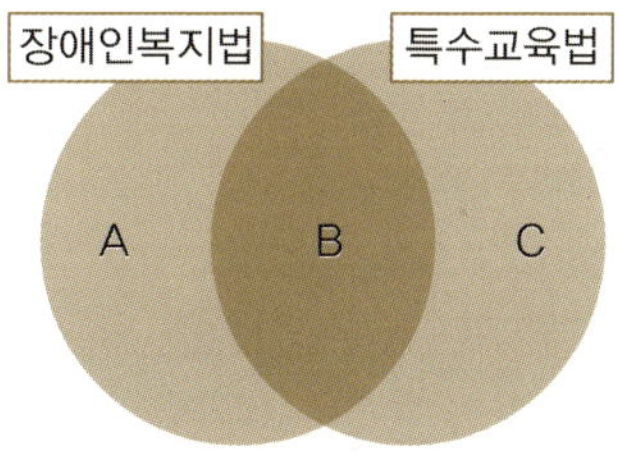

등록장애인 ≠ 특수교육대상자
(학생, 특수아동)

A: 안면장애, 신체내부기능장애, 정신장애
B: 시각장애, 청각장애, 지체장애, 지적장애, 자폐성장애, 언어장애(의사소통장애)
C: 건강장애, 정서행동장애, 학습장애, 발달지체, 기타

[그림 2-3] 등록장애인과 특수교육대상자의 장애 유형 비교

「특수교육법」 제14조부터 제17조까지는 특수교육대상자의 조기발견, 진단 · 평가 및 선정 · 배치에 관한 사항을 규정하고 있다. 이와 같은 조항을 도식화하면 다음과 같다(그림 2-4).

법 조항	절차	기한
법 제14조 제3항	보호자의 신청 / 각급학교의 장이 신청 → 보호자의 사전 동의	
법 제14조 제3항	↓ 진단 · 평가정차 의뢰(특수교육대상자 선정 신청) → 교육감 또는 교육장의 접수	
법 제14조 제4항	↓ 교육감 또는 교육장이 특수교육지원센터로 진단 · 평가 회부	즉시
법 제14조 제4항 & 법 제16조 제1항	↓ 특수교육지원센터에서 진단 · 평가 실시	30일 이내
법 제14조 제4항 & 법 제16조 제2항	↓ 특수교육지원센터는 특수교육대상자로의 선정 여부 & 필요한 교육지원 내용에 대한 최종 의견 작성 → 특수교육지원센터의 장이 진단 · 평가 결과를 교육감 또는 교육장에게 보고	
법 제16조 제3항	↓ 교육감 또는 교육장은 특수교육대상자 선정 여부 및 (필요한) 교육 지원 내용(특수교육, 진로 및 직업교육, 특수교육 관련 서비스 등 구체적 내용)을 결정하여 보호자에게 서면으로 통지	2주 이내
	특수교육대상자 선정 ↓ → 미선정시: 미선정 사실 통보	
법 제17조 제1항	교육감 또는 교육장은 해당 특수교육운영위원회의 심사를 거쳐 특수교육대상자 배치(보법 호자 의견 수렴) *배치의 원칙: 최소제한환경(LRE)+근거리 지역 배치//일반학습/특수학급/특수학교	
시행령 제11조 제3항	각급학교의 장이 재배치 요구, 교육지원 내용 변경 필요시 개별화 교육지원팀의 검토를 받아 재진단 · 평가 교육감(교육장)에게 의뢰 ↓ → 보호자 또는 각급 학교의 장은 (배치) 이의 있을 경우 심사청구	법 제36조 제1항
법 제36조 제3항	해당 특수교육운영위원회는 심사 후 그 결정을 교육감 또는 교육장이나 학교의 장 또는 특수교육대상자에게 통보(문서)	30일 이내
법 제36조 제6항	↓ 심사 결정에 이의가 있는 보호자는 행정심판 제기	90일 이내

[그림 2-4] 특수교육대상자 진단 · 평가, 선정 · 배치 및 이의 신청 절차

③ 무상 · 의무교육

「특수교육법」은 특수교육대상자의 유치원과 고등학교 과정의 교육을 의무교육으로, 영아와 전공과 과정의 교육을 무상교육으로 규정하고 있다. 이는 특수교육대상자에 대한 교육을 생애주기에 따라 국가의 국민에 대한 교육의 책무를 높이고, 더 많은 특수교육대상자가 특수교육기관에서 적절한 교육을 받을 수 있는 환경을 조성하기 위하여 시행되는 것이다.

의무교육이란 모든 국민에게 사회적 신분이나 경제적 지위에 차별을 두지 않고 국민으로서 자질을 함양하기 위한 최소 필수의 공통교육을 보장하기 위한 제도(김범주, 2001)를 말한다. 의무교육은 국민이 국가로부터 교육받아야 할 의무를 강조하는 개념이었으나, 공교육의 강화 움직임 속에 오늘날의 의무교육은 국가가 국민에게 교육을 제공하여야 할 의무를 강조하는 개념으로 확대되고 있다. 장애유아와 고등학교 과정까지 의무교육을 확대하게 된 것도 장애학생의 교육기회 확대와 교육기회 균등을 실현하기 위해 국가의 의무를 강조하기 위하여 도입된 것이라 할 수 있다.

④ 학급당 학생수 기준 및 특수교육교원 배치 기준

「특수교육법」에는 「초 · 중등교육법」 등 다른 교육 관련 법률과 차이가 있는 조항으로, 학급당 학생수 기준과 특수교육교원의 배치 기준이 각각 법률과 시행령에 구체적으로 규정되어 있다. 이는 장애학생에 대한 교육을 균등하게 제공하고 장애학생에 대한 교육의 질을 높이기 위한 차원에서 제안된 것이다. 먼저 학급당 학생 수 기준이 유치원은 특수교육대상자 4명, 초등학교와 중학교는 6명, 고등학교와 전공과는 7명으로 규정하고 있다. 2007년 이전에 제정, 시행된 「특수교육진흥법」의 경우 학급당 12명으로 규정된 것에 비해 거의 2배 가까이 학급당 학생수 기준이 감축되었다.

또한 특수교육교원의 배치기준은 「특수교육법」 시행령 제22조에 명시되어 있으며, 특수교육대상자 4명마다 1명 비율로 특수교육교원을 배치하게 되어 있다. 초 · 중등교원의 배치 기준이 시 · 도교육감에게 위임되어 있는 것과 다르게 특교육교원의 배치는 시행령에 명시되어 있다는 것이 특이한 점이다. 이는 특수교육교원의 배치 기준을 시 · 도교육감에게 위임하는 것은 시 · 도별 편차로 인해 발생하는 문제점을 없애기 위한 것이며, 안정적으로 특수교육교원을 확보하려는 의미이다. 또한 후단에 단서 조항을 두어 여러 가지 여건에 따라 시 · 도별 배치를 40%의 범위 안에서 교육부장관이 조정할 수 있게 하였으며, 단위 학교 · 학급별 배치는 교육감 또는 교육장이 배치된 정원의 40%의 범위 안에서 가감할 수 있게 하였다.

⑤ 통합교육

「특수교육법」에는 통합교육을 "특수교육대상자가 일반학교에서 장애 유형 · 장애 정도에 따라 차별을 받지 아니하고 또래와 함께 개개인의 교육적 요구에 적합한 교육"을 받는 것이라 정의하고 있다. 통합교육의 대상은 특수교육대상자이고, 통합교육이 실시되는 장소는 일반학교이며, 장애를 이유로 차별받지 않고, 또래 학생들과 함께, 특수교육대상자 개개인의 교육적 요구에 적합한 교육을 통해 실시되는 교육이라 규정하고 있다. 이러한 정의 규정은 통합교육이 특수교육대상자를 일반학교에 물리적으로 통합하는 것뿐만 아니라 같은 장소에서 함께 교육을 받는, 즉 교육과정적, 사회적 통합을 목표로 이루어져야 함을 강조하고 있다고 볼 수 있다.

또한 「특수교육법」 제21조에는 통합교육의 구체적인 방법도 함께 규정하고 있다. 최근에 개정된 제21조 통합교육 관련 조항에는 교육감에게 통합교육 시책 수립 및 시행의 책무를 새롭게 규정하였다. 통합교육 시책 수립 및 시행의 책무를 각급 학교의 장이 아닌 교육감에게 있음을 규정하고, 시 · 도교육청에서 별도의 통합교육 시책을 수립하고 시행할 수 있도록 규정하고 있다. 시설, 설비의 개선, 인력의 배치, 예산의 편성 등 행 · 재정적 권한을 갖고 있는 교육감이 통합교육시책을 직접 수립, 시행하는 것이 각급 학교의 장이 수립 · 시행하는 것보다 더 실효성 있는 시책이 될 수 있으므로 그 책임을 각급 학교의 장이 아닌 교육감에게 부여한 것이라 볼 수 있다. 통합교육 시책은 시 · 도교육청 수준의 중장기 또는 단기 수준의 통합교육 발전계획 또는 통합교육 운영계획을 의미하는 것으로, 시 · 도교육청 수준에서 각급 학교의 통합교육 활성화에 필요한 교육환경 조성, 교육지원체계 구축, 특수교사 배치, 기존 교육과정 재구성 또는 보편적 교육과정 설계, 특수교육 관련 서비스 지원, 교사 간 협력방안, 학교구성원의 통합교육에 대한 인식 개선 등이 포함될 수 있다.

또한 개정된 통합교육 조항에는 각급 학교장의 통합교육 시행에 대한 보다 구체적이면서 강화된 책무를 규정하고 있다. 특수교육대상자가 통합교육을 원활히 받을 수 있도록 하여야 한다는 각급 학교의 책무를 보다 구체적으로 규정함으로써, 통합교육을 이념적, 관념적, 추상적 수준으로 접근하는 것이 아닌 각급 학교장이 실제 특수교육대상자가 일반학급에서 또래 아이들과 함께 개개인에게 적합한 교육을 제공받도록 조치하여야 함을 강조하고 있는 것이다. 개정 「특수교육법」 제21조 제3항에서는 통합교육을 받는 특수교육대상자가 교육과정 조정, 지원인력 배치, 학습보조기기 지원, 교원연수뿐만 아니라 차별의 예방, 교구 · 보조공학기기 지원 등을 추가로 포함하여 통합교육계획을 수립, 시행하도록 규정하고 있다. 또한 개정된 통합교육 관련 조항에는 통합교육계획의 수립 · 시행의 책무가 일반학교의 장에게만 있는 것이 아닌 일반교육교원과 특수교육교원에게도 있음을 확인하고, 일반학교 내에서 통합교육 실행의 주요 주체라 할 수 있는 일반교육교원과 특수교육교원이 상호 협력하여 단위 학교 수준의 통합교육 실행에 필요한 구체적인 사항을 협의하여 해당 사항을 통합교육계획에 반영할 수 있도록 하였다. 통합교육의 핵심 거점을 통합학급으로 규정하고, 통합학급 내에서 성공적인 통합교육 실천을 위한 핵심 요소가 특수교사 배치와 함께 일반교사와 특수교사 간의 협력이라는 점을 감안하여, 단위학교의 통합교육계획 수립 단계부터 일반교사와 특수교사가 상호 협의하여 협력 방안을 검토하고, 서로의 역할을 조정, 분담할 수 있도록 규정한 것이다. 또한 통합학급에 국립학교 및 공 · 사립학교에 통합학급 교육활동 지원을 위하여 특수교육교원을 별도로 둘 수 있도록 하는 조항도 새롭게 신설되었다. 그동안 한국의 통합교육은 통합학급이 통합교육 실천의 주요 거점임을 잘 알고 있었으나 일반교육현장을 강제하고 지원할 수 있는 법적, 제도적 근거가 미약하여 특수학급을 중심으로, 특수교육교원의 헌신적 역할을 기대하며 통합교육을 추진해 왔다. 「특수교육법」 개정을 통해 통합학급에 대한 법적 정의 규정 신설과 함께 특수교육교원을 통합학급에 배치할 수 있는 근거를 마련함으로써 통합학급이 물리적 통합만을 고려하는 공간이 아닌 교육과정적, 사회적 통합을 기대할 수 있는 완전한 통합교육을 실천할 수 있는 최소한의 여건을 마련하게 된 것이라 할 수 있다.

〈표 2-3〉 **특수교육법 내 통합교육 관련 조항 개정 내용**

장애인 등에 대한 특수교육법 [법률 제18992호, 2022. 10. 18., 일부개정]	장애인 등에 대한 수교육법 [법률 제20351호, 2024. 2. 27., 일부개정]	주요 개정 내용
제2조(정의)이 법에서 사용하는 용어의 정의는 다음과 같다.	제2조(정의)이 법에서 사용하는 용어의 정의는 다음과 같다.	
〈신설〉	11의2. "통합학급"이란 특수교육대상자와 또래 일반학생이 함께 편성된 학급을 말한다.	〈신설〉 통합학급에 대한 정의 규정 신설

제21조(통합교육) ① 각급 학교의 장은 교육에 관한 각종 시책을 시행하는 경우 통합교육의 이념을 실현하기 위하여 노력하여야 한다.	제21조(통합교육) ① 교육감은 특수교육대상자가 일반학교에서 또래와 함께 교육받을 수 있도록 시책을 수립·시행하여야 한다.	〈신설〉 통합교육 시책 시행의 책무가 각급 학교의 장이 아닌 교육감에게 있음을 규정하고, 시·도교육청 차원에서 별도의 통합교육 시책을 수립하고 시행하도록 함
② 제17조에 따라 특수교육대상자를 배치받은 일반학교의 장은 교육과정의 조정, 지원인력의 배치, 학습보조기기의 지원, 교원연수 등을 포함한 통합교육계획을 수립·시행하여야 한다.	② 각급 학교의 장은 교육에 관한 각종 시책을 시행하는 경우 특수교육대상자가 통합교육을 원활히 받을 수 있도록 하여야 한다.	〈제1항 개정〉 기존 통합교육에 대한 각급 학교 장의 책무를 별도로 규정하되, 각급 학교의 장이 통합교육 이념 실현을 위하여 노력하는 것이 아닌 "특수교육대상자가 통합교육을 원활히 받을 수 있도록 조치" 하여야 함을 강조
③ 일반학교의 장은 제2항에 따라 통합교육을 실시하는 경우에는 제27조의 기준에 따라 특수학급을 설치·운영하고, 대통령령으로 정하는 시설·설비 및 교재·교구를 갖추어야 한다.	③ 특수교육대상자가 배치된 일반학교의 장은 일반교육교원 및 특수교육교원의 협력을 통하여 차별의 예방, 교육과정의 조정, 제28조에 따른 지원인력의 배치, 교구·학습보조기·보조공학기기의 지원 및 교원연수 등을 포함한 통합교육계획을 수립·시행하여야 한다.	〈제2항 개정〉 기존 제2항의 규정을 제3항으로 이관하고, 통합교육계획 수립·시행을 일반교육교원과 특수교육교원의 협력을 통해 일반학교의 장이 수립하도록 하고, 통합교육을 받는 특수교육대상자가 교육과정 조정, 지원인력 배치, 학습보조기기 지원, 교원연수뿐만 아니라 차별의 예방, 교구·보조공학기기지원 등을 추가로 포함하여 통합교육계획을 수립, 시행하도록 규정
〈신설〉	④ 일반학교의 장은 제3항에 따라 통합교육을 실시하는 경우에는 제27조의 기준에 따라 특수학급을 설치·운영하고, 대통령령으로 정하는 시설·설비 및 교재·교구를 갖추어야 한다.	〈기존 제3항 유지〉 기존 제3항을 제4항으로 이관
〈신설〉	⑤ 교육부장관 및 교육감은 특수교육대상자의 통합학급 교육활동을 지원하기 위하여 대통령령으로 정하는 바에 따라 특수교육교원을 둘 수 있다.	〈신설〉 국립학교 및 공·사립학교에 통합학급 교육활동 지원을 위하여 특수교육교원을 별도로 둘 수 있도록 규정하되, 구체적인 배치 또는 지원 기준은 하위법령으로 위임

⑥ 개별화 교육

특수교육의 주요 특징 중 하나로 알려져 있는 개별화 교육은 「특수교육법」을 통해 더욱 구체화되고 특수교육의 실천 원리로 작동되고 있다. 「특수교육법」은 개별화 교육을 "각급 학교의 장이 특수교육대상자 개인의 능력을 계발하기 위하여 장애 유형 및 장애특성에 적합한 교육목표 · 교육방법 · 교육내용 · 특수교육 관련 서비스 등이 포함된 계획을 수립하여 실시하는 교육"으로 정의하고 있다. 이때의 계획은 특수교육대상자 개개인의 특성과 요구를 고려한 종합적인 교육지원 계획을 의미하는 것이라 할 수 있다. 또한 특수교육법에서 규정하고 있는 개별화 교육계획은 모든 특수교육대상자 개개인의 특성과 요구에 맞게 수립하여야 하는 개별 교육지원 문서이며, 특수교육교원뿐만 아니라 일반교육교원, 보호자 등의 협의를 통해 수립하는 문서임을 강조하고 있다.

「특수교육법」 제22조에서는 이와 같은 개별화 교육계획의 구체적인 운영방법과 절차를 규정하고 있는데, 먼저 개별화 교육계획은 매 학기 시작일로부터 30일 이내에 작성되어야 하고, 이를 위해서는 매 학년 시작 2주일 이내에 특수교육교원, 특수교육대상자의 보호자, 일반교육교원, 진로 및 직업교육 담당 교원, 특수교육 관련 서비스 담당인력 등으로 구성되는 개별화 교육지원팀 회의를 개최하여야 한다. 특수교육교원은 개별화 교육계획 수립 및 개별화 교육지원팀 운영의 조정 주체로서 개별화 교육계획 수립에 필요한 절차를 담당하여야 한다.

〈표 2-4〉 **특수교육법 내 개별화 교육 관련 내용**

개별화 교육의 정의	• 각급 학교의 장이 특수교육대상자 개인의 능력을 계발하기 위하여 장애 유형 및 장애특성에 적합한 교육목표 · 교육방법 · 교육내용 · 특수교육 관련 서비스 등이 포함된 계획을 수립하여 실시하는 교육(법 제2조 제7호)
개별화 교육지원팀구성	• 각급 학교의 장은 매 학년의 시작일부터 2주 이내에 각각의 특수교육대상자에 대한 개별화 교육지원팀을 구성하여야 함(시행규칙 제4조 제1항) • 보호자, 특수교육교원, 일반교육교원, 진로 및 직업교육 담당교원, 특수교육 관련 서비스 담당인력 등으로 구성(법 제22조 제1항)

개별화 교육지원팀 운영	• 개별화 교육지원팀은 매 학기마다 개별화 교육계획을 작성하여야 함(법 제22조 제2항) • 특수교육교원이 개별화 교육지원팀의 업무를 지원하고 조정함(법 제22조 제3항) • 개별화 교육지원팀은 매 학기의 시작일부터 30일 이내에 개별화 교육계획을 작성하여야 함(시행규칙 제4조 제2항)
개별화 교육계획의 작성 및 관리	• 개별화 교육계획 작성을 의무적으로 규정(법 제22조 제2항) • 특수교육대상자의 전학 또는 상급학교 진학 시 개별화 교육계획을 송부하여야 함(법 제22조 제3항)
개별화 교육계획의 주요 내용	• 개별화 교육계획에는 특수교육대상자의 인적사항과 특별한 교육지원이 필요한 영역의 현재 학습수행수준, 교육목표, 교육내용, 교육방법, 평가계획 및 제공할 특수교육 관련 서비스의 내용과 방법 등이 포함되어야 함(시행규칙 제4조 제3항)
개별화 교육계획의 평가	• 각급 학교의 장은 매 학기마다 개별화 교육계획에 따른 각각의 특수교육대상자의 학업성취도 평가를 실시하고, 그 결과를 특수교육대상자 또는 그 보호자에게 통보하여야 함(시행규칙 제4조 제4항)
개별화 교육계획에 대한 이의신청	• 개별화 교육지원팀에의 보호자 참여를 배제한 경우 차별행위로 규정하고(법 제22조 제2항 제3호) • 이 경우 보호자가 특수교육운영위원회에 심사청구를 할 수 있도록 함(법 제36조 제1항)

2. 특수교육정책

1) 교육정책의 의미와 분류

특수교육정책은 일반 교육정책과 크게 다르지 않을 뿐 아니라 함께 수립, 실시되고 있다. 다만 「특수교육법」 등 관련 법령에 따라 일반 교육정책과는 약간 다른 성격을 지니고 있지만 통합교육을 지향하고 있기 때문에 그 방향은 같다고 볼 수 있다.

(1) 교육정책의 의미

일반적으로 정책이란 당면한 어떤 문제해결을 위하여 정부 또는 공공기관이 내린 결정 또는 행동지침을 말한다. 정책은 주로 국가 또는 공공기관 등 공권력을 지닌 집단이 당면하거나 예견되는 어떤 사회적 문제에 대한 문제해결 방향을 제시하거나 권위를 갖고 판단된 의사결정으로 정의할 수 있다. 이와 같은 정책은 행정, 경제, 문화, 교육 등 국가의 개입을 필요로 하는 모든 분야에서 수립, 집행, 평가될 수 있다.

이중 교육정책은 교육현장에 적용되는 국가의 의사결정 행위 또는 행동지침이라 할 수 있다. 교육정책은 급변하는 사회와 경제 환경을 반영하여 미래 사회의 인재를 양성하는데 필요한 조치를 마련하고, 경제적, 사회적 배경에 따른 교육 기회 불평등을 줄이고, 모든 학생에게 동등한 교육 기회를 제공하며, 이를 통해 국가의 인적 자원을 개발하고 국가의 경쟁력을 강화하는데 기여하기 위하여 수립, 시행되고 있다(송기창 외, 2007).

교육정책은 일반적으로 정부나 지방자치단체가 교육제도, 교육과정, 교사 정책, 교육 재정 등을 포함하여 교육의 전반적인 방향을 설정하고 집행하는 과정을 의미한다. 교육정책은 국가의 발전과 인재 양성을 위한 필수적인 요소이며, 교육의 질을 높이고 사회적 평등을 실현하는 중요한 도구라 할 수 있다(송기창 외, 2007).

(2) 교육정책의 분류

교육정책은 시행 주체에 따라 국가 수준의 교육정책과 지방(시 · 도교육청) 수준의 교육정책으로 나뉠 수 있다. 국가 교육정책은 중앙 정부가 주도하여 전국적으로 동일한 기준을 적용하는 정책으로, 교육과정, 교사 관리, 교육 재정 등이 포함될 수 있다. 지방 교육정책은 지방자치단체가 지역 특성에 맞추어 독립적으로 추진하는 정책으로, 지역의 교육 문제를 해결하고, 지역사회와의 협력을 강화할 수 있는 내용이 포함될 수 있다. 또한 교육정책은 형평성 확보, 효율성 제고, 질적 수준 향상 등 목표에 따라서도 나뉠 수 있다. 형평성을 목표로 하는 교육정책은 교육 기회의 평등을 보장하고 모든 학생이 경제적, 사회적 배경에 관계없이 동등한 교육을 받을 수 있도록 하는 정책을 의미한다. 예를 들어, 저소득층 학생을 위한 장학금이나 교육비 지원이 포함될 수 있다. 효율성을 목표로 하는 교육정책은 주로 교육 자원의 효율적 사용을 통해 교육의 성과를 극대화하고 비용을 절감하는 정책을 의미한다. 질적 수준 향상을 목표로 하는 교육정책은 교육의 질을 향상시키기 위해 교육과정 개편, 교사 재교육 또는 연수, 교사 양성 과정 재편, 학습환경 개선 등이 포함될 수 있다(김경근, 2019).

2) 특수교육정책 동향

교육정책 중 특수아동을 대상으로 적용, 집행되는 대표적인 정책은 특수교육 정책이다. 특수교육정책은 교육 이념과 특수교육 이념을 실현하기 위한 국가 차원의 구체적인 실행 지침이고, 특수아동이 국가 및 지방자치단체로부터 교육받을 권리를 적절하게 보장하는데 필요한 근거이자 수단이며, 특수아동을 둘러싼 다양한 구성원 또는 기관 등이 상호 협력하여 특수교육을 추진할 수 있도록 조정하고 안내하는 국가 차원의 의사결정이자 행동지침이라 할 수 있다.

특수교육정책은 크게 국가 수준의 특수교육정책과 시 · 도교육청 수준의 특수교육정책으로 구분할 수 있다. 국가 수준의 특수교육정책은 특수교육 전반에 대한 국가 차원의 개입과 지원이 필요한 분야에 한정하여 특수아동의 교육권과 특수교육 발전에 필요한 사항을 중심으로 마련되어 있다. 특히 지방교육자치에 관한 법률이 시행된 이후 지방교육자치가 내실화되면서 특수교육정책의 대부분의 구체적인 내용은 시 · 도교육감의 재량으로 위임되었으므로, 특수교육정책의 보다 구체적인 내용은 시 · 도교육청 수준의 특수교육정책에서 다루고 있다.

(1) 특수교육발전 5개년 계획

국가 수준의 특수교육정책은 장애아동의 교육에 관한 사항을 포함한 장애인 종합지원 5개년 계획과 특수아동과 장애인의 교육에 관한 사항을 포함하고 있는 특수교육발전 5개년 계획, 장애성인의 평생교육에 관한 사항을 포함한 평생교육진흥계획 등이 있다.

이중 특수교육발전 5개년 계획은 지난 1997년부터 수립된 국가 수준의 특수교육에 관한 중장기 계획을 담은 문서로, 국가 수준의 핵심적인 특수교육정책을 모두 포함하고 있다.

① 제1차~제5차 특수교육발전 계획(1998~2022)

제1차부터 제3차까지의 특수교육발전 5개년 계획은 주로 교육기회를 확대하고 교육성과를 확산시키는 등 특수교육의 여건 조성과 특수교육의 양적 성장을 위한 정책이 다수를 차지하였으나, 제4차 특수교육발전 5개년 계획 이후부터는 맞춤형 특수교육 실현, 성공적 사회통합 실현 등 장애학생에 대한 교육과정 및 교육 결과에서의 평등을 보장하는데 필요한 내용을 담고 있다(표 2-5).

〈표 2-5〉 제1차~제5차 특수교육발전 5개년 계획

구분	비전	주요 성과
1차 ('98-'02)	우리나라 실정에 맞는 21세기 복지사회형 장애아교육 모형 정립	• 무상교육 기회 확대를 위해 특수학교(급) 신 · 증설 ※특수학교 23교, 특수학급 327학급 • 시간제 특수학급운영('02, 25,265명) • 특수학교 전공과 설치 · 운영(29교) • 장애학생 대학입학 특별전형 확대(45개 대학→ 61개 대학) • 한국재활복지대학 설립('02)

2차 ('03~'07)	일반교육과 특수교육의 책무성 공유에 의한 모든 학생의 교육성과 최대화	• 건강장애를 특수교육대상에 포함('06) • 특수학급 1,800개 증설로 특수교육대상자 통합교육 확대 • 180개 모든 교육지원청에 특수교육지원센터 설치 • 일반학교 장애인 편의시설 확충 ※('03) 41.1% → ('07) 81.3%
3차 ('08~'12)	장애 유형 정도를 고려한 교육지원으로 모든 장애인의 자아실현과 사회통합 기여	• 장애영아 무상교육 전면 실시('08~) • 특수학교(급)급당 학생 수 감축 조정('08.5. 시행) ※1학급 기준: (기존) 12명 → (개선) 유 4명, 초 · 중 6명, 고 7명 • 교원 양성대학 내 특수교육 교과목 이수 필수화('09) • '장애학생 진로 · 직업교육 내실화 방안' 수립 · 추진('09~) ※특수학교 학교기업 통합형 직업교육 거점학교 운영 등 • 유치원 · 고등학교 과정 의무교육 단계적 확대('10~'12)
4차 ('13~'17)	꿈과 끼를 키우는 맞춤형 특수교육으로 장애학생의 능동적 사회참여 실현	• 유치원 특수학급 신 · 증설(387학급) • 시 · 청각장애 특성화 특수교육지원센터 지정 · 운영(38개) • '장애학생 인권보호' 정책과제 선정 · 추진 • 장애대학생 학습도우미 지원(3,000명)
5차 ('18~'22)	생애단계별 맞춤형 교육으로 특수교육 대상자의 성공적 사회통합 실현	• 특수교육기관 신 · 증설 및 특수교육교원 확충 ※특수학교 19교, 특수학급 2,387학급, 교원 5,928명 • 통합교육 모델 '정다운학교'(104교) 및 통합교육지원단 운영 • 중도중복장애학생 지원 법적 근거 마련 • 범부처 장애학생 진로취업지원시스템 구축(행정망 연계) • 국가장애인평생교육진흥센터 설립, 장애인 평생학습도시 운영

② 제6차 특수교육발전 5개년 계획

교육부는 제5차 특수교육발전 5개년 계획을 중심으로 특수교육의 전반적 문제점 및 개선방안을 찾고자 학부모, 장애학생, 교원, 교육전문직, 학계 등 현장의 목소리와 함께 정책연구를 토대로 제6차 특수교육발전 5개년 계획을 수립, 추진 주어에 있다.

비전은 "모두가 존중받는 국가책임 맞춤형 특수교육 실현"을 비전으로 삼고, 이를 위해 ① 장애영유아의 평등한 출발선 보장, ② 특수교육 수요자가 선택할 수 있는 다양한 교육환경 조성, ③ 장애인과 비장애인의 고등 · 평생교육의 격차 완화를 주요 목표로 선정하였다.

이와 더불어 4대 추진전략, 즉 학생중심 특수교육 전달체계 내실화, 모두를 위한 통합교육 지원방안, 개별 맞춤형 특수교육 확대, 장애인 고등 · 평생교육 기회 확대를 세우고, 각 전략별로 달성하고자 하는 주요 과제들을 선정하였다(그림 2-5).

비전	• 모두가 존중받는 국가책임 맞춤형 특수교육 실현
목표	• 장애영유아의 평등한 출발선 보장 • 특수교육 수요자가 선택할 수 있는 다양한 교육환경 조성 • 장애인과 비장애인의 고등 · 평등교육 격차 완화

추진전략		주요 과제
1	학생중심 특수교육 전달체계 내실화	1-1 장애영유아 교육 지원 확대 1-2 학생중심 특수교육 지원체계 강화 1-3 특수학교(급) 다양화로 교육 선택권 확대
2	모두를 위한 통합교육 지원 강화	2-1 협력 기반 통합교육 여건 조성 2-2 학교 구성원의 통합교육 역량 강화 2-3 일상적 장애공감문화 정착
3	개별 맞춤형 특수교육 확대	3-1 에듀테크 활용 맞춤형 교육과정 운영 3-2 장애 유형 · 정도에 따른 교육 지원 확대 3-3 지역사회 연계 진로 · 직업교육 다양화
4	장애인 고등 · 평생교육 기회 확대	4-1 장애인 고등교육 지원체계 강화 4-2 장애인 평생교육 활성화 기반 조성

[그림 2-5] 제6차 특수교육발전 5개년 계획 비전 및 중점과제

그 외에도 교육부는 매년 특수교육 운영계획을 수립하여 특수교육발전 5개년 계획에 따라 연도별로 추진해야 하는 특수교육정책을 수립, 시행하고 있으며, 각 시 · 도교육청에서도 시 · 도교육청의 교육정책과 방향, 교육부의 특수교육정책 방향을 고려하여 시 · 도교육청별 특수교육 중장기 계획 또는 발전계획 등을 수립 · 시행하고 있다.

(2) 향후 과제

한국의 특수교육은 그간 양적 성장을 해 왔고, 덕분에 보다 많은 특수아동이 교육현장에서 차별받지 않고 동등한 교육 기회를 제공받을 수 있게 되었으며, 이제는 보다 통합된 환경에서 개개인의 특성과 요구를 고려한 맞춤형 특수교육이 실현되는 교육 여건을 구현하는데 필요한 정책으로까지 확대, 발전하고 있다.

그러나 지난 10년의 특수교육 역사는 장애학생이 교육받을 수 있는 권리를 보장하기 위하여 특수교육기관과 특수교사를 확충하고, 특수교육지원센터의 지원체계를 구축하는 등 주로 특수교육 인프라 구축에 필요한 양적 성장에 집중해 왔다고 할 수 있다. 그러나 질적 측면에서 지난 10년 동안의 특수교육현장을 돌아보면 다소 만족스럽지 못한 부분이 있다. 예를 들어, 특수교육대상 학생의 진학률 또는 취업률이 지난 10여 년 동안 크게 향상되지 않았고(유은혜 의원실, 2014), 통합교육현장에 장애학생에 대한 직간접 차별이 여전히 많이 발생하고 있으며(김삼섭 외, 2014), 특수교육에 대한 인식 수준이 크게 나아지지 않았다(김병하 · 이근용, 2015). 특히 법률이 시행된 이후 대부분의 특수교육사업이 지방으로 이양되면서, 특수교육환경의 지역 간, 학교 간, 학생 간 격차가 심화되고 있으며(김기룡 외, 2017), 이는 특수교육의 질적 발전을 도모하는데 걸림돌이 되고 있기도 하다.

이와 같은 결과는 국가 차원에서 특수교육에 대해 투입하고 있는 예산이 낮고, 특수교사 법정 정원 부족 등 인적 인프라가 제대로 확보되지 않았으며, 특수교육 서비스를 체계적으로 지원할 수 있는 행정체계가 충분히 구축되지 않는 등 보다 구조적 문제에 기인하고 있다고 할 수 있다(김기룡 외, 2017). 그간의 특수교육정책은 특수교육 인프라를 확충해 나가기 위한 수단으로는 유용하게 활용되었으나, 특수교육의 질적 수준을 제고하기 위한 수단으로는 의미 있게 활용되지 못했다고 할 수 있다. 이는 현재의 특수교육현장의 다양한 문제점을 개선하고, 그 질적 수준을 제고하려면 현행 특수교육정책만으로는 해결이 어렵다는 것을 말해 주고 있으며, 특수교육정책의 근본적인 변화 또는 특수교육 관련 법령 제 · 개정의 필요성을 시사하고 있다고 할 수 있다.

PART 02

심리학적 접근: 정신분석 · 행동 · 인지

학습목표

심리학은 인간의 행동과 심리 과정을 과학적으로 연구하는 경험과학의 한 분야이다. 교육심리학은 교육의 과정에서 일어나는 여러 문제를 심리학적 관점에서 연구하는 교육학의 한 분야이다. 그리고 특수교육심리학은 아직 정립되지 않은 용어이지만 논리적으로는 충분히 가능한, 미개척 분야의 학문이라 할 수 있다.

이처럼 각 분야마다 내세우는 학문적 자존감을 잠시 벗어던지고 좀 더 위해서 바라보면 수십 가지에 이르는 각종 심리학들 모두 밑에 깔린 큰 흐름은 대동소이하다는 것을 알 수 있다. 심리학자들 모두가 동의하는 것은 아니겠지만 그 큰 흐름을 지탱해 온 대표적인 심리학 분파로 정신분석학, 행동주의심리학, 인지주의심리학의 세 분파를 꼽는 사람들이 많다. "장애인도 보통 사람이다"와 같은 보편적 사고를 바탕으로 전통적 심리학이론부터 기초를 다지기를 기대한다.

정신분석적 접근

CHAPTER 03

1. 정신분석학 개요

1) 정신분석의 개념

정신분석학(psychoanalysis)은 정신의 심층, 즉 무의식에 관계있는 행동에 대한 관찰과 분석을 통하여 이론적 체계를 확립한 프로이트(Sigmund Freud, 1856~1939)의 학설을 말한다. 정신분석은 심리학의 주요 접근방법으로서 인간본성에 대한 철학으로 널리 알려져 있으며, 코페르니쿠스(Nicolaus Copernicus, 1473~1543)의 지동설, 다윈(Charles Darwin, 1809~1882)의 진화설, 아인슈타인(Albert Einstein, 1879~1955)의 상대성이론과 함께 인류가 발견한 4대 업적 중의 하나로 인정받고 있다.

정신분석학에서는 인간행동을 좌우하는 중요한 역동적인 힘의 근원은 무의식에 있으며, 무의식적 갈등이 부적응, 신경증 혹은 정신질환이 된다고 주장한다. 이 이론에 따르면 인간의 사고와 행동은 반드시 그 원인이 있으며, 대체로 무의식적 정신 과정 속에서 이루어진다고 본다.

사람은 정신 에너지를 가지고 태어나며 아동기에 부모와 사회로부터 이 본능적인 정신 에너지가 금지되고 억압되어 적절히 처리되지 못하고 무의식 속에 들어가면, 이것이 나중의 행동에 직간접적으로 계속 영향을 미친다고 보는 것이다.

프로이트는 이와 같은 인간행동의 근원적인 힘을 **리비도**(libido)라고 부르고 이는 성적 에너지로 이루어진 것으로 보았는데, 융(Carl Jung, 1875~1961)은 이를 더 넓게 생각하여 리비도를 생명의 에너지로 보았다. 이러한 초창기 이론에 대해 신프로이트학파에서는 프로이트가 처해 있던 시대에는 대부분 억압된 욕망이 성적인 것이었지만, 오늘날에는 성적 요인보다는 사회적 · 환경적 요인이 크게 작용한다고 주장하였다.

정신분석학에서의 인간관은 기본적으로 부정적이다. 인간의 행동은 동물과 같이 기본적 본능인 성(性)과 공격성에 의해 주로 좌우되며, 이러한 본능적 충동에 통제를 가하는 사회에 투쟁하는 결과로 나타난 것으로 본다.

지그문트 프로이트

정신분석학은 의학자이자 심리학자인 프로이트(Sigmund Freud, 1856~1939)에 의해 수립된 신경증치료법과 그 심리학적 이론체계를 말한다. 프로이트는 1889년에 최면술을 경험한 이후부터 자신이 의식하지 못하는 무의식의 세계가 있음을 굳게 믿게 되었다. 그러나 얼마 후 최면술 기법이 문제가 있음을 발견하고, 자유연상법에 의해 신경증을 치료하였다. 1896년 이 치료법에 정신분석(psychoanalysis)이라는 이름을 붙였는데, 그 후 그가 수립한 심리학의 체계까지 지칭하는 말이 되었다.

제1차 세계대전 후 프로이트는 사변적 영향을 받아 원초아 · 자아 · 초자아 등의 성격이론과 본능에 관한 학설을 주장하였다. 1938년 오스트리아가 독일에 점령되자 나치스에 쫓겨 런던으로 망명한 후 그 이듬해인 1939년에 생을 마감하였다.

130년이 지난 오늘날에는 심리학 · 정신의학 · 사회학 · 문화인류학 · 교육학 · 범죄학 · 문예비평에 이르기까지 큰 영향을 미치고 있다.

2) 성격의 위상과 구조

(1) 성격의 위상

프로이트는 인간의 마음을 빙산에 비유하고 있다. 즉, 물 위에 떠 있는 부분이 의식이라면, 물속에 잠긴 대부분은 무의식이라는 것이다. 그는 이 무의식의 세계를 매우 강조하였다. 무의식의 영역에서 인간의 본능, 억압된 관념, 감정 등을 찾으려고 시도한 것이다. 또한 무의식의 세계는 마음의 하층구조로서, 인간의 사고와 행위를 통제하는 보이지 않는 힘이라고 간주하면서 자유연상법으로 이를 탐구하였다. 그는 인간의 정신세계를 의식 · 전의식 · 무의식의 세계로 구분하였다(그림 3-1).

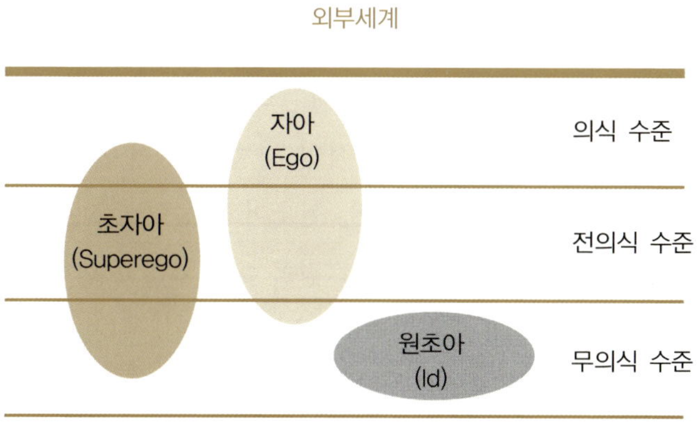

[그림 3-1] 프로이트의 성격 위상

의식(conscious)이란 자신이 주의를 기울이는 순간에 곧 알아차릴 수 있는 정신세계를 말하며, 대부분의 자아가 여기에 속한다. **전의식**(preconscious)이란 주의를 집중하면 의식이 될 수 있는 정신세계의 일부분으로서, 주로 자아 영역에 속한다. **무의식**(unconscious)이란 전적으로 의식 밖에 있기 때문에 자신이 전혀 자각하지 못하는 정신세계이다. 자신은 자신의 무의식 세계를 영원히 알지 못할 수도 있으며, 가끔 일부가 전의식으로 넘어가 의식되기도 한다. 무의식 세계는 주로 원초아와 초자아로 구성되어 있으며, 행동과 사고를 좌우한다. 또한 방어기제와 전환적 신체증상을 형성하는 역할을 하기도 한다.

(2) 성격의 구조

프로이트에 따르면, 성격은 원초아 · 자아 · 초자아의 세 체계로 구성되어 있다. 이 체계는 역동적인 관계에 있으며, 인간행동은 결국 이 세 체계가 상호작용한 결과라고 할 수 있다.

원초아(id)는 정신 에너지의 원천적 저장고로서 성격 형성의 에너지 근원이다. 이 원초아로부터 자아와 초자아가 분화된다. 원초아는 본능적인 욕구(주로 성욕과 공격욕)를 관장하는 곳으로, 세 체계의 활동을 위한 에너지인 리비도를 방출한다. 원초아는 쾌락 원리에 따라 작동된다. 즉, 원초아는 쾌락적 욕망은 곧 수행하지만, 고통스러운 것은 회피하려 든다. 또한 원초아는 현실에 대한 고려를 하지 못하고 다만 심상에 의한 비현실적인 방법으로 욕구를 충족하려고 한다. 원초아가 어떤 긴장상태에 놓이게 되면, 원초아의 성격상 외부세계와의 교섭이 불가능하므로 심상이나 환상을 통하여 긴장을 해소하려고 한다. 이와 같은 원초아의 비현실적인 문제해결과정을 일차과정 사고라고 한다.

자아(ego)는 모든 사고와 추론을 통제한다. 자아는 보고 듣고 만짐으로써 외부세계를 배우고, 외부세계에서 원초아의 충동을 만족시키는 방법을 통제한다.

원초아의 욕구충족을 위해서는 현실과의 타협이 필요하다. 그리고 이 필요에 대처하는 것이 자아의 역할이다. 자아는 현실 원리에 따라 행동한다. 즉, 자아는 원초아의 무분별한 만족 추구로 인해 야기될 수 있는 위험으로부터 개인을 보호해 준다. 엄동설한의 산속에서 길을 잃으면 사람은 춥고 지쳐서 졸음이 오게 마련이다. 이때 원초아는 잠이 들면 생명을 잃을 수도 있다는 현실적 고려를 하지 않고 무턱대고 자려고만 한다. 그러나 자아는 자신이 처한 상황에서 생명을 지키기 위해 온갖 노력을 다하며, 당연히 졸음을 쫓는 여러 방안을 찾는다. 이처럼 자아는 이지적 추론에 의해 안전하고 성공적으로 갈망을 만족시킬 수 있을 때까지 원초아의 갈망을 지연시키려고 노력한다.

초자아(superego)는 도덕적 감시자로서 사회의 가치와 도덕이 내면화된 표상이다. 초자아는 자신의 행동이 옳은지 그른지를 가늠하면서 완벽함을 추구한다. 초자아는 양심과 자아이상이라는 두 측면을 지니고 있다. 초자아의 양심은 잘못된 행위에 대해서 처벌을 받거나 비난을 받은 경험에서 생기는 죄책감과 결부된 것으로, 외부의 제재가 내면화된 것이다. 자아이상은 잘한 행위에 대해서 보상을 받은 경험으로 말미암아 형성된 이상적인 자아상이다. 초자아는 양심과 자아이상이 상호작용하여 인간행동의 도덕적 규제를 담당한다.

2. 성격발달 단계

프로이트에 따르면 리비도는 일생을 통하여 정해진 일정한 순서에 따라 각기 다른 신체부위에 집중되는데, 이를 **성감대**라고 불렀다. 또한 인간의 성 본능은 아동기가 그 결정기이며, 아동기의 여러 단계에서 일어나는 경험이 성인이 된

후의 성격에 큰 영향을 준다고 한다. 또한 성감대의 위치가 연령에 따라 변하는데, 이에 준하여 성격발달 단계를 구강기, 항문기, 남근기, 잠복기, 생식기로 구분하였다(표 3-1).

〈표 3-1〉 프로이트의 성격발달 단계

단계	쾌감의 부위 및 원천	성격발달
구강기	입술: 젖 빨기 · 손가락 빨기 · 씹기	구강 수동적 성격 구강 공격적 · 가학적 성격
항문기	항문근육: 대변의 배설과 보유	항문 보유적 성격 항문 공격적 성격
남근기	생식기	오이디푸스 · 엘렉트라 콤플렉스 양심(초자아) 발달
잠복기	성적 흥미나 관심의 일시적 억압 외계에서 쾌락 추구	사회성 발달 일상생활 기능 습득
생식기	생식기관의 성숙	이성적 관계 원만 · 책임감 발달 이타적 태도 · 이상적 성격발달

1) 구강기

구강기(0~1세) 유아(乳兒)는 리비도가 입 · 혀 · 입술 등 주로 구강에 집중되어 있다. 이 시기 유아의 원초아는 깨물고 빨고 내뱉음으로써 쾌락을 얻으며, 각 단계마다 추구하는 바를 충분히 만족시킬 수 있어야 다음 단계로의 이행이 순조롭게 이루어진다. 만약 충분한 만족을 얻지 못해 욕구불만이 생기거나 혹은 특정한 쾌감에 지나치게 몰두하게 되면, 다음 발달 단계로 넘어가지 못하고 그 시기에 고착된다.

만일 구강기에 인공 수유를 한다거나 혹은 수유 시간을 너무 엄격하게 통제함으로써 젖을 빠는 데 있어서 욕구불만을 느끼게 되면, 유아의 성격발달은 이 시기에 고착된다. 또한 젖을 너무 오래 먹이거나 손가락 빨기에 탐닉하도록 내버려두어도 고착현상을 가져온다.

구강기에 고착하게 되면, 입술이나 손가락 빨기, 과식이나 과음, 과도한 흡연과 같은 구강기적 성격을 나타내게 된다. 예를 들어, 껌을 상습적으로 씹거나 과도하게 담배를 피우는 습관은 구강기에 이유 시기가 너무 이른 것에 기인하며, 남을 믿지 못하는 사람은 젖이 모자랐거나 혹은 수유 간격이 일정하지 않은 데에 기인하기도 한다.

2) 항문기

항문기(1~3세) 유아는 배설물을 보유하거나 배출하는 데에서 쾌감을 얻는다. 이 시기에는 대소변 가리기 훈련이 시작되는 것이 보통이며 만일 지나칠 정도로 엄격하게 대소변 훈련을 하게 되면, 성인이 된 후에도 고착현상이 나타날 수 있다. 이 시기에 고착된 결과로 형성되는 항문기적 성격은 대소변이라는 불결한 이미지와는 정반대로 깨끗한 것을 추구하는, 이른바 반동형성으로 결벽성이 형성되기도 한다. 또한 대소변 통제능력이 부족한 유아에게 배변 통제를 강요하게 되면, 무자비하고 나쁜 기질의 성격이 형성된다.

대변과 관련된 쾌감은 배설을 참고 있을 때의 항문근육의 수축에서 오는 쾌감과 배설 후의 근육 이완에서 오는 쾌감의 두 종류가 있다. 전자의 쾌감에 치우쳐 고착이 되면 수전노와 같은 인색한 성격의 소유자가 되기 쉽다.

3) 남근기

남근기(3~5세) 유아(幼兒)는 주로 성기에 리비도가 집중되어 있다. 이 시기의 아동은 이성의 부모에 대해 현저한 애착을 보이면서 동성의 부모를 질투하게 된다. 프로이트는 이와 같은 애착과 질투를 남아에 대해서는 **오이디푸스 콤플렉스**(Oedipus complex), 여아에 대해서는 **엘렉트라 콤플렉스**(Electra complex)라고 불렀다. 그리스 신화에서 오이디푸스는 자신의 아버지를 죽이고 어머니와 결혼하였는데, 프로이트는 오이디푸스가 남근기에 해당하는 아동의 모델이라고 믿었다.

어머니에 대한 성적 애착과 아버지에 대한 적대감은 아버지와의 사이에 갈등을 야기한다. 남자아이는 그의 경쟁자인 아버지가 자기를 해칠 것이라고 생각한다. 또한 자신의 가장 중요한 부분인 성기를 없애버릴 것이라고 상상한다. 이러한 현상을 거세불안이라고 한다. 이 시기의 남자아이는 거세불안에서 탈피하기 위하여 어머니에 대한 성적 욕망과 아버지에 대한 적대감을 억압한다. 동시에 어머니가 인정하는 아버지의 남성다움을 갖기 위한 방어기제로서 아버지에 대한 동일시를 하게 된다.

이 시기의 동일시는 아이가 부모와 같다고 생각하여 부모처럼 행동하거나 혹은 부모의 태도 · 사고 · 가치 등을 자기 것으로 내면화하고자 노력한다. 이러한 동일시 과정을 통하여 남자아이는 어머니에 대한 성적 욕구를 간접적으로 해결할 뿐만 아니라, 아버지로부터 올 수 있는 공격에 대한 불안도 해결하게 되며, 그 결과 성 역할을 배우고 터득하게 된다.

여자아이도 남자아이와 마찬가지로 엘렉트라 콤플렉스의 과정을 거치지만, 남자아이처럼 거세불안에 시달리는 일은 없다. 그 대신 자기에게 없는 남근에 대한 부러운 감정, 즉 남근조망을 갖기도 한다.

4) 잠복기

잠복기(6~11세) 아동은 성적 욕구가 철저하게 억압되므로 일종의 평온한 시기를 맞이한다. 앞의 세 단계에서 가졌던 성적 욕망들이 이제는 지적 탐색이나 운동 등으로 전환된다. 피아제의 발달 단계에 비추어보면 구체적 조작기에 해당되는 만큼 주위 환경에 대한 탐색 활동이 매우 활발한 시기이다.

5) 생식기

생식기(12세 이후) 아동은 사춘기가 시작되면서 성적 에너지가 다시 분출되고, 이성에 대한 진정한 사랑을 느낄 수 있게 된다. 잠복기 이전에는 자신의 신체에서 성적 쾌감을 추구하고 자기애착적인 경향을 보이지만, 이 시기에 접어들면 이성으로부터 성적 만족을 얻으려 한다. 이러한 의미에서 사춘기 이후를 이성애착기라고 한다.

그러나 모든 사람이 이성과의 성숙한 사랑을 이룰 수 있는 것은 아니다. 만일 남근기를 성공적으로 거치지 못한 경우에는 권위에 대한 적대감이 해소되지 않았을 뿐만 아니라, 동일시에 있어서도 혼란이 있기 때문에, 이 시기에 야기되는 성적 에너지를 원만하게 처리할 수 없게 된다. 그 결과, 반항이나 비행 또는 이성에 대한 불안 등을 나타내기도 한다.

엘렉트라

그리스 군의 총지휘자이자 미케네의 왕 아가멤논은 클리타임네스트라 사이에서 이피게네이아, 엘렉트라, 오레스테스 삼남매를 두었다. 아가멤논은 동생인 메넬라오스를 위해 복수전에 참가하였으나 그 결과는 만족할 만큼 좋지가 않았다. 그가 없는 동안 아내 클리타임네스라는 정부 아이기스토스와 불륜을 저질렀다. 남편의 귀환이 가까워 오자 정부 아이기스토스와 공모하여 남편의 귀환을 축하하는 연회석상에서 남편을 죽였다. 그들은 아들 오레스테스도 죽일 셈이었다.

오레스테스의 누이인 엘렉트라는 그를 포키스 왕인 백부 스트로피오스에게 도피시켜 생명을 구하였다. 엘렉트라는 종종 종복을 보내어 동생에게 아버지의 원수를 갚을 의무를 상기시켰다. 오레스테스는 변장을 한 뒤 아르고스에 가서 스토로피오스의 사자라 칭하고, 어머니 클리타임네스트라와 그녀의 정부 아이기스토스를 참살하였다. 그리고 오레스테스는 누이인 엘렉트라에게 자신의 정체를 밝혔다.

어머니를 죽게 한 엘렉트라는 절규하였다. "오오 아버님, 눈물겨운 나의 슬픔도 들어주소서. 두 자식이 아버님 무덤 위에서 탄식의 노래 부르고 있나이다. 똑같이 집에서 쫓겨난 우리 두 남매 의지할 곳은 오직 아버님 무덤뿐…". "오오 잔인하고 뻔뻔스런 어머니여, 마치 적병을 묻어 버리듯 시민들의 접근과 애도를 금지한 가운데 일국의 왕을, 그대의 남편을 눈물도 없이 묻어 버리다니!"

출처: 토머스 불핀치(1855). The age of fable. 박경미 옮김(2011). 그리스 로마 신화. 혜원출판사.

오이디푸스

테베의 왕 라이오스는 왕비 이오카스테 사이에 자식이 없었다. 델파이 신전에서 아들을 갖게 해달라고 빌었지만, "아들이 생기면, 그 아들은 장차 아비를 죽이고, 어머니와 결혼하리라."라는 무시무시한 신탁만 내려졌다.

마침내 아이가 생기고 신탁을 두려워한 왕은 아이를 죽이기로 마음먹고, 부하에게 명령했다. 그러나 부하는 차마 아이를 죽이지 못하고, 아이의 다리를 묶어 나무에 매달아놓고는 산을 내려왔다. 그 아이는 그 근처를 지나던 코린토스의 어떤 양치기가 발견하고 집에 데려와 키웠다. 산에서 발견될 때 발이 퉁퉁 부어 있었기 때문에 오이디푸스(oedipus, 발이 퉁퉁 부은 자)라고 불렀다.

오이디푸스는 자라서 자신에게 내려진 신탁을 듣고, 그길로 방랑의 길을 떠났다. 방랑 중에 어떤 노인과 싸우게 되었고, 노인과 그 부하들을 모조리 죽여 버렸다. 그 노인이 바로 라이오스로 오이디푸스의 아버지였던 테베의 왕이었다.

오이디푸스는 계속 방랑하여 테베에 도착하였는데, 거기에는 스핑크스라는 괴물이 살고 있었다. 스핑크스는 사람을 만나면 수수께끼를 내고 풀지 못하면 그 자리에서 죽여 버렸다. 이 무서운 괴물을 죽이는 사람은 그 나라에 홀로 남은 왕비를 차지하고 왕이 될 수 있었다. 젊은 혈기의 오이디푸스는 스핑크스를 찾아가 마침내 수수께끼를 풀어버렸다.

약속대로 오이디푸스는 왕 위에 오르고 어머니이자 왕비인 이오카스테와 결혼하여 두 딸과 두 아들을 낳고 행복하게 살았다. 그런데 난데없이 테베에 전염병이 번지기 시작하여 많은 사람들이 죽자 오이디푸스는 델파이 신전으로 달려갔다. "아버지를 죽이고 어머니와 결혼한 무도한 인물 때문에 전염병이 번진다."는 신탁이 내려졌고, 이에 격분한 오이디푸스는 모든 신하들에게 그 무도한 자를 잡아올 것을 명령했다. 신하들이 그 자를 조사하는 중에 모든 사실이 밝혀졌고, 충격을 받은 왕비는 자살하고, 미치광이가 된 오이디푸스는 스스로 눈을 뽑고 맹인이 되어 떠돌아 다녔다.

출처: 토머스 불핀치(1855). The age of fable. 박경미 옮김(2011). 그리스 로마 신화. 혜원출판사.

3. 방어기제

자아가 불안감에 대해 합리적인 방법으로 대적하지 못할 때, 자신도 모르게 비현실적인 방법으로 불안감을 제거하려고 한다. 이와 같은 무의식적인 심리 기제를 방어기제라고 한다. 방어기제는 ① 억압, ② 합리화, ③ 반동형성, ④ 투사, ⑤ 퇴행, ⑥ 감정전이, ⑦ 보상, ⑧ 치환, ⑨ 승화, ⑩ 히스테리, ⑪ 동일시, ⑫ 부정, ⑬ 주지화, ⑭ 신체화, ⑮ 유머, ⑯ 격리, ⑰ 행동화 등 여러 가지 형태가 있다. 여기에서 주의할 점은 어떤 행동의 저변에는 여러 가지 형태의 방어기제가 작용하고 있다는 점이다. 즉, 다음에 열거하는 방어기제들은 분리된 별개의 것이 아닌 복합적이면서도 역동적으로 작용하고 있는 것이다.

① 억압

억압(repression)은 불안을 일으키거나 극도로 불유쾌한 생각들을 무의식의 영역으로 묻어 버리는 방어기제로서 일종의 무의식적 망각이다. 억압은 많은 경우 스트레스에 대한 유용한 적응방식이기도 하지만, 때로는 다른 새로운 문제를 일으킬 수도 있다. 시험을 두려워한 학생이 시험 날짜와 장소를 잊어버리고 있다가 더 많은 문제를 야기하는 경우가 그 좋은 예이다. 또한 억압은 가끔 간접적인 형태로 표현된다. 체육 수업을 싫어하는 학생이 실수로 체육복을 준비해 오는 것을 잊어버린 경우, 그것은 실수라기보다는 억압된 감정의 간접적인 표현으로 해석할 수 있다. 한편, 억압된 불안은 무의식 수준에서 잠재 불안의 형태로 남아 있기 때문에, 심한 정신적 · 신체적 불안으로 변형되어 나타나기도 한다. 혼전의 동성애적 경험이 있는 중년 부인이 심장발작 증세를 일으킨다거나, 아버지에 대한 심적 적개심을 억압한 아들이 편두통 등 신체적 고통을 호소하는 것도 억압된 감정의 간접적인 표출로 해석할 수 있다.

② 합리화

합리화(rationalization)란 정당하지 못한 자신의 행동에 그럴 듯한 이유를 붙여 자신의 행동을 정당화시키는 것을 말하는데, 무의식적으로 일어난다는 점에서 거짓말과는 다르다. 거짓말은 의도적이지만, 합리화는 자기 자신도 의식하지 못하기 때문이다. 여자 친구로부터 절교를 당한 남학생이 마치 자신이 먼저 절교를 선언한 것처럼 그럴 듯한 이유를 붙여 말하는 것도 합리화라는 방어기제로 이해해야 할 것이다. 또한 실력이 부족하여 시험에 실패한 학생이 시험 문제가 잘못 되었다든지, 혹은 그날 자기의 컨디션이 좋지 않았다는 등의 이유를 대는 것도 합리화의 한 형태로 볼 수 있다. 이솝 우화의 〈신포도와 여우〉도 합리화라는 방어기제의 좋은 예이다. 초등학교 시절, 이유도 모른 채 입가에 미소가 감돌았던 그 이솝 우화의 세계로 돌아가 방어기제로서의 합리화를 생각해 보자.

신포도와 여우

햇볕이 쨍쨍 내리쬐는 여름날이었습니다. 여우는 먹을 찾아 숲 속을 온통 헤매고 다녔지만, 아무것도 얻을 수 없었습니다. 그래서 산 아래 마을로 내려가 보리라 작정하고, 수풀을 헤치고 나와 산길을 느릿느릿 걸어가고 있었습니다. 한참을 내려가다 보니 포도송이가 주렁주렁 달린 포도밭이 나왔습니다. 포도송이들이 어찌나 먹음직스러운지 저절로 입 안에 군침이 돌 지경이었습니다.

"아이쿠 잘 됐다. 저걸 실컷 따 먹어야지. 진작 이리로 올 걸. 아, 정말 목이 마르구나." 하고 중얼거리면서 여우는 포도밭으로 성큼 들어갔습니다. 그러나 포도송이들이 모두 높이 달려 있어서 여우의 키로는 도저히 닿을 수가 없었습니다. 여우는 몸을 뻗어 발돋움을 해 보기도 하고, 있는 힘을 다하여 펄쩍 뛰어 보기도 하였습니다. 그랬더니 가장 낮게 늘어져 있는 포도송이들이 손에 닿을 뻔하였습니다.

"이전에는 좀더 힘껏 뛰어 봐야지." 하고 말하며 여우는 다시 한번 뛰어 보았지만 앞서보다도 높이 뛰지 못했습니다. 마침내 여우는 포도가 너무 높이 매달려 있어 자기로서는 도저히 딸 수 없음을 깨달았습니다. 화가 머리끝까지 치민 여우는 포도밭을 나오면서 이렇게 중얼거렸습니다.
"쳇, 그까짓 설익은 포도 나부랭이, 아마 너무 시어서 내 입맛에는 맞지 않을 거야. 욕심쟁이 새들이나 실컷 먹으라고 해야지. 새들이란 아무것이든 가리지 않고 처먹으니까."

출처: 이솝. 한지윤 역(2023). 이솝 우화. 서울: 보물창고.

③ 반동형성

반동형성(reaction formation)이란 떳떳하지 못한 행동으로 말미암아 죄의식에 사로잡혀 있을 때, 이 죄의식을 본래의 행동과는 완전히 반대되는 행동으로 바꾸는 것을 말한다. 미혼모가 원하지 않던 아기를 오히려 지나칠 만큼 보호하고 익애하는 경우라든가, 혹은 전처의 자식을 무의식적으로 미워하는 후처가 자기 자식은 지나치게 익애하는 경우, 잔인한 성격을 가진 사람이 유난스럽게 동물애호를 주장하고 나선다거나 강한 성적 충동을 가진 사람이 표면적으로는 극히 금욕적인 태도를 보이는 경우, 또는 잔악무도한 범죄를 저지른 사형수가 죄를 참회하고 안구를 기증하는 행위 등이 모두가 반동형성의 예라 할 수 있다. 그러나 선의의 인간행동을 반동형성의 관점에서 해석하는 것은 오류를 범할 수 있다는 점에 유의해야 한다.

④ 투사

투사(projection)란 사회적으로 인정받을 수 없는 자신의 행동이나 생각을 마치 다른 사람의 것인 양 생각하고 남을 탓하는 것을 말한다. A는 B를 무의식적으로 미워한다고 하자. 그런데 A는 같은 학과의 동료인 B를 미워한다는 것은 의식적으로 용납이 되지 않는다. 따라서 거꾸로 B가 자기를 미워한다고 생각한다. 투사는 가끔 자아충족적 예언과 비슷한 성격을 나타낸다. 앞의 예에서 A는 자기 멋대로 지어낸 B의 적대감에 대해 대응수단을 취하게 되고, 이렇게 되면 B는 이제 실제적으로 A를 미워하게 된다. 따라서 A는 원래의 자기 생각이 옳았다는 결론을 내리게 된다. 투사는 투사하는 사람으로 하여금 오해를 불러일으키기도 한다. 어떤 부인이 다른 남자에게 매력을 느꼈을 때, 거꾸로 그 남자가 자기를 좋아한다고 생각하게 되고, 우연히 지나치다가 마주치는 경우가 있으면 그 남자가 자기를 쫓아다니고 있는 증거라고 생각하는 경우도 투사라는 방어기제로 해석할 수 있다.

⑤ 퇴행

퇴행(regression)이란 생의 초기에 겪었던 유쾌한 경험의 세계로 다시 돌아감으로써 불안이나 위협을 일시적으로 해소하려는 것을 말한다. 즉, 스트레스나 불안에 대응하기 위하여 초기 단계로 후퇴하는 것을 말한다. 동생을 보게 된 아이가 갑자기 어리광을 부리는 것은 동생에게 엄마의 정을 빼앗긴다고 생각하는 데에서 오는 불안감을 해소하고자 하는 방어기제로 이해할 수 있다. 또한 이웃집 남자를 사모하게 된 어떤 부인이 그 갈등을 해소하기 위해 그런 종류의 갈등이 전혀 없었던 소녀 시절의 상태로 되돌아갈 수 있다. 그 부인은 소녀와 같은 옷차림 · 헤어스타일 · 취미 등을 택함으로써 현재의 갈등상황에서 벗어날 수 있는 것이다.

⑥ 감정전이

감정전이(transference)란 감정을 다른 대상에게 표출하는 것을 말한다. 옛말에 사장이 부부싸움을 하면 말단 사원의 집에 쥐가 없어진다는 말이 있다. 부부싸움을 하고 회사에 출근한 사장은 화풀이를 부하 직원에게 하게 되고, 이 화풀이는 마침내 말단 사원에게까지 돌아온다. 화풀이 대상이 없는 말단 사원은 집에 와서 개에게 화풀이를 하고, 개는 고양이에게, 고양이는 다시 쥐에게 화풀이를 하여 쥐가 없어진다는 것이다. 오늘날에는 보기 힘든 이 일화는 감정이 여러 대상으로 옮겨가는 감정전이를 잘 말해 주고 있다. 또한 옛 애인의 분위기와 비슷한 스타일의 사람에게 사랑을 느끼는 것도 감정전이의 한 예라고 할 수 있다.

⑦ 치환

치환(displacement)이란 원래의 목표를 보다 쉬운 목표로 전환함으로써 긴장을 해소하고자 하는 방어기제이다. 그런데 치환은 본래 목표와 대용 목표가 매우 유사할 경우에만 나타난다. 우리나라 속담에 '꿩 대신 닭'이라는 말이 있다. 꿩(본래 목표)을 잡기가 어려우니까 닭(대용 목표)이라도 잡는다는 뜻으로, 치환이라는 방어기제를 잘 나타내 주고 있다. 또한 감정을 본래의 대상으로부터 덜 위험하고 다루기 쉬운 대상으로 돌리는 것을 말하기도 한다. 아버지로부터 꾸중을 듣고 난 직후, 잠시 동안 아버지를 미워하게 되었다고 하자. 그러나 아버지를 미워한다는 사실을 그대로 인정한다는 것은 그로서도 용납이 되지 않는다. 그와 같은 상황에서 동생이 농담을 걸었다고 하면, 그는 동생에게 예기치 않은 화를 내게 될 것이다. 아버지에 대한 감정이 동생에게로 대치된 것이다.

⑧ 보상

보상(compensation)이란 자신의 약점이나 부족한 점을 다른 분야에서 능력을 발휘함으로써 보충하고자 하는 방어기제이다. 이 보상이라는 방어기제는 특히 신체적 열등감을 가지고 있는 경우에 잘 나타난다. 키가 유난히 작은 사람이 자신의 신체적 열등감을 보상하기 위하여 업무나 인간관계에서 무의식적으로 지나치게 공격적이거나 적극적인 태도를 보이는 행동도 보상이라는 방어기제로 설명될 수 있다.

⑨ 승화

승화(sublimation)는 정서적 긴장이나 리비도의 충동을 사회적으로 인정받을 수 있는 행동방식으로 표출하는 방어기제를 말한다. 어떤 젊은 미망인이 봉사활동에 열성적이라면 승화의 한 예로 볼 수도 있을 것이다. 레오나르도 다빈치(Leonardo da Vinci)의 성모 마리아 그림은 어린 시절 헤어진 어머니의 사랑에 대한 갈망의 승화로 보는 사람들이 많다.

⑩ 히스테리

히스테리(hysteria)는 어렵고 힘든 상태에서 잘 벗어날 수 있는 신체적 증상을 발달시키는 방어기제로서 꾀병과는 다르다. 꾀병은 고의적으로 아픈 체하는 것이지만, 히스테리는 기질적 장애가 없는 데도 불구하고 실제로 신체적 고통을 느낀다는 점에서 다르다. 이것은 전환이라는 방어기제와 거의 비슷하다. 시험을 앞둔 학생이 갑자기 복통이나 두통을 호소한다거나, 전투에 나가기 직전의 병사가 갑작스럽게 사지마비를 일으키는 경우가 그 좋은 예들이다.

⑪ 동일시

동일시(identification)란 자기 자신을 자신이 존경하는 대상인 것처럼 생각함으로써 만족을 얻는 방어기제이다. 다시 말하면, 자신보다 뛰어난 어떤 개인이나 집단과 강한 정서적 일체감을 형성함으로써 자신의 약점을 보완하고 간접적으로 욕구를 충족시키려는 경향을 말한다. 타인과의 동일시는 사회에서 통용되는 행동양식이나 가치관을 획득하는 데에 중요한 역할을 한다. 어린이들은 부모 · 교사 · 연예인 · 저명인사 등을 동일시 대상으로 삼는 것이 보통이다. 동일시는 대체로 건강한 적응기제라고 할 수 있으나, 지나치면 부적응행동도 야기될 수 있다.

⑫ 부정

부정(denial)은 현실을 인정하기에는 너무 불안하고 고통스럽기 때문에 엄연한 현실을 인정하지 않으려는 경향을 말한다. 이 방어기제는 극단적인 현실 왜곡이라고 할 수 있는데, 어머니가 사망했음에도 불구하고 돌아가신 것이 아니라 며칠 외국 여행을 떠났다고 생각하는 경우가 좋은 예이다. 이 방어기제는 정신질환자에게서 흔히 볼 수 있는 현상이지만 일반인에게도 가끔 나타난다.

⑬ 주지화

주지화(intellectualization)는 주로 지적 수준이 높은 사람이 불안과 열등감을 피하기 위하여 일상적인 대인관계에서 자신의 전문 분야에 통용되는 어려운 전문용어를 남발하거나, 궤변을 늘어놓거나, 장황하게 말하면서 본질적인 문제와는 관련이 없는 논리를 전개하는 것과 같은 행동을 의미한다.

⑭ 신체화

신체화(somatization)란 고통을 피하기 위한 방법으로 아픈 것으로 반응하려는 심리적 행위를 뜻한다. 신체화는 일반적인 신경쇠약이나 내부장기를 중심으로 증상이 나타난다. 아동이 학교에서 괴롭힘을 당하는 것이 두려워 복통을 호소하는 경우가 이에 해당한다고 볼 수 있다.

⑮ 유머

유머(humor)는 스트레스나 심리적 긴장을 푸려는 심리적 행위로서 하나의 방어기제로 간주되기도 한다. 어려운 상황이나 실수를 농담으로 풀어내 주변 사람들과 웃음을 나누며 긴장을 완화하는 경우가 이에 해당된다.

⑯ 격리

격리(isolation)는 개인이 불안을 유발하는 상황에서부터 자신을 신체적 · 물리적으로 차단시키려는 기제를 말한다. 사춘기 청소년이 학교로부터 귀가하자마자 자신의 방으로 들어가서 문을 잠그고 있는 행동은 격리라는 방어기제로 해석할 수 있다.

⑰ 행동화

행동화(acting out)는 불안이나 감정적 충동을 행동으로 직접 표현하는 것을 의미한다. 승진에서 밀려난 사람이 자신의 책상 위 서류를 모두 찢어버리는 경우가 이에 해당한다고 볼 수 있다.

4. 특수교육적 시사

1) 비판

프로이트 이론에 대한 비판은 아직도 계속되고 있다. 신프로이트학파에 속하는 프롬(Erich Fromm, 1900~1980), 야스퍼스(Karl Jaspers, 1883~1969) 등은 프로이트의 이론에 대하여 다음과 같이 비판하였다.

- 프로이트는 자신이 유태인인 관계로 그의 학설은 유태인에게 특히 강한 것을 침소봉대하고 있다.
- 인간의 정신과 행동에 대해 성(sex)을 너무 강조하고 있다.

• 정신분석은 딜타이(Wilhelm Dilthey, 1883~1911)의 양해(諒解)에 바탕을 두고 있는데, 양해는 자연과학적인 설명과는 달리 비과학적이다.
• 프로이트가 관찰한 것은 옳기는 하나 그 해석방법이 너무 생물학적이다.

이 밖에도 인간의 성적 욕망을 지나치게 강조하였을 뿐만 아니라, 인간을 성욕과 거세불안에 지배되는 수동적이고 소극적인 존재로 보았다는 점에서도 비판을 받고 있다. 남아의 오이디푸스 콤플렉스나 여성에 대한 편견은, 문화비교연구의 결과 보편성이 없음이 지적되고 있다. 또한 양심의 발달에 관해서는 주위 사람들의 격려 · 인정 · 처벌 등이 큰 역할을 한다는 사실을 무시했다는 점에 대해서도 반론이 제기되고 있다.

오늘날의 발달심리학자 중 프로이트 이론을 강력히 지지하는 학자는 많지 않다. 프로이트가 강조한 초기의 구강적 갈등, 항문적 갈등, 생식기적 갈등 중 어느 것도 성인의 성격을 신뢰롭게 예언한다는 증거가 많지 않다. 그 이유 중의 하나는 인간발달에 대한 프로이트의 설명이 정서적으로 곤란을 겪고 있는 비교적 소수의 성인 경험에 기초한 것으로, 대부분의 사람들에게는 적용할 수 없다는 점이다(Shaffer, 2005).

이처럼 현대의 발달학자들 중에는 입증이나 확인이 어렵다는 이유로 정신분석학적 관점을 거부하는 사람들도 있다(Shaffer, 2005). 예를 들면, '건강한' 성격은 원초아, 자아, 초자아의 힘이 엇비슷할 때의 성격이라는 프로이트 이론의 기본 가정을 검증한다고 가정하자. 원초아, 자아, 초자아의 상대적 강도를 측정할 수 있는 도구가 없는데 이것을 어떻게 검증할 것인가에 대한 근본적 물음이 떠오를 수밖에 없다.

많은 사람들은 인간이 단순히 성 본능에 의해 지배된다고 믿지 않기 때문에 프로이트 이론보다 에릭슨(E. Erikson, 1902~1994)의 이론을 더 좋아하는 경향이 있다. 에릭슨은 사람들이 기억할 수 있고, 현재 경험하고 있으며, 자신들이 아는 사람들 가운데서 쉽게 예측되고 관찰할 수 있는 많은 사회적 갈등과 개인적 딜레마를 강조한다. 그래서 인간의 합리적 · 적응적 본성을 강조하는 에릭슨의 이론이 더 쉽게 받아들여지는 듯하다.

2) 공헌

기본적으로 프로이트의 이론은 성인 환자의 치료과정에서 얻은 임상적 결과를 바탕으로 일반 아동의 발달과정을 역으로 추정하여 설명하고 있기 때문에 과학적 정확성의 결여가 가장 큰 결점이다. 그럼에도 불구하고, 프로이트의 이론은 성격의 발달과정을 설명하는 데에 있어서 불후의 업적을 남겼다. 그의 무의식에 관한 견해는 지금도 심리학이나 심리치료 분야에서 많이 활용되고 있으며, 의학에서도 중요한 위치를 차지하고 있다.

단순히 프로이트 생각의 일부가 기이하다고 해서 그의 생각 모두를 거부해서는 안 된다(Shaffer, 2005). 아마도 프로이트의 가장 큰 공헌은 무의식적 동기 개념일 것이다. 19세기 중반 심리학이 성립되었을 때, 연구자들은 감각과정이나 착각 같은 의식 경험의 분리된 측면에만 관심을 두었다. 이 시기에 광범위한 심리경험의 대부분이 의식적인 자각 수준 아래의 무의식적 수준에 있다는 것을 가장 먼저 주장한 사람은 프로이트다. 또한 프로이트가 초기경험이 이후의 발달에 영향을 끼친다는 주장에 대해서는 인정받을 만하다. 초기경험이 얼마나 중요한가에 대한 논쟁은 오늘날에도 계속되고 있지만, 몇 가지 초기경험이 지속적인 효과를 갖는다는 점을 의심하는 발달학자는 거의 없다.

또한 일상생활에서 중요한 역할을 하는 사랑, 두려움, 불안 등과 같은 정서들에 대한 연구에 대해 프로이트에 감사해야 한다. 이러한 인간의 정서적 측면은 관찰가능한 행동과 합리적인 사고과정에 초점을 맞추어 연구하는 발달학자들이 지나치기 쉬운 것이었다. 결론적으로 프로이트는 앞선 연구자들이 그때까지 탐색하려고 생각하지 못했던 어두운 미지의 바다를 향한 항해에 도전한 위대한 선구자였다. 그리하여 프로이트는 인간에 대한 우리의 관점을 바꾸었다.

3) 특수교육적 시사

사람은 누구나 불안한 존재이기 때문에 본능적으로 불안을 느끼고, 이 불안에서 탈피하고자 방어기제를 나타내게 된다. 그런데 신체적으로 장애를 가지고 있는 사람들은 죽음의 본능에서 출발하는 불안 이외에 신체적 불리 그 자체에서 오는 불안도 지니고 살아가게 마련이다. 그래서 신체장애인은 일반인에 비해 방어기제가 더 자주 나타날 것으로 추정할 수 있다.

우리는 정신분석학에서 말하는 방어기제를 이해함으로써 장애인에 대한 이해의 폭을 넓힐 수 있을 뿐만 아니라, 생활지도나 심리치료의 방향을 결정할 수 있을 것이다. 꿈의 해석이라든가 자유연상법 등은 검사가 곤란한 장애아동을 비형식적 방법에 의해 평가하고자 할 때에도 이용될 수 있다. 그러나 부적응행동에 대한 심리치료, 더 나아가서 장애아동의 상담 등에서 더 큰 위력을 발휘할 수 있을 것이다.

한 가지 주의할 점은 방어기제는 인간 누구에게나 보편적으로 나타나는 본능적 기제라는 점이다. 특정 방어기제를 마치 특정 장애에서 비롯된 것이라 생각하는 우를 범하지 않아야 한다. 방어기제를 장애인 행동을 평가하는 척도로 볼 것이 아니라 장애인을 이해하는 하나의 단서로 보는 것이 타당하다는 점을 강조한다.

심리사회적 이론

에릭슨(E. Erikson, 1902~1994)은 정신분석이론을 발전적으로 확장시켜 심리사회적 이론(psychosocial theory)을 제시하였다.

프로이트 이론과 에릭슨 이론의 차이점

- 인간행동의 기초로 프로이트는 원초아를, 에릭슨은 자아를 강조하였다.
- 성격발달에 미치는 요인으로 프로이트는 부모를, 에릭슨은 심리사회적 환경을 강조하였다.
- 프로이트는 남근기 이후에는 관심을 가지지 않았으나 에릭슨은 유아기에서 노년기에 걸친 일생 전반에 관심을 가졌다.
- 프로이트는 청소년기에 관심을 가지지 않았으나 에릭슨은 청소년기가 성격 형성에 중추적인 역할을 하는 것으로 간주하였다.

에릭슨 이론의 기본 관점

- 발달에는 자아가 핵심 역할을 수행한다.
- 발달에는 심리사회적 환경이 중요하다.
- 발달은 일생 동안 이루어진다.
- 발달은 단계별로 이루어진다.
- 발달에서 심리사회적 위기 극복을 중시한다.

심리사회적 발달 단계

- 제1단계: 신뢰감 대 불신감(출생~2세)
- 제2단계: 자율성 대 회의감 · 수치심(2~3세)
- 제3단계: 주도성 대 죄책감(3~6세)
- 제4단계: 근면성 대 열등감(6~12세)
- 제5단계: 정체성 대 역할혼미(12~18세)
- 제6단계: 친밀감 대 고립감(성인 초기)
- 제7단계: 생산성 대 침체감(중년기)
- 제8단계: 통합성 대 절망감(노년기)

CHAPTER 04

행동적 접근

1. 행동주의심리학

1) 역사적 배경

심리학(psychology)이란 행동의 저변에 깔려 있는 내적 과정을 이해하기 위해 행동적 혹은 기타 증거를 활용하는 과학이다(Eysenck, 2000). 왓슨(J. B. Watson, 1878~1958)은 심리학은 자연과학의 일부로서 객관적이고 외현적인 행동만을 연구대상으로 해야 한다는 행동주의(behaviorism)심리학을 주장하였다. 행동주의 심리학은 의식이나 마음과 같은 내적 과정은 관찰할 수 없으므로 연구대상에서 제외해야 한다고 주장하며, 손다이크(E. L. Thorndike, 1874~ 1949), 스키너(B. F. Skinner, 1904~1990) 등에 의해 계승, 발전되었다.

행동주의학습이론에 관한 수많은 초창기 연구는 통제된 실험실에서 동물을 통해 이루어졌다. 인간을 포함한 모든 유기체에게 적용될 수 있는 일반적인 학습 법칙을 발견하려는 시도에서였다. 즉, 행동주의자들은 일반적 학습 법칙이

연령이나 지능 등과 같은 개인차에 관계없이 모든 인간에게 적용 가능할 것으로 본 것이다. 실제로 이들이 탐색한 법칙들은 사실상 유기체의 행동 변화를 예측하고 통제하는 데 사용되어 왔다.

행동주의심리학에서 행동 변화는 ① 연합 원리, ② 고전적 조건형성, ③ 작동적 조건형성, ④ 대리적 조건형성의 네 가지 학습과정을 거쳐 일어나는 것으로 간주한다.

연합 원리는 두 감각이 동시에 반복해서 일어날 때, 이 두 감각은 서로 연합된다는 것을 말하는데, 구스리(E. R. Guthrie)에 의해 확립되었다. 다시 말하면, 연합이 된 후에는 한쪽 감각(자극)만 일어나도 다른 쪽 감각(반응)이 저절로 나타나는 것을 말한다.

조건형성이론은 학습에 대한 행동주의접근으로 **고전적 조건형성**(classical conditioning)과 **작동적 조건형성**(operant conditioning)으로 구분된다. 고전적 조건형성은 자극과 자극 간의 연합을 학습하는 것이고, 작동적 조건형성은 어떤 행동과 그 행동의 결과와의 연합을 학습하는 것이다. 이 이론에서는 조건형성과 학습이 같은 뜻으로 이해된다.

고전적 조건형성의 원리는 러시아의 생리학자이자 노벨상 수상자인 파블로프(I. Pavlov, 1849~1936)의 실험에 기초하고 있다. 1927년, 파블로프는 실험실에서 개의 소화기 계통을 연구하고 있었다. 그런데 어느 날 뜻밖의 사실을 발견하게 되었다. 즉, 실험실의 개가 처음에는 음식을 먹고 난 후에 정상적으로 침을 흘렸으나, 그 다음에는 음식을 보기만 해도 침을 흘렸으며, 나중에는 실험실에 들어오는 연구자만 보고도 침을 흘린다는 사실을 발견한 것이다. 그리하여 파블로프는 실험 계획을 바꾸어 여러 가지 실험을 한 결과, 음식 이외의 종소리와 같은 다른 자극에 의해서도 침을 흘린다는 것을 알게 되었다. 이것이 소위 고전적 조건형성의 원리이다.

그러나 고전적 조건형성의 원리는 인간행동이 수동적 혹은 비의도적일 수만은 없다는 데에 문제가 있다. 인간은 의도적인 행동을 할 뿐만 아니라, 환경을 능동적으로 조작하는 존재이기 때문이다. 이러한 문제를 해결하기 위한 노력이 손다이크, 스키너 등에 의해 이루어졌다.

1932년, 손다이크는 문제상자에 고양이를 대상으로 한 실험을 통하여 시행착오 학습의 원리를 발견해냈다. 즉, 시행이 계속됨에 따라 부적절한 반응은 줄어들고, 점차 정확한 반응을 짧은 시간 내에 수행하게 된다는 것이다. 또한 고양이의 행동은 보상을 얻는데 하나의 도구가 된다는 의미에서 도구적 학습이라고 부르기도 한다. 그리고 스키너는 이를 학습자가 환경을 조작하여 보상을 받기 때문에 작동적 조건형성이라고 불렀다.

고양이가 어떻게 이런 학습을 하게 되었는가의 질문에 손다이크는 이를 효과법칙으로 설명하였다. 즉, 유기체가 어떤 반응을 한 후, 보상이 뒤따르면 앞으로 그 반응의 빈도가 높아지고, 반응 후 보상이 없거나 처벌이 뒤따르면 그 반응의 빈도는 낮아진다는 원리로 설명한 것이다.

2. 작동적 조건형성

1) 스키너의 실험

스키너(Skinner, 1969)는 작동적 조건형성을 연구하기 위하여 스키너상자라는 실험장치로 쥐나 비둘기를 대상으로 실험하였다.

작동적 조건형성의 전형적인 실험 계획은 ① 정적강화 원리, ② 부적강화 원리, ③ 소거 원리의 세 가지이다. 실험 상황은 다음과 같다.

실험 1: 정적강화 원리

먹이를 강화물로 하기 위하여 하루 동안 굶긴 쥐를 스키너상자에 넣는다. 쥐는 처음에는 가만히 있는다. 그러나 조금 후에는 여기저기를 돌아다니면서 먹이를 찾는다. 그러다가 우연히 막대를 누른다. 짤깍하는 소리와 함께 먹이가 나온다. 쥐는 먹이를 발견하고는 먹는다. 다시 쥐는 돌아다니다가 또 막대를 누르게 된다. 이번에도 마찬가지로 소리와 함께 먹이가 나온다. 얼마 후, 막대를 누르고 먹이를 먹는 행동이 빈번해진다. 이제 쥐는 막대를 누르면 먹이가 나온다는 사실을 알게 된 것이다. 결국 쥐는 막대 자극이 먹이라는 반응을 불러일으킨다는 사실을 학습한 셈이다. 즉, 조작적 조건형성이 이루어진 것이다. 스키너는 이 실험을 통하여 정적강화 원리를 발견하였다.

실험 2: 부적강화 원리

바닥이 낮은 수준의 전기가 흐르도록 장치된 스키너상자에 쥐를 넣는다. 이 쥐는 불쾌한 전기 자극 때문에 쉴 새 없이 여기저기를 마구 돌아다닌다. 그러다가 우연히 막대를 누른다. 짤깍하는 소리와 함께 더 이상 전기가 흐르지 않는다. 조금 후에 다시 전기가 통한다. 쥐는 다시 돌아다니다가 또 막대를 누르게 된다. 이번에도 마찬가지로 소리와 함께 전기가 더 이상 통하지 않는다. 얼마 후, 막대를 누르는 행동이 빈번해진다. 이제 이 쥐는 막대를 누르면 전기가 통하지 않는다는 사실을 알게 된 것이다. 결국 쥐는 막대 자극이 불쾌한 전기 자극을 없애준다는 사실을 학습한 셈이다. 스키너는 이 실험을 통하여 부적강화 원리를 발견하였다.

실험 3: 소거 원리

실험 1의 쥐를 스키너상자에 넣는다. 이 쥐는 막대를 누르면 먹이가 나온다는 것을 이미 알고 있다. 따라서 상자에 넣자마자 막대를 누른다. 처음에는 막대를 누르면 먹이가 나오지만 나중에는 더 이상 먹이가 나오지 않도록 장치하면 이 쥐는 더 이상 막대를 누르지 않게 된다. 즉, 막대를 눌러도 먹이가 나오지 않으면, 막대를 누르는 행동은 점차 감소하여 사라지게 된다. 스키너는 이 실험을 통하여 소거 원리를 발견하였다.

스키너(Skinner, 1948)는 행동을 수동행동(respondent behavior)과 작동행동(operant behavior)으로 나누었다. 수동행동은 행동하는 사람의 의사와 관계없이 어떤 특정한 자극에 의하여 유발되는 행동을 말한다. 더우면 땀을 흘린다거나 눈에 티가 들어가면 눈을 깜박거린다든가 하는 행동이다. **작동행동**은 행동하는 사람이 자기 의사에 따라 어떤 행동을 스스로 하는 행동으로 수의행동이라고도 한다. 스스로 공부를 한다거나 수를 센다거나 하고 싶은 말을 한다거나 하는 등의 행동이다.

작동행동은 그 행동을 한 다음에 뒤따르는 사건에 영향을 받는다. 이와 같이 어떤 행동에 뒤따라 일어나는 사건을 후속자극이라고 하는데, 긍정적인 것과 부정적인 것이 있다. 그런데 아동이 어떤 행동을 했을 때 긍정적인 후속자극이 수반되면, 아동은 그 행동을 다시 할 확률이 높아지고, 반대로 부정적인 후속자극이 수반되면 아동은 그 행동을 다시 할 확률이 낮아지게 된다. 한 학년 동안 공부를 열심히 한 학생은 결과적으로 보상을 받을 것이며, 반대로 공부를 하지 않은 학생은 벌을 받을 것이다. 그러한 결과는 그 학생으로 하여금 공부를 더욱 열심히 하게 만들 것이다. 돌을 발로 차면 결국 발만 아프고, 그래서 그 사람은 돌을 차지 않게 될 것이다. 인사를 할 때마다 선생님이 밝은 미소로 답해 준다면, 그 아동은 선생님께 인사하는 것이 즐거워 앞으로도 계속 인사를 하려고 할 것이다. 그러나 반대로 인사를 할 때마다 시큰둥한 반응을 보이면, 그 아동은 선생님께 인사를 하려고 하지 않을 것이다. 이와 같이 행동의 결과에 따라 그 행동을 더욱 자주 하게 되기도 하고 또는 하지 않게 되기도 하는 것, 즉 후속자극에 의하여 어떤 행동을 더 자주 하게 되거나 또는 중단하게 되는 과정을 **작동적 조건형성**(operant conditioning)이라고 한다.

스키너

버러스 프레데릭 스키너(Burrhus Frederic Skinner, 1904~ 1990)는 미국 펜실베니아 주 서스쿼해나에서 출생하여 신행동주의의 리더로 부상한 심리학자이다. 하버드대학에서 학위를 취득한 후, 미네소타대학과 인디애나대학을 거쳐 1948년 하버드대학 교수가 되었다.

1930년대에는 동물실험에 의한 기초연구로부터 실험적 행동분석을 확립하였다. 이 방법은 파블로프의 고전적 조건화 원리에 영향을 받았지만, 생활체의 자발적 행동의 조건화를 다룬 것으로, 이를 작동적 조건형성이라 한다. 그는 강화된 여러 가지 스케줄에 의한 정상적인 반응률의 차이를 연구하기 위해 스키너상자를 고안하여 독특한 실험을 하였다. 1950년 이후 이러한 실험결과를 기초로 인간의 학습행동, 언어조건화 등에 관해 연구를 진행시키고, 티칭머신 개발에 의한 프로그램 학습, 행동약리학, 행동수정을 이용한 임상기술, 행동요법 등 여러 분야에 업적을 남겼다.

2) 작동적 조건형성

작동적 조건형성은 행동수정의 여러 가지 원리들을 제공하였다. 작동적 조건형성에서의 행동은 유기체가 자발적 · 능동적으로 수행하는 반응이고, 강화는 유기체의 능동적 행동수행 후에 주어짐으로써 조건형성이 이루어진다.

스키너는 인간행동은 어떤 법칙을 따르고, 또한 행동의 원인이 개인 외부에 있다는 확신을 가지고 이론을 전개하였다(Lefrancois, 2006).

(1) 기본 개념

작동적 조건형성이론에 바탕을 둔 행동수정의 중심 개념은 강화, 벌, 일반화, 식별, 소멸 등이다.

① 강화

강화란 어떤 결과가 작동이 나타나는 비율을 증가시키는 것, 즉 반응을 강하게 하는 기제이다.[1] 작동적 조건형성이론에서는 행동의 빈도를 높이는 것은 그것이 무엇이든 강화라 부른다. 인사를 공손하게 하는 아동에게 칭찬을 한다면 그 아동은 앞으로 공손하게 인사하는 빈도가 높아질 것이다. 이 경우 칭찬은 아동들에게 강력한 사회적 보상이다. 이와 마찬가지로 머리를 쓰다듬어 준다거나, 껴안아 준다거나 또는 돈이나 과자를 주는 것 등은 행동이 다시 일어나게 하는 강력한 보상, 즉 강화라고 할 수 있다.

② 벌

벌은 어떤 반응이 일어난 뒤에 주어졌을 때, 그 반응의 빈도를 감소시키는 것을 말한다. 다시 말하면, 벌은 바람직하지 못한 행동에 대하여 불쾌한 혐오자극을 줌으로써 그 행동이 앞으로 일어날 확률을 줄이는 방법이다. 교육에 있어 벌은 부정적 측면을 지니고 있기에 거의 사용하지 않고 있지만, 인간행동에 영향을 주기 위해 대단히 광범위하게 사용되어 왔다.

③ 일반화

일반화란 한 자극상태에서 강화된 뒤, 다른 비슷한 자극상태에서 반응이 일어나는 현상을 말한다. 심리치료실에서 자해행위에 대해 적절한 처치를 받을 경우 그 행동은 줄어들 것이다. 만약 집에서도 그 행동이 줄어들었다면 그러한 상태를 일반화되었다고 말한다.

---

1) 스키너는 행동의 빈도를 증가시키는 것을 표현하는 용어로 보상이라는 말을 사용하지 않고 강화라는 용어를 사용하였다. 여하튼 보상이라는 말은 자극이 즐겁고 바람직하다는 의미를 내포하고 있다. 스키너가 보상이라는 용어를 의도적으로 피한 이유는 다음과 같다. 첫째, 어떤 사람들은 다른 사람들에게는 즐겁지 않은 것을 위해 노력할 수도 있다. 둘째, '즐거움'과 '바람직함'은 주관적 판단의 결과인데, 심리학은 객관적으로 관찰 가능한 사태의 영역에 한정되어야 한다고 생각한다(Ormrod, 2004).

④ 식별

식별이란 어떤 반응이 한 자극상태에서 일어날 때 강화되고, 다른 상태에서는 강화되지 않는 것을 말하는데, 이른바 차별강화에 의해서 이루어진다. 만일 일반화 현상이 없다면, 모든 반응 혹은 행동은 새로운 환경에 처할 때마다 다시 학습되어야 할 것이다. 행동은 때와 장소를 가려서 일어나야 하는데, 장애아동 가운데에는 일반화가 너무 완벽하게 일어나서 문제가 되기도 한다. 어느 지적장애아동에게 "내일부터 일찍 학교에 나와 꽃밭에 물을 줘야 한다."라고 하면서 교사가 시범을 보였다고 하자. 매일 아침 일찍 꽃밭에 물을 주는 행위가 계속되면 그 행동은 일반화되었다고 할 수 있다. 그러나 비가 오는 날 아침에도 꽃밭에 물을 준다면 이것 또한 문제가 아닐 수 없다. 즉, 인간은 학습 경험에 따라 식별하게 되며, 상황이 달라지면 그에 따라 행동도 달라져야 한다.

⑤ 소멸

소멸이란 어떤 작동 혹은 행위에 계속적으로 강화가 주어지다가 그 강화가 중단되면, 그 행위는 당분간 계속되다가 점점 그 강도가 약화되어 마침내 나타나지 않게 되는 것을 말한다.

(2) 강화

강화의 개념, 종류, 원리, 계획은 다음과 같다.

① 개념

강화는 정적강화와 부적강화로 구분된다. **정적강화**는 행동에 대한 결과로 어떤 자극이 주어짐으로써 그 행동이 일어나는 확률이 증가하는 것을 말한다. 아동을 칭찬한다는 것은 다른 말로 하면 아동의 행동에 대하여 정적강화를 주는 것이다. 왜냐하면, 바람직한 행동(예: 공손한 인사)에 대하여 어떤 자극(예: 칭찬)을 주기 때문이다. 반면에 **부적강화**는 싫은 것을 제거해줌으로써 그 행동이 일어나는 확률이 증가하는 것을 말한다. 따라서 아동은 지시한 일을 함으로써 싫은 것(예: 교사의 질책이나 벌)을 기피하거나 도피하게 된다. 부적강화는 아동이나 성인할 것 없이 그들의 행동을 통제하는데 가장 빈번히 쓰이고 있는 방법이다. "이 문제를 풀지 못하는 학생은 화장실 청소를 해야 한다"고 하자. 화장실 청소를 하는 것은 대단히 싫고 불쾌한 일이다. 결국 싫고 불쾌한 일을 피하기 위하여 어떻게든 그 문제를 풀려고 할 것이다.

스키너는 강화를 일차강화와 이차강화로 구분하기도 하였다. **일차강화**, 즉 무조건강화는 애초부터 강화 속성을 지니고 있는 어떤 사건이나 대상을 말하는데, 주로 생리적인 욕구나 충동과 관련이 있다. 배고픈 사람에게 음식물이나 목마른 사람에게 물은 일차강화물이다. 일차강화가 유기체에 주는 보상의 가치는 학습과는 무관하다. **이차강화**, 즉 **조건강화**는 유기체의 과거 조건화 역사 속에서 일차강화와 밀접한 관련을 가져야 그 강화의 자질을 갖추게 되는 사건이나 대상을 말한다.

조건강화의 중요한 특징은 하나 이상의 일차적인 강화와 결합될 때 그것이 일반화되는 경향이 있다는 것이다. 예를 들어, 돈 자체는 어떠한 종류의 일차욕구도 충족시킬 수 없다. 그러나 경제적인 교환체제가 확립됨에 따라 돈으로 음식 · 옷 · 집 · 교육 · 의료 등 기본적인 욕구를 채울 수 있다.

② 종류

인간행동의 변화를 가져오기 위해 사용할 수 있는 강화물, 즉 보상의 종류는 매우 많지만, 지금까지 학교에서의 행동 수정에 가장 자주 사용해온 보상의 종류는 ① 소모성 강화물, ② 조작 가능 강화물, ③ 시 · 청각적 강화물, ④ 사회적

강화물 등이다.

- **소모성 강화물**: 소모성 강화물에 속하는 대표적인 것은 음식물이다. 특수학교 혹은 장애아동을 대상으로 하는 기관에서 가장 많이 사용하는 강화물이며, 그 효과 또한 비교적 큰 것으로 알려지고 있다. 그러나 학교에서는 보관 혹은 분배의 문제 등으로 말미암아 활용하기가 번거로운 점도 있다. 따라서 상하지 않고, 부피가 크지 않으며, 너무 달지 않은 음식물을 이용하는 것이 바람직하다.
- **조작 가능 강화물**: 장난감이나 학용품처럼 조작이 가능한 것을 말한다. 공부를 못하는 아이라고 해서 학용품이 보상가가 적을 것으로 생각하는 것은 잘못이다. 우리가 보통 생각하는 공부하고는 비교적 거리가 먼 장애아동이라 할지라도 학용품은 효과적인 강화물이다. 지적장애아동의 경우, 상징적인 사회적 강화보다는 물질적 보상이 더 효과적인 것으로 알려지고 있다.
- **시 · 청각적 강화물**: 강화를 알려주는 시 · 청각적 신호 체계라고 할 수 있다. 아동이 정답을 맞히거나 바람직한 행동을 했을 때, '딩동댕' 하는 차임벨은 확실히 보상이 될 것이다. 또한 바람직한 행동이 나타날 때마다 번쩍거리는 조명을 해 준다면 이것 또한 보상이 될 것이다. 물론 어떤 종류의 장치가 필요하다는 점에서 번거롭기는 하겠지만 특수학교 · 학급에서는 고려해 볼 만한 강화물이다.
- **사회적 강화물**: 속하는 칭찬 · 인정 · 미소 등은 일상생활과 밀접한 관련이 있는데, 그런 의미에서 자연적 자극이라고도 한다. 따라서 비록 음식물이나 장난감을 사용하는 경우에도 교사는 궁극적으로 아동이 사회적 자극에 반응하는 단계까지 끌어올려야 한다. 이를 위해서는 물질적 보상을 제공할 때 사회적 강화도 함께 주는 것이 바람직하다. 교사의 지시대로 했을 때 보상

으로써 과자만 덥석 줄 것이 아니라 등을 두드려 준다거나 머리를 쓰다듬어 주면서 과자를 주면 더 효과적일 것이다. 좀 더 나이가 든 아동들은 동료들의 인정이 매우 강력한 사회적 강화가 된다.

③ 원리

작동적 조건형성의 핵심이라고 할 수 있는 강화의 원리들을 학교 상황에 비추어 설명하면 다음과 같다.

• 강화물은 학습자에 따라 보상일 수도, 벌일 수도 있다.

강화물은 학습자에게 어떤 영향을 미치느냐에 따라 보상이 되기도 하고 벌이 될 수도 있다. 교사 나름대로 이것은 보상이 될 것이며, 저것은 벌이 될 것이라고 생각할 수는 없다. 그러므로 실험을 통하여 그것이 보상이 되는지 아니면 벌이 되는지를 알아보아야 한다. 경험이 많은 교사라면 비교적 정확한 판단을 내릴 수 있다.

• 강화나 벌은 목표행동과 가장 비슷한 표적행동에 대하여 주어져야 한다.

이 원리는 행동조형을 이용한 것으로서 행동수정에 있어서 점진적 접근 원리에 해당된다. 만약 목표행동과 거리가 먼 행동에 대해서 단 한번이라도 강화가 주어지면, 목표행동에 접근하는 시간이 그만큼 길어지게 된다.

• 강화와 벌은 표적행동이 일어난 즉시 주어져야 한다.

강화든 벌이든 지연 시간이 길면 길수록 그 효력은 줄어든다. 보상이나 벌을 늦추는 것은 그 동안 강화나 벌이 다른 엉뚱한 반응이나 자극과 연결될 가능성이 있다.

• 학생에 대한 교사의 반응은 일관성이 있어야 한다.

교사의 기분에 따라 어떤 때는 강화를 해주고, 어떤 때는 벌을 준다면 아동은 혼란을 일으키게 될 것이다. 일관성 없는 교사의 행동은 바람직하지 못한 아동의 행동을 더욱더 강하게 유지하는 역효과를 초래하는 경우가 많다. 그 반면에 바람직한 행동을 강하게 유지하고자 할 때에도, 계속적으로 강화하다가 갑자기 벌을 준다면 뜻하지 않은 부작용을 가져올 수 있다.

④ 계획

현실적으로 작동적 조건형성 원리를 이용하여 훈련시킬 경우, 특정 행동을 할 때마다 강화물을 제공하기란 현실적으로 불가능에 가깝다. 이론적으로 특정 반응을 나타낼 때마다 강화를 주는 경우를 연속강화 혹은 100% 강화 계획이라고 하는데 일상생활에서는 거의 찾아보기 어렵다. 또한 특정 반응에 대한 강화도 불규칙적인 경우가 많다. 이처럼 강화가 언제 어떻게 주어지느냐 하는 것을 **강화 계획**이라고 한다.

특정 반응 중에서 일부만 강화가 주어지는 강화 계획을 부분강화(간헐강화)라고 한다. 부분강화 계획은 유기체가 자연환경 속에서 겪는 것과 비슷하기 때문에 특히 관심을 끈다. 부분강화 계획에는 여러 가지 방법이 있는데, 그 형태에 따라 유기체의 반응 빈도가 크게 달라진다.

부분강화 계획은 ① 고정간격 계획, ② 가변간격 계획, ③ 고정비율 계획, ④ 가변비율 계획으로 구분된다(그림 4-1 참고).

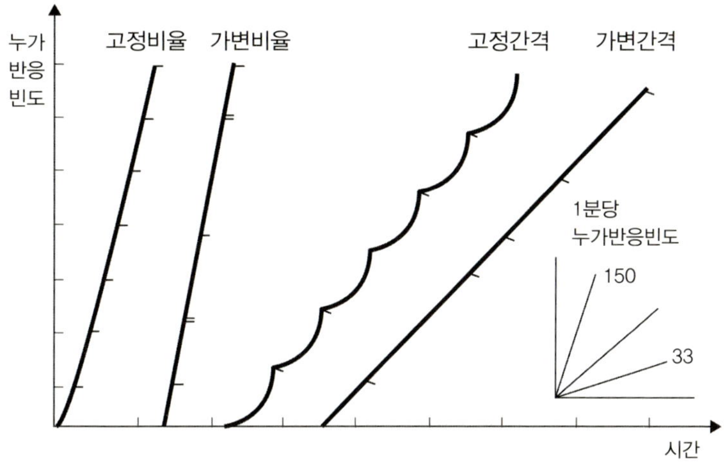

[그림 4-1] 부분강화 계획에서의 누가반응곡선

고정간격 계획은 일정한 시간이 지날 때마다 강화를 제공하는 방법이다. 매월 일정한 날에 월급을 준다거나, 겨울방학이나 여름방학을 실시하는 것이 그 예이다.

가변간격 계획은 강화와 강화의 시간 간격을 일정하지 않게 주는 방법이다. 학교에서 수시로 치루는 형성평가는 가변간격 계획의 예라 할 수 있다. 고정간격 계획에서는 강화가 임박해짐에 따라 강화되는 행동이 일어나는 빈도가 차츰 증가하다가, 일단 강화가 주어지면 급격히 감소하는 경향이 있다. 그러나 가변간격 계획에서는 강화되는 행동이 일어나는 빈도가 비교적 일정하게 지속된다. 중간고사나 기말고사와 같이 일정한 시기에 치르는 과목과, 수시로 예기치 않는 시기에 시험을 치르는 과목에 대해서 공부하는 경우를 비교해 보면 두 방법의 차이를 쉽게 이해할 수 있을 것이다.

고정비율 계획은 어떤 반응이 일정한 횟수만큼 반복되었을 때 강화를 주는 방법이다. 토큰 10개가 모여질 때마다 보상으로 학용품을 주는 것이 여기에 해당된다.

가변비율 계획은 어떤 반응이 일어나는 횟수를 기준으로 하되 불규칙하게 강화를 해주는 방법이다. 예를 들면, 처음에는 토큰 10개마다 보상을 주다가, 다음에는 5개마다 보상을 주기도 하고, 또 어떤 때에는 7개마다 보상을 주는 방법이다.

3. 응용행동분석

1) 역사적 고찰

행동분석이란 인간과 다른 동물들의 행동을 지배하는 법칙에 대한 과학적 연구를 일컫는다. 행동분석은 곧 행동수정의 바탕이 되는 과학이라 할 수 있다.

행동치료는 행동수정과 밀접히 관련된 용어로 스키너 등에 의해 1950년대에 처음 사용되었으며, 1960년대부터는 심리학자나 정신과의사들이 임상현장에서 행하는 행동처치를 의미하였다. 현재도 행동치료는 비슷하게 쓰이는데, 주로 임상현장에서 치료해야 하는 문제행동을 다루는 방식을 뜻한다.

행동수정은 행동치료보다 조금 늦은 1960대부터 사용되기 시작했다. 임상현장에서 주로 쓰이는 행동치료와 달리 행동수정은 주로 교육현장에서 쓰인다. 행동수정은 작동적 조건형성의 원리를 이용하여 인간행동의 변화를 의도적으로 유도하는 것을 말한다.

응용행동분석[2)]은 행동수정이 한 단계 발전하면서 생겨난 개념이다. 행동수정

2) 응용행동분석(applied behavior analysis)에서의 '응용'은 일상생활의 실제 상황에서 발생하는 행동을

과 마찬가지로 행동주의를 바탕으로 특정 행동을 체계적으로 변화시키는 데 중점을 둔다. 응용행동분석이 행동수정과 다른 점은 행동의 기능에 대한 관심이 더해졌다는 것이다. 즉, 응용행동분석은 행동수정 원리와 기법에 행동의 관찰, 측정, 평가법이 더해진 것이다. 응용행동분석과 행동수정이라는 용어는 흔히 상호교환적으로 사용되지만, 행동수정이 더 넓은 의미로 사용된다. 1980년대에 들어서는 행동수정이라는 용어의 부정적 측면을 강조하면서 응용행동분석이라는 용어가 더 자주 사용되고 있다.

최근 특수교육을 비롯하여 상담, 치료 등의 분야에서는 행동수정과 응용행동분석에 대한 비판적 관점에서 그 대안으로 긍정적 행동지원 방향으로 옮아가고 있는 추세이다. 그러나 긍정적 행동지원에 대한 바른 이해와 적용을 위해서는 그 근간이 되는 행동수정 혹은 응용행동분석기법과 그 밑바탕에 깔린 원리 등을 이해할 필요가 있음에 유의해야 한다.

2) 응용행동분석

응용행동분석기법은 바람직한 행동을 증강시키는 방법과 바람직하지 못한 행동을 감소시키는 방법으로 나뉜다.

(1) 바람직한 행동을 증강시키는 방법

바람직한 행동을 증강시키는 방법에는 정적강화, 부적강화, 차별강화, 행동조형, 용암법, 부분강화, 토큰강화 등이 있다.

다루고, '행동'은 표면화되어 나타나는 행동을 다루며, '분석'은 분석적 행동주의 절차를 따른다는 의미를 지니고 있다.

① 정적강화

정적강화는 가장 일반적으로 사용되는 응용행동분석기법으로, 아동이 바람직한 행동을 할 때 보상을 해주는 방법이다. 다시 말하면, 미래의 행동 빈도를 높여주는 후속자극으로 행동 빈도를 높이는 과정을 정적강화라고 한다. 정적강화에 사용되는 것은 음식 · 돈 · 승진 · 칭찬 · 인정 · 시간 · 특혜 등 그 종류가 헤아릴 수 없이 많다.

② 부적강화

부적강화는 싫은 것을 제거해줌으로써 그 행동이 일어나는 확률이 증가하는 것을 말한다. 부적강화는 아동이나 성인 할 것 없이 그들의 행동을 통제하는 데 가장 빈번히 쓰이는 방법이다. 부적강화와 정적강화는 모두 행동의 발생 빈도를 증가시킨다는 점에서 동일하다. 다른 점은 정적강화는 바람직한 행동을 함으로써 원하는 것(예: 휴식, 칭찬, 음식, 돈 등)을 얻게 되고, 부적강화는 바람직한 행동을 함으로써 원하지 않는 것(예: 꾸지람, 화장실 청소 등)을 피할 수 있다는 점이다.

인간행동 중에는 부적강화에 의하여 조절되는 것이 많다. 교통 규칙을 위반하는 운전자의 경우를 생각해 보자. 차선을 잘 지키고, 규정된 속도로 달리는 차를 세워 "운전을 참 잘 하시는군요."라고 정적강화를 해주는 교통경찰은 없다. 그보다는 교통경찰이 항상 부적절한 운전에 대해 벌금을 부과한다는 인상을 주기 마련이다. 벌금을 물게 된다는 위협 때문에 대부분의 운전자는 차선을 지키고 속도제한을 지킨다.

부적강화는 부작용이 있을 수 있다. 벌금을 부과하는 사람을 좋아하는 사람은 아무도 없을 것이다. 그럼에도 불구하고 대부분의 부모나 교사는 물론 사회제도까지도 시행하기에 편리하다는 이유로 이러한 형식의 통제 수단을 많이 사용한다. 그러나 위협을 피할 수 있다면 그 위협의 효과는 없어진다는 점에 주의해야 한다. 주차위반을 하면 벌금을 내야 한다는 위협이 존재함에도 불구하고 주차위반이 많은 것은 주차위반에 따르는 벌을 피할 수 있는 경우가 많기 때문이다.

③ 차별강화

차별강화는 어떤 사람이 여러 행동 중 어느 하나만을 골라 선택적으로 강화하는 방법을 말한다. 일반적으로 차별강화의 기술은 학생이 이미 할 수 있는 어떤 행동을 더 자주하도록 할 때 사용된다.

> 경수(가명)는 수업 시간에 수시로 자리를 뜨고 돌아다니는 과잉행동 아동이다. 교사는 경수에게 말로 타일러 보기도 하였지만 변화가 없었다. 결국 교사는 경수에게 차별강화의 기법을 적용하기로 하였다. 경수가 제자리에 앉아 있을 때에만 머리를 쓰다듬어 주면서 칭찬해 주고, 그 밖의 다른 행동에 대해서는 비록 바람직한 행동이라 할지라도 강화를 주지 않는 방법을 선택한 것이다. 교사가 설정한 행동수정 목표는 교사의 허락 없이 자리를 뜨고 돌아다니는 행동이었다. 경수는 선생님으로부터 칭찬을 받고 싶은 마음에 자리를 뜨는 행동을 점차 삼가게 되었다.

④ 행동조형

행동조형은 아동이 해본 적이 없거나 거의 하지 않는 어떤 새로운 행동을 가르치려고 할 때 효과적으로 응용될 수 있는 기법이다.

> 특수학교에 다니는 한나(가명)는 직업재활을 위한 작업활동 시간에 아무 것도 하지 않으려고 한다. 그 시간에는 30개의 나사를 완전하게 조립을 하는 것이 목표임에도 불구하고 교실을 돌아다니느라 10개 정도밖에 하지 못한다. 담당 교사는 한나로 하여금 30개의 나사를 조립하도록 여러 가지 방법을 써 보았으나 효과를 보지 못하였다. 그리하여 담당 교사는 자기 자신이 한나의 기대 수준을 조절하기로 하였다. 그날부터 담당 교사는 한나가 조립한 나사 개수를 측정한 결과 평균 10개임이 밝혀졌다. 그래서 담당 교사는 한나가 10개보다 더 많이 조립을 하면 "오늘은 우리 한나가 어제보다 2개를 더 많이 했구나." 하면서 칭찬해 주었다. 이러한 과정이 계속되는 동안 한나는 12개, 13개, 15개, 결국 30개를 조립할 때까지 점진적으로 강화를 해주었다.

⑤ 용암법

용암법이란 어떤 행동이 다른 사태에서도 발생할 수 있도록 그 조건을 점차적으로 변경해 주는 과정을 말한다. 용암법과 행동조형은 모두 점진적 변화를 가져온다는 점에서 동일하다. 그러나 행동조형은 행동의 점진적 변화에 강화를 주어 마침내 목표행동을 형성하게 하는 데 비해, 용암법은 어떤 특정한 행동을 일어나게 하는 자극을 점차 변화시킨다는 점에서 다르다.

대상자에게 어떤 특정한 행동을 발달시키도록 하거나 바람직하지 못한 행동을 없애도록 돕고자 할 때에는 행동조형을 사용한다. 그러나 그 대상자를 탐색해 보아 원하는 행동이 어떤 다른 자극이 주어질 때 일어나는 경우에는 용암법을 사용하는 것이 더 효과적이다.

장애아동에게 용암법을 적용하는 경우는 많다. 쓰기장애아동에게 쓰기를 가르치고자 할 때, 진한 글자에서부터 점차 희미한 글자에 이르기까지 여러 단계로 자극을 변화시키면 나중에는 빈 칸에 글자를 쓸 수 있게 된다.

⑥ 부분강화

부분강화란 어떤 행동이 발생할 때마다 강화하지 않고 부분적으로 강화하는 것으로 간헐강화라고도 한다. 그리고 고정간격 · 가변간격 · 고정비율 · 가변비율의 네 가지 강화 계획을 복잡하게 섞어 배합한 것을 복합강화 계획이라고 한다.

일반적으로 시간을 기준으로 한 고정간격 혹은 가변간격 계획보다는 반응 횟수를 기준으로 한 비율 계획이 더 빠른 강화효과를 나타낸다.

⑦ 토큰강화

토큰강화는 학교 상황에서 행동수정이나 학습효과를 향상시키기 위해 흔히 사용하는 방법이다. 토큰은 일반화된 강화 자극이다. 토큰으로는 별표나 딱지 등과 같은 물건이 주로 사용되며, 돈처럼 교환가치가 부여될 때 강화 자극으로서의 힘을 발휘한다. 일정 기간 인사를 잘하여 토큰 10개를 받았다면, 나중에 교사는 그것을 노트 한 권과 교환해 준다. 이처럼 토큰과 교환되는 물건을 교환강화 자극 또는 후속강화 자극이라고 한다.

(2) 바람직하지 못한 행동을 감소시키는 방법

바람직하지 못한 행동을 감소시키는 방법에는 상반행동강화, 소멸, 벌, 자극포화법, 질책법, 격리법 등이 있다. 이러한 기법들은 최근 교육현장에서는 아동 학대 등과 맞물려 있는 관계로 아주 조심스럽게 혹은 거의 적용하지 않고 있는 실정이다. 다만 학문적 관점에서 '행동주의 윤리'를 지키면서 적용하는 것은 권장된다. 여기에서는 바람직하지 못한 행동을 감소시키는 응용행동분석 기법들에 대해 간략히 기술한다.

① 상반행동강화

상반행동이란 문제행동과 반대되는 바람직한 행동을 말한다. 상반행동강화는 바람직하지 못한 행동 대신에 다른 바람직한 행동을 강화하면 바람직하지 못한 행동은 차츰 사라지고 새로운 행동이 습득된다는 원리에 근거하고 있다. 예를 들면, 자리를 자주 뜨는 과잉행동 아동에게 자리를 뜨는 행동 자체를 감소시키기보다는 자리에 얌전히 앉아 있을 때 정적강화를 해주는 방법이다.

상반행동을 강화함으로써 부적응행동을 상대적으로 감소시키는 전략은 행동을 증강시키는 방법 중 차별강화와 같다. 아동들의 부적응행동을 벌로 다스리기보다는 그와 상반되는 행동을 찾아 강화하는 것이 더 효과적이고 교육적이라는 점에 유의할 필요가 있다.

② 소멸

소멸(소거)이란 어떤 작동에 계속적으로 강화를 주다가 그 강화가 중단되면 그 작동은 당분간 계속되다가 점점 그 강도가 약화되는 현상을 말한다.

바람직하지 못한 행동을 소멸시키고자 할 때에는 간헐적 강화가 되어서는 안 된다. 수업 중의 장난치는 행위에 대해 무시함으로써 소멸시키고자 계획했다면, 끝까지 장난치는 행위를 무시할 필요성이 있다.

③ 벌

벌은 바람직하지 못한 행동에 대하여 불쾌한 혐오 자극을 줌으로써 그 행동이 앞으로 일어날 확률을 줄이는 방법이다. 벌에 대해서는 긍정적인 측면과 부정적인 측면으로 구분하여 논의할 수 있다.

숙제를 해 오지 않은 학생에게 청소당번을 시키니까 숙제를 해 오지 않는 행위가 줄었다고 하자. 여기에서 표적행동은 '숙제를 해 오지 않는 행위'이며, 청소당번은 벌이다. 그러나 청소당번이 싫어 숙제를 해 온다고 가정하면, 여기에서의 표적행동은 '숙제를 해 오는 행위'이며, 청소당번을 면하게 하는 것은 부적강화이다.

④ 자극포화

자극포화는 혐오요법의 한 방법으로서 이상행동을 충족시켜줄 수 있는 자극을 지나칠 정도로 제공하여 질리게 하는 방법이다. 담배를 끊고 싶어도 끊지 못하는 사람에게 그가 피우고 싶은 양 이상으로 피우게 하면, 목이 아프고 기침이 심하게 나올 것이다. 그러면 담배를 피울 생각이 싹 가시게 될 것이다.

⑤ 질책

질책은 어떤 방식으로든 인정하지 않는 표시를 하여 행동을 수정하는 방법을 말한다. 질책은 언어적 진술이 보통이지만, 손가락을 흔드는 것과 같은 동작이나 성난 표정도 질책이 될 수 있다. 질책의 이점은 부적응행동이 발생한 직후에 쉽게 적용할 수 있고, 특별한 준비가 필요하지 않으며, 신체적 불편을 주지 않는다는 점이다.

질책은 사소한 잘못이더라도 문제가 발생한 직후에 제공되어야 한다. 또한 학생이 질책을 자신에 대한 관심으로 잘못 받아들이거나 긴 설명이 필요한 질책일 경우, 질책이 오히려 강화 역할을 하는 수도 있다. 질책은 간단하고 예리해야 하며, 적절한 행동에 대한 인정과 연합되어야 한다.

⑥ 격리

격리는 문제행동이 나타날 때마다 일시적으로 다른 장소 혹은 상황으로 격리시키는 것으로, 타임아웃(time-out)이라고도 한다. 이것은 일종의 벌이라고 할 수 있다.

격리법을 적용할 때에는 최소한 다음의 두 가지 조건이 필요하다. 첫째, 문제행동이 발생하는 장소(예: 교실)에는 반드시 그 문제행동을 강화하는 요소가 있다는 확증이 있어야 한다. 아동이 그 장소를 떠나기 싫어할 만큼 그곳이 아동에게 재미있는 곳일 때 효과를 거둘 수 있기 때문이다. 둘째, 아동이 일시 격리되어 있을 장소(예: 복도)에는 강화 자극들이 없어야 한다. 쫓겨난 학생을 재미있게 해 줄 것이 아무것도 없는 곳이어야 효과가 있기 때문이다. 만일 격리된 장소에서 재미있는 만화를 볼 수 있다든가 장난감을 가지고 놀 수 있다면, 격리법은 아무런 효과를 거둘 수 없다.

4. 긍정적 행동지원

1) 역사적 고찰

행동수정은 행동주의 원리를 사람에게 적용하려는 것으로 그 주요 목표는 문제행동의 미래 발생을 신속하게 중단시키거나 조절함으로써 가능한 한 빨리 중재를 소거하는 것이다. 문제행동을 감소시키기 위한 대부분의 전통적인 방법들은 학생이 행동을 하고 있거나 한 후에 즉각적으로 처벌적인 결과를 제시하는 것에 의존한다. 그런데 전통적 행동수정에 대한 여러 가지 비판이 제기되면서 1960년대부터는 **응용행동분석**이 주목을 받게 되었다. 응용행동분석은 개별적으로 자연스러운 상황에서 행동수정 원리를 적용하고 평가하려는 것이다. 그럼에도 행동수정의 한계를 벗어나지 못하였는데, 이와 같은 상황에서 제안된 접근방법이 곧 긍정적 행동지원이다.

행동수정은 행동관리를 위한 전통적인 접근들로 전형적인 학교훈육방법의 기초를 형성하여 왔다. 그러나 장애학생의 행동관리에 관심을 보여 온 전문가나 부모 입장에서 전통적 행동중재들이 심각한 문제를 지니고 있는 것으로 인식하기 시작하면서 점차 긍정적 행동지원을 수용하는 경향을 띠게 되었다.

1980년대 후반 이후부터 응용행동분석에 관한 연구들이 새로운 방향을 시도하면서 긍정적 행동지원이 등장하게 되었고, 1990년대 중반부터는 중재반응모형의 영향으로 학교 차원의 긍정적 행동지원으로 확장되었다.

긍정적 행동지원이라는 용어가 사용되기 시작한 역사적 배경은 1997년 미국 장애인교육법의 개정안이 공법(PL 105-17)이 되면서부터이다. 이 법은 학교 규율을 어기거나 대인관계에서 바람직한 사회적 행동규범을 어겨 학생의 행동이 자신이나 다른 사람의 학습을 방해하는 경우에 긍정적 행동지원을 포함하는 전략을 고려하도록 요구하고 있다. 또한 문제행동에 대해 긍정적 행동지원과 함께 기능적 행동평가를 하도록 규정하고 있기 때문에 기능적 행동평가는 긍정적 행동지원을 대표하는 특성으로 이해되고 있다. 그러나 기능적 행동평가는 1960년대에 응용행동분석에서부터 시작된 것이므로 긍정적 행동지원의 독특한 특성이라고 보기는 어렵다. 다만, 긍정적 행동지원의 개념이 등장하면서 기능적 행동평가가 더욱 강조된 것은 사실이다.

2) 긍정적 행동지원

(1) 개념

긍정적 행동지원은 학습과 행동이 어떻게 일어나는지에 관하여 밝혀진 실제 과학과 장애인의 권리에 관한 가치를 혼합한 접근법으로 가정, 학교, 지역사회에서 문제행동을 보이는 개인은 물론, 행동을 지원하는 사람들의 삶의 질을 높이는 데 그 목적이 있다.

긍정적 행동지원은 행동에 대한 어떤 새로운 중재나 이론이 아니다. 긍정적 행동지원은 학교와 가정과 사회의 능력을 신장시켜서, 연구에 근거한 실제가 교수와 학습이 이루어지고 있는 환경에 잘 연결되도록 하는 체계를 적용하는 것을 의미한다. 따라서 긍정적 행동지원은 아동의 문제행동이 덜 효과적이게 만들고 바람직한 행동이 더 잘 기능하도록 하여 아동의 실제 생활에 향상을 가져다주는 환경을 만들고 유지하는 것에 초점을 둔다.

긍정적 행동지원은 문제행동에 접근하는 체계적 접근을 강조한다. 이를 위한 모든 절차와 과정은 행동과학, 실질적 중재, 사회적 가치에 그 바탕을 두는 것이어야 한다. 긍정적 행동지원의 목표는 기능적 행동평가에서 나온 결과를 사용하여, 문제행동의 실효를 경감시키고 바람직한 행동을 격려하고 지원하는 교수-

학습 환경을 조성해 가는데 있다. 따라서 긍정적 행동지원은 단순히 아동의 행동만 변화시키는 것이 아니라 아동의 삶의 질을 향상시킬 수 있으며, 아동을 지도하는 교사와 기관의 체계에도 긍정적 변화를 가져올 수 있게 한다.

(2) 기본 원리

긍정적 행동지원의 기본 원리는 다음과 같다(Riffel, 2018).

• 행동에는 법칙이 있다.

바람직한 행동이든지 바람직하지 않은 행동이든지 모든 행동은 법칙에 따라 발생한다. 행동 법칙에 대한 이해는 행동에 영향을 주는 변수에 대한 지식과 행동의 예측을 가능하게 한다. 이렇게 행동에 대한 예측이 가능하고, 행동에 영향을 미치는 변수들을 통제할 수 있다면 행동 발생을 조절할 수 있게 된다. 행동 원리의 예로는 강화의 원리, 자극조절의 원리 등이 있다.

• 행동에는 이유가 있다.

문제행동은 아동이 그 문제행동을 통해 이루고 싶은 것이 있다는 뜻이다. 다시 말하면, 정말로 원하는 것을 어떻게 이룰 수 있는지에 대한 바람직한 방법을 모르기 때문에 문제행동을 한다는 것이다. 즉, 문제행동에는 의사소통기능이 있다는 뜻이다. 문제행동의 기능은 크게 얻고자 하는 것과 피하고자 하는 것으로 나뉘는데, 문제행동이 갖는 기능을 환경적 변수 속에서 찾으려는 노력이 필요하다.

• 행동은 상황과 환경의 영향을 받는다.

환경은 행동에 영향을 미치고, 행동의 전후로 발생하는 직접적 사건도 행동에 영향을 미친다. 환경적 사건으로는 문제행동 발생 전에 일어난 선행사건이나 그보다 앞서 발생하는 배경사건, 문제행동 직후에 주어지는 후속사건 등이 있다.

(3) 특징

긍정적 행동지원의 주요 특징은 다음과 같다.

• 긍정적 행동지원은 '행동은 학습된다'는 원리에 근거한다.

일반적으로 인간행동은 여러 요인들에 의해 영향을 받으며 의도하지 않은 학습과정을 거쳐 학습하게 된다. 따라서 행동과학은 인간행동은 이해될 수 있는 것이고, 그러한 인간행동에 대한 지식이 커지면, 더욱 바람직하고 기능적인 행동을 가르칠 수 있게 된다는 이론을 주장한다. 즉, 모든 행동은 학습되는 것이므로, 잘못된 행동도 학습에 의해 바뀔 수 있으며 바람직한 행동도 학습에 의해 습득될 수 있다는 것이다.

• 긍정적 행동지원은 실질적인 중재를 강조한다.

여기에서 '실질적'이라는 표현은 문제행동과 그 행동이 발생하는 환경과 적용되는 중재 간의 상황적 적합성을 강조하는 전략을 의미한다. 기능적 행동평가를 강조하는 것 외에 환경을 조정하고 새로운 행동 기술을 가르치고 문제행동을 유지시키는 강화요인을 제거하는 것도 강조한다. 아동의 행동 변화를 위한 핵심은 가르침에 있으며 그 변화가 의미 있게 유지되게 하려면 환경의 재조정이 필요함을 강조한다. 문제행동의 변화를 위해 적용하는 중재는 단지 심각한 문제가 있는 아동만이 아니라 모든 아동에게 적용될 수 있는 것이어야 하며 연구에서 그 효과를 입증한 것이어야 한다. 아동의 현재 수준, 중재가 행동에 미치는 영향, 중재 결과가 아동의 삶에 가져온 향상의 정도 등을 알아보기 위해서는 데이터를 측정해야 한다. 그리고 중재에 대한 모든 결정은 데이터에 근거해야 한다.

- **긍정적 행동지원은 사회적 가치에 초점을 둔다.**

아동의 행동 변화가 사회적으로 의미 있어야 한다는 것은 행동의 변화는 아동의 하루 생활의 전 시간대와 장소에서 영향을 미치고 그 효과가 지속적이며 궁극적으로 현재와 미래의 삶에 긍정적 영향을 미쳐야 한다는 것이다. 또한 행동의 변화를 위해 적용하는 중재도 아동에게 직접적인 고통을 가하지 않으며, 아동이 속한 문화에서 받아들여지는 것이어야 한다.

- **긍정적 행동지원은 문제행동을 지도하는 개인이 아닌 체계에 초점을 맞춘다.**

아동의 문제행동에 대해 기관의 어느 한 전문가가 개입하여 문제를 해결하는 방법은 장기적인 문제를 해결해 주지 못하므로, 기관 안의 모든 사람들이 협력하여 학생의 행동에 접근하는 체계적 접근이 요구된다는 것이다. 이를 실행하기 위해서는 기관에서 강력한 리더십이 요구된다. 또한 기관과 관련된 체계의 협조도 절대적으로 필요하다.

(4) 절차

긍정적 행동지원의 일반 절차는 다음과 같다(Riffel, 2018).

① 1단계: 중재의 필요성 여부 결정

우선 문제행동을 중재할 필요가 있는지를 결정해야 한다. 문제행동이 아동 자신이나 또래의 학습을 방해하거나 가정이나 학교와 사회에 적응하는 것을 저해하거나 자신과 타인의 안녕에 해를 끼칠 만큼 위험한지를 결정하는 것이다.

② 2단계: 정보수집 및 행동기능 평가

중재가 필요하다고 결정되면 문제행동에 대한 정보를 수집해야 한다. 문제행동 발생 상황이나 더 적절한 행동이 요구되는 상황은 어떤 것인지에 대한 정보를 수집한다. 이를 위해서 일화 기록이나 일과 분석, 면담, A-B-C 관찰, 행동분포도 등을 사용할 수 있다. 이 단계에서는 문제행동에 대한 정보 외에도 아동의 강점이 무엇인지 등에 관한 전반적 정보를 수집한다. 이렇게 수집된 정보를 종합하면 문제행동의 기능을 파악할 수 있게 된다.

③ 3단계: 가설 설정

두 번째 단계에서 얻은 정보를 종합하고 분석하여 문제행동이 가장 잘 발생하는 상황을 묘사할 수 있는 검증 가능한 가정을 만드는 것이다. 검증 가능한 가정은 문제행동, 문제를 끌어내는 선행사건, 문제를 유지시키는 후속결과, 영향을 주는 상황 등을 시사해 준다.

④ 4단계: 행동의 조작적 정의와 관찰

문제행동의 기능이 파악되면, 가설의 정확성과 예언의 정도를 입증하기 위해 행동을 직접 관찰한다. 즉, 행동의 정확한 양과 강도 등을 조사하기 위해 행동을 조작적으로 정의하고 행동에 대한 직접관찰 자료를 수집한다. 이때에 검증 가능한 가정을 만들기 어려우면 기능분석을 실시할 수 있으나, 기능분석은 반드시 전문가에 의해 시행되어야 한다.

⑤ 5단계: 행동지원 계획 및 실행

문제행동에 대한 지원 계획을 세우고 실행 계획을 작성한다. 기능적 행동평가를 기초로 하는 행동지원 계획은 단순히 문제행동의 감소를 목적으로 하는 중재만을 찾는 것이 아니라, 문제행동을 대체할 바람직한 행동을 가르칠 계획, 문제 행동을 일으키는 상황을 제거하거나 약화시킬 계획, 문제 상황을 재배치할 계획 등을 고려해야 한다. 그러한 계획은 언제 어디에서 누구에 의해 어떻게 실행될 것인지 구체적으로 작성되어야 한다.

⑥ 6단계: 수행효과 평가

마지막 단계에서 행동지원 계획의 효과와 효율성을 평가하고 그 결과에 근거하여 새로운 행동지원 계획을 만든다. 이때 이루어지는 평가는 자주 정기적으로 하는 직접적이고 형성적인 평가여야 한다.

(5) 3단계 모형

오늘날 긍정적 행동지원은 연구 초기의 접근법을 넘어 학교 차원 긍정적 행동지원이 널리 받아들여지는 추세이다. 학교 차원 긍정적 행동지원은 삼차원의 예방 및 중재 논리에 의한 행동지원 연속체로서, 지원의 목적에 따라서 행동지원의 강도와 범위를 3단계 피라미드로 설명하고 있다. 즉, 1차 예방으로 학교 또는 학급 수준에서 이루어지는 보편적 지원, 2차 중재로 위험요소가 있는 표적집단을 대상으로 한 소집단 지원, 3차 중재로 특정한 개인을 대상으로 하는 집중적 개별 지원으로 분류된다(Scheuermann & Hall, 2017).

① 1단계: 보편적 지원

1단계 예방적 지원인 보편적 지원은 모든 학생들을 대상으로 학교, 학급, 또는 비학급 차원에서 지원이 이루어지며, 학교와 관계된 모든 성인들이 참여하여 모든 상황과 시간대에 적용하는 것이다. 보편적 지원은 문제행동을 보이는 학생을 포함하여 전체 학생을 대상으로 광범위한 환경에서 행동 중재를 실시하고, 모든 학생이 특정 문제행동에 대한 판별이나 의뢰 없이 효과적인 행동지원을 받는다는 점에서 예방적 사전 활동에 속한다.

1차 예방의 목적은 적절한 행동을 적극적으로 가르쳐서 문제행동에 즉각적으로 반응하면서 일관성 있는 사회적 문화를 형성하게 하는 것이며, 학업과 행동면에서 새로운 문제행동의 사례를 감소시키고, 적절한 행동을 가능한 한 많이 증가시키는 것이다. 교사는 보편적 지원을 매일 혹은 매주 실행할 수 있으며, 보편적 지원 적용은 문제행동이 아니더라도 학교에서 기대하는 대표적인 가치를 구체화하여 지도할 수 있다. 예를 들면, 학교 차원의 훈육 계획, 효과적인 교육과정 실행, 효율적인 교실 규칙의 생성과 실행, 사회성 기술 훈련 교육과정 등이 있으며, 친구 존중하기, 학교 물건 소중히 다루기와 같은 학교 규정이 될 수도 있다.

보편적 중재는 다음 요소들을 포함한다(Scheuermann & Hall, 2017).

- 학교 내 모든 영역에서 적용되는 학교 차원의 규칙
- 모든 학생을 대상으로 학교 내 모든 규칙과 규칙 수행방법에 관한 교수
- 문제행동과 연계된 선행자극 요인의 판별과 수정
- 부적절한 행동보다는 적절한 행동에 보다 관심이 있음을 보여주는 하나 이상의 강화 체계
- 모든 교사가 수준 교재 및 교수방법을 활용하고 있음에 대한 믿음
- 수용될 수 없는 행동에 대한 지속적이고 일관된 후속결과의 제공

② 2단계: 소집단 지원

2단계 예방적 지원인 소집단 지원은 만성적 혹은 심각한 문제행동이나 학업 실패를 보일 위험이 있다고 판단되는 학생, 또는 보편적 지원을 받았음에도 불

구하고 여전히 학업 기술이 뒤떨어지거나 부적절한 행동을 자주 지속적으로 보이는 학생을 대상으로 하는 중재이다. 즉, 일부 학생들의 문제는 보편적인 지원을 통해서는 해결되지 않는다는 관점에서 이러한 학생들의 필요에 반응하기 위하여 추가적이고 효율적인 긍정적 지원 체계를 적용하는 것을 뜻한다.

2차 지원의 목적은 더 강력한 지원을 제공하기 위하여 특별히 고안된 소집단 지원을 사용하여 현재 보이는 문제행동과 학업실패의 원인을 줄이는 데 있다. 소집단지원은 비슷한 문제를 가지고 있는 학생들을 묶어서 긍정적 행동지원을 하는 것으로 학급 차원의 지원과는 다른 개념이다. 이차 예방의 소집단지원 기법에는 행동 계약서, 갈등해결 훈련, 사전교정 전략, 자기관리 전략, 교정학업 프로그램 등이 있다. 소집단지원은 다음 요소들을 포함한다(양명희, 2016).

- 멘토와 대상 학생 간의 정기적 만남
- 개별 학생을 위한 행동 계약
- 사회적 기술, 자기조절 기술, 분노 관리 기술에 대한 소집단 교수
- 학업기술 결함을 중재하기 위한 소집단 교수
- 기능적 행동평가와 기능 중심의 중재
- 후속결과 체계의 포함 및 개별 강화

③ 3단계: 개별 지원

3단계 지원은 가장 집중적인 행동지원이 필요한 학생들을 위한 것으로 높은 강도로 만성적인 문제행동을 보이는 학생들을 위한 구체적이고 개별화된 지원 체계를 말한다. 이 단계에서 다루어지는 문제행동들은 학습을 저해하는 행동, 위험하거나 파괴적인 행동으로 교육환경에서 배제되는 결과를 가져올 수 있는 행동들이다. 개별 지원은 다음 요소들을 포함한다(Scheuermann & Hall, 2017).

• 행동기능 평가
• 특정 학생을 위한 행동지원 계획 수립

5%	3차 지원 개별화 지원	집중적인 지원 필요. 특수교육대상자 IEP에 행동지원 계획 포함하여 개별적인 중재를 적용
15%	2차 지원 소집단 지원	보편적 지원에도 불구하고 행동 문제를 보이는 아동을 대상으로 좀 더 집중적인 지원 제공. 학업, 사회성, 자기조절 기술
80%	1차 지원 보편적 지원	학교 내 모든 성인이 학교 내 모든 학생에게 적절한 기대행동 지도, 일관된 강화 체계 문제행동 예방에 집중

[그림 4-2] 학교차원 긍정적 행동지원 3단계모형

미국행동분석협회의 행동주의 윤리 성명서

• 첫째, 아동의 행동을 지원하기 이해서는 아동을 둘러싼 환경이 치료적 환경이 되게 해야 한다.
• 둘째, 변화시키려는 행동의 결과가 또래나 교사 등의 주위 환경만 이롭게 하는 것이 아니라 아동 자신에게도 유익한 것이어야 한다.
• 셋째, 행동지원방법은 자격을 갖춘 전문가에 의해 이루어져야 한다.
• 넷째, 아동의 행동지원에 사용되는 중재방법은 가장 효과적인 것으로 입증된 것이어야 한다.

5. 특수교육적 의의

스키너를 중심으로 하는 작동적 조건형성은 일반 사회에서는 물론이고 학교나 기관에서 자주 적용되는 이론이다. 특히 특수교육 측면에서는 더 말할 나위 없다. 거의 대부분의 특수교육 프로그램들이 작동적 조건형성의 원리를 이용하는 실정이다. 매일의 교수 · 학습 상황이 작동적 조건형성의 원리에 의해 이루어진다고 해도 지나친 말이 아닐 것이다.

교사가 아동들을 가르칠 때는 물론이고, 생활지도나 심리치료 등 그 적용 범위는 대단히 넓다. 가까운 예로, 프로그램 학습에서는 학습 재료를 작고 쉬운 여러 가지 단계로 나눈다. 그러면 학습자는 각 단계가 쉽기 때문에 오류를 적게 범하면서 성취감을 맛볼 수 있다. 또한 학습에 대한 동기를 향상시키고 학습을 싫어하게 되는 것을 최소화할 수 있다. 뿐만 아니라, 프로그램 학습은 학습자들이 자신에게 알맞은 학습 속도로 학습을 할 수 있으며, 자신들의 반응이 옳은지 그른지를 즉각적으로 알 수 있도록 구성된다. 이와 같은 원리는 특수교육에 최적의 방법이라고 할 수 있는 개별화 교수의 기초가 된다.

작동적 조건형성의 원리는 학습뿐만 아니라 응용행동분석에 더 자주 사용되는데, 적응행동은 강화하고 부적응행동은 소거시키면서 행동장애를 치료한다. 또한 작동적 조건형성은 잘 적응된 사람들의 행동을 변화시키는 데에도 활용된다. 예를 들면, 비만증이 있는 장애아동에게 과식이나 과음 습관을 제거함으로써 체중을 줄인다거나, 지나치게 남의 말대로만 행동하는 아동에게 적극적으로 자기주장을 펴도록 하는 데에도 이용된다.

최근에는 장애학생의 행동 관리에 관여하고 있는 전문가와 부모, 옹호자들이 전통적인 행동관리 접근이 지니고 있는 여러 가지 문제와 단점을 인식하기 시작하면서 긍정적 행동지원을 수용하기에 이르렀다. 긍정적 행동지원의 목표는 기능적 행동평가에서 나온 결과를 사용하여, 문제행동의 실효를 경감시키고 바람직한 행동을 격려하고 지원하는 교수-학습환경을 조성해 가는 데 있다. 따라서 긍정적 행동지원은 단순히 아동의 행동만 변화시키는 것이 아니라 아동의 삶의 질을 향상시킬 수 있으며, 아동을 지도하는 교사와 기관의 체계에도 긍정적 변화를 가져올 수 있게 한다. 이제 장애아동의 문제행동을 바라보는 관점이 전통적 행동수정에서 최근에는 긍정적 행동지원으로 이동하고 있다. 동시에 긍정적 행동지원에 대한 비판적 관점도 점증하고 있음에 따라 그에 대한 연구가 이루어져 보완과 수정 단계를 거치게 될 것으로 전망된다.

인지적 접근

CHAPTER 05

1. 피아제 인지발달이론

1) 개요

피아제(J. Piaget, 1896~1980)는 생물학 · 철학 · 아동심리학 등 다양한 분야를 섭렵한 학자로, 아동이 어떻게 세상을 인식하는가를 주로 탐구하였다. 그는 생물학 박사학위를 취득한 후 심리학에 흥미를 느끼게 되었고, 자신의 세 자녀를 대상으로 한 관찰 결과를 바탕으로 그의 초기 이론을 수립하였다. 그래서 피아제의 연구는 상당 부분이 생물학에 근거하고 있다. 특히 그는 지능이 생물학적 성장의 특수한 사례에 속한다고 가정하였다. 피아제가 자신의 이론을 **정신적 발생론**(mental embryology)이나 지능의 생물학적 이론이라고 불렀던 것도 이런 맥락에서이다. 또한 피아제는 일생에 걸쳐 지식의 기원을 탐구하는 이론, 즉 지식의 범위 · 성질 · 근원 등을 탐구하는 철학의 한 분야라는 점에서 **발생론적 인**

식론(genetic epistemology)이라고 불렀다.

장 피아제

피아제(Jean William Fritz Piaget, 1896~1980)는 스위스의 뇌샤텔에서 태어났다. 어려서부터 과학자의 자질을 보였는데, 1907년 11세 때에는 알비노(albino)라는 참새의 서식을 관찰하여 박물학 학술지에 기고하였으며, 1918년 21세의 나이로 뇌샤텔 대학에서 연체동물에 관한 논문으로 동물학 박사학위를 취득하였다.
생물학에 전념하던 피아제는 지식이란 무엇인가 그리고 그것은 어떻게 획득되는가에 대한 답을 찾고자 노력하였다. 23세가 되던 1920년, 아동심리학 분야에서 처음으로 과학적 접근에 의해 '마음의 발달'을 연구하기 시작하였으며, 스스로 발생론적 인식론(genetic epistemology)이라 불렀다. 그리하여 심리학 분야의 학사 학위조차 가지고 있지 않았으면서도 아동심리학자로서의 명성을 날리게 되었다.
피아제는 아동심리학 분야에서만 40권 이상의 저서와 100편 이상의 논문을 발표하였다. 1980년 9월 16일, 그가 임종하던 날까지 흩날리는 흰 머리카락, 파이프, 베레모, 자전거는 항상 그를 연상시키는 표상들이었다.

(1) 지능의 개념

지능(intelligence)이라는 말은 오늘날까지도 심리학에서 어떤 합의된 의미를 갖지 않은 채 광범위하고 다양하게 쓰이고 있다. 피아제도 이 점에서 거의 완벽한 자유를 누렸다고 할 수 있다. 그가 지능에 관해서 연구를 시작할 무렵인 1920년대에는 기껏해야 검사를 제작하는 정도의 연구, 그리고 성인을 상대로 초보적인 지적 과정을 탐색하는 단편적인 연구가 진행되고 있을 뿐이었다. 이러한 상황에서 피아제는 지능에 대한 정의를 성급하게 규정하는 것이 탐구과정을 오히려 제한할지도 모른다는 생각을 하였으며, 이와 같은 개방적인 태도는 그의 연구에 많은 융통성을 부여하였다. 피아제는 지능에 대해 다음과 같이 말하였다(Piaget, 1970).

"사실상 지능이라는 말은 하나의 집합적인 용어일 뿐이다. 이것은 여러 항목의 과정과 기제를 나타내는 데 쓰이며, 그 과정과 기제들의 의의는 그것이 하나씩 분석될 때 비로소 분명해진다."

피아제는 지능을 생물적 적응의 한 가지 특수한 사례로 간주한다. 즉, 지능이란 인간으로 하여금 환경과 능률적으로 상호작용하게 하는 일종의 생물적인 성취라는 것이다. 여기에서 '특수한 사례'란 지적 적응이 단순히 물질적인 것을 뛰어넘는 좀더 고차원적인 적응임을 의미한다. 또한 피아제는 다른 측면에서 지능을 다음과 같이 정의하였다(Piaget, 1972).

> 지능이란 인지적 구조의 조직화와 평형화의 우월한 형태를 나타내는 하나의 발생적 용어일 뿐이다. 그것은 가장 고도로 발달된 형태의 정신적인 적응, 다시 말해서, 인식 주체와 우주 간의 상호작용의 범위가 좀 더 원격적이고 안정된 관계를 이룩하기 위해서 직접적이고 순간적인 접촉을 초월할 때, 그들 간의 상호작용을 위해서 불가피한 도구이다. 한편 우리는 이 용어를 이와 같은 방식으로 사용함으로써 지능이 어디에서부터 시작되는지를 확정하는 문제를 피할 수 있다. 즉, 이는 어디까지나 하나의 궁극적인 목표일뿐이며, 그것의 근원은 일반적으로 감각동작적인 것, 심지어 생물적 적응 자체의 것과도 구분될 수 없다.

우리는 이 정의에서 피아제가 지능을 그것의 발생과 관련하여 규정짓고 있음을 알 수 있다. 우리가 어떤 적응행동에 대해서 '지적'이라는 수식어를 사용할 때, 그것은 고도로 능률적이고 추상적인 수준의 것임을 의미하지만, 그 한계가 그렇게 분명한 것은 아니다. 사실 고도의 '지적 행동'은 인간발달의 후반부에 성취되는 것이며, 거기에 도달하기까지는 그것보다 저차원의 적응행동을 보일 수밖에 없다. 이러한 문제를 해결하기 위해서 피아제는 고급과 저급을 굳이 구분하지 않고 그 연속선상의 어떤 인지적 기능이나 구조에도 지능이라는 말을 확장하여 사용하는 편법을 적용하였다.

(2) 지적 발달에 영향을 미치는 요인

피아제는 인간의 지적 발달에 영향을 미치는 주요 요인으로 성숙, 물리적 경험, 사회적 상호작용을 들고 있다. 피아제는 이 세 가지 요인 중 어느 하나라도 결핍되면 지적 발달은 지연된다고 믿었다(Piaget, 1972).

- **성숙**: 유전적 요인으로서 주어진 단계에서 지적 발달의 가능성과 불가능의 한계를 규정해 준다.
- **물리적 경험**: 감각적 경험이나 신체적 활동을 통하여 지적 발달이 이루어진다. 예를 들면 식탁을 손으로 만져 보는 등 감각적 경험을 통하여 그 물리적 속성을 파악하게 되는 것이다.
- **사회적 상호작용**: 사회적 상호작용을 통하여 조절과 동화가 이루어지고 그 결과 지적 발달이 이루어지는데, 사회적 상호작용을 통하여 식탁에 앉아서 식사를 한다거나 식탁에 올라가서는 안 된다는 사회적 지식을 얻게 되는 것이다.

2) 주요 개념

피아제의 이론은 생물학적 개념들을 이용하여 설명하고 있기 때문에 매우 난해한 것으로 알려지고 있다. 따라서 그의 이론을 구성하고 있는 주요 개념들을 먼저 살펴보는 것이 도움이 될 것이다.

피아제의 인지발달이론의 중심 개념은 지능의 구조로서의 이해의 틀이라 불리는 도식의 변용 과정이다. 이 변용 과정을 설명하기 위하여 피아제는 도식, 동화, 조절, 평형이라는 개념을 사용하고 있다.

(1) 도식

피아제는 인간의 마음도 구조를 가지고 있다고 믿는다. **도식**(schema)은 인지적 구조, 이해의 틀, 지각의 틀 혹은 반응의 틀로서, 인간이 자신의 환경을 지각하고 이해하고 사고하는 방법을 의미한다. 다시 말하면, 도식은 개체의 인지구조를 의미하며, 인지구조의 변화는 곧 인지발달을 의미한다.

도식은 본래 생물학에서 사용되어 온 개념이다. 동물의 창자는 그들의 환경에 적응할 수 있는 형태로 변천되어 왔다. 초식동물의 창자가 길다는 것은 환경에 효과적으로 대처하기 위한 생물학적 구조로 변천되어 왔음을 말해 준다. 이처럼 생물이 환경에 적응할 수 있는 생물학적 구조를 가지고 있는 것과 마찬가지로, 우리 인간도 환경에 정신적으로 적응할 수 있는 도식을 가지고 있다는 것이다. 즉, 인간 유기체도 환경을 변화시키고 환경에 적응하는 생물학적 구조를 가지고 있는 것이다. 인간이 사고와 행동을 조직하고 환경에 적응하는 성향은 연령에 따라 달라진다. 이것은 아동의 심리적 구조가 아동 자신의 경험적 활동에 의해 후천적으로 학습된다는 것을 의미한다. 따라서 도식이란 아동 자신의 경험적 활동에 의해 조직화된 행동양식으로 볼 수 있다.

그런데 우리 인간은 태어날 당시에는 거의 도식을 가지고 있지 못하다. 가지고 있다 할지라도 빨기 · 삼키기 · 잡기 등 반사적인 성격을 띠고 있다. 유아가 성장함에 따라 도식은 양적으로 증가할 뿐만 아니라 질적으로도 발달한다. 이 변화를 주도하는 과정이 곧 동화와 조절이다.

(2) 동화

피아제는 도식의 변용과정을 환경에 대한 적응과정으로 설명하고 있다. 또한 환경에 대한 적응과정은 동화과정과 조절과정의 상호작용에 의해 나타나는 결과로 간주한다. 즉, 인간은 외부환경을 있는 그대로 수용하는 것이 아니라, 그가 가지고 있는 인지구조에 따라 환경을 변용시켜 받아들인다. 그리하여 유기체는 개체의 인지구조를 통해서 외부환경을 지각하고 이해하며 또한 그 환경에 적응하게 된다. 이 과정이 지적 측면에서의 **동화** 과정이다.[1)]

어떤 어린이가 “네 발 달린 짐승은 개다.”라는 자기 나름대로의 이해의 틀을 가지고 있다고 하자. 그러면 이 어린이는 현재 자신이 가지고 있는 도식에 따라 네 발 달린 짐승을 보면 모두 개라고 생각하게 된다. 이처럼 자신의 인지구조 혹은 이해의 틀에 따라 외부환경을 지각하고 이해하고 그 환경에 적응하는 과정, 즉 과거에 학습한 것을 새로운 상황에 활용하는 것을 동화과정이라 한다.

(3) 조절

어떤 아동이 새로운 환경에 처하게 되면, 이미 가지고 있는 자신의 인지구조 혹은 이해의 틀로는 새로운 환경을 이해하기 어렵다. 그러나 그 환경과 계속 상호작용을 함에 따라 그의 인지구조는 서서히 변하게 될 것이다. 이처럼 인간은 외부환경과의 계속적인 상호작용을 통하여 자신의 인지구조를 변화시킴으로써 외부환경에 적응해 나간다. 이 과정이 지적 측면에서의 **조절** 과정이다.

유기체가 환경의 변화에서 살아남으려면 유기체 자신이 구조적 변화를 도모해야 하는데 보호색이 그 예다. 이와 같은 기능은 인간에게도 있는데, 신생아는 처음에는 무엇이든지 빤다. 그러나 어떤 것은 우유가 나오고 어떤 것은 우유가 나오지 않으면 신생아는 아무것이나 빨아서는 안 된다는 것을 알게 된다.

또 어떤 아동이 어떤 새로운 자극에 당면하게 되면, 그 자극을 이미 소유하고

---

1) 생물학에서 동화작용은 생물체가 외부에서 물질을 섭취하여 이것에 특정한 생화학적 변화를 일으킨 뒤, 자체의 구성물질로 변화시키는 현상을 말한다. 식물의 탄소동화작용과 질소동화작용 등이 여기에 해당된다. 간단한 화학구조를 가진 화합물이 생체 내 대사에 의해 복잡한 구조의 화합물로 변화하는 과정도 동화작용에 속하며, 그 반응을 생합성(生合成)이라 한다. 탄수화물 · 단백질 · 지질 · 핵산 · 호르몬 등 많은 물질이 동화작용에 의해 생성된다.

있는 도식에 동화시키려고 할 것이다. 그러나 만약 아동이 새로운 자극을 동화해 낼 수 있는 새로운 도식을 가지고 있지 않을 경우에는 문제가 생긴다. 이때에 아동은 새로운 자극을 받아들일 수 있는 새로운 도식을 만들어 내든지, 아니면 새로운 자극을 받아들일 수 있도록 이미 가지고 있던 도식을 변형하든지 해야 한다. 결국 조절이란 새로운 도식을 만들거나 낡은 도식을 알맞게 고치는 과정이라고 할 수 있다.

"네 발 달린 짐승은 개다"라는 도식을 가지고 있는 아동은 점차 성장함에 따라 그 도식도 변화되어 가게 마련이다. 즉, 네 발이 있어서 개와 비슷하지만 몸체가 크고 뿔이 있으니 개는 아니다. 그러므로 이때 개가 아닌 다른 것, 말하자면 소라고 바꾸어 생각하든지, 아니면 "네 발 달린 짐승 중에서 덩치가 크고 뿔이 있는 짐승은 소다"라는 새로운 이해의 틀을 만들어야 한다. 이처럼 새로운 도식을 만들거나 기존의 도식을 고치는 과정이 조절이다.

(4) 평형

피아제는 동화와 조절, 이 두 과정이 균형을 이루는 것을 **평형**이라고 하였다. 또한 평형화라는 개념도 많이 사용되는데 그 의미는 유기체가 계속해서 평형의 상태를 추구하는 것을 말한다.

동화가 이미 갖고 있는 도식의 안으로 현재 부딪치고 있는 자극이 들어오도록 강요하는 것이라면, 조절은 새로운 자극에 알맞게 스스로 도식을 바꾸거나 새로 만들어 내는 것이다. 결국 동화는 양적 변화인 성장을, 조절은 질적 변화인 성숙을 담당하고 있어 둘 다 지적 적응과 지적 구조의 발달을 맡고 있는 것이다.

동화와 조절은 인지발달의 어느 단계에서도 변함없이 같은 기제로 나타나기 때문에, 피아제는 이를 기능적 불변성이라고 하였다. 그런데 문제는 동화나 조절로서 이루어지는 순응과정이 기능적으로 변하지 않고 동일하다면, 도대체 어떻게 해서 인지발달이 이루어지는가 하는 점이다. 이 물음에 대해 피아제는 다음과 같이 설명하고 있다. 즉, 주위의 사물들이 지니고 있는 새롭고 상이한 여러 특징에 대해서 조금씩 그리고 끊임없이 조절과정이 확대되어 간다. 그리하여 새롭게 조절된 한 특징이 기존에 이미 가지고 있는 도식에 부합하게 되면 그것은 곧 기존의 도식에 동화된다는 것이다. 이렇게 해서 일단 동화가 이루어지면 새로운 도식은 그 속에 새로이 조절된 특징이 내포되어 있으므로, 부분적으로는 이미 이전의 도식이 약간 바뀐 것이 된다. 이러한 변화를 통해서 또다시 조절의 확대가 가능하다(그림 5-1).

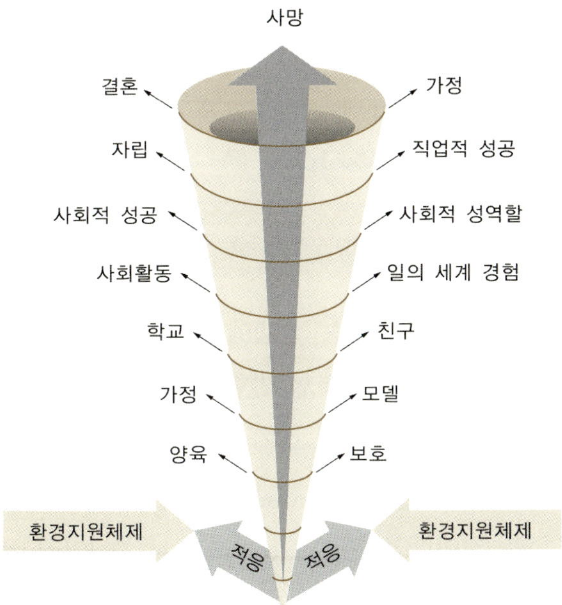

[그림 5-1] 피아제의 인지발달 도식

동화와 조절의 상대적인 양도 매우 중요하다. 어떤 사람이 동화만 이루어질 뿐 조절은 전혀 이루어지지 않는다면, 그 사람은 몇 안 되는 대량의 도식들을 가지게 될 터이지만 사물들 간의 차이를 알아내지 못하게 될 것이다. 반대로 조절만 이루어질 뿐 동화는 전혀 이루어지지 않는다면, 그 사람은 많은 소량의 도식들을 가지게 되겠지만 일반성을 갖기 힘들 것이다. 그런데 동화와 조절 중 어느 한쪽의 절대적 우세는 바람직하지 못하며, 두 과정이 조화를 이루는 것이 가장 이상적이다. 즉, 조절과 동화의 평형상태가 가장 바람직하다.

3) 인지발달 단계

피아제는 아동들에게 일련의 재치 있는 문제를 주고 그 반응을 알아보는 식의 실험연구를 통하여 지능발달, 즉 인지발달 단계를 구분하였다. 그는 여러 저서에서 인지발달 단계를 어떤 때에는 3단계 혹은 4단계로, 또 어떤 때에는 5단계로 구분하였다. 일반적으로 감각운동기, 전조작기, 구체적 조작기, 형식적 조작기의 4단계로 구분하는 것이 보통이다.

(1) 감각운동기

감각운동기(sensorimotor period)는 출생에서 18개월 또는 2세까지를 일컫다. 이 시기에는 조작(operation)[2)]이라고 할 만한 것이 없고, 다만 처음에는 생득적인 반사로부터 시작하여 학습에 의해 점차 유용한 행동을 나타내게 된다. 피아제의 용어에서 감각운동이란 감각적 경험 내에서 신체적 만족 욕구와 관련된 실제 세계를 창조하는 것이라고 할 수 있다. 이 시기는 한마디로 생물체적 감각이나 신체운동에 의존하는 시기라고 할 수 있다. 이 시기의 중요한 발달은 감각기관으로 지각한 것과 신체와 행동 간의 상호 협조를 이룩하는 일이다.

피아제에 따르면 이 시기 영아들의 인지적 특성은 다음과 같다.

2) 피아제 이론에서 조작이란 내면화된 가역적 행동, 즉 어떤 논리적 결론에 도달하는 내적 · 정신적 활동을 말한다.

- 외부세계에 대한 영아의 반응은 거의 전부가 감각적 또는 운동적이다.
- 영아는 자극이 가해지는 어떤 것에나 즉각적으로 반응한다.
- 영아는 계획을 세우거나 의도적으로 행동하지 않는다.
- 영아는 물체에 대한 어떤 내적 · 상징적 표상 능력이 없다.

그렇기 때문에 피아제는 이 시기의 영아의 인지를 전상징적, 전표상적 또는 전반응적 **감각운동지능**이라고 하였다.

이제 갓 돌이 지난 유아는 라이터 불을 손으로 만져 보려고 한다. "불은 뜨겁다"라는 도식을 아직 획득하지 못했기 때문이다. 그래서 감각적으로만 지각할 수 있을 뿐이다. 그런데 라이터 불을 만져본 후에 비로소 뜨겁다는 것을 느끼게 되고, 그래서 다시는 불을 만지려고 하지 않는다. 이제는 "불은 뜨겁다"라는 도식이 생겨났는데, 그만큼 지적 발달이 이루어진 셈이다. 이와 같은 행동을 감각운동이라고 한다.

감각운동기의 주요 특징 중의 하나는 대상영속성 개념이 발달한다는 점이다. 대상영속성이란 대상이 지각되지 않을 때에도 그 대상이 여전히 존재한다는 것을 이해하는 것이다. 피아제에 따르면, 대상영속성은 유아의 탐색 활동에 의해 정의되는 일련의 단계를 거쳐 감각운동기 동안에 학습된다고 주장하면서, 18~24개월경에 완전히 성숙된 대상영속성 개념이 형성된다고 하였다.

- 0~2개월: 대상이 시야에서 사라지면 보는 것을 중단하고 다른 행동을 한다.
- 2~4개월: 대상이 사라진 곳을 잠시 동안 응시한다.
- 4~8개월: 일부가 가려진 물체는 찾아내지만, 완전히 가려진 물체는 찾아내지 못한다.
- 8~12개월: 다른 사람이 감춘 대상을 찾을 수 있게 되지만, 여러 번 옮겨가면

서 숨기면 찾지 못한다.

- 12~18개월: 몇 번씩 위치를 이동하여 숨겨진 대상을 찾을 수 있지만, 대상이 이동되는 것을 계속 지켜보고 있을 때에만 가능하다.
- 18~24개월: 완전히 성숙된 대상영속성 개념이 형성되어, 장난감을 담요 밑에 넣고 이 담요 속에서 장난감을 베개 아래로 넣은 다음 담요를 치우면 유아는 베개 밑에 있는 장난감을 찾아낼 수 있다.

(2) 전조작기

전조작기(preoperation period)는 2세부터 7세에 이르는 취학 전 아동기에 해당된다. 이때부터 언어 · 상징 놀이 · 이미지 등의 기호 기능이 나타나기 시작한다. 특히 2~4세 사이에는 언어가 빠른 속도로 획득된다. 전조작기에 해당하는 유아의 주요 특징은 다음과 같다.

- 자기중심적 사고: 모든 것을 자신의 입장에서 본다.
- 현상: 한 가지 측면에만 기준을 두고 다른 준거에 의해 추리하지 못한다.
- 상태와 변형의 무분별: 사물의 변화 전이나 후의 모습밖에 모른다.
- 불안정한 평형: 동화와 조절 사이의 균형이 잘 잡혀 있지 않다.
- 실제적 사고: 구체적 행위나 이미지를 통해서만 가능하다.
- 불가역적 사고: 물질의 수 · 양 · 길이 · 면적 등에 대한 보존 개념이 부족하다.
- 비약적 추리: 귀납적 추리나 연역적 추리를 하지 못한다.
- 물활론: 세상 만물이 살아 있다고 생각한다.
- 꿈 실재론: 꿈과 현실을 구분하지 못한다.
- 유목: 여러 개의 하위 유목들이 하나의 상위 유목에 포함된다는 것을 이해하지 못한다.

① 물활론

물활론은 세상 만물이 모두 살아 있다고 생각하는 사고를 말하는데, 대개 4~6세 무렵에 현저하게 나타난다. 피아제에 따르면, 유아는 생물과 무생물을 구별하는 데 있어서 성인과 다른 방법으로 구별한다. 즉, 유아들은 생명이 없는 대상에게 생명과 감정을 부여하는 식으로 생각하는 경향이 있는데 4단계를 거쳐 변화한다.

- 1단계(4~6세경): 모든 사물은 살아 있다고 생각한다.
- 2단계(8~9세경): 움직이는 것은 모두 살아 있다고 생각한다.
- 3단계(8~12세경): 스스로 움직이는 것만 살아 있다고 생각한다.
- 4단계(11~12세경): 생물만 살아 있다고 생각한다.

② 꿈 실재론

꿈 실재론은 꿈과 현실을 구분하지 못하는 것을 의미한다. 유아들은 자신의 꿈이 다른 사람에게도 보이며, 밤이나 하늘로부터 또는 창문을 통하여 들어오는 것이라고 생각한다. 또한 꿈을 꾸고 있는 동안 꿈이 자기 주위에 그대로 남아 있다고 생각한다. 이와 같은 꿈의 실재론적 사고는 6~7세경 또는 구체적 조작기가 되면 사라져서 꿈은 비실재적이라는 사실을 깨닫게 된다.

③ 유목

유목이란 같거나 유사한 것끼리 묶는 것을 말하는데, 유아들은 여러 개의 하위 유목들이 하나의 상위 유목에 포함된다는 유목 포함의 원리를 7세쯤 되어야 이해할 수 있다고 하였다.

자폐성장애아 중에는 예전에 갔던 길을 끝까지 고집하여 오래 전에 엄마와 시장에 갔던 길로만 가려고 하는 아이가 있다. 이러한 특성을 흔히 상동행동이라고 부른다. 그런데 이와 같은 상동행동을 피아제의 관점에서 분석한다면, 조절과 동화가 평형을 이루지 못한 결과로도 볼 수 있다. 다시 말하면, 전에 학습한 것을 실제 생활에 활용하는 동화과정이 너무 지나친 결과 나타난 현상으로 간주할 수도 있다. 반대로 예전에 갔던 길보다 더 가까운 길이 생겼으면, 도식을 바꾸어 새로운 길로 가려고 하는 조절과정이 상대적으로 빈약한 결과로도 볼 수 있을 것이다.

이 시기 아동의 사고는 아직 조작이 불완전할 뿐 아니라, 논리적이라고도 할 수 없으므로 이 시기를 전조작기라고 한다.

(3) 구체적 조작기

구체적 조작기는 대략 7세부터 11세경까지이며, 심리 도식은 환경을 나타내는 기호를 조작할 수 있을 정도로 발달한다. 따라서 전 조작기의 특징에서 벗어나 더 발달된 사고를 한다.

구체적 조작기에 해당하는 아동의 주요 특징은 다음과 같다.

- 구체적 조작: 일반적인 규칙이나 전략을 사용하여 외부세계와 상호작용한다.
- 보존 개념 획득: 물질의 수 · 양 · 길이 · 면적 등에 대한 보존 개념이 형성된다.
- 연역적 사고: 귀납적 사고로부터 연역적 사고로 전환된다.
- 시간관념: 전후 정도로 이해하던 시간관념이 과거 · 현재 · 미래 등으로 확대된다.
- 주관 · 객관 구분: 자신의 판단과 다른 사람의 판단이 다르다는 것을 알게 된다.
- 탈중심화: 자기중심성에서 탈피하여 타인 조망이 가능하게 된다.
- 서열화: 큰 것에서 작은 것으로, 작은 것에서 큰 것으로 차례대로 배열할 수

있다.
• 유목화: 하위 유목과 상위 유목을 동시에 다룰 수 있다.

이 시기에 해당하는 아동은 구체적인 사물과 관련지어서만 조작이 가능하기 때문에 구체적 조작기라고 한다.

(4) 형식적 조작기

형식적 조작기는 지적 발달의 마지막 단계로서 11~12세 이후부터 청년기 사이에 해당된다. 이 시기의 아동은 현실 세계나 자아개념의 체계에서 벗어나 추리하고 사고할 수 있는 능력을 습득하게 되고, 이념의 세계나 사상의 세계에서 생활하게 된다.

형식적 조작기에 해당하는 아동의 사고 특징은 다음과 같다.
• 가설적 · 연역적 사고: 가설을 세워 문제를 해결하려고 한다.
• 명제 간 사고: 명제 내 사고뿐 아니라 명제 간 사고도 가능하다.
• 조합적 사고: 문제를 해결하기 위해 여러 가지 해결책을 궁리하게 된다.

구체적 조작기의 아동은 경험적 · 귀납적으로 생각하는 데 비해 형식적 조작기의 아동은 가설적 · 연역적으로 생각한다. 가설적 · 연역적 사고가 가능하여 어떤 문제에 부딪치더라도 그에 대한 답을 얻기 위해 가설을 세우고 하나씩 검토해 나갈 수 있게 된다. 즉, 구체적 사물이 없어도 머릿속으로 생각할 수 있게 된다.

구체적 조작기의 아동은 명제 내 사고에 머문 데 비해 형식적 조작기 아동은 명제 간 사고도 가능하다. 즉, 구체적 조작기의 아동은 단지 하나의 명제와 그 명제가 지칭하는 경험적 현실 간의 사실적 관계에만 주목하는데 비해, 형식적 조작기 아동은 그것을 뛰어넘어 하나의 명제와 다른 명제 간의 논리적 관계에 대해서도 추리할 수 있게 된다. '거짓말하는 것은 나쁘다'라는 명제와 '철수는 자주 거짓말을 한다'라는 명제가 주어졌을 때, 구체적 조작기의 아동은 두 명제 간의 관계를 추리하려고 하지 않고, 다만 거짓말하는 것은 나쁘고, 철수는 자주 거짓말을 한다는 사실만을 주목할 뿐이다. 그러나 형식적 조작기의 아동은 '그러므로 철수는 나쁘다'라는 두 명제 간의 논리적 관계를 추리할 수 있다.

구체적 조작기의 아동은 대상에 직접적으로 조작하는 데 비해 형식적 조작기의 아동은 더 높은 수준으로 조작하여 조합적 사고가 가능하다. 이 시기의 아동은 모든 가능한 관계나 조합을 빠뜨리지 않고 체계적이고 논리적으로 추리할 수 있게 된다. "인생은 짧고 예술은 길다"라는 말을 들었을 때, 구체적 조작기 아동은 '인생은 짧다' 그리고 '예술은 길다'라고 단순히 생각한다. 그러나 형식적 조작기 아동은 '사람은 유한적인 존재다', '오늘 이 순간은 다시 오지 않는다', '인생은 짧으므로 오늘 하루하루를 보람 있게 보내야 한다' 등 그 말 속에 포함되어 있는 여러 가지 요소들을 생각할 줄 알게 된다.

4) 비판과 공헌

(1) 비판

피아제 이론이 교육학, 특히 유아교육이나 특수교육에 미친 영향은 매우 크다. 오늘날에도 특수교육 분야에서는 지적장애아동을 비롯한 발달장애아동을 위한 교육내용 선정 등 여러 측면에 이론적 기초를 제공하고 있다. 그러나 피아제 이론에 대한 비판이 없는 것은 아니다.

피아제 이론의 한 가지 중요한 원리는 발달이 학습에 선행한다는 것이다. 피아제는 발달단계가 크게 고정되어 있으며, 보존성과 같은 개념은 가르쳐질 수 있는 것이 아니라고 주장하였다. 피아제 이론에 대해 제기되고 있는 비판 중의 하나는 바로 이 발달단계에 관한 것이다.

피아제 이론에 대한 비판을 요약하면 다음과 같다(Eggen & Kauchak, 2017).

- 피아제는 어린 아동의 능력을 과소평가했다. 3세 유아에게 보다 단순화된 수 보존 과제, 예를 들어 6~7개로 사물을 구성하는 대신 3개 정도로 과제를 구성하여 주면 주어진 과제를 성공적으로 해낸다는 것이다.
- 피아제는 좀 더 나이가 많은 아동의 능력을 과대평가했다. 예를 들어, 중고등학교 교사들은 학생들이 추상적인 현상에 대해 논리적으로 사고할 수 있다고 생각하지만, 그렇지 못할 때가 많다.
- 같은 사고라 할지라도 사고가 적용되는 대상의 특성에 따라 과제수행 결과가 다르게 나타나는데, 피아제는 이러한 과제의 특성을 고려하지 않고 있다는 비판이 있다. 예를 들어, 구체적 조작기에 있는 아동은 수의 보존 개념을 발달 초기에 획득하는 것으로 나타나고 있지만, 양의 보존 개념은 발달 후기에 비로소 획득하는 것으로 보고되고 있다.
- 아동의 논리적 능력은 피아제가 제안한 것보다 구체적 영역의 경험과 지식에 더 강하게 의존한다. 학생들은 적절한 경험이 주어지는 경우 비율 추리 문제를 풀 수 있지만, 그러한 경험이 주어지지 않는 경우에는 풀지 못한다.
- 피아제 이론은 발달에 있어 문화의 영향을 적절히 고려하지 못하였다. 문화는 아동이 겪게 되는 경험의 종류, 그들이 발달시키게 되는 가치, 그들이 사용하는 언어, 성인이나 다른 사람들과의 상호작용하는 방식을 결정짓는다.

(2) 공헌

피아제는 인간발달 연구의 거장이다. 그렇다면 피아제는 인간발달 연구에 어떤 공헌을 하였는가. 피아제 탄생 100주년을 기념하기 위해 몇몇 저명한 연구자들이 작성한 피아제의 업적을 요약하면 다음과 같다(Shaffer, 2005).

첫째, 피아제는 우리가 오늘날 인지발달이라고 부르는 분야를 확립하였다.

둘째, 피아제는 아동이 발달과정에서 중요한 역할을 직접 수행하는 호기심 많고 능동적인 탐색가임을 확신시켰다.

셋째, 피아제 이론은 발달과정을 단순히 묘사하지 않고 설명하려고 시도한 최초의 이론이었다.

넷째, 지적 발달의 광범위한 연속과정에 대한 피아제의 설명은 아동이 성장해 가면서 사고방식이 어떻게 변화해 가는지에 대해 정확한 견해를 제공하였다.

다섯째, 피아제식 개념은 사회적 · 정서적 발달에 대한 생각에 중대한 영향을 끼쳤을 뿐 아니라 교육자들에게 실용적 시사점을 제공하였다.

여섯째, 피아제는 인지발달 연구에 있어 중요한 질문을 던짐으로서 수많은 연구자들을 끌어들였다. 그리하여 피아제 이론은 면밀히 검증되면서 정립되었다.

특히 인지발달분야에 대한 피아제의 공헌은 다음과 같이 요약할 수 있다(권대훈, 2024).

- 인지발달 분야를 개척하여 독자적인 분야로 위상을 정립하였다.
- 아동이 발달과정에서 주체적이고 능동적인 역할을 수행한다는 사실을 강조하여 새로운 아동관을 정립했다.
- 평형화 모형을 통해 발달과정을 심층적으로 설명했다.
- 도식 · 대상영속성 · 자아 중심성 · 중심화 · 탈중심화 · 보존과 같이 인지발달에 관한 수많은 개념을 소개하여 그 분야에 대한 후속 연구를 촉진했다.
- 발달 단계에 따른 사고의 특징을 심층적이고 독특하게 기술했다.
- 인지발달 분야를 넘어 사회 및 정서발달 분야와 교육에 큰 영향을 미쳤다.

5) 특수교육적 시사

피아제 이론에 대한 비판이 있음에도 불구하고 그 교육적 의의는 대단히 크다. 특히 인지발달에 대한 체계적인 접근, 독특한 연구방법, 초기 발달의 중요성 강조 등은 교육심리학에 크게 공헌하였다고 할 수 있다.

피아제 이론의 교육적 시사는 대체로 다음과 같다.

- 활동적인 교육방법에 대한 강한 심리학적 배경을 제공해 준다.
- 교사로 하여금 아동에게 무엇을 가르칠 것인가에 대한 시사를 준다.
- 지식의 기본적 개념을 언제, 어떤 순서로 가르칠 것인가를 밝혀주고 있다.
- 도덕성 발달 단계는 아동의 올바른 도덕성 함양을 위한 지도에 도움을 준다.
- 유아교육이나 영재교육에 많은 시사를 준다.

특수교육이라고 해서 일반적인 교육적 시사 혹은 공헌의 범주를 크게 뛰어넘는 것은 아닐 것이다. 다만 특수교육에 미친 영향을 고려하여 다음과 같은 몇 가지를 부연할 수는 있을 것이다.

첫째, 피아제는 지능발달의 본질을 규명함으로써 지적장애의 본질을 밝혀 주고 있다. 피아제에 따르면, 지능은 환경과의 상호작용을 통하여 도식의 수가 증가함과 동시에 그 도식의 질적 향상을 의미한다. 따라서 지능은 정적이 아닌 동적인 과정으로 파악된다. 즉, 피아제의 관점에서 지적장애란 고정불변의 성격이 아닌, 발달 가능한 성격을 지닌 것으로 파악할 수 있다.

둘째, 피아제 이론은 개별화 교수의 기초를 제공해 주고 있다. 개별화 교수란 일대일의 대응 교육을 의미하지 않는다. 아동의 발달 단계에 맞는 교수, 그리고 아동 개개인의 특수교육적 요구에 부응하는 교수를 의미한다. 따라서 피아제의 인지발달 단계는 장애아동에 대한 진정한 의미의 개별화 교수에 대한 기초를 제공해 준다.

셋째, 피아제 이론은 장애아동의 조기교육에 대한 당위성을 뒷받침해 주는 이론적 기초를 제공해 주는 동시에 경고도 하고 있다. 특히 유아기 감각운동의 조작에 대한 강조는 특수교육에 많은 것을 시사한다. 또한, 피아제는 아동 자신이 환경과 적극적으로 상호작용을 하는 것이 매우 중요함을 강조함과 동시에, 초기 경험이 제공되어야 할 적정 시기가 있음을 강조하였다. 피아제의 관점에서는 올챙이를 개구리로 빨리 키우려 하기보다는 '풍요로운 올챙이'가 되도록 환경을 재조직해 주는 것이 더 중요하다 할 것이다.

2. 비고츠키 발달이론

1) 개요

러시아 심리학자인 비고츠키(Lev Semionovich Vygotsky, 1896~1934)는 피아제와 같은 시대에 살았으나 38세라는 젊은 나이에 요절하였다. 생몰연대를 감안하면 비고츠키는 구시대의 인물이다. 그럼에도 불구하고 그의 이론이 서방에 소개된 것은 비교적 최근의 일이다. 그의 연구는 1970년대까지는 영어로 널리 읽혀지지 않았으나 그후로 특히 미국학계에 큰 영향을 미치게 되었다. 피아제 이론이 1960년대부터 1970년대 사이에 발달심리학 분야를 풍미한 데 비해, 비고츠키 이론은 1970년대부터 시작하여 1980년대에 비로소 부활하였지만 현재까지도 큰 영향을 미치고 있다.

비고츠키의 연구는 중요한 두 가지 아이디어에 기초하고 있다. 첫째, 지적 발달은 아동이 경험한 역사적 · 문화적 맥락이라는 관점에서 이해될 수 있다고 제안하였다. 둘째, 발달은 개개인이 성장하면서 형성한 상징체계에 의존하는 것으로 보았다. 즉, 상징은 문화에서 창조되는 것으로, 예를 들어 문화적 언어, 쓰기체계 혹은 산술체계와 같이 사람들의 사고, 의사소통 및 문제해결을 돕는다.

피아제 이론에 대한 첫 번째 중요한 도전은 비고츠키에 의해 제기되었다. 비고츠키의 **사회문화적 이론**은 신념, 가치, 전통, 사회집단의 기술 등 문화가 세대간에 걸쳐 어떻게 전달되는지에 중점을 두었다. 아동을 자기 스스로 중요한 발견을 하는 독립적 탐색자로 보는 피아제 관점과 달리, 비고츠키는 인지 성장을 사회적으로 매개되는 활동, 즉 더 많은 지식을 가진 사회 구성원과의 협동적인 대화를 통해 아동이 새로운 사고방식과 행동방식을 점진적으로 획득해가는 과정으로 보았다(Shaffer, 2005).

비고츠키는 또한 모든 아동들이 동일한 인지 성장 단계를 통과해 발달한다는 피아제의 관점도 거부했다. 더 유능한 동료와의 상호작용을 통해 아동들이 숙달하는 새로운 기술은 종종 보편적인 인지구조라기보다는 그 문화에 특수한 것이기 때문이다. 따라서 비고츠키 관점에서 보면, 피아제는 인간발달에 중요한 사회적 · 문화적 영향을 간과한 것이다.

2) 주요 개념

비고츠키 이론의 주요 개념은 자기조절, 사적 언어, 근접발달영역, 발판, 역동적 평가 등이다.

(1) 자기조절

피아제는 발달이 학습에 선행한다고 보았기 때문에 특별한 인지구조가 어떤 형태의 학습이 발생되기 전에 발달될 필요가 있다. 그런데 비고츠키는 학습이 발달에 선행하는 것으로 보았다. 또한 학습에는 교수를 통한 상징의 획득과 타인으로부터 정보를 획득하는 것이 포함된다고 하였다. 따라서 발달이란 이러한 신호의 내면화를 포함하게 되므로 점차 타인의 도움 없이 사고하고 문제를 해결할 수 있게 된다. 이러한 능력을 **자기조절**이라 한다.

자기조절과 독립적 사고 발달의 첫 단계는 행동과 소리가 의미를 갖는다는 것을 학습하는 것이다. 예를 들어, 어린 아이가 손을 뻗어 대상을 잡는 과정은 아이가 그 대상을 원한다는 신호로 해석된다.

(2) 사적 언어

비고츠키 이론에서 언어는 학습 및 발달에서 핵심 역할을 수행하는 중요한 기제이다. 비고츠키(Vygotsky, 1962)에 따르면, 언어 기능은 외적 언어에서 시작하여 사적 언어로, 나중에는 내적 언어의 순으로 발달한다. 여기에서 **외적 언어**는 남에게 소리 내어 하는 말이고, **내적 언어**는 자기 자신에게 소리 없이 하는 말을 의미한다. 그리고 그런데 언어발달과정을 살펴보면, 외적 언어와 내적 언어가 분명히 구분되지 않고, 내적 언어도 소리 내어 말하는 과도기가 있다는 것이다. 피아제는 이 단계의 언어를 자기중심적 언어라고 하면서 점차 사회적 언어로 발달해 간다고 하였다. 비고츠키는 이와는 달리, 외적 언어가 먼저 나타나고 **사적 언어**가 나타난 후 최종적인 단계에서 내적 언어가 나타난다고 주장하였다. 여기에서 사적 언어란 개인적 지식이 공유되는 지식으로 전환되는 데 필요한 기제로서 일종의 혼잣말이다. 피아제의 자기중심적 언어와 비슷한 개념이지만, 단순히 의미 없이 중얼거리는 것이 아니라 자기조절의 시작을 의미한다는 점에서 다르다.

(3) 근접발달영역

근접발달영역이란 아동이 혼자서는 할 수 없지만 자신보다 유능한 타인의 도움을 받으면 할 수 있는 과제의 범위를 말한다. 학습자들은 그들이 숙달해야 하는 각 과제에 대하여 근접발달영역을 가지고 있으며, 다른 사람의 도움을 받기 위해서는 그 영역 안에 있어야 한다.

비고츠키는 아동이 근접발달영역 내에서 활동할 때 비로소 학습이 이루어진다고 믿었다. 근접발달영역 내에 있는 과제들은 아동들이 아직 혼자서는 수행할 수 없는 것들이지만, 동료나 성인들의 도움을 받으면 가능한 것들이다. 즉, 근접발달영역은 아동들이 아직은 학습하지 못한 것이지만 시간이 주어지면 학습이 가능한 것을 의미한다.

근접발달영역을 다른 측면으로 설명하면, 독자적으로 문제를 해결할 수 있는 수준을 나타내는 실제적 발달 수준과 성인이나 또래의 도움을 얻어 해결할 수 있는 잠재적 발달 수준 사이의 격차 또는 거리를 의미한다. 비고츠키는 실제적 발달 수준보다 근접발달영역이 인지발달 수준을 더 적절하게 표현한다고 주장하였다.

근접발달영역의 교육적 시사점은 다음과 같다(권대훈, 2024).

- 교수-학습활동은 근접발달영역에 중점을 두어야 한다. 근접발달영역은 새로운 인지발달이 일어날 것으로 예상되는 영역이므로 교육의 주요 내용으로 다루어야 한다. 따라서 아동의 근접발달영역을 확인한 후 그 영역에 부합되는 학습 과제, 즉 혼자서는 해결할 수 없지만 다른 사람의 도움을 받으면 해결할 수 있는 과제를 제시해야 한다. 실제적 발달 수준이 낮은 학생이라 하더라도 근접발달영역을 고려하여 지도하면 실제적 발달 수준이 높아지고 그 결과 근접발달영역도 확장된다.
- 지능 측정에도 시사하는 바가 크다. 만약 두 아동의 지능지수가 동일하더라도 성인의 도움을 얻어 해결할 수 있는 과제의 수준이 다르다면 두 아동의 지능 수준은 결코 동일하지 않다. 전통적인 지능검사는 아동이 독자적으로

해결할 수 있는 실제적 발달 수준을 측정하고 있을 뿐 지적 잠재력을 측정하지는 못한다. 지능검사를 할 때 아동에게 적절한 도움을 주면 더 많은 문제를 해결할 수 있을 것이다.

- 사회적 상호작용을 촉진해야 한다. 상호작용은 근접발달영역의 한계를 결정하는 데 중요한 역할을 한다.

근접발달영역에 근거하여 학습자와 교사 혹은 동료와의 상호작용을 강조하는 교수-학습이론으로는 인지적 도제, 호혜적 교수, 발판 등이 있다.

(4) 발판

발판은 동료나 성인에 의해 제공되는 조력을 말하는 것으로 비계(飛階)라고도 한다. 본래 비계라는 말은 건축 용어로서, 콘크리트 구조물을 만들 때 콘크리트가 굳어질 때까지 구조물의 모양을 지탱해 주는 기능을 하는 거푸집이나 지지대를 말한다. 건축 초기에는 비계를 땅에 굳게 설치해야 하지만, 공정이 진척됨에 따라 비계의 높이도 높아지며 건물이 완성되면 필요가 없어져 제거된다. 학습에서도 마찬가지이다. 학습의 초기 단계에는 교사나 성인의 지도와 도움이 필요하다. 그러나 학습이 진전됨에 따라 비계의 필요성은 점차 줄어들게 된다. 전통적으로 발판은 아동에게 학습의 초기 단계에는 많은 지원을 한 후, 점차적으로 지원을 감소시켜 나가 아동이 스스로 학습할 수 있게 되면 스스로 책임을 지고 떠맡게 하는 것을 의미한다.

교사나 부모가 아동의 학습을 도와줄 수 있는 발판의 예로, 시범, 모델 제공, 오류 교정, 동기 유발, 피드백 제공, 구체적인 목표 제시, 수업자료 조정, 질문 등 수없이 많다.

수업에서 비계를 제공할 때 다음과 같은 점에 유의할 필요가 있다.

- 실제 발달 수준보다 약간 더 높은 수준의 과제를 제시한 다음, 문제를 해결하는 과정에서 도움을 주는 것이 효과적이다. 잠재적 발달 수준에 비해 지나치게 어려운 과제를 제시하면 아무리 많은 도움을 준다고 하더라도 학습 효과를 기대하기 어렵다.
- 문제해결 능력이 높아짐에 따라 도움을 점진적으로 줄여나가 결국 스스로 문제를 해결할 수 있도록 유도해야 한다.

(5) 역동적 평가

역동적 평가는 근접발달영역의 개념에 근거하여 발달 잠재력을 확인하기 위한 평가로서, 전통적인 고정적 평가와 대비된다. 역동적 평가는 교육 목표의 달성도뿐만 아니라 향상도를 평가하고, 학습결과뿐만 아니라 학습과정도 평가하며, 준거지향 평가로 실시된다.

〈표 5-1〉은 고정적 평가와 역동적 평가를 비교한 것이다(백순근, 1999, 2019).

〈표 5-1〉 **고정적 평가와 역동적 평가의 특성 비교**

구 분	고정적 평가	역동적 평가
평가 목적	교육목표 달성 정도 평가	향상도 평가
평가내용	학습결과 중시	학습결과 및 학습과정 중시
평가방법	정답 반응 수 중시 일회적 · 부분적 평가	응답의 과정이나 이유도 중시 지속적 · 종합적 평가
평가 상황	획일적이고 표준화된 상황 탈맥락적인 상황	다양하고 융통성 있는 상황 맥락적인 상황
평가 시기	특정 시점(주로 도착점)	출발점 및 도착점을 포함한 교수-학습 전과정
평가 결과 활용	선발 · 분류 · 배치	지도 · 배치 · 조언
교수-학습 활동	교수-학습과 평가활동 분리	교수-학습과 평가활동 통합

3) 특수교육 시사

비고츠키의 이론은 어떤 것이든, 누구에 의해서든 가르쳐질 수 있다는 의미는 아니다. 근접발달영역 내에서 발달을 촉진시킬 수 있는 수업과 활동만이 해당되는 것이다. 만약 어떤 아동에게 교사가 특정 단어의 발음을 반복하여 시범을 보여도 단어의 발음을 구분할 수 없다면, 그 아동은 즉각적인 학습효과를 기대하기 어렵다. 또한 이미 알고 있거나 습득한 기술, 혹은 너무 어렵고 복잡한 개념 등의 수업도 긍정적 효과를 기대하기 어렵다.

(1) 협동학습

비고츠키 이론의 교육에 대한 여러 가지 시사 중 협동학습이 가장 두드러진다. 즉, 덜 능숙한 학생은 보다 능숙한 또래 학생들의 가르침으로 도움을 받고, 능숙한 학생들은 교사 역할을 함으로써 이득을 보게 된다는 이다(Palinscar, Brown, & Campione, 1983).

비고츠키의 협동학습의 효과에 관한 연구에 따르면, 능숙한 성인의 도움을 받아 과제를 수행한 아동이 혼자서 과제를 수행한 아동에 비해 더 많은 향상을 보였다(Freund, 1990). 아동이 혼자 수행할 때보다 또래 아동과 협동할 때 문제해결 능력이 향상된다는 연구 결과도 있다(Azmitia, 1992). 협동을 통해 가장 많은 혜택을 보는 아동은 처음에는 자신의 협력자보다 능숙하지 못했던 아동이었다(Tudge, 1992). Johnson과 Johnson(1987)은 아동이 혼자 수행했을 때와 협동했을 때의 수행 수준을 비교한 378개 연구를 분석한 결과, 협동학습을 한 학생의 절반 이상이 훨씬 더 우수한 수행을 보였으며, 반면에 혼자 과제를 수행한 학생은 전체 10% 정도만이 향상된 것으로 나타났다.

(2) 교실에서의 적용

비고츠키 이론을 교실에 적용하고자 할 때에는 다음과 같은 점에 유의해야 한다(Slavin, 2003).

- 수업은 아동들이 근접발달영역 내에서 연습을 할 수 있도록 계획되어야 한다. 예를 들어, 평가를 하는 동안 아동에게 힌트를 주거나 격려를 해주는 것이 매우 중요하다.
- 협동학습은 각기 다른 분야에서 서로 도울 수 있도록 다양한 수준의 아동들로 집단을 구성하는 것이 바람직하다.
- 발판을 제공할 때 교사가 그 과제를 단순하게 하는 것이 아니라 교사의 점진적 개입을 통해 학습자의 역할을 단순화하는 것이라는 사실에 유의해야 한다.

비고츠키의 발달이론을 일반 초등학교 교실에 적용하고자 할 때 고려해야 할 몇 가지 지침은 다음과 같다(Eggen & Kauchak, 2017).

- 의미 있는 활동과 실제 과제를 사용하라.
  학생들에게 출석 상황을 그래프로 그리도록 하여 그래프 그리는 방법을 가르친다. 남학생과 여학생에 대한 정보가 기록되었고, 몇 주간의 데이터가 나오면 그 양상에 대해 토론한다.
- 학생들이 근접발달영역을 통해 발전할 수 있도록 발판을 이용하라.
  학생에게 글자 쓰기를 처음 가르칠 때에는 점선으로 글자의 윤곽선이 있고 글자 크기를 맞추도록 가운데 선이 그어진 연습장을 제공한다. 학생이 글자를 좀 더 잘 쓰게 되면 교사의 도움을 줄여 나가거나 전혀 주지 않는다.

- 학생들의 상호작용을 촉진할 수 있도록 교실 활동을 조직하라.
  학생들이 작문 과제를 마친 뒤, 교사는 학생들이 쓴 글을 서로 공유하도록 한다. 그 과정을 돕기 위해 자신들이 쓴 글에 대해 발표할 때 중점을 두어야 할 질문들을 사전에 준다. 그 다음 학생들은 자신들의 토의 내용을 바탕으로 교사에게 글을 제출하기 전에 다시 자신의 글을 고친다.

PART 03

발달심리학적 접근: 장애아동의 심리적 특성

학습목표

특수교육은 '특수한 교육'이 아니다. 특수교육대상자의 교육적 요구를 충족시키기 위해 맞춤형 교육과정과 관련 서비스를 제공하는 교육이다. 특수교사는 '특수한 교사'가 아니다. 사랑, 봉사, 희생을 앞세우는 교사도 아니다. 특수교사는 특수교육대상자가 지니고 있는 특수교육요구가 무엇인지를 알고, 그 요구를 충족시킬 수 있는 최적의 내용 · 방법을 선정, 적용할 수 있는 특수교육 전문가이다.

특수교사가 '좋은 수업'과 '좋은 지도'를 하기 위해서는 무엇보다 특수교육대상자들의 심리적 특성을 이해하는 것이 필요하다. 특히 오래 전부터 교육에 필요로 하는 심리적 특성들, 즉 지능, 주의, 지각, 기억, 언어, 자아개념 등의 특성을 이해하는 것은 '좋은 수업'을 위해 필요하다.

CHAPTER 06

지능

1. 개요

1) 지능의 정의

지능(intelligence)이란 무엇인가.[1] 대부분의 사람들은 지능이 인간의 가장 중요한 지적 특성이라는 점을 인정한다. 그렇지만 지능은 매우 복잡한 개념이어서 학자들 사이에서도 일치된 정의를 찾아보기 어렵다. 지능에 대한 정의는 지능을 연구하는 학자들보다 더 많다는 말이 있을 정도로 다양하다.

1) 지능이라는 뜻의 영어 'intelligence'의 어원은 아리스토텔레스가 인간의 정서적 · 가치적 기능을 'orrxis'라 하고, 인지적 · 지적 기능을 'clianoia'라고 구별하기 시작한 때부터라고 할 수 있다. 그 후 키케로가 후자의 개념을 'intelligentia'라고 번역한 데서 더 분명해진 셈이다. 'intelligentia'의 'inter'는 '안'(內)이라는 뜻이며, 'legarp'는 '모으다', '선택하다', '구별하다'라는 뜻을 지니고 있다(황정규, 1984). 이를 종합해 보면, 마음속에 무엇을 함께 연결시키거나 선택하는 혹은 구별하는 정신 기능을 지능이라고 불렀다는 사실을 알 수 있다. 그러나 지능의 어원이 우리에게 어떤 의미를 제공해 주는 것은 아니다.

지능의 정의가 수없이 많다는 것은 모든 사람들이 지능에 대해 어느 정도 알고 있음을 의미한다고 볼 수 있다. 지능을 연구하는 학자가 아닌 일반 사람들도 지능이 무엇인가에 대해 나름대로의 견해를 가지고 있다. 이는 역설적으로 지능에 대해 정확하게 알고 있는 사람이 없다는 의미이기도 하다.

최근 지능을 연구하는 전문가들은 지능을 세 가지 차원, 즉 ① 지식을 습득할 수 있는 능력, ② 추상적으로 생각하고 추론할 수 있는 능력, ③ 새로운 문제를 해결할 수 있는 능력으로 구분하여 정의하고 있다(Eggen & Kauchak, 2004).

2) 지능의 발달

지능이 어느 시기부터, 언제까지, 어떤 형태로 발달하느냐에 관한 논의는 특수교육, 특히 장애아 조기교육의 필요성이나 지적장애의 본질 규명 등에 많은 시사를 준다.

블룸(Bloom, 1964)은 지능발달에 관한 여러 연구 결과들을 분석한 결과, 지능의 50%는 4세까지 결정되고, 25%는 8세까지 결정되며, 나머지 25%는 18세까지 결정된다고 보고하였다.

웩슬러(Wechsler, 1944)에 의하면, 지능은 5~6세 무렵부터 11~12세 무렵까지는 급속히 발달하고, 그 후 20세 무렵까지는 완만하게 발달하며, 20세 무렵이 지나면 발달 속도가 점차 느려져 하강하는 현상을 보인다(그림 6-1). 또한 산수 추리나 유사점 발견하기 등은 비교적 빨리 발달하기 시작하여 20세 전후에 발달이 완료되지만, 언어의 지식이나 이해 문제, 상식 등은 20세 이후에도 계속 발달하는 것으로 밝혀졌다.

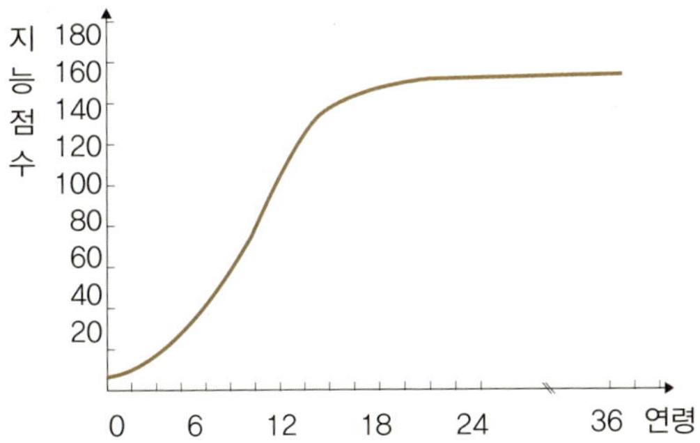

[그림 6-1] 지능발달 곡선

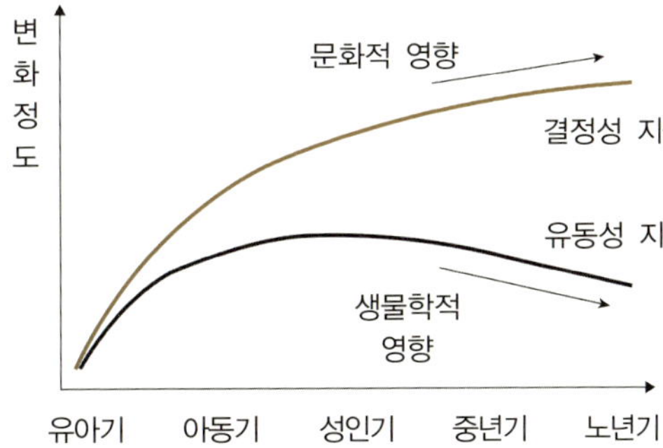

[그림 6-2] 유동성 지능과 결정성 지능의 발달과정

혼과 카텔(Horn & Cattell, 1966)은 유동성 지능과 결정성 지능의 발달과정을 [그림 6-2]와 같이 표현하고 있다. **유동성 지능**은 10대 후반에 정점에 달하고, 그 후에는 연령 증가와 더불어 감퇴한다. 이와는 달리, **결정성 지능**은 교육과 경험의 축적에 따른 문화적 순응으로서, 성인기까지 서서히 증대되며 노년기까지 저하되지 않는다.

일반적으로 인간의 지능발달 곡선은 신체발달 곡선과 매우 비슷하다. 생후 6~7개월부터 시작하는 지적 발달은 아동기까지 급격히 발달한다. 아동기 후반부터는 그 속도가 점차 떨어져 15세 정도에 이르면 성인의 80% 수준까지 이르고, 18~21세에는 정점에 달하며, 그 이후는 발달이 거의 정체되는 것으로 알려지고 있다.

3) 유전론과 환경론

사람들은 각 개인에 따라 지적 능력에 차이가 있다. 이러한 차이 중 어느 정도가 물려받은 유전인자에 의한 것이며, 어느 만큼이 우리가 처한 환경에 의해 일어나는 것일까.

지능이 유전되는 것인가 아니면 환경에 의해 길러지는 것인가 하는 것만큼 치열하게 논쟁이 진행된 이슈도 없을 것이다. 유전론자들은 지능이 유전에 의해 이미 결정되어 있다고 주장하고, 환경론자들은 환경의 영향을 강조한다.

대부분의 전문가들은 유전론과 환경론의 중간 입장을 취하고 있는데, 이들은 지능이 유전과 환경 모두에 의해 영향을 받는다고 믿는다. 이러한 견해는 인간의 유전자가 지능의 한계를 제공하며, 환경적 자극이 유전적인 한계 내에서 지능을 최대한 발현할 수 있도록 한다고 주장한다.

(1) 유전론

유전론은 인간발달의 원동력이 개체 내에 있다는 주장을 견지한다. 즉, 발달은 개체가 태어나면서부터 지니고 있는 내부 법칙에 의해 규정되고, 환경 자극에 의해 이루어지는 경험은 이차적인 것으로 간주한다. 유전론자 가운데에는 인간의 지능이란 유전에 의해 80% 정도가 결정된다고 주장하는 사람도 있다(Jensen, 1969). 유전론은 대뇌생리학적 접근과 통계적 접근으로 구분된다.

첫째, 대뇌생리학적 접근의 대표적인 유형은 염색체이상으로 인한 장애에 관한 연구이다. 예를 들면, 페닐케톤뇨[2], 다운증후군[3], 클라인펠터증후군[4], 터너증후군[5], 겸상적혈구빈혈증[6] 등에 관한 대뇌생리학적 연구는 지능에 관한 유전

2) 페닐케톤뇨(phenylketonuria: PKU)에 책임이 있는 유전인자는 정상 행동을 유발하는 우성인자에 대한 열성인자이다. 즉, 한 개의 염색체가 열성인자를 지니고 대응하는 염색체가 우성인자를 지니고 있으면 그는 정상이다. 그러나 양쪽 모두 열성인자를 갖게 되면 페닐케톤뇨증이 나타나서 심각한 지적장애를 수반하게 된다.

3) 다운증후군(Down's syndrome)은 23쌍의 염색체 배열 중에서 21번째 염색체가 2개가 아닌 3개로 되어 있어, 전체 염색체 수가 47개인 경우이다. 여러 가지 수반장애를 보이지만 특히 지능결함이 가장 큰 특성이다.

4) 클라인펠터증후군(Klinefelter' syndrome)은 XXY의 성염색체를 가진 남성으로서 47개의 염색체를 가지고 있다. 이 증후군은 격렬하고, 공격적이며, 반사회적 행동과 깊은 관련이 있음이 밝혀졌다.

5) 터너증후군(Turner' syndrome)은 단지 한 개의 성염색체 X만을 가지고 태어나므로 45개의 염색체를 가지고 있다. 이 증후군은 미성숙과 2차 성징이 나타나지 않는 것이 특징이다.

적 영향을 입증해 주고 있다. 그러나 그 출현율은 극히 미미하여 이 방법을 통하여 일반화하기란 매우 어려운데, 그 대안으로서 통계적 접근이 이용되고 있다.

둘째, 인간행동 특성의 유전적 기여도를 탐구하기 위한 통계적 접근이다. 이를 위해 주로 연구 · 양자연구 등이 이루어졌다. 쌍생아연구들을 메타분석을 한 결과들은 유전이 지능에 미치는 영향이 결정적이라는 것을 시사한다(Bouchard & McGue, 1981). 가계연구의 결과도 쌍생아연구 결과와 매우 비슷하게 나타났으며(Bouchard & McGue, 1981), 양자연구에서도 지능에 미치는 유전적 영향을 뒷받침하는 결과들이 많다(Munsinger, 1975).

(2) 환경론

환경론은 인간발달이 환경의 경험에 의해 이루어진다는 관점이다. 즉, 육아환경, 가정환경, 학교 환경, 사회 · 문화적 환경, 자연 · 지리적 환경 등이 인간행동을 직접 혹은 간접적으로 규정한다는 관점이다.

특히 가정환경의 지위변인과 과정변인이 지능에 영향을 미친다는 연구 결과들이 많다. 지위변인은 아동 자신이 변인과는 아무런 관계없이 독립적으로 이미 존재하는 부모에 귀속되어 있는 변인이며, 따라서 정태적이고 비교적 고정적이다. 그리고 과정변인은 아동과 부모와의 상호작용의 질에 의하여 결정된다.

가정환경의 지위변인이 지능발달 간의 관계를 규명하고자 한 일련의 연구들은 그 변인들이 다양하여, 사회 · 경제적 지위, 출생 순위, 가족 크기, 형제의 성 유형과 터울, 부친 부재 등에 관한 연구들이 있다. 이들 연구 결과는 가정환경의 지위변인이 지능에 영향을 미치고 있음을 밝히고 있다.

6) 겸상적혈구빈혈증(sickle cell anemia)은 헤모글로빈을 만드는 데 관여하는 유전인자의 결함으로 적혈구가 낫 모양 혹은 초승달 모양의 비정상적인 형태로 만들어져, 모세혈관을 통과할 때 걸리게 되어 혈액 순환이 순조롭지 못하며, 특히 뼈와 신장에 손상을 가져온다. 이 증상은 항상 기운이 없고 가슴이 두근거리며 숨이 가쁘다. 또한 심한 빈혈증을 보이며 대체로 지적장애를 수반한다.

최근에는 학교교육 자체가 지능지수에 영향을 미친다는 연구 결과(Ellis, 2001)가 주목을 끌고 있는데, 영아기에 자극을 주는 프로그램과 양질의 학령 전기 프로그램은 아동들의 지능을 실제로 증진시킬 수 있음을 보여주고 있다.

(3) 특수교육적 시사

유전론의 관점에서는 지능을 고정적인 것으로 간주하는 반면, 환경론의 관점에서는 가변적인 것으로 간주한다. 그런데 최근에는 단일요인설의 입장에서 지능발달에 대해 논쟁하는 일은 별로 없다. 그보다는 어느 한쪽의 요인에 의해서 지능이 결정된다고 결론을 내리기보다는 두 요인의 상호작용의 결과라고 생각하는 방향으로 전개되고 있다. 그런데 교육을 어떠한 측면에서 정의하든지 그것은 바람직스런 방향으로의 변화를 의미하여, 이러한 변화는 풍요로운 환경을 마련해 줌으로써 가능하다. 만약 유전론의 관점에서 지능을 고정적인 것으로 파악한다면, 교육에 대한 기대효과는 그만큼 떨어질 수밖에 없을 것이다.

특히, 지적장애를 비롯한 발달장애아동들에 대해 긍정적인 시각을 가지고 적극적으로 지도할 때 그 효과 또한 더 커진다는 **피그말리온 효과**(Pygmalion effect)[7]를 고려할 때, 레빈(K. Lewin)의 **행동방정식**[8]이 특수교육에 시사하는 점이 크다. 지능이 뒤떨어지는 발달지체아동이라 할지라도, 그에게 풍요로운 환경을 제공하기만 하면 어느 정도 보상할 수 있다는 신념이 매우 중요하다.

---

7) 피그말리온 효과는 심리학에서 사용하는 자기충족적 예언(self-fulfilling prophecy)과 의학에서 사용되는 위약효과(Placebo effect), 경영학에서 사용되는 호손효과(Hawthorn effect)라는 말과 비슷한 뜻으로 사용된다. 교육학에서는 교사가 학생을 긍정적으로 생각하거나 기대치를 높게 가지면 학생의 성적도 향상된다는 것을 나타낼 때 사용하는 용어이다. 피그말리온 효과를 교육학에 접목한 것을 로젠탈 효과(Rosenthal effect)라 하는데, 1968년 하버드대학교 로버트 로젠탈 사회심리학 교수 등이 초등학교 학생을 대상으로 실시한 실험에서 증명된 후, 교수의 이름을 따 명명되었다.

8) $B = f(P \cdot E)$

B: Behavior(행동), P: Person(사람), E: Environment(환경)

피그말리온 효과

조각가인 피그말리온(Pygmalion)은 여성을 혐오한 나머지 한평생 독신으로 지내기로 결심하였다. 피그말리온은 상아로 여성의 입상을 조각하게 되었는데, 살아 있는 처녀가 수줍어하는 모습 그대로였다. 그는 상아 조각에 옷을 입히고 손가락에 보석반지를 끼워주고 귀고리까지 걸어주었다. 그리고 마지막으로 진주가 달린 옷을 입혔다. 옷은 잘 어울렸고, 옷을 입지 않았을 때나 다름없이 매력적이었다. 피그말리온은 그녀를 아내라고 불렀다.

아프로디테의 제전에 참가한 피그말리온은, "오, 신이시여! 원컨대 나의 상아 처녀와 같은 여인-그는 차마 '나의 상아 처녀'라는 말은 하지 못하였다-을 아내로 점지하여 주십시오." 아프로디테는 그의 말을 들어주었다.

집으로 돌아온 피그말리온은 조각을 보러 갔다. 그는 조각의 입술에 키스하였다. 조각의 입술에서 온기가 느껴졌다. 확실히 조각은 살아 있었다. 처녀는 얼굴을 붉혔다. 그리고 수줍은 듯한 눈을 뜨고 연인을 바라보았다. 아프로디테는 자기가 맺어준 두 사람의 결혼을 축복하였다.

출처: 토머스 불핀치, 박경미 역 (2011).

그렇다고 유전론의 입장에서 발표된 수많은 훌륭한 연구 결과들을 인정하지 않는다거나 파기해야 한다는 것은 아니다. 두 견해가 나름대로 주장할 만한 근거들을 제시하고 있어 아직은 어느 한쪽이 명백하게 타당하다는 결론을 내릴 수 없는 상황이다. 따라서 자신이 몸담고 있는 분야의 특성에 보다 도움을 준다고 판단되는 쪽을 지지하는 것은 당연하다 할 것이다.

만약 환경론을 지지한 사람이라면, "지능은 훈련을 통하여 개선될 수 있는가" 라는 물음에 "그렇다"라고 대답할 것이다. 환경론의 입장에서는 지능을 학습된 능력으로 간주하기 때문이다. 그렇다고 해서 능력만을 강조한다는 의미는 아니며, 학습되는 과정도 중요시되어야 함은 물론이다.

유전론자들이 사용한 환경의 개념은 주로 부모가 획득한 지위와 역할에 의해 결정되는 사회 · 경제적 지위로서의 정태적 지위 환경이었다. 그러므로 아동의 지능에 미치는 영향이 극히 제한될 수밖에 없었다. 즉, 지위 환경에 의해 결정되는 설명 변량은 극히 제한되어 있어서 상관계수는 .30에서 .35 정도, 예언 변량으로는 9~12% 수준을 넘지 못한다(황정규, 1984). 지능발달에 더욱 중요한 환경은 부모나 자녀 사이에 형성되는 적극적인 상호작용으로서의 환경이다. 적극적 개입이 극대화된다면 상대적으로 환경의 역할이 커질 것이라는 블룸(Bloom, 1964)이나 울프(Wolf, 1964)의 연구가 이를 뒷받침해 주고 있다. 문제는 지능을 계발시키는 데 기여할 수 있는 적극적이고 역동적인 상호작용의 환경을 개념화하고, 그것을 지능계발의 중개 역할로 활용하는 일이다.

지능과 가정의 작용 환경과의 관계를 규명하고자 한 많은 연구 결과들은 아동에게 풍요로운 환경을 체계적 · 조직적 · 계속적으로 투입하면 지능은 계발될 수 있다는 사실을 입증해 주고 있다. 이것은 실험 조건의 상황이지만, 만약 가정에서 부모가 자녀를 적극적인 상호작용을 통해 양육한다면 그와 같은 지능 계발의 효과를 기대할 수 있을 것이라는 점, 그리고 유전적 형질이 어떠하든 그것은 환경에 의해 어느 정도 극복할 수 있다는 점을 시사하고 있다. 다시 말하면, 지능 교육에 있어서 부모의 역할이 매우 중요하다는 것과, 지적장애의 원인이 유전적 소질로 인한 것이라 할지라도 측정되는 지능은 변화시킬 수 있다는 것을 시사하고 있다.

따라서 지능에 영향을 미치는 정도가 유전이 몇 퍼센트이고, 환경이 몇 퍼센트라는 식의 연구가 특수교육에 주는 의미는 별로 없다. 오히려 유전이라는 것이 고정적이고 주어진 변량이라면, 지능을 계발시킬 수 있는 열쇠는 환경을 어떻게 조작하느냐에 달려 있다. 여기에서 환경의 조작이란 지위 환경보다는 과정 환경에 더 비중을 둔 의미로 이해해야 하며, 접촉이론 등이 이를 잘 뒷받침해 주고 있다.

2. 지능이론

지능의 본질을 따지는 관점에는 인지구조적 접근과 인지과정적 접근이 있다. 인지구조적 접근은 전통적인 관점으로서 지능을 하나의 구조적인 틀로 간주하며, 주로 행동주의심리학자들에 의해서 지지되고 있다. 인지과정적 접근은 정보를 처리하는 과정상의 문제에 초점을 두고 있으며, 주로 인지주의심리학자들에 의해 지지되고 있다.

1) 전통적 지능이론

인지구조적 접근에 의해 발달된 전통적 지능이론은 크게 요인분석모형과 위계모형으로 구분할 수 있다. 요인분석모형은 이요인설, 다요인설로, 위계모형은 지능구조모형, 위계모형으로 구분된다.

(1) 이요인설

이(二)요인설은 스피어먼(Spearman, 1904)이 제창하였다. 스피어먼은 여러 가지 검사들 간의 상관계수가 큰 값에서 작은 값으로의 순서에 따라 모든 검사에 공통되는 일반요인(G요인)과 개개의 검사에 특유한 특수요인(S요인)이 있다고 주장하였다. 모든 지적 활동의 바탕에는 공통적으로 존재하는 일반요인과 상호 독립하여 개개의 지적 활동에 관여하는 특수요인이 존재한다는 것이다. 그리고 개인차는 있으나 모든 사람은 일반요인을 가지고 있으며, 일반요인이 지적 활동에 있어서 기본적인 것이다. 그러나 일반요인만으로 전체적인 지적 활동이 이루어지는 것은 아니며, 상황에 따라서는 특수요인이 작용한다. 예를 들면, 공부를 잘 하는 것은 아니지만 피아노만큼은 뛰어난 재능을 가지고 있는 경우 등이 있다.

(2) 다요인설

써스턴(Thurstone, 1938)은 스피어먼의 이 요인설에 대해 비판하면서, 지능은 다수의 독립된 요인으로 구성되어 있다는 다(多)요인설을 제창하였다. 써스턴은 56개의 하위 검사를 만들어 중 · 고 · 대학생을 대상으로 실시한 검사결과를 중다 요인분석법을 적용한 결과 7개의 군집 요인을 발견하였다. 써스턴은 이 7개의 군집 요인들, 즉 언어 · 단어 · 유창성 · 공간 · 지각 · 계산 능력 · 기억 · 추리 요인을 기본 정신 능력이라고 불렀다. 그는 1941년에 다시 기본 정신 능력 7개 요인들 속에 공통되는 일반요인이 있음을 발견하고, 이를 일반 능력이라고 하였다.

(3) 지능구조모형

다요인설은 길포드(Guilford, 1959)에 의해 계승되어 지능구조모형으로 발전하였다. 그는 지적 능력을 크게 기억력과 사고력으로 나누고, 사고력은 다시 인지적 · 생산적 · 평가적 사고력으로, 생산적 사고력은 수렴적 · 확산적 사고력으로 나누어 이 5가지 능력을 조작적 차원으로 정의하였다.

길포드는 이와 같은 5개의 지능 요인 차원 이외에 두 가지 다른 차원을 첨가하여 입체화하였다. 즉, 조작 차원은 결과의 종류에 따라 달라질 뿐만 아니라, 내용에 따라서도 달라진다는 점을 생각해냈다. 그리하여 지능은 조작 · 내용 · 산출의 3차원으로 구성된 것으로 보았다.

- **내용 차원**: 주어진 정보의 내용에 관한 차원으로서 ① 도형적 정보, ② 상징적 정보, ③ 의미적 정보, ④ 행동적 정보의 차원으로 구성된다.
- **조작 차원**: 주어진 정보를 어떻게 처리하느냐 하는 차원으로서 ① 인지, ② 기억, ③ 확산적 사고, ④ 수렴적 사고, ⑤ 평가의 차원으로 구성된다.
- **산출 차원**: 주어진 정보를 어느 수준까지 결과를 처리하느냐 하는 차원으로서 ① 단위, ② 유목, ③ 관계, ④ 체계, ⑤ 변형, ⑥ 함축의 차원으로 구성된다.

이처럼 지능구조모형을 4개의 내용, 5개의 조작, 6개의 산출, 즉 4×5×6=120개의 블록으로 가정하였다. 각 블록들은 각기 지능의 요인에 대응되고, 검사에 의해서 측정된다고 생각한 것이다. 예를 들면, '가'로 시작되는 단어를 생각나는 대로 쓰게 하는 과제는 기억 · 단위 · 의미적 능력에 해당되고, 같은 그림을 찾는 과제는 도형적 · 평가 · 유목의 능력에 해당된다고 할 수 있다.

(4) 위계모형

버논(Vernon, 1960)은 일반요인 G를 제거하면 거기에는 두 개의 대집단 요인이 존재함을 확인하고, 이것을 언어적 · 수리적 · 교육적 요인과 실제적 · 기계적 · 공간적 요인이라 불렀다. 그리고 이 대집단 요인 밑에 소집단요인이 있다고 보았으며, 이것이 곧 기본 정신 능력의 각 요인에 해당된다.

카텔(Cattell, 1963)은 지능을 유동성 지능과 결정성 지능으로 나누고 있다. 유동성 지능은 교육이나 경험과는 비교적 관계가 없는 신경생리학적 기능의 영향과 우연적 학습의 영향이 합성한 형태를 나타낸다. 그리고 결정성 지능은 경험의 응집체로서 문화적 순응의 한 형태를 형성한다.

2) 대안지능이론

1960년대에서 1970년대에 이르러 심리측정가들은 인지구조적 모형으로 지능을 설명하려는 데에 대해 불만을 나타내기 시작하였다. 지능에 대한 전통적 관점인 인지구조적 접근에 대한 주요 비판 내용은 다음과 같다.

첫째, 요인분석에 따른 문제점이다. 본질적으로 지능이나 능력은 개인 내에 존재하는 것임에도 불구하고 요인분석은 언제나 개인 간의 차이에만 관심이 있다.

둘째, 지능을 능력으로 간주하는 데에서 오는 문제점이다. 즉, 험프리(Humphrey, 1962)는 ① 지능을 능력으로 보아서는 안 된다는 점, ② 지능을 불가변적인 속성으로 파악하는 오류를 범하고 있다는 점, ③ 지능을 개인의 적성과 혼동하고 있다는 점, ④ 지능을 중추적인 능력으로 보는 오류를 범하고 있다(이연섭 · 이영재 · 조시화, 1982).

셋째, 과정을 무시한 채 결과만을 강조하는 데에서 오는 문제점이다. 즉 인지구조적 접근은 지능 행동을 구성하는 과정을 발견하고 설명하지 못한다.

넷째, 수량화 만능 사고에 바탕을 둔 검사방법에 대한 문제점이 있다.

이러한 비판 위에서 여러 학자들이 대안적 지능이론을 제안하였는데, 대표적인 예로 스턴버그(Sternberg, 1984)의 지능삼원이론과 가드너(Gardner, 1983, 1999)의 다중지능이론을 들 수 있다.

(1) 지능삼원이론

① 개요

스턴버그는 성공한 사람들이 다른 사람들에 비해 학습 능력이 뛰어날 뿐만 아니라 환경을 선택하고 조형하는 능력이 높다는 사실에 주목하여 전통적인 심리측정론적 지능, 즉 IQ에 대비되는 **성공 지능**(successful intelligence: SI · SQ)

의 개념을 제안했다. 스턴버그에 따르면, 성공 지능은 분석적 능력, 창의적 능력, 실용적 능력의 세 가지 능력으로 구성된다. 성공지능이론은 그의 삼원지능이론을 토대로 발전된 이론이다.

② 구성요소

첫째, **분석적 능력**(구성적 지능)은 새로운 지식을 획득하고, 이를 논리적인 과제 해결에 적용하는 능력으로, 지적 행동의 기반이 되는 정보처리 기능이다. 예를 들어, 시각장애인과 안내견의 관계는 지체장애인과 휠체어의 관계와 같다는 문제에서, 빈 곳에 들어갈 낱말을 고르기 위해 작용하는 능력이 분석적 능력이다. 스턴버그는 분석적 능력의 중요성을 지능의 요소 이론으로 체계화하였다.

둘째, **창의적 능력**(경험적 지능)은 새로운 문제를 해결하고 정보처리과정을 신속하게 자동화시키는 능력을 말한다. 이러한 능력은 경험과 관련이 깊기 때문에 스턴버그는 이 능력을 경험 이론으로 체계화하였다. 지적 능력이 높은 사람은 요소 이론에서의 지식획득 요소, 즉 선택적 부호화, 선택적 결합 및 선택적 비교 능력을 능란하게 활용한다. 선택적 부호화는 사고나 문제해결과정에서 중요하면서도 적절한 정보에 주의를 기울이는 능력이다. 선택적 결합은 최초에는 관련이 없는 요소들을 연관시켜 다소 다르거나 새로운 것을 만들어내는 능력이다. 선택적 비교는 이미 있는 것들을 새로운 각도에서 보고 이로부터 새로운 것을 유추해 내는 능력을 말한다.

셋째, **맥락적 능력**(실용적 지능)은 실제 상황에서의 적응력을 뜻하는 것으로 실제적 능력이라고도 한다. 이 능력은 전통적인 지능검사에서 얻은 IQ나 학업성적과는 관련이 적은 것으로 간주된다(Wagner & Sternberg, 1985). 또한 정규 학교교육을 통해 길러지는 능력이 아니라 일상 경험에 의해 획득되고 발달하는 능력이다. 스턴버그는 실용적 능력을 맥락 이론으로 체계화하였다. 실용적 능력은 **실용적 지능**의 개념으로 특수교육 분야에서 크게 각광받고 있다.

일반적으로 실용적 지능은 지적 반응, 문제해결 능력, 사회적 능력의 세 가지 관점에서 정의된다.

- 실용적 지능은 학교 밖에서 일어나는 거의 모든 것에 대한 지적 반응이다.
- 실용적 지능은 일상생활에서의 문제해결 능력이다.
- 실용적 지능은 곧 사회적 능력이다. 실용적 지능은 실제 생활에서 작용하는 지능 혹은 실제 생활에서의 지적 행동을 예언해 주는 보다 넓은 의미의 지능을 의미하는 것으로 학자들에 따라 비학문적 지능 또는 사회적 지능이라고도 부른다.

③ 실용적 지능의 특수교육적 의의

스턴버그의 지능삼원이론 중 실용적 지능의 특수교육적 의의는 다음과 같은 몇 가지를 들 수 있다.

첫째, 실용적 지능은 최근의 지적장애의 정의 혹은 개념과 부합된다. 지적장애에 대한 가장 유력한 정의로 알려진 미국지적발달장애협회의 정의를 비롯하여, 최근의 여러 정의들은 전통적인 지능검사의 결과뿐만 아니라, 적응행동의 측면을 주요 준거로 삼고 있는 경향이 있다. 실제로 전통적 지능검사의 주요 목적 중의 하나인 학업성취도의 예언이라는 한정된 기능만으로 지적장애를 정의하기란 사실상 무리가 따른다.

둘째, 실용적 지능은 특수학교 교육과정 목표를 실현하는 데 적절한 지능 개념이다. 인지구조적 관점에서 제작된 전통적 지능검사들의 최대 약점은 실제 생활에서의 적응 정도를 측정하지 못한다는 점을 들 수 있다. 이제는 전통적인 지능지수만으로 지적장애를 규정하는 시대는 지났으며, 오히려 실제 생활에서의 적응 정도가 점차 중요시되고 있는 실정이다. 최근 특수학교교육과정이 기능적 기술(functional skill) 혹은 실용적 기능을 강조하고 있는 것은 세계적 추세이기도 하다. 실제적 기능 중심 교육과정에서는 생활에서의 필요 혹은 생활 장면에서 직면하는 문제 사태의 해결 등과 같이 실제 생활에 유용한 기능을 강조한다. 이는 적응행동 또는 문제해결 능력을 강조하는 실용적 지능의 개념과 일치한다.

셋째, 실용적 지능은 비형식적 검사방법을 적용한다. 장애아동들에게 표준화 지능검사를 실시하는 데는 많은 어려움이 따른다. 더 나아가 검사 실시가 어렵거나 불가능에 가까운 장애아동들도 많은 것이 사실이다. 이들에게까지 꼭 실시해야 할 만큼 표준화 지능검사가 가치 있는 것인가를 재검토해 볼 필요성이 있다. 전통적으로 사용된 표준화 지능검사의 고유 기능 중의 하나인 학업성취도의 예언 기능이 장애아동들에게 어떤 의미가 있는가. 오히려 그것보다는 비형식적 검사방법을 적용하여 잠재적 혹은 특수한 능력을 발견하여 촉진하는 것이 더 바람직하다.

넷째, 실용적 지능은 장애학생의 진로 지도에 도움이 된다. 와그너(Wagner, 2002)는 고용과 직업 훈련에 있어서 실용적 지능의 효용성을 강조하고 있다. 그에 따르면 지능지수는 직무 수행을 잘 예언하지 못하기 때문에 예언도를 높이는 부가적인 요인을 확인할 필요가 있다고 역설한다. 또한 실용적 지능은 직접적으로 교육할 수 없고, 대부분 스스로의 경험이나 다른 사람을 관찰함으로써 얻어지며, 획득하는 데 오랜 시간이 걸린다고 주장한다.

(2) 다중지능이론

① 개요

가드너(Gardner, 1983, 1999)는 지능이 높은 아동은 모든 영역에서 우수하다는 종래의 획일주의적인 지능관을 통렬히 비판하면서, 인간의 지적 능력이 서로 독립적이며 상이한 여러 유형의 능력으로 구성된다는 다중지능이론을 제시하였다.

가드너는 지능을 "문화 속에서 가치가 부여된 문제를 해결하거나 결과물을 창출하는 능력"(Gardner, 1983)으로 정의하였다. 전통적 지능이론들은 언어 지능과 논리수학 지능만을 지나치게 강조한 나머지 학교나 가정에서 그 밖의 다른 지능이 우수한 아동들의 능력을 무시한 결과를 초래하였다고 비판하였다. 실제로 교육자 · 의사 · 건축가 · 작가 등 전문직업들을 분석해 보면, 이들 직업에서의 성공이 언어 능력과 논리수학 능력에만 의존하지 않는다는 사실을 알 수 있다. 실제로 교육자는 대인관계 지능이, 외과의사는 신체운동 지능이, 건축가는 공간 지능이, 작가는 자기성찰 지능이 직업적 성공 요인이라는 사실이 밝혀졌다(Gardner, 1993).

가드너는 기존의 지능이론가들이 사용했던 방법이 아닌 신경과학 및 뇌연구, 발달이론, 예술가, 실어증 연구, 천재 · 특수천재 연구를 통하여 지능을 유형화하였다. 가드너는 1983년 『마음의 틀(Frames of Mind)』이라는 책에서 처음으로 언어 지능, 논리수학 지능, 공간 지능, 신체운동 지능, 음악 지능, 대인관계 지능, 자기성찰 지능의 7개 독립적인 지능 유형을 발표하면서 다중지능이론을 주장하였다. 그 후 1999년 『지능의 재구조화』라는 책에서 기존의 7가지 유형 외에 자연친화 지능과 함께 다른 세 가지의 지능 유형을 후보군으로 제시하였다. 그는 먼저 자연친화 지능을 여덟 번째로 추가하였으며, 이어서 실존 지능을 아홉 번째 지능으로 간주하지만 정식으로 다중지능 유형 목록에 추가하지는 않는다고 하였다. 그는 실존 지능이 매우 복잡하고 다른 지능과의 거리감이 매우 크기 때문에 다른 지능 유형에 비해 반쪽 지능에 불과한 것으로 간주한다고 하였다. 마지막으로 다중지능의 새로운 후보군으로 고려해 볼 수 있는 지능으로서 영성 지능과 도덕 지능을 논의하고 있는데, 이 지능들 역시 매우 정의적이고 추상적이라는 이유로 아예 지능 유형 목록에 올리지 않고 있다.

하워드 가드너

하워드 가드너(Howard Gardner)는 하버드 대학의 교육심리학과 교수이자 보스턴 의과대학 신경학과 교수로서, 다중지능이론의 창시자이다. 하버드 대학에서 학부 과정을 마치고 프로이트(S. Freud)의 정신분석학에 이끌려 무작정 심리학을 공부하게 된 것이 다중지능 연구의 첫 출발점이 되었다. 그 후 인간발달과 인지발달을 연구한 제롬 브루너(J. Bruner)를 대학원에서 만나게 되고 그의 스승인 장 피아제(J. Piaget)의 책을 읽은 후 본격적으로 인지심리학을 공부하게 되었다.

그가 보기에 수학자나 과학자들의 기술만큼이나 예술가들의 능력 역시 인지적인 것이 아닐까 생각하였다. 이러한 발상은 음악 능력 혹은 운동 능력 등을 단순히 재능으로 치부하였던 이전과는 달리 가드너는 음악 지능, 운동 지능 등으로 예술과 관련된 능력을 지능이라고 표현한 그의 주장을 증명하는 것으로 후일 다중지능이론의 중요한 모티브가 되었다.

특히 뇌 손상과 관련된 특정 능력과의 관련성 연구는 그의 다중지능이론을 뒷받침하는 중요한 관련 증거가 되고 있다. 그는 뇌 손상의 파괴 정도와 부위에 따라 작동되는 능력을 분류, 유목화하여 서로 독립적으로 발생하는 능력들로 8가지를 말하고 있다. 예를 들면, 오른손을 사용하는 어떤 사람이 좌뇌 피질에 손상을 입었다면, 이 사람은 거의 말을 하지 못한다. 하지만 다른 기능은 모두 정상적으로 작동한다. 만약, 이 사람이 우뇌의 같은 부분에 꽤 깊은 상처를 입었다면 언어와 관련된 문제는 모두 정상이지만 손상된 세부 부위에 따라 방향감, 음조 맞추기, 타인과의 적절한 관계를 갖는데 어려움을 겪게 된다는 것을 발견하게 된다. 즉, 그는 인간에게는 단일한 능력이라기보다 우리가 예측하기는 어렵지만, 그러나 상대적으로 구분되어 있는 능력들로 구성되어 있다는 것을 깨닫게 되고, 이러한 능력들을 나름 분석하여 8가지 지능으로 분류하였다.

② 구성요소

가드너는 지능의 구성요소를 8가지 유형, 즉 ① 언어 지능, ② 논리수학 지능, ③ 공간 지능, ④ 신체운동 지능, ⑤ 음악 지능, ⑥ 대인관계 지능, ⑦ 자기성찰 지능, ⑧ 자연친화 지능으로 구분하였다(Gardner, 1999).

가드너의 다중지능의 하위 요소와 그 정의는 〈표 6-1〉과 같다.

〈표 6-1〉 다중지능의 하위 요소와 정의

지능 유형	하위 요소	정의
언어	음운/어문/의미/기능적 능력	말이나 글을 이용하여 언어를 효과적으로 사용하는 능력
논리 수학	명제 간 관계 파악/문제 추상화/개념 형태화/연속 추리	논리적 지능과 수학적 지능 및 과학적 지능을 포함하는 개념으로서, 문제를 논리적으로 분석하고 수학적 조작을 수행하고 과학적인 방법으로 문제를 탐구하는 능력
공간	시각 세계 지각/지각 내용의 변형 · 수정/시각 경험 재창조	시각적 · 공간적 세계를 정확하게 지각하는 능력과 그러한 지각을 통하여 형태를 바꾸는 능력
신체 운동	몸 움직임 조절/대상 다루는 기술	자신의 모든 신체를 이용하여 어떤 생각이나 감정을 표현하는 능력과 자신의 손을 이용하여 사물을 만들거나 변형시키는 능력
음악	가락/리듬/소리맵시 능력/음악의 감정적 요소	음악적 표현 형식을 지각하고 변별하며, 또 이를 활용하고 표현하는 능력
대인 관계	개인차 인식 및 변별/타인 배려/집단문제 원만한 해결	타인의 욕구와 동기, 감정과 의도를 지각하고 타인과 효과적으로 일을 할 수 있는 능력
자기 성찰	내면의 쾌 · 불쾌 구별/복잡한 감정의 상징화/자기조절	자기 자신에 대한 객관적 이해와 지식 그리고 그것에 기초하여 잘 행동할 수 있는 능력
자연 친화	환경의 인식/환경의 분류	자연현상을 관찰하고 대상을 정의하고 분류하며, 자연과 인공적인 체계를 이해하는 능력

③ 발달장애학생의 다중지능 특성

발달장애학생의 변인에 따른 다중지능 특성은 다음과 같다(백종남, 김삼섭, 2010).

첫째, 발달장애 남학생은 여학생에 비해 논리수학 지능과 신체운동 지능에서 강점을 나타내고 있으며, 여학생은 남학생에 비해 음악 지능에서 강점을 나타내고 있는 것으로 나타났다. 이 결과에 비추어볼 때, 발달장애학생을 대상으로 다중지능을 활용한 교육을 실시함에 있어 남학생은 논리수학 지능과 신체운동 지능을, 여학생은 음악 지능을 강점으로 활용하여 약점 지능을 보완하고자 하는 노력을 기울일 필요가 있다.

둘째, 발달장애학생의 다중지능발달 특성은 장애 정도가 가벼울수록 전반적으로 낮은 경향을 보였다. 즉, 경도장애학생이 중증장애학생보다 논리수학 지능을 비롯한 7개 지능 모두에서 높은 경향을 나타냈다. 가드너(Gardner, 1983)는 그의 저서 『마음의 틀』에서 지능을 하나 또는 그 이상의 문화 환경에서 가치 있게 여겨지는 생산품을 창조하거나 문제를 해결하는 능력이라고 정의하였다. 그 후 가드너(Gardner, 1999)는 지능에 대한 정의를 보완하여 문화적으로 가치 있는 산물을 창조하거나 문제를 해결하고 그 문화에서 유용하게 쓰일 수 있는 정보를 처리하는 생물 · 심리학적 잠재력이라고 하였다. 이전의 정의에 비해 개인이 지닌 장점을 가족과 사회, 문화가 어떻게 길러 주는가에 따라서 능력이 발현될 수 있다는 환경론의 입장을 강조한 것이라 볼 수 있다. 이는 발달장애학생의 다중지능발달을 위해서는 환경과의 상호작용 등 다원적인 노력이 필요함을 시사한다.

결론적으로 발달장애학생은 음악 지능이 강점으로, 논리수학 지능은 약점으로 나타났는데, 전통적으로 강조되어온 논리수학 지능 중심의 학습을 지양하고, 강점 기반의 특수교육 프로그램을 구성하는 것이 필요함을 시사한다.

④ 특수교육적 의의

가드너는 인지과학 및 신경과학의 이론, 뇌손상 환자들에 대한 임상적 자료, 천재 · 자폐성 아동 등 특수 집단의 지적 능력에 관한 자료들에 근거하여, "7개 지능 모두가 우수한 전능한 사람은 없다."고 주장하였다(Gardner, 1993).[9] 지적

9) 가드너는 1999년 지능의 재구조화라는 책에서 기존의 7가지 유형 외에 자연친화 지능을 여덟 번째로 추가하였다.

장애아동이라 할지라도 모든 유형의 지능이 지체된 것은 아니라는 것이다. 따라서 지적 능력 발달을 이해하고 지도하는 데 있어서 중요한 것은 가능한 한 개개 아동이 지니고 있는 특수한 능력을 조기에 발견하여 이를 촉진하는 일이다.

다중지능이론이 특수교육에 주는 시사점은 다음과 같이 요약할 수 있다.

첫째, 다중지능이론은 장애아동 교육에 있어 긍정적 변화 가능성을 높여줄 것으로 기대된다. 다중지능이론은 특정 지능 영역의 제한성으로 인하여 학업을 성공적으로 수행하지 못하는 장애학생들이 다른 교육방법, 즉 개인 내 차이에서 상대적으로 높은 지능 영역을 개발함으로써 그들의 장애를 극복하도록 교육할 수 있는 길을 열 수 있을 것이다. 장애아동의 결함보다는 장점에 더 많은 관심을 기울이는 긍정적인 교육이 더욱 강화될 것이다.

둘째, 다중지능 사정은 특수교육대상 학생의 강점 교육을 위한 하나의 평가방법으로 활용할 수 있다. 가드너에 따르면, 8가지 지능 모두 똑같은 비중을 차지하고 있지만, 단지 오늘날의 사회가 언어 능력과 논리 · 수학 능력을 중시하여 대부분의 시험이 언어와 논리 · 수학 능력만을 기초로 하고 있다고 지적한다. 따라서 언어 능력이 전반적으로 열약한 장애아동은 지능검사에서 낮은 점수를 얻을 수밖에 없다. 다중지능 사정의 일차적 목적은 개인의 강점을 찾고 이를 개발하고자 하는 것이기 때문에, 강점 교육의 실현을 위한 하나의 평가방법으로 간주할 수 있다.

셋째, 다중지능이론은 개별화 교육 프로그램을 위한 교수 전략 개발에 유용하다. 가드너는 학생들의 진정한 요구에 맞는 교육체계로 다양한 개인차에 맞는 교육을 제공해야 한다는 점을 강조하고 있는데, 개인차를 존중하는 이러한 입장은 각 아동의 특수교육요구에 근거한 개별화 교육을 강조하는 특수교육 관점과 같은 맥락으로 볼 수 있다.

넷째, 개인의 학습 양식에 따른 교수방법의 기초를 제공해 준다. 인간의 학습 양식은 '지능들의 활용방식'으로 볼 수 있는데, 자연적인 학습 상황에서 지능이 실제적 행동을 통해 발휘되는 방식이 학습 양식이다. 학습 양식과 다중지능이 통합되면, 아동의 강점 영역을 향상시키고 상대적인 약점을 최소화할 수 있다는 점에서 강점이론으로 불리기도 한다. 장애아동의 경우는 언어와 논리수학을 강조하는 학습방법보다는 다른 유형의 학습방법이 더 효과적일 가능성이 크다. 따라서 다중지능 사정을 통하여 각 아동의 강점과 약점을 알아본 후, 이를 학습 양식과 통합하면 적절한 교수 방법을 모색하는 데 기초자료로 활용할 수 있을 것이다.

다섯째, 장애아동의 학습 동기와 자아존중감을 향상시키는 데 도움이 된다. 특수교육대상 학생들 가운데에는 실패의 누적으로 인한 학습된 무기력이 몸에 배어 있어 학습동기와 자존감이 매우 낮은 경우가 많다. 다중지능이론에 근거한 수업은 가르칠 내용을 다중지능의 여러 학습 활동과 조화롭게 연결시킴으로써 학습자 개개인에게 자신이 할 수 있는 학습 과제와 활동을 발견하고 경험하게 함으로써 학습 욕구를 불러일으킬 것이다.

강점지능 활용 학습법

철수는 초등학교 2학년 남학생이다. 신체적 활동이 활발하고 호기심이 많아 여기저기 돌아다니는 것을 좋아하는 등 일상생활에는 큰 문제가 없었다. 다만 글자를 제대로 읽지 못하는 경우가 가끔 있었다. 예를 들면 우리집을 오리집으로 읽거나 숫자 5와 2, 6과 9 등을 혼동하는 경우도 있었다. 또한 옷을 입을 때 앞과 뒤를 뒤바꿔 입는 경우도 있고, 다른 아이들에 비해 퍼즐을 잘 하지 못했다.

철수의 부모는 걱정이 되어 담임 선생님과 상의하여 모 대학 특수교육연구소를 찾았다. 몇 가지 검사를 하였는데 특히 다중지능검사에 중점을 두고 검사하였다. 다중지능검사는 지필검사로 복잡하지도 않았고 또 시간도 오래 걸리지 않았다. 검사결과 철수는 신체운동 지능은 꽤 높았지만 공간 지능이 상당히 낮은 것으로 나타났다. 연구소 선생님은 철수가 글자나 숫자를 상하 혹은 좌우 거꾸로 읽거나 옷을 앞뒤 바꿔 입는 것 등의 정확한 원인은 말하기 어렵지만 공간지각 능력이 뒤떨어지기 때문으로 보인다고 조심스럽게 말씀하셨다.
연구소 선생님은 다중지능이론에 기초한 강점지능 학습 프로그램을 집에서 실시할 것을 권장하였다. 공간 지능을 높이는 데 도움이 되는 활동으로 '사진 찍기'를 정하여 방과 후에 혹은 휴일 여행을 통해 여기저기 돌아다니면서 사진을 찍도록 하였다. 본래 신체활동을 좋아할 뿐 아니라 여기저기 돌아다니기를 좋아한 탓에 철수는 사진 찍기 활동을 즐겨했다.
3개월 후 다시 연구소를 찾아 다중지능검사와 공간지각검사를 받았다. 아주 큰 차이는 아니지만 3개월 전에 비해 공간지각 능력이 향상되었음을 확인하였다. 공간지각 능력이 조금이라도 좋아졌으니 글자와 숫자를 혼동하는 것도 좋아지지 않았을까 하는 기대와는 달리 아직은 큰 변화가 나타나지 않았다. 연구소 선생님은, 앞으로 지속적으로 사진 찍기 활동을 하게 되면 공간지각 능력도 더 좋아질 것이고, 그 결과 글자와 숫자 오류나 옷입기 등도 좋은 방향으로 변화가 있을 것이라며 용기를 북돋아주셨다. 그 후 철수의 어머니는 틈나는 대로 사진 찍기를 통해 공간지각 능력을 키우는 노력을 지속적으로 하였음은 물론이다.

출처: EBS, 〈아이의 사생활〉 중 일부 발췌, 재구성

3. 지능검사

1) 역사적 배경

지능검사는 본래 개인차의 연구와 지적장애아동의 지능 측정을 위해 시도되었다. 이러한 시도는 19세기 후반에 등장한 콩트(A. Comte, 1798~1857)의 실증주의철학에 편승하여 활발히 진행되었다. 실증주의는 심리학과 교육학에 큰 영향을 미쳤는데, 심리학에는 행동주의심리학의 탄생을 가져왔고, 교육학에는 교육의 과학화 운동을 불러일으켰다. 이러한 시대정신을 반영하여 인간행동에 대한 객관적인 측정과 이를 위한 검사도구의 필요성이 점차 강조되었다. 그리하여 1904년, 프랑스 정부는 정신과의사인 비네(A. Binet, 1857~1911)에게 일반 아동

과 지적장애아동을 분별할 수 있는 객관적인 검사도구 개발을 위촉하였다. 정부로부터 위촉을 받은 비네는 동료 의사인 시몽(T. Simon)의 도움을 받아, 그 이듬해인 1905년에 '이상 아동의 지적 수준을 진단하는 새로운 방법'이라는 논문을 발표하게 되었는데, 이것이 최초의 지능검사이다. 이 검사는 30개 항목으로 구성되어 있으며, 난이도에 따라 문항들이 배열되어 있다. 1908년, 비네는 개정판을 내면서 문제를 연령을 준거로 삼고, 그 문제를 풀 경우 그 아동의 정신연령은 그 단계 수준이라고 판정하였다. 이것으로 말미암아 정신연령(mental age)을 산출할 수 있게 되었다.

그 후 비네의 지능검사는 여러 나라로 전파되어, 미국에서는 고다드(H. H. Goddard)와 터만(L. Terman)에 의해서, 영국에서는 버트(C. L. Burt)에 의해서, 독일에서는 슈테른(W. Stern)에 의해 번안, 개정되었다. 특히, 1916년 미국 스탠포드 대학의 터만은 비네-시몽 지능검사를 개정하여 '스탠포드-비네 지능검사'를 발표하였다. 이 지능검사에 의해 비로소 지능의 정도를 지능지수(intelligence quotient: IQ)로 표시하게 되었다. 우리나라에서는 1973년 전용신이 번안, 표준화하여 '고대-비네 지능검사'라는 이름으로 현재도 사용되고 있다.

한편, 1939년 미국의 정신과의사인 웩슬러(D. Wechsler)는 정신장애인의 심리진단을 위해 성인용으로 표준화된 웩슬러-벨뷰 지능검사를 제작하였고, 그 후 웩슬러는 1949년에 웩슬러 아동용 지능검사를, 1955년에 웩슬러 성인용 지능검사를, 1963년에 웩슬러 유아용 지능검사를 각각 제작하였다.

2) 장애아동용 지능검사

오늘날 다양한 지능검사들이 존재하지만, 그 가운데에서 장애아동에게도 실시할 수 있는 검사도구는 한국판 웩슬러 아동 지능검사, 한국판 카우프만 아동용 지능검사, KISE 한국형 개인 지능검사, 한국판 라이터 비언어성 지능검사 등이다.

(1) 한국 웩슬러 아동 지능검사

한국 웩슬러 아동 지능검사 5판(곽금주 · 장승민, 2019)는 6세 0개월~6세 11개월까지의 아동의 인지능력을 평가하기 위한 개별 검사도구이다. 기존의 한국판 웩슬러 아동용 지능검사를 개정한 것으로 개정과정에서 인지발달, 지적 평가, 인지과정에 대한 최근 연구들을 통합하여 전반적인 지적 능력(전체 검사 IQ)을 나타내는 합성 점수는 물론, 특정 인지 영역에서의 지적 기능을 나타내는 소검사와 제공한다(표 6-2).

〈표 6-2〉 한국 웩슬러 아동 지능검사 5판

- 저자: David Wechsler
- 한국판 표준화: 곽금주 · 장승빈
- 목적: 아동의 종합적 인지능력 평가
- 대상: 만 6세 0개월~만 16세 11개월
- 검사방법: 개별 검사
- 소요 시간: 65~80분

(2) 카우프만 아동 지능검사

카우프만 아동 지능검사 Ⅱ(문수백, 2014)는 3~18세의 아동용 지능검사이다. 이 검사는 정보처리이론을 바탕으로 개발된 검사로서 기존 내용 중심의 검사와 달리 아동이 왜 그러한 정도의 수행을 하였는지에 대한 설명이 가능하다. 따라서 학교현장이나 교육현장에서 문제해결 능력과 학습한 정도를 서로 비교할 수 있으며, 또한 좌뇌 지향적인지, 우뇌 지향적인지에 대한 비교분석이 가능하다. 하위요인 점수를 기초로 강약 분석이 가능하며 구체적인 대안을 제시해 주는 검사다(표 6-3).

〈표 6-3〉 카우프만 아동 지능검사 II

- 저자: A. S. Kaufman & N. L. Kaufman
- 한국판 표준화: 문수백
- 목적: 인지적 강점 및 약점 파악, 치료계획 설정
- 대상: 3세~18세
- 검사방법: 개별 검사
- 소요 시간: 60~90분

(3) KISE 한국형 지능검사

KISE 한국형 지능검사(박경숙 · 정동영 · 정인숙, 2001)는 한국 최초로 한국의 문화적, 사회적 배경에 적합하게 개발된 개인용 지능검사이다. 성 · 연령 · 거주지 등을 고려하여 전국의 만 5~17세 아동 2,036명을 대상으로 검사를 실시하여 반분 신뢰도와 재검사 신뢰도, 측정의 표준오차를 산출하고 KISE-WISC와의 타당도를 산출하여 검사의 양호도를 분석한 다음 규준을 작성하여 지능지수를 산출하였다(표 6-4).

〈표 6-4〉 KISE 한국형 지능검사

- 저자: 박경숙 · 정동영 · 정인숙
- 목적: 일반 및 장애아동 지능 측정
- 대상: 5세~17세
- 검사방법: 개별 검사

(4) 한국판 라이터 비언어성 지능검사

한국판 라이터 비언어성 지능검사(신민섭 · 조수철, 2010)는 표준화된 비언어적인 지능검사도구로써 유아의 지적 능력, 주의력 및 기억력을 평가할 수 있을 뿐만 아니라, 일반적인 지능검사로 평가받을 수 없는 장애아동도 실시할 수 있도록 개발되었다(표 6-5).

〈표 6-5〉 한국판 라이터 비언어성 지능검사

- 저자: Gale H. Roid & Lucy J. Miller
- 한국판 표준화: 신민섭 · 조수철
- 목적: 일반지능검사가 불가능한 아동의 지능, 주의력 및 기억력 평가
- 대상: 2세~7세
- 검사방법: 개인검사 및 행동평가척도
- 소요 시간: 90분(시각 및 추론검사: 50분/주의 및 기억검사: 40분

3) 지능 표시법

지금까지 사용되고 있는 지능 표시법으로는 정신연령 · 백분위점수 · 표준점수 · 지능지수 · 편차지능지수 등이 있다.

(1) 정신연령

정신연령은 지능검사에 의해 측정되는 것으로서 지능연령이라고도 한다. 이것은 비네의 착상에 의한 것으로 아동의 지능발달에 상응하는 연령별 문제가 있고, 이에 대한 정답률의 정도에 따른 연령을 가지고 그 아동의 지능발달 정도를 표시한 것이다. 이에 대응하는 개념이 생활연령으로 실제 달력 나이를 말한다.

(2) 백분위점수

백분위점수는 검사의 결과 원점수를 백분율, 즉 50을 중간으로 하여 0에서 100까지 이르는 능력의 척도로 환산하는 방법이다. 즉 각 집단의 사람 수의 많고 적음에 관계없이 그것을 100명의 집단으로 생각해서 순위를 정한다. 다시 말하면, 100명 중에 자리 잡은 개인의 상대적 위치를 나타내는 방법이다. 백분위점수가 95퍼센트라고 한다면, 그 사람이 속해 있는 집단의 수가 몇 명이든지 간에 100명이라고 가정하고, 그 중 95명이 그 이하의 득점이고, 그 이상을 득점한 사람은 5명에 지나지 않는 우수한 성적임을 나타낸다.

(3) 표준점수

표준점수는 표준편차를 이용하여 원점수를 환산하는 방법으로 표준편차치라고도 부른다. 대표적인 것은 Z-점수와 T-점수이며, 그 공식은 다음과 같다.

$$Z = \frac{X-M}{SD} \qquad T = 10Z + 50$$

X= 원득점, M= 집단의 평균점수, SD= 표준편차

일반적으로 T-점수를 사용하는데 그 평균은 50이며, 점수가 높을수록 지능 수준이 높은 것으로 해석하면 된다.

(4) 지능지수

지능지수(intelligence quotient: IQ)는 정신연령을 생활연령과 비교하여 지능의 정도를 표시하는 방법으로, 생활연령이 100일 때 정신연령이 어느 정도 되는가를 나타내는 것이다. 그 공식은 다음과 같다.

$$\text{지능지수(IQ)} = \frac{\text{정신연령(M.A)}}{\text{생활연령(C.A)}} \times 100$$

예를 들어, 생활연령이 5세인 아동이 지능검사를 실시한 결과 정신연령이 6세 2개월이었다고 하면, 그 아동의 지능지수는 다음의 공식에 따라 계산하여 IQ는 123이다. 100을 곱하는 것은 IQ가 소수점으로 나오는 것을 교정하기 위함이다.

$$IQ = \frac{74(개월)}{60(개월)} \times 100 = 123$$

(5) 편차지능지수

웩슬러는 지능지수(IQ)라는 말을 사용하였지만, 실제로는 지능 편차치를 구하는 다음 공식에 의해 표시하고 있다. 이것을 **편차지능지수**라고 한다.

$$편차지능지수(DIQ) = 15Z + 100$$

주의

CHAPTER 07

1. 주의

1) 개념

주의라는 용어는 여러 가지 의미로 사용되어 왔다. 때로는 주의집중의 뜻으로 사용되기도 하지만, 환경에서 유용한 정보만을 선택하는 능력의 의미로 가장 많이 사용된다(Eysenck, 2000). 흔히 "주의력이 좋다" 혹은 "주의력이 뛰어나다"라고 말하는데, 이는 특정 과제나 목표에 유용한 정보를 효과적으로 수집함으로써 다음 단계인 지각이 잘 이루어지는 상태를 뜻한다.

그런데 인간에게 유입되는 정보는 한 개씩 제시되는 것이 아니라 여러 정보들이 동시에 제시되는 경우가 대부분이다. 동시에 제시되는 여러 정보들 가운데 특정한 정보에만 주의를 기울이는 것을 선택적 주의라 한다. 즉, 유기체가 특정 행동 목표를 성취하기 위하여 목표와 관련된 자극에는 주의를 기울이고, 목표와 상관없는 무관련 자극은 배제하는 것을 말한다.

학습의 측면에서 볼 때, 아동이 제시된 학습자료의 다양한 자극들 중 과제 목표를 달성하는 것과 직접 관련된 자극들에 선택적으로 주의를 기울이는 전략은 학습의 촉진 혹은 효율화에 있어 매우 중요한 인지적 기술이다. 따라서 선택적 주의의 발달과 그 기제에 대한 연구는 주의력 결핍 · 과잉행동장애(Attention Deficit/Hyperactivity Disorder: ADHD)아동이나 지각장애아동의 학습과정을 이해하고 지도하는 데 있어 유용한 정보를 제공해 준다.

선택적 주의는 일상생활에서 흔히 볼 수 있는 현상이기도 하다. 시끄러운 파티에서 대화를 나누고 있을 때 우리의 귀에는 무한한 양의 정보가 들어온다. 대화를 나누고 있는 상대방의 말소리뿐만 아니라 다른 사람들의 말소리, 웃음소리, 발자국 소리까지 듣는다. 이처럼 혼잡한 속에서도 우리는 대화를 나누고 있는 상대방의 말을 듣고 이해할 수 있다. 이러한 현상을 칵테일파티 효과라고 한다. 여러 가지 자극들이 주어지는 상황에서 상대방의 말소리에만 선택적 주의를 기울였기 때문에 상대방의 말을 이해할 수 있는 것이다.

칵테일파티 효과는 감각기억이 존재하기 때문에 가능하다. 감각기억은 다시 청각에서 일어나는 잔향기억과 시각에서 일어나는 영상기억으로 구분된다. 그 중에서도 칵테일파티 효과는 잔향기억에서 일어나는 현상이다. 시끄러운 나이트클럽에서 고래고래 소리를 지르며 대화를 할 수 있는 것도 아주 짧은 순간이긴 하지만 **잔향기억**[1]이 존재하고 있기 때문이다.

교육심리학에서 선택적 주의의 문제는 주로 수업 상황과 관련하여 논의되어 왔다. 어느 나라나 마찬가지겠지만 흔히 교사들은 수업 중에 떠드는 것을 매우

1) 우리가 어떤 일에 열중해 있을 때, 옆에서 누가 말을 하여도 잘 알아듣지 못하는 경우가 있다. 한참 재미있는 만화책을 보고 있는데 옆에 있는 친구가 "너 점심이나 먹었니?"라고 물으면, 처음에는 무슨 말을 하는지조차 모르고 계속 만화책을 보다가 "뭐라고?" 하고 되물으면서, "아, 점심 먹었느냐고? 응, 먹었어."라고 대답하는 경우가 있다. 이 경우 그 사람의 말소리가 어느 정도 귀에 쟁쟁하게 남아 있었음을 알 수 있다. 이처럼 잠시 동안의 청각적 저장을 전술한 시각적인 영상기억과 대비하여 잔향기억이라고 한다.

싫어한다. 어떤 교사는 단순히 권위주의에 젖어 그럴 수도 있을 것이고, 어떤 교사는 조용한 가운데 공부를 하면 수업 효과가 더 높다고 믿기 때문일 것이다. 이유야 어떻든 '떠드는 것처럼 보일 수밖에 없는' ADHD 아동은 교사들을 괴롭히는 존재로 전락되기 쉽다.

그러나 옆 좌석 친구의 숨소리마저 들리는 적막 속에서 오직 교사의 목소리만 들리는 수업 환경을 가정해 보자. 오히려 온갖 잡념들이 떠오를 가능성이 더 커질 수도 있다. 때로는 웃음소리도 들리고, 때로는 글 읽는 소리도 들리고, 때로는 재잘거리는 아이들 목소리도 들리는 그런 수업 환경이 소음 공명의 효과로 인하여 수업 목표를 달성하는 데 더 바람직한지도 모른다.

2) 특성

우리 주변에는 곰곰이 생각해 보아도 도저히 이해하기 어려울 만큼 놀라운 기량을 발휘하는 사람들이 많다. 피아노를 연주할 때 섬세한 음의 차이를 하나하나 생각하면서 건반을 보고 누르는 피아니스트는 없다. 얼굴을 찡그리기까지 할 정도로 몰입된 상태에서 손과 발은 자신도 모르게 움직이고 있는 것이다. 이러한 과정을 심리학에서는 **자동화과정**이라고 한다.

자동화과정은 다음과 같은 몇 가지 특성을 지니고 있다(Eysenck, 2000).

- 자동화과정은 빠르다.
- 자동화과정은 주의를 요구하지 않는다.
- 과정은 의식과 관련이 없다.
- 과정은 적절한 자극이 주어질 때면 언제나 일어난다는 점에서 피할 길이 없다.

자동화과정은 무의식적 주의과정이다. 즉, 의식적으로 노력을 하지 않아도 처리되는 고도로 숙련된 활동이다. 이것은 글을 읽는 과정에서 잘 나타난다. 예를 들어 빨간색 연필로는 파랑이라고 쓰고, 파란색 연필로는 노랑이라고 쓰는 식으로 색연필의 색과 글자의 의미가 다른 일련의 색 이름들을 적어 놓고, 색깔은 무시한 채 색 이름(글자)을 읽어 보자. 쉽게 읽을 수 있을 것이다. 그러나 이번에는 글자로 적혀진 색 이름을 무시하고, 색연필의 색깔을 말해 보자. 훨씬 더 어렵고 오래 걸릴 것이다. 여기에서 알 수 있듯이, 글자를 보면 그 색깔과는 관계없이 글자를 읽어 내는 것이 자동화되어 있다. 만약 자동화된 과정을 무시하려면 오히려 의식적인 주의를 더욱 요구하게 되는 것이다. 이러한 글자 읽기에서의 자동화 효과는 처음 발견한 사람의 이름을 따서 스트루프 효과(Stroop's effect)라고도 부른다(Stroop, 1935). 글자 읽기에는 자동적으로 주의가 기울여져 그 의미를 이해하게 되는 것이다.

주의집중 관련 뇌연구 결과

- 플래시 카드로 학습할 경우 그 카드가 원형일 때 학습을 더 잘할 수 있다. 원형은 가장 인식하기 좋은 형태이다. 원형 카드는 학생들이 주의집중을 좀더 잘 할 수 있도록 해주는데, 이는 원이라는 형태가 정사각형이나 직사각형보다 산만함을 줄여주기 때문이다(Barron, 2000).
- 운동만이 좌반구와 우반구를 통합시키는 유일한 경험이다. 운동은 심장박동을 빠르게 하고 혈액순환을 증가시킨다. 운동을 하면 공간관계를 지각하게 되고 또한 기억력도 증가한다. 운동은 부신수질호르몬과 도파민 분비를 증가시킨다. 그 결과 각성을 유지하게 하고 주의력을 향상시킨다(Jensen, 1998).
- 뇌는 관련이 없는 감각정보는 인식하지 않는다. 학생의 개인적인 경험과 밀접한 관련이 있는 것을 통하여 추상적 개념을 가르치는 교수방법은 이전에 존재했던 신경 패턴에 새로운 정보를 결합시킬 수 있게 해준다. 예를 들어, 농축 엑기스로 주스를 만드는 실습을 통하여 학생은 비율에 대한 지식을 자연스럽게 얻게 된다(예: 농축 엑기스 한 통에 세 통의 물을 사용하기)(Westwater & Wolfe, 2000).
- 뇌는 주의집중을 오래 끌지 못하고 보통 18초 정도 지속하는 것으로 알려지고 있다. 뇌연구 결과에 따르면, 대략 연령과 분 단위의 주의 유지시간이 비슷한 것으로 나타나는데, 예를 들어 초등학교 1학년은 6분 정도, 6학년은 12분, 고등학교 3학년은 17분 정도이다. 개별 수업을 실시할 때에는 이러한 주의 유지시간이 다양함을 고려할 필요가 있다(Jensen, 1998).

3) 선택적 주의

1958년 브로드벤트(D. E. Broadbent)의 여과모형이 소개된 후, 최근까지 이루어진 선택적 주의에 관한 연구는 크게 세 가지 측면에서 이루어졌다. 첫째는 인간이 성장함에 따라 선택적 주의 능력 혹은 주의 전략이 어떻게 발달해 가는가를 조사한 연구들이다. 둘째는 인간이 어떻게 해서 효율적으로 관련 정보에 선택적으로 주의를 기울이게 되는가를 조사한 연구들로서 선택적 주의 기제에 관한 연구들이다. 셋째는 인간의 정보처리체계에 대한 가설적 모형 내에서 감각기억 · 단기기억 · 장기기억 등 다른 구성요소들과 선택적 주의와의 관계, 그리고 일련의 정보처리과정 속에서 선택적 주의의 역할과 위치 등에 관한 연구들이다.

(1) 선택적 주의의 발달

당연한 말로 들리겠지만 선택적 주의의 발달에 관한 연구 결과들에 따르면 나이 든 아동이 어린 아동에 비해 더 효율적으로 과제 관련 정보에 선택적으로 주의를 기울인다. 다시 말하면, 아동이 성장함에 따라 선택적 주의 능력도 점차로 발달해 간다는 것이다.

나이가 들어감에 따라 선택적 주의 능력도 점차 발달하는 이유에 대해서는 두 가지 견해가 있다. 첫 번째 견해는 어린 아동은 나이 든 아동에 비해 선택적 주의력이 낮기 때문에 어린 아동은 과제 관련 정보에 초점을 맞추고 무관련 정보를 배제하는 데 어려움을 겪는다는 입장이다(Hagen & Hale, 1973). 두 번째 견해는 선택적 주의의 발달 차이는 대상물에 대한 지각 구조의 차이에 기인한다는 입장이다(Garner, 1976).

① 선택적 주의 전략

일반적으로 **전략**이란 과제 수행을 촉진시키기 위해 사용되는 목표 지향적인 조작을 의미한다. 따라서 선택적 주의 전략은 특정 행동 목표를 성취하기 위하여 목표와 관련된 자극에는 주의를 기울이고, 목표와 관계없는 무관련 자극은 배제시키기 위한 목표 지향적인 조작 행동이라고 정의할 수 있다.

아동의 선택적 주의 전략의 발달을 조사한 일련의 연구들(Demarie-Dreblow & Miller, 1988)은 유아기로부터 아동 중기까지 선택적 주의 전략의 발달이 점진적으로 이루어지고, 전략의 산출로부터 완전한 사용에 이르기까지 일련의 발달 단계가 존재한다는 것을 보고하고 있다.

선택적 주의 전략은 단계적으로 발달하는데 대개 다음과 같은 세 단계를 거치는 것으로 알려지고 있다. 첫째 단계는 아동들이 전혀 선택적 주의 전략을 사용하지 못하는 단계이다. 이 단계의 아동들은 선택적으로 관련 정보에 주의를 기울이지 못하고, 되는 대로 혹은 정보가 배열된 순서대로 관련 정보이든 아니든 상관없이 주의를 기울이는 단계이다. 둘째 단계는 아동들이 부분적으로 선택적 주의 전략을 사용하는 단계이다. 즉, 선택적으로 관련 정보에 주의를 기울이기는 하나 전략의 사용이 완전하지 못한 단계이다. 셋째 단계는 아동들이 선택적 주의 전략을 사용하기는 하나 그로부터 실제 과제 수행의 이득을 얻지 못하는 소위 '선택적 주의 전략의 이용 결함' 단계이다. 넷째 단계는 자발적인 전략 사용과 그로부터 과제 수행의 이득을 완전히 얻은 단계이다(Miller, 1990).

② 선택적 주의 전략의 부재

선택적 주의 전략의 발달적 지체 현상은 왜 생기는가. 밀러(Miller, 1990)는 그동안 이루어진 선택적 주의 전략의 발달에 관한 일련의 연구 결과를 요약, 정리하면서 자원할당모형, 즉 총체적 자원 가설의 입장에서 가능한 대답을 찾고 있다. 인간의 자원이 총체적으로 제한되어 있다고 할 때, 선택적 주의 전략의 산출이 나이든 아동의 경우보다 어린 아동의 경우에 보다 많은 정신적 자원을 필요로 할 것이기 때문에 어린 아동은 그만큼 과제 수행에 동원할 수 있는 정신적 자원이 적게 되고, 따라서 전략의 사용으로부터 곧바로 이득을 얻기가 어렵다는 것이다. 또한 어린 아동의 선택적 주의 전략의 산출이 보다 많은 정신적 자원을 요구하도록 만드는 가능한 원인으로서 선택적 주의 전략 산출의 미자동화, 전략 산출과 과제 수행 간의 주의력 배분의 미숙, 전략 관련 지식의 부족 등을 제시하였다.

(2) 선택적 주의기제

일련의 연구자들은 선택적으로 주의를 기울이는 데 있어 그 이면에 작용하는 기제들을 규명하고자 노력해 왔는데, 금지 기제, 자원할당모형, 비효율적 금지 기제, 습관 기제 등을 중심으로 논의되어 왔다.

① 금지 기제

최근 선택적 주의 기제에 대한 하나의 모형이 제안되었는데, 이 모형은 모든 자극들에 대한 지각적 분석이 동시에 이루어진 다음, 관련 자극에만 주의가 주어지는 과정을 설명하고 있다(Tipper, MacQueen, & Brehaut, 1988). 즉, 제시된 자극들이 잘 확립된 내적 표상을 지닌 매우 친숙한 것들이라면, 그 자극에 주의를 기울이든 기울이지 않든 간에 자극에 대한 처리는 의미 분석 수준까지 진행된다는 것이다. 이러한 지각적 분석 후에는 선택적으로 관련 자극에만 주의가 주어지도록 하는 어떤 기제가 작용한다. 이것은 선택적 주의에 있어서 **금지 기제**라고 불리는 것으로서, 주의에 방해가 될 수 있는 무관련 자극들을 적극적으로 금지 내지 억압함으로써 관련 자극에 대한 표상이 활성화되도록 촉진시키는 기능을 수행한다는 것이다.

② 자원할당모형

자원할당모형은 인간이 하나의 총체적이고 제한된 정신적 자원을 가지고 있다고 가정하고, 이로부터 정보를 처리하고 파지하고 보고하는 등 다양한 인지적 활동을 수행하는 데 필요한 정신적 자원이 배분된다는 이론으로 **총체적 자원 가설**이라고도 한다. 즉, 제한된 정신적 자원은 인지발달과 관련된 여러 가지 현상을 설명해 줄 수 있는 하나의 주된 요인으로 간주되고 있다. 총체적 자원 가설의 입장에서는 성인은 나이가 들어감에 따라 정보처리에 필요한 정신적 자원이 점차 줄어들게 되어 인지기능이 저하된다고 주장한다(Cohen, 2015).

③ 비효율적 금지 가설

자원할당모형에 대한 비판을 토대로 성인들에 있어서 작동 기억의 발달적 차이에 대한 설명으로서 **비효율적 금지 가설**이 제기되었다(Hasher & Zacks, 2022). 이 가설을 제안한 사람들은 인간이 나이가 들어감에 따라 금지 기제의 효율성이 떨어지고, 그로 인하여 작동기억 속에 무관련 정보가 끼어들게 되고, 그것이 그대로 유지되어 인지기능의 저하를 초래한다고 주장한다. 또한 성인의 금지 기제가 작동기억의 내용을 결정하고, 그에 따라 다양한 영역의 인지기능에 영향을 미치는 중심 기제라고 주장한다.

④ 습관 기제

선택적 주의의 또 다른 기제로서 **습관 기제**가 있는데, 이는 동일한 자극이 반복해서 계속적으로 제시될 때 그 자극에 대한 습관이 형성되는 것을 뜻한다. 주어진 자극이 그 내적 표상과 일치될 때는 정향반응이 일어나지 않고, 불일치되는 경우에만 정향반응이 유발된다는 것이다. 따라서 동일한 무관련 자극이 계속 반복적으로 제시되어 그에 대한 습관이 형성되면, 그 무관련 자극은 선택적 주의를 방해하지 않는다는 것이다. 실제로 많은 연구에서 그와 같은 주장을 뒷받침할 만한 결과들이 나왔는데, 연습을 통해 해당 과제와 자극에 계속 접하게 되면 간섭효과가 줄어들고, 그 결과 과제 수행이 촉진된다는 연구 결과도 있고, 연습을 통해 익숙한 과제들에 새롭거나 낯선 무관련 자극이 포함되면, 과제 수행에 대한 간섭효과를 증진시킨다는 연구(Lorch, Anderson, & Well, 1984)도 있다.

(3) 선택적 주의와 감각 양식

인간의 주된 **감각 양식**은 시각과 청각이라고 할 수 있다. 일반적으로 주어지는 정보의 감각 양식에 대한 단서를 전혀 주지 않았을 때, 즉 제시되는 정보가 시각 정보인지 청각 정보인지를 전혀 알 수 없을 경우, 대개는 시각 정보가 주어질 것으로 기대하며, 시각적 측면에 많은 주의를 할당하는 것으로 알려지고 있다. 이와 같은 현상을 주의의 시각적 우월성이라고 부르는데, 갈등을 일으키는 정보를 동시에 제시한 경우에도 나타난다.

감각 양식에 단서가 제공되느냐의 여부에 따라 아동들의 선택적 주의 능력이 어떻게 달라지는가에 관한 연구도 이루어졌다(Guttentag, 1985). 이 연구 결과, 단서가 제공된 경우에는 4세 정도의 유아도 단서가 지칭하는 감각 양식에 주의를 적절히 할당할 수 있으며, 단서를 전혀 제공하지 않았을 때에는 연령에 따라 차이가 있는 것으로 나타났다. 즉, 7세 이상의 아동들은 청각적 측면보다는 시각적 측면에 더 많은 주의를 할당하고, 4세 정도의 유아들은 완전히 일치되지는 않지만 7세 아동들과 거의 비슷했다고 한다. 그러나 감각 양식에 따른 선택적 주의의 편향성은 과제의 속성에 따라 차이가 있는 것 같다. 예를 들면, 유아들이 TV 프로그램을 시청할 때에는 시각 정보보다는 청각 정보에 더 많은 주의를 기울이지만, 시청 후 프로그램의 내용에 대한 기억 정도를 조사해 보면, 청각 정보보다는 시각 정보를 더 많이 기억한다는 것이다.

4) 특수교육적 의의

선택적 주의라는 개념은 1950년대 후반부터 인지심리학에서 본격적으로 다루어지기 시작했다. 일찍이 브로드벤트(Broadbent, 1958)가 여과모형이라는 인간의 정보처리체제에 대한 하나의 일반적인 모형을 제안한 이후부터이다.

최근에는 정교한 정보처리모형들이 제안되어 고전적인 여과모형은 좀처럼 거론되지 않지만, 인간의 정보처리과정에서 선택적 주의가 차지하는 위치는 어디이고, 또 어떤 역할을 하는가를 이해하는 데 도움이 된다. 이 모형에 따르면, 감각 기관에 들어오는 정보는 임시기억창고로 불리는 감각저장장치에 일시적으로 저장된 후, 그 중에서 '선택적으로 주의를 기울인' 정보에 한해서 지각, 즉 알아차리게 되고, 지각이 이루어진 정보는 단기기억단계로 넘어간 후, 시연 등을 통하여 장기기억에 저장된다. 다시 말하면, 임시기억장치인 감각저장장치에 아주 짧은 시간 동안 저장된 정보들 중 선택적 주의를 기울이지 않은 정보들은 곧바로 사라지게 되는 것이다. 따라서 선택적 주의가 이루어지지 않으면 다음 정보처리단계인 지각이 이루어질 수 없고, 지각이 이루어지지 않으면 단기기억으로 넘어갈 수 없어 결국 학습이 이루어지지 않는다. 그래서 주의는 학습의 기초 기능 혹은 선행 기능으로 간주된다. 학습이 이루어지기 전에 특히 선택적 주의가 이루어져야 한다.

선택적 주의는 학습에만 영향을 미치는 것이 아니라 일상생활 등 인간의 전 생활 영역에 중대한 영향을 미친다. 길을 걸을 때, 다른 사람과 대화를 나눌 때, 식사를 할 때 등등 거의 모든 생활에 기초 기능으로서 작용한다. 만약 목표행동에 선택적으로 주의를 기울이지 못하면 주의산만의 형태를 띤다.

2. 주의력 결핍·과잉행동장애

1) 개념

미국정신의학회의 『정신질환 진단 · 통계편람 5판』(Diagnostic and Statistical Manual Disorders_5th: DSM-5)(American Psychological Association, 2013)에 따르면, 주의력 결핍 · 과잉행동장애(Attention Deficit/Hyperactivity Disorder: ADHD)는 자신과 비슷한 발달 수준에 있는 또래 아동들보다 더 심하게 부주의한 행동이 지속되거나 과잉행동 및 충동적인 행동을 보이는 아동으로 규정하고 있다.

한편, 심리 · 교육적 측면에서는 학습과 밀접한 관련이 있는 행동 특성을 중심으로 과잉행동, 과소행동, 배타적 주의, 과잉불안, 충동성으로 분류하기도 한다.

- **과잉행동**: 주의력장애의 가장 대표적인 행동 특성으로서, 학습장애와도 밀접한 관련이 있는 것으로 알려지고 있다. 여기에서 주의할 점은 과잉행동이 활동 빈도가 높음을 의미하는 것이 아니라, 사회적으로 부적절한 반응 비율이 높음을 의미한다는 점이다. 일반적으로 과잉행동은 주의산만 · 충동성 · 학습지체 등을 수반하는 경우가 많다.
- **과소행동**: 어떠한 외적 자극에 의해서도 반응을 보이지 않는 것이 특징이다. 과소행동 아동은 과제를 완성하지 못하며, 다른 사람들과 말을 거의 하지 않는다. 또한 전반적으로 위축현상을 보이며, 백일몽 증세를 나타내기도 한다.
- **배타적 주의**: 관계가 없거나 중요하지 않는 자극에 고착되거나 과도하게 주의

를 기울이는 것이 특징이며, 주의고착이라고도 한다.

- **과잉불안**: 한 가지 과제에 주의를 지속시킬 수 없는 것이 특징이다. 즉, 다른 자극에 쉽게 반응하고, 관련 자극을 분별하는 것이 어려우며, 또한 선정된 관련 자극을 지속하는 것이 어렵다.
- **충동성**: 하나의 인지 양식으로 간주된다. 충동성의 아동은 내 · 외적 자극에 생각하지 않고 곧바로 반응하기 때문에 관련 과제에 사려 깊은 주의를 기울이지 않는다. 또한 선택적 주의와 학업성취, 대인관계 등을 방해하는 주요인이기도 하다.

2) 진단 기준

미국정신의학회의 『정신장애 진단 · 통계편람 5판』에 규정된 ADHD의 진단 기준은 〈표 7-1〉과 같다(American Psychiatric Association, 2013).[2)]

〈표 7-1〉 ADHD의 진단 기준

A. 기능이나 발달을 방해하는 부주의, 혹은 과잉행동 · 충동성 양상이 지속되며, (1) 혹은 (2)로 특성지워진다.

(1) 부주의

다음 증상 중 6가지 이상이 발달수준에 맞지 않는 정도로 적어도 6개월 이상 지속되어, 사회 및 학업/직업 활동에 부정적인 영향을 준다.

※ 이런 증상들은 적대적 행동, 반항, 적대감, 과제나 지시의 이해 실패로만 단독으로 나타나지 않는다. 청소년과 성인(17세 이상)의 경우, 적어도 5가지 증상이 충족되어야 한다.

2) 미국정신의학회(APA)는 2013년 5월 『정신장애 진단 · 통계편람』의 5번째 개정판을 내놓았다. 개정판의 일련번호가 로마자에서 숫자로 바뀌었고, 다축진단체계가 없어졌으며, 새로운 진단명이 첨가되는 등 몇 가지 변화를 보이고 있다. ADHD의 진단 기준에서는 성인의 경우 6가지 충족 조건이 5가지로 바뀌었고, 발생 연령도 7세에서 12세로 늘어났다. DSM-5-TR(2022)은 명확성을 위하여 기존에 출판된 70개 이상 질환에 대한 DSM-5 진단 기준의 수정사항을 포괄적으로 업데이트하였다.

① 세부사항에 면밀하게 주의집중하지 못하거나 학교공부, 일이나 다른 활동에서 부주의한 실수를 한다. (예: 세부사항을 간과하거나 실수함, 일이 부정확함)
② 과제나 놀이 활동에 지속적으로 주의집중하지 못한다. (예: 강의, 대화, 혹은 장문 읽기 중에 집중하지 못함)
③ 다른 사람이 직접 말을 할 때 듣지 않는 것 같다. (예: 주의산만 요소가 없는데도 맘이 다른 곳에 있는 것처럼 보임)
④ 지시를 따르지 못하거나 학교공부, 잡일이나 일터에서 임무를 수행하지 못한다. (예: 과제를 시작은 하지만, 쉽게 집중하지 못하게 되고, 곁길로 빠짐)
⑤ 과제와 활동을 조직하는 데 어려움이 있다. (예: 실질적으로 과제를 수행하지 못함, 물건이나 소유물을 순서적으로 보관하지 못함, 번잡하고 분산된 일, 시간관리를 잘하지 못함, 마감시간을 지키지 못함)
⑥ 정신적 노력이 요구되는 과제를 피하거나 싫어하고 거부한다. (예: 학교 공부나 숙제, 청소년 및 성인의 경우에 리포트 작성하기, 모형 완성하기, 긴 논문 개관하기 등)
⑦ 과제나 활동에 필수적인 것들을 잃어버린다. (예: 수업자료, 책, 도구, 지갑, 열쇠, 서류, 안경, 핸드폰)
⑧ 외부의 자극에 의해 쉽게 산만해진다.(예: 청소년 및 성인의 경우, 비관련 사고를 함)
⑨ 일상 활동을 잘 잊어버린다. (예: 허드렛일, 심부름하기, 청소년 및 성인의 경우, 전화걸기, 세금 내기, 약속 지키기)

(2) 과잉행동 및 충동성

다음 증상 중 6가지 이상이 발달수준에 맞지 않는 정도로 적어도 6개월 이상 지속되어, 사회 및 학업/직업 활동에 부정적인 영향을 준다.

※ 이런 증상들은 적대적 행동, 반항, 적대감, 과제나 지시의 이해 실패로만 단독으로 나타나지 않는다. 청소년과 성인(17세 이상)의 경우, 적어도 5가지 증상이 충족되어야 한다.

① 손발을 만지작거리고 자리에서 꼼지락거린다.
② 가만히 앉아 있어야 하는 상황에서 자리를 이탈한다. (예: 가만히 앉아 있어야 할 상황인데 교실, 사무실, 작업장에서 자리이탈)
③ 부적절한 될 상황에서 지나치게 뛰어다니거나 기어오른다. (청소년이나 성인의 경우, 참을 수 없는 느낌으로 제한될 수 있음)
④ 조용히 여가 활동에 참여하거나 놀지 못한다.
⑤ "끊임없이 활동"하거나 마치 "자동차에 쫓기는 것"처럼 행동한다. (예: 음식점, 회의에서처럼 오랜 시간 조용히 있는 것을 불편해 함, 끊임없이 활동하거나 따라가기가 곤란)
⑥ 지나치게 말을 많이 한다.
⑦ 질문이 채 끝나기 전에 불쑥 대답한다. (예: 다른 사람의 말이 끝나기 전에 말하기, 차례로 대화하기 위해 기다리지 못함)

⑧ 순서나 차례를 기다리지 못한다. (예: 줄지어 기다리기)
⑨ 다른 사람의 활동을 방해하고 간섭한다. (예: 대화나 게임, 활동에 참견하기, 허락받지 않고 다른 사람의 물건을 사용하기, 청소년과 성인의 경우, 다른 사람이 하고 있는 일을 간섭하기)

B. 부주의 혹은 과잉행동 · 충동성 증상들이 12세 이전에 나타난다.

C. 부주의 혹은 과잉행동 · 충동성 증상들이 2개 이상의 장면(예: 학교, 가정, 직장, 친구와 친척, 기타 활동들)에서 나타난다.

D. 그 증상들이 사회, 학업, 직업 기능을 방해하는 분명한 증거가 있다.

E. 이 증상이 전반적 발달장애, 정신분열증, 또는 기타 정신병 경과 중에만 발생하지 않으며, 다른 정신장애(예: 기분장애, 불안장애, 해리성장애, 인격장애, 물질중독이나 금단)로 잘 설명되지 않는다.

- **세부 유형**
  - 복합형: 지난 6개월 동안 진단 기준 A(1)과 A(2) 모두 충족시킬 경우
  - 부주의 우세형: 지난 6개월 동안 진단 기준 A(1)은 충족시키지만 A(2)는 충족시키지 못할 경우
  - 과잉행동 · 충동 우세형: 지난 6개월 동안 진단 기준 A(2)는 충족시키지만 A(1)은 충족시키지 못할 경우
- **세부 심도**: 경도, 중등도, 중도

3) 평가척도

특정 기준에 의해 ADHD로 진단된 아동은 구체적인 평가과정을 거치게 된다. 이 평가과정은 복잡하고도 광범위한 일로서, 부모 · 아동과의 면담, 관찰, 행동평정, 지능검사, 학습검사, 신체적 · 신경학적 검사, 기타 심리검사 등 다양한 방법을 적용해야 한다.

여기에서는 행동평가척도, 주의력 검사, 충동성 검사들 중 우리나라에서 사용

되고 있는 주요 검사만을 살펴보고자 한다.

(1) 아동 · 청소년 행동평가척도

아동 · 청소년 행동평가척도(오경자 외, 1997)는 Achenbach와 Edelbrock(1983)이 개발한 아동행동조사지를 우리나라 실정에 맞게 표준화한 검사로, 4세 유아부터 17세 청소년까지 적용할 수 있다.

이 척도는 사회능력척도와 문제행동증후군척도로 구성되어 있다. 사회능력척도는 사회성 척도와 학업수행척도로 나뉘고, 문제행동증후군척도는 위축 · 신체증상 · 우울/불안 · 사회적 미성숙 · 사고 · 주의집중 · 비행 · 공격성 · 성 · 정서불안척도로 나누어지는데, 총 119개 문항이 3점 척도로 구성되어 있다.

(2) 단축형 코너스 부모 · 교사 평가척도

단축형 코너스 부모 · 교사 평가척도(Goyette, Conners & Ulrich, 1978)는 코너스 부모 평가척도와 코너스 교사 평가척도를 축약하여 10개 문항으로 개정한 단축형 척도이다. 이 척도는 4점 평가치로 전혀 없음(0), 약간(1), 상당히(2), 아주 심함(3)으로 평가한다.

원래의 검사에서는 총점이 15점 이상이면 ADHD로 진단된다. 그러나 우리나라에서는 오경자와 이혜련(1997)이 평균에 2 표준편차를 더하여 진단 기준치를 산출하였는데, 그 결과 부모 평가치는 16점 이상, 교사 평가치는 17점 이상이면 ADHD로 진단된다(표 7-2).

〈표 7-2〉 단축형 코너스 부모 · 교사 평가척도

관찰된 행동	전혀 없음	약간	상당히	아주 심함
1. 차분하지 못하고 너무 활동적이다.				
2. 쉽사리 흥분하고 충동적이다.				
3. 다른 아이들에게 방해가 된다.				
4. 한번 시작한 일을 끝내지 못한다(주의집중 시간이 짧다).				
5. 늘 안절부절못한다.				
6. 주의력이 없고 쉽게 분산된다.				
7. 요구하는 것이 있으면 금방 들어주어야 한다(쉽게 좌절한다).				
8. 자주 또 쉽게 울어버린다.				
9. 금방 기분이 확 변한다.				
10. 감정이 격하기 쉽고 행동을 예측하기가 어렵다.				

(3) 주의력장애 진단 시스템

주의력장애 진단 시스템(신민섭 · 조성준 · 전선영 · 홍강의, 2000)은 ADHD를 진단하는 데 사용할 수 있는 컴퓨터 프로그램 도구이다. 모니터에 일정한 간격으로 목표 자극과 방해 자극이 간헐적으로 나타나는데, 피험자는 목표 자극에만 반응하도록 구성되어 있다.

이 검사는 정확하게 목표 자극에 대해 반응하는 시간, 반응해야 할 목표 자극에 반응하지 않은 빈도, 버튼을 누르지 않아야 할 때 누른 횟수, 반응 민감성 등 여러 가지 변인들을 고려하여 주의력 결핍 · 충동성 · 탈억제 등을 측정한다. 5~15세 사이의 아동 및 청소년을 대상으로 하며, 검사를 실시하는 데 걸리는 시간은 15분 정도이며 컴퓨터에 의해 채점된다. 검사결과 T-점수가 70점 이상이면 주의력장애로, 60~70점은 주의력에 문제가 있는 것으로 진단된다.

(4) 같은그림찾기 검사

같은그림찾기 검사는 Kagan 등(Kagan, Rosman, Day, Albert & Phillips, 1964)이 개발한 아동용 같은그림찾기 검사를 오혜영(2003)이 우리나라 실정에 맞게 번안하여 표준화하였다. 이 검사는 7~12세를 대상으로 약 15분에 걸쳐 실시할 수 있는 비교적 간단한 검사로 충동성을 측정하는 데 자주 사용되고 있다. 검사 문항은 〈보기〉와 똑같은 그림을 비슷한 그림 6개 중에서 고르도록 되어 있으며, 총 12개 문항으로 구성되어 있다(그림 7-1). 각 문항의 오류 수와 반응 시간을 측정하여 충동성의 정도를 평가하는데, 오류 수가 많고 반응 시간이 짧을수록 충동성이 높은 것으로 채점된다.

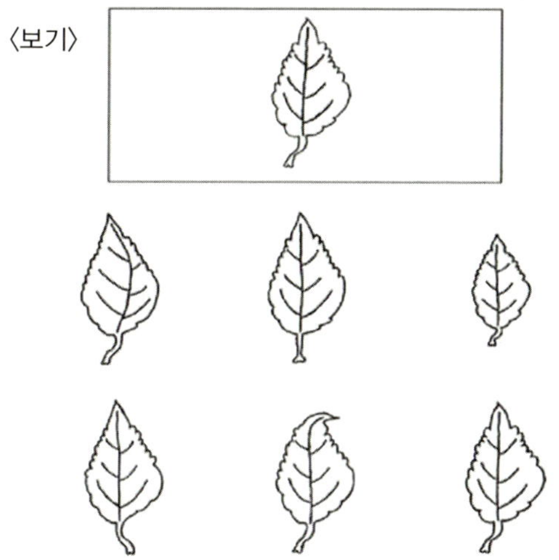

[그림 7-1] 같은그림찾기 검사 문항의 예

(5) 성인 ADHD 자가보고척도

성인 ADHD 자가보고척도(WHO, 2010)는 정신장애 진단 · 통계편람 4판(DSM-IV-TR)의 18개 ADHD 진단척도로 구성되어 있다. 이 체크리스트는 A,

B 두 파트 총 18문항으로 구성되어 있다. 18개 문항 중 ADHD 증상을 가장 잘 예측하는 6개 문항이 확인되었는데, 파트 A는 이 6문항을 기초로 제작되었다. 〈표 7-3〉의 체크리스트에서 색칠한 부분에 체크된 문항이 4개 이상이면 추가적인 검사가 필요한 것으로 진단된다.

〈표 7-3〉 **성인 ADHD 자가보고척도(파트 A)**

아래 질문을 읽고 지난 6개월 동안 귀하가 어떻게 느끼고 행동하였는지를 오른쪽의 평가기준에 맞추어 답하세요.		전혀 그렇지 않다	거의 그렇지 않다	가끔 그렇다	자주 그렇다	매우 자주 그렇다
1	어려운 부분은 끝내 놓고서 마무리 짓지 못해 곤란을 겪은 일이 있습니까?					
2	체계가 필요한 일을 할 때, 순서대로 진행하기 어려운 경우가 있습니까?					
3	약속이나 해야 할 일을 잊어버려 곤란을 겪은 일이 있습니까?					
4	골치 아픈 일은 피하거나 미루는 경우가 있습니까?					
5	오래 앉아 있을 때, 손이나 발을 만지작거리는 경우가 있습니까?					
6	마치 모터가 달린 것처럼 멈출 수 없이 활동하는 경우가 있습니까?					

ADHD에 대한 흔한 오해와 편견

ADHD에 대한 수많은 편견

- ADHD는 과잉진단되고 있다.
- ADHD는 나이가 들면 자연스럽게 없어진다.
- 남자 아이들이 활동적인 것이지 병은 아니다.
- 산만한 것은 병이 아니라서 치료 대상이 아니다.
- ADHD로 진단되면 직장 구할 때 문제가 생긴다.
- 자녀의 행동이 산만하지 않으면 ADHD가 아니다.
- ADHD는 부모가 양육을 잘못해서 생기는 질환이다.
- 집중력장애가 있는 아이들은 머리가 나쁘고 공부를 못한다.
- 좋아하는 일에 집중을 잘 하면 집중력에는 문제가 없는 것으로 보아도 된다.
- 참을성이 없거나 충동적 행동이 빈번하고 감정 기복이 심한 것은 ADHD와 관련이 없다.

출처: 대한소아청소년정신의학회(2015). ADHD에 대한 오해와 진실.

주의산만이 곧 ADHD인가?

산만하고 집중력이 떨어지는 것이 ADHD의 대표적인 증상이지만, 산만하다고 해서 모두 ADHD로 진단되는 것은 아니다. 산만하다는 것을 문제로 소아정신과에 내원한 아이들 중에는 50% 정도가 ADHD로 진단이 되지만, 나머지는 다른 질환으로 진단된다.

출처: 한림대학교 성심병원 ADHD 클리닉.

4) 교정 전략

ADHD를 교정하기 위한 전략은 매우 다양하다. 어떤 사람은 약물치료를 강조하고, 어떤 사람은 자기조절방법을 강조하기도 하며, 또 어떤 사람은 무관련 자극 경감, 행동수정, 약물요법, 인지훈련 등을 강조하기도 한다. 이와 같은 교정 전략들은 각기 장단점을 가지고 있으며, 또한 각 전략들이 완전히 독립적이라고 할 수도 없다. 그러므로 ADHD 아동의 특성에 알맞은 전략을 활용하되, 특정한 전략만을 고집할 필요는 없을 것이다. 즉, 상황에 따라 다른 전략을 적용하거나 혹은 혼합하여 적용하는 것이 바람직하다 할 것이다.

(1) 무관련 자극 경감

무관련 차원이란 학습 목표와 관련이 없는 환경 자극들을 말하는데, 예를 들어 국어 시간이라면 국어 교과서나 노트 등은 국어 관련 차원이지만, 필통이나 장난감 혹은 다른 과목의 교과서 등은 산수 무관련 차원이다. 주의가 산만한 아동은 가능하면 무관련 자극들이 적은 교실에 배치하는 것이 바람직하다.

무관련 자극을 줄이기 위해서는 벽과 천장의 방음 시설 · 양탄자 · 밀폐된 책장 · 칸막이 등을 이용할 수 있으며, 가능하면 색깔이 있는 게시판은 사용하지 않는 것이 바람직하다. 일찍이 지먼과 하우스(Zeaman & House, 1963)는 지적장애아동이나 주의산만 아동에게는 무관련 자극을 줄여주는 것이 바람직하다고 주장한 바 있다. 또한 무관련 자극(차원)이나 과제의 복잡성 등이 주의집중에 큰 영향을 미친다는 사실은 이미 1970년대 집중적으로 이루어진 많은 연구들에 의해 입증되었다.

(2) 응용행동분석 및 긍정적 행동지원

오늘날 많은 교사들은 아동의 주의를 통제하기 위한 방법으로 응용행동분석 기법을 적용하고 있다. 그 중에서도 토큰강화, 차별강화, 타임아웃 등이 자주 사용되어 왔다. 그런데 2000년대에 접어들면서 응용행동분석에 대한 비판과 더불어 그 대안적 방법으로 긍정적 행동지원(positive behavior support: PBS)이 널리 활용되고 있다.

행동수정 혹은 응용행동분석은 문제행동의 빈도, 강도, 지속시간 등의 증감을 목표로 삼고 혐오 처치를 사용하기도 했던 데 반해, 긍정적 행동지원은 선행사건 조정, 대체행동 교수, 후속결과 조정 등을 통한 긍정적인 절차를 강조하고,

환경에서 행동에 영향을 미치는 환경적 · 맥락적 변인을 강조한다.

(3) 약물치료

소아정신과나 신경내과의사들은 ADHD를 신경생리학적 이상에 의한 것으로 파악하여 주로 약물을 사용하는 경향이 있다. 그런데 약물의 부작용이 자주 보고되고 있기 때문에, ADHD 아동들에게 약물을 복용하게 하는 것에 대해서는 의사들 사이에서도 논란이 있다. 특히, 1970년에서 1978년 사이에 과잉행동 때문에 약물을 복용한 결과 나타난 부작용의 사례를 워싱턴포스트지에서 폭로한 '오마하 사건' 이후, 약물의 부작용에 대한 경각심이 커지게 되었다. 일반적으로 ADHD 아동을 위한 약물요법의 부작용으로는 식욕 감퇴 · 체중 감소 · 두통 · 위통 · 퇴행 · 환각 · 경련 등이 보고되고 있다.

그러나 많은 전문가들은 ADHD 아동에 대한 약물요법을 전반적인 치료의 일부로 간주하고 있으며, 실제로 그 효과를 입증하는 연구들도 많다. ADHD 아동에 대한 약물요법이 큰 효과를 보이고 있는 것은 사실이지만, 다음과 같은 점에 유의해야 한다(Hallahan, Kauffman, & Lloyd, 1996).

- 어떤 약물이 대부분 사람들에게 효과가 있다 할지라도, 전혀 효과가 없는 사람도 있다.
- 신경흥분제가 전반적으로 효과가 있기는 하지만, 불면증이나 식욕 감퇴와 같은 부작용도 있을 수 있다.
- 부모나 교사는 효과가 있으면서도 너무 강하지 않도록 1회 복용량에 대해 끊임없이 점검해야 한다.
- 부모나 교사는 ADHD 아동에 대한 모든 책임을 전적으로 약물 복용에 떠넘기는 식으로 생각해서는 안 된다.

• 약물 선택은 신중해야 한다.
• 약물요법이 효과를 보기 위해서는 부모 · 교사 · 의사 간의 의사소통이 매우 중요하다.

한편, 무자극성 약물이 일부 ADHD 아동에게 효과가 있는 것으로 알려지고 있다. 예를 들어, 모다피닐(상품명: 프로비질)은 기면증에 처방되지만, ADHD 아동에게도 효과적인 것으로 나타났다. 물론 그 약이 얼마나 효과적인지에 대해서는 정확하지 않다(Biederman & Faraone, 2005).

나경세와 이소영(2012)은 3년간(2008년~2010년) 경기도 · 서울 · 대전 · 부산 등 전국의 대학병원 7곳에서 치료를 받고 있는 12~18세 사이의 ADHD 아동 121명을 대상으로 12주 동안 메틸페니데이트 성분의 약물을 처방받은 아이들의 학습 능력이 얼마나 개선되는가를 알아본 결과, 연구대상 청소년들의 학습 능력을 향상시키는 데 효과적인 것으로 나타났다. 연구 결과 대부분의 아동들이 연속 수행 검사, 시공간 및 언어 작업기억, 언어 유창성 등 3가지 학습 능력면에서 크게 개선되는 모습을 보였다. 즉, ADHD 아동들은 메틸페니데이트 약물 복용 후 집중력을 향상시켜 주어진 과제를 처리하는 시간을 크게 단축했으며, 제시된 글을 보다 잘 읽었고, 단기간 동안 입력된 정보를 머릿속에 보다 더 잘 기억해 냈다.

그동안 메틸페니데이트가 ADHD 아동들의 주의력 결핍, 집중력, 행동장애 등을 개선시킨다는 연구는 있었으나, 학습능력까지 개선시킨다는 내용의 대규모 임상연구 결과가 나온 것은 이 연구가 처음이다.

(4) 식이요법

일부 학자들은 ADHD를 비롯한 정서 · 행동장애아동들이 나타내는 증상이나 문제행동들이 식품 영양과 관련될 수 있다는 견해에 관심을 갖기 시작하였다. 즉, 정서 · 행동장애아동의 증상이나 문제행동이 식품으로부터 영양분을 충분히 얻지 못하여 나타날 수 있다고 보는 것이다.

실제로 식품에 함유된 일정한 생화학 물질에 대한 유해한 반응인 알레르기가 과잉행동의 원인으로 간주되고 있다. 즉, 식품에 함유된 인공 색소 · 향료 · 조미료 등에 대한 알레르기가 과잉행동을 유발하므로 식이요법이 중요하다는 것이다. 그러나 현재로서는 더 많은 임상적 절차와 과학적 검증을 거쳐야 할 필요성이 있다.

일반적으로 자폐성장애나 정서 · 행동장애 영역의 연구들은 식이요법이나 특정 영양소 요법을 통해 그들이 지니고 있는 문제를 해결할 수 있다는 데 찬성하는 입장은 아니다. 오히려 자폐성장애아동이나 정서 · 행동장애아동들은 야채나 샐러드 같은 음식을 충분히 섭취하면, 비타민이나 미네랄을 다량 섭취할 필요가 없을 만큼 충분한 영양소를 얻게 된다고 생각한다. 물론 정신약물치료를 하는 것처럼 특정한 목표를 세워 비타민 요법이나 식이요법을 하면, 어떤 아동에게는 증상이 개선될 수 있다고 생각한다. 그렇다고 그러한 요법들이 자폐성장애나 정서 · 행동장애를 '치유'하는 것은 아니다.

(5) 인지훈련

① 기억 치료

오늘날 과학자들은 약물치료 외의 대안적 치료법도 동시에 찾고 있다. 뇌 영상 연구에서 ADHD의 생물학적 근거를 제시하게 되면서, 과학자들은 인지기능, 특히 기억 치료에 주목하고 있다. 오랫동안 인지신경과학자들은 작업기억과 장기기억이 주의와 인지능력의 주요인일 것이라 생각해왔다. 기억이 개선되면 주의체계와 인지체계도 개선될 것으로 간주하고 있는 것이다. 유망한 한 가지 방법으로는 컴퓨터 소프트웨어를 이용한 작업기억훈련을 들 수 있다. 스웨덴의 한 연구에서는 5주간 작업기억훈련을 받은 ADHD 아동 20명 중 60%가 임상기준에 해당되지 않았다. 그 프로그램에서는 부주의나 ADHD와 밀접한 시공간 기억의 개발에 주안점을 두었다(Klingberg et al., 2005).

② 자기조절 전략

ADHD 아동에게 효과적인 또 다른 인지훈련은 자기점검법을 포함한 자기조절 전략이다. 자기조절 전략은 학생들로 하여금 자신의 행동과 학업 성취를 점검 · 관리 · 기록 · 평가하도록 한다. 평가에서는 피드백을 제공하여 아동이 하고 있는 것과 해야 할 것을 비교한다. 일반적으로 네 가지 자기조절 전략으로는 자기점검, 자기강화, 자기점검과 자기강화, 자기관리가 있다. 많은 연구에서 이들 네 가지 모두 ADHD 아동에게 효과가 있는 것으로 나타났다(Reid, Trout, & Schartz, 2005).

자기조절 전략 중에서도 특히 자기점검은 특히 주의력 문제를 해결하는 데 상당히 효과적인 것으로 알려지고 있다(Hallahan, Kauffman, & Lloyd, 1996). 자기점검은 교사는 학생 자신의 학업 수행에 대해 스스로 점검하도록 가르칠 수 있을 뿐 아니라, 자신의 주의에 대해서도 스스로 점검하도록 가르칠 수 있다는 믿음을 전제로 한다. 연구 결과들에 따르면, 주의집중에 대한 자기점검은 과제 관련 행동과 학업성적을 향상시키는 데 효과가 있음을 보여주고 있다. 자기점검법은 초등학교 학생에서부터 중등학교 학생에 이르기까지 광범위하게 적용되어 왔다. 또한 학생들로 하여금 스스로 평가한 것을 그래프로 그리게 하는 것도 효과가 있음이 밝혀졌다(DiGangi, Maag, & Rutherford, 1991).

5) ADHD 아동을 위한 학급 운영 방안

아직까지 우리나라의 교사들은 ADHD 아동에 대한 이해가 부족한 것이 사실이다. 더욱이 ADHD 아동이 일반학교에서 통합교육을 받고 있다면, 그들의 특성이나 교육 방법 등 전문 지식을 갖추지 못한 일반 교사들로서는 난감한 일이 아닐 수 없을 것이다. 그래서 교사들에게 필요한 최소한의 정보 혹은 구체적인 지침을 제공할 필요가 있는데, 다행스럽게도 최근 이에 관한 연구가 국내에서 이루어졌고(장은진, 2003), 관련 전문서적도 소개되었다(Ashley, 2023).

장은진(2003)은 브라스웰과 블룸퀴스트(Braswell & Bloomquist, 1991)가 제시한 ADHD 아동을 위한 학급 운영방안을 수정하여 교사를 위한 제안을 하고 있다.

① 교실의 물리적 배치

- 좌석 배치는, 그룹 토의를 할 때에는 몇 개의 책상을 이용한 모둠별 배치를 하고, 독립 활동을 수행할 때에는 전통적인 줄을 이용하는 것이 좋다. U자형의 책상 배치가 토의와 독립적 활동을 원활히 수행하는 데 도움이 된다.
- 교사와 가장 가까운 위치에 주의가 산만한 아동을 앉힌다.
- 산만한 시청각 자극을 최소화하기 위해 복도와 창문에서 떨어진 곳에 ADHD 아동의 책상을 둔다.
- 수업이나 공부에 집중할 수 있도록 시청각 자극이나 흥미 있는 것들을 ADHD 아동의 책상 옆에 두지 않는다.
- ADHD 아동 옆에 모범 아동을 앉힌다.

② 수업 진행 시 참고사항

- 수업이 시작되기 전에 목차, 개요, 중요 개념 등을 제시한다. 아울러 중요한

과목은 가능한 오전에 가르친다(오전에 집중력이 가장 높다).
- ADHD 아동의 주의를 집중시킬 수 있는 교재나 교구를 사용한다.
- 수업은 짧게 하고 긴 과제는 나누어서 한다.
- 수업 동안 ADHD 아동을 적극적으로 참여시킨다.
- 과제를 친구들끼리 짝지어 점검하도록 한다.

③ 과제물
- 글자는 크게 쓴다.
- 명확하고 간략하게 적는다.
- 반복적이거나 지루할 가능성이 있는 경우에는 강조를 위해서 다른 색깔을 사용한다.
- 중요한 단어나 어휘에 줄을 친다.
- ADHD 아동이 감당할 수 있을 정도로 과제의 양을 나누어서 준다.

④ 조직화
- 매일의 학급 일정표와 계획표를 작성한다.
- 개인 과제 차트나 파일을 만들어서 필요하다면 아동이 집에 가져가 부모의 사인을 받아오게 한다.
- 학교 과제를 완수하기 위한 보상 시스템을 활용한다. 과제 수행에 따른 토큰을 주어 일주일, 한 달, 혹은 학년 말에 아동이 필요로 하는 강화물로 교환해 주며, 즉각적인 언어적 보상도 제공한다.
- 학급의 시간표나 계획표를 매일 칠판에 적어 놓고, 과제에 대한 시간제한을 정확히 말해 준다.
- 과제를 수행하는 동안 해야 될 일과 하지 말아야 할 일을 명확히 알려준다.

⑤ 행동

- 매일 학급 규칙을 말해주고 상기시킨다.
- 바람직한 행동은 적극적으로 보상하며, 바람직한 행동을 더 많이 하는 아동은 보상이나 특권을 더 얻을 수 있는 기회를 준다.
- ADHD 아동의 행동에 근거한 부정적 결론을 학급 전체에 내리지 않는다.
- 필요하다면 특별한 행동의 강화를 위해 개별적으로 학생의 부모를 접촉한다.
- 사회 기술을 익히는 것은 ADHD 아동뿐만 아니라 학급 아동 모두에게 도움을 준다.
- 필요하다면 타임아웃 방법을 사용할 수 있다.

지각

CHAPTER 08

1. 지각

1) 개념

지각이란 외계에 존재하는 어떤 대상물이 감각에 나타나는 것으로, 감각 자극을 해석하는 과정이다. 더 구체적으로 말하면 지각이란 환경 및 환경과 관련하여 자신에 대한 지식을 획득하는 능동적 과정이다(Gibson & Spelke, 1983).

지각은 대상물이 개별적으로 감각에 나타나는 것을 뜻하는 감각 작용과 구별되며, 또한 상상, 추리 등의 관념 작용과도 구별된다. 감각 작용이 일종의 생리적 현상이라면, 지각은 심리적 현상이다. 그리고 관념적 작용은 일차적으로 형식에 관한 것이지만, 지각과정은 일차적으로 감각 내용에 관한 것이다.

인간의 정보처리과정을 살펴보면 지각이 인간발달에 얼마나 중요한 요소인가를 알 수 있다. 들어오는 정보는 임시기억 창고로 불리는 감각저장장치에 일시적으로 저장된 후, 그 중에서 선택적으로 주의를 기울인 정보에 한해서 지각, 즉 알아차리게 되고, 지각이 이루어진 정보는 단기기억단계로 넘어간 후, 시연 등을 통하여 장기기억에 저장된다. 다시 말하면, 임시기억장치인 감각저장장치에 아주 짧은 시간 동안 저장된 정보들 중 선택적 주의를 기울이지 않은 정보들은 바로 사라지게 되는 것이다. 따라서 선택적 주의가 이루어지지 않으면 다음 정보처리단계인 지각이 이루어질 수가 없고, 지각이 이루어지지 않으면 단기기억으로 넘어갈 수 없어 결국 학습이 이루어질 수 없는 것이다. 그래서 주의와 지각은 학습의 기초 기능으로 간주된다.

2) 지각 발달

(1) 영아기

과거에는 영아의 지각 능력을 과소평가하였지만, 사람은 태어날 때부터 상당한 지각 능력을 가지고 태어난다는 사실이 점차 밝혀지면서 영아의 지각 능력에 대한 연구가 활기를 띠게 되었다. 실제로 1960년대부터는 지각 발달에 관한 연구의 대부분이 영아를 대상으로 하였다.

① 시지각

시지각이란 시자극을 조직하여 나름대로 의미 있게 재해석하는 과정을 말한다. 영아의 시지각에 관한 연구는 시각 정확도 · 항등성 · 깊이 지각 등을 주로 다루었다.

- **시각 정확도**: 사물을 얼마나 정확하게 잘 지각하는가를 말한다. 신생아의 시각 정확도는 매우 떨어지는 편이지만, 모든 상황에서 다 그렇다는 말은

아니다. 신생아는 멀리 떨어져 있는 것은 볼 수 없지만, 가까이 있는 것은 잘 볼 수 있다. 신생아는 특히 20cm 거리에 있는 것에 초점을 잘 맞출 수 있는데, 이것은 수유 시 아기의 눈과 어머니의 얼굴 사이의 거리다.

- **항등성**: 대상에 대한 안정된 지각, 즉 같은 대상을 언제나 같게 지각하는 것을 말한다. 운동장 저 멀리에 있는 사람을 볼 때, 망막에 비친 상은 매우 작지만 실제로는 그 사람의 키를 대강 짐작할 수 있다. 멀리 있을 때나 가까이 있을 때나 같은 크기로 지각하는 것이다. 중요한 것은 항등성을 획득해야만 대상 지각이 가능하다는 점이다.
- **깊이 지각**: 고전적 연구인 깁슨의 시각 절벽 연구(Gibson & Walk, 1960)에서는 6개월 된 영아가 이미 깊이 지각을 형성하고 있음이 밝혀졌다.

② 청지각

청지각이란 청자극을 나름대로 의미 있게 재해석하는 과정을 말한다. 영아의 청지각에 관한 연구는 청각 정확도 · 소리 위치 · 소리 변별 등을 주로 다루었다.

- **청각 정확도**: 시각 정확도에 비해 더 나은 것으로 알려지고 있다. 영아들은 조용하고 낮은 소리는 성인보다 지각 능력이 떨어지지만, 보통의 높이와 크기의 사람 목소리는 성인과 마찬가지로 지각할 수 있다.
- **소리 위치 지각**: 소리 나는 쪽으로 고개를 돌리는 정향 반사와 밀접한 관련이 있다. 그런데 대부분 영아들은 아주 어려서부터 정향 반사가 나타나기 때문에 소리 위치 지각도 6개월쯤이면 형성되는 것으로 알려지고 있다.
- **소리 변별**: 매우 일찍 발달되어 생후 1개월 된 영아는 몇 가지 음소를 변별할 수 있다.

영아는 청각 정확도가 시각 정확도보다 더 좋기 때문에 청각을 이용하여 사람을 변별하는 것이 더 빠르다. 한 연구에서 신생아가 어머니의 목소리와 다른 여성의 목소리를 변별할 수 있었는데, 아마도 자궁 내에 있는 동안 어머니의 목소리에 익숙해졌기 때문인 듯하다.

③ 미각

영아는 단맛 · 짠맛 · 신맛 · 쓴맛 등 기본적인 맛을 지각하는 것으로 알려지고 있다. 일련의 연구에서 이전에 먹어본 적이 없는 네 가지 맛의 물을 영아의 입안에 넣기 전과 후의 얼굴 표정을 사진에 담아 분석한 결과, 영아들은 달콤한 물일 때는 평안하고 웃음 띤 얼굴을 하였고, 신맛일 때는 입술을 오므렸으며, 쓴맛일 때는 입을 활 모양으로 하는 등 불쾌감을 나타냈다(Ganchrow, Steiner & Dather, 1983). 이와 같은 연구 결과는 영아가 각각의 맛을 다르게 지각하고 있음을 말해준다.

④ 촉각

신생아는 여러 가지 원시반사 활동이 나타나는데, 이것으로 미루어 볼 때 어느 정도 촉각이 형성되어 있을 것으로 추정된다. 영아의 뺨을 접촉하면 빨기반사가 나타나고, 발바닥을 만지면 바빈스키반사가 나타난다. 그러나 영아의 촉각에 관한 연구는 다른 지각에 비해 현저하게 적기 때문에, 아직까지는 어떤 결론을 내릴 단계는 아닌 듯하다.

(2) 유아기

유아의 지각 능력은 성인에 비해 다음과 같은 한계가 있다.

첫째, 여러 개의 대상에 대한 체계적인 탐색 능력이 부족하다. 대상을 가지런히 체계적으로 제시했을 때에는 4~5세 유아와 6~8세 아동의 탐색 능력에 차이가 없다. 그러나 대상을 아무렇게나 늘어놓았을 때에는 6~8세 아동이 4~5세 유아보다 대상을 빠뜨리지 않고 지각하는 능력이 더 높다.

둘째, 과제 해결에 도움이 되는 중요한 속성에 선택적으로 주의를 기울이는 능력이 부족하다. [그림 8-1]과 같은 한 쌍의 서로 다른 그림을 보여주면서 두 그림이 같은지 다른지를 물으면, 대개의 유아들은 같다고 대답한다. 이는 그림 속의 창문들을 대략적으로 살펴볼 뿐 창문 내용을 하나하나 면밀히 검토하는 지각 능력이 부족하기 때문이다.

셋째, 유아는 한 번에 두 개 이상의 속성을 동시에 지각하거나 이들을 통합하는 능력이 부족하다. [그림 8-2]의(가)와 같은 '부분-전체 도형'을 보여주었을 때, 6~7세 이전의 유아들은 전체를 무시한 채 부분만을 지각하여 하트 모양이나 자전거로 지각하는 경향이 짙다. 이에 비해 8~9세 아동은 '기린으로 만든 하트 모양' 혹은 '과자로 만든 자전거' 등으로 지각하는데, 이는 부분과 전체를 통합하고 있음을 말해준다. [그림 8-2]의(나)와 같이 역전이 가능한 도형에서도 마찬가지로, 유아는 나무/백조, 나비/얼굴의 두 개의 역전 가능한 형태를 식별하지 못한다. 그러나 아동기에 접어들면서 두 가지 형태를 식별할 수 있게 된다.

[그림 8-1] 시각 탐색 자극

a. b.

[그림 8-2] 부분-전체 및 역전 가능 그림

대상을 체계적으로 탐색하고 관련 속성에 선택적으로 주의를 기울이며, 여러 대상을 동시에 통합할 수 있는 지각 능력은 여러 인지적 조작이나 지적 과제를 해결하는 데 기초가 되는 중요한 발달 과제이다. 따라서 유아기에 이러한 지각 능력의 발달을 촉진하는 교육적 배려가 필요하다.

(3) 지각에 영향을 미치는 요인

인간의 지각에 영향을 미치는 요인은 무엇인가에 관해서는 이미 오래 전부터 철학적 논쟁과 더불어 심리학적 · 생리학적 관점에 이르기까지 그 범주가 매우 넓다.

① 자료 주도적 처리 대 개념 주도적 처리

우리가 어떤 대상을 파악할 때, 그 대상 자체로부터 나오는 정보가 충분할 경우에는 그 자료만으로 정보를 처리하여 그 대상이 무엇인지를 파악한다. 이러한 정보처리방식을 **자료 주도적 처리** 또는 상향식 처리라고 한다. 그리고 어떤 대상 그 자체로부터 얻은 정보가 충분하지 않을 경우 그 당시의 기대나 대상에 대한 개념에 의존하여 그 정체를 파악하는 처리방식을 **개념 주도적 처리** 또는 하향식 처리라고 한다. 이 두 가지 처리방식은 서로 보완적으로 일어날 수도 있으나 경우에 따라서는 어느 한 방식에 더 의존할 수도 있다.

지각에 미치는 인지적 영향은 개념 주도적 처리방식에서 그 예를 찾아볼 수 있다. 여름 방학을 이용하여 봉사활동을 하러 간 마을이 뱀골이라는 말을 들으면, 누구나 "이 마을에는 뱀이 많은 모양이구나"라고 생각하게 될 것이다. 이 경우 들녘의 풀숲에 놓여 있는 새끼줄이나 나무막대 등을 뱀으로 잘못 보고 깜짝 놀라는 일이 많을 것이다. 그것은 소위 뱀골이라는 마을 이름에서 오는 '뱀이 많을 것이라는 기대'와 '뱀에 대한 이전의 경험이나 지식'이 지각에 영향을 미친다는 사실을 말해 준다. 즉, 개념 주도적 혹은 하향식 정보처리를 예시해 주고 있다. 이 정보처리방식은 먼저 추출되는 대상의 특징을 바탕으로 그 정체에 대한 가설을 설정하고, 점차 그 가설을 검증함으로써 나중에 정체를 확인하는 방법이다.

그러면 개념 주도적 처리와 자료 주도적 처리 중 어느 쪽이 더 효과적인가. 결론부터 말하면 대상을 파악하는 상황에 따라 다르다고 할 수 있다. 다수의 유사한 자극들이 반복 제시될 경우에는 개념 주도적 처리방식보다 자료 주도적 처리방식이 더 효과적이다. 또한 이 두 가지 처리방식은 두 지각관인 경험론과 형태론을 대비시킬 뿐만 아니라, 주의집중에 있어서의 초기선택이론과 사후선택이론을 대비시키기도 한다.

② 동기

지각에 영향을 미치는 요인으로서 동기를 빼놓을 수 없다. 어떤 강한 동기에 이끌리게 되면 지각의 양상이 전혀 다를 수 있다. 어린 아이를 잃어버린 부모의 눈에는 비슷한 또래의 아이들이 자식으로 지각되는 일은 아주 흔하다. 배가 고픈 사람에게는 야구공이 달걀로 보일 수도 있을 것이다. 이에 관한 고전적 연구에서 가난한 가정의 아이들이 부유한 가정의 아이들보다 동전을 더 크게 지각한다는 사실을 발견하였다(Brunner & Goodman, 1947). 이 연구 결과는 지각에 대한 동기의 영향을 실험적으로 입증한 것이다. 동기의 왜곡에 대하여 정신분석학적 측면에서 이루어진 연구도 있다. 또 다른 고전적 실험 연구에 의하면, 그 사회에서 죄악시되는 욕설은 다른 단어보다 재인하는 데 걸리는 시간이 더 길다는 사실을 발견하였다(Blum, 1954).

③ 경험

지각에 영향을 미치는 요인으로 경험을 빼놓을 수 없다. 경험이 지각에 영향을 미친다는 사실은 로크의 경험론에서 잘 드러나고 있다. 즉 마음이란 태어날 때는 백지와 같으며, 그 백지 위에 사물에 대한 지각을 통하여 경험이 기록된다고 본 것이다. 결국 지식은 경험을 기초로 하며, 경험은 감각과 지각에 기초하는 것으로 간주된다.

2. 시지각

1) 시지각 이론

시지각에 관한 이론들을 분명하게 구분하여 말하기는 어렵지만, 형태주의이론, 개연적 기능주의이론, 생리심리학적 이론, 경험주의이론, 직접적 지각이론, 컴퓨터 접근이론 등으로 구분할 수 있다(Gordon, 2004). 이 중 형태주의이론과 경험주의이론이 가장 오랜 역사를 지닌 보편적 이론으로 간주된다.

(1) 형태주의이론

지각에 관한 가장 일반적인 이론이라 할 수 있는 형태주의이론은 모순되어 보이나 실제로는 옳다는 점, 즉 패러독스[1)]로 우리를 현혹한다. **게슈탈트이론**(Gestalt theory)이라고도 불리는 형태주의이론은 지각에 관해 공식적으로 인정받은 이론이라 하기는 어렵지만, 지각심리학에 미치는 영향력은 매우 크다.

독일어 게슈탈트(gestalt)는 우리말 '형태'와 가까운 의미를 가진 용어로서, 게슈탈트 운동은 철학사를 이야기할 때 빼놓을 수 없을 정도로 자주 거론된다. 게슈탈트 심리학파가 태어나기 전에 두 가지 중요한 게슈탈트 원리가 널리 유포되었다.

게슈탈트 운동의 첫 번째 선구자는 에렌펠스(Ehrenfels, 1890)로서, 그는 많은 자극군이 그것만 따로 분리해서 보면 부분과는 다른 유형 특성을 지니고 있다는 것을 발견하였다(그림 8-3). 소위 '부분의 합은 전체가 아니다'라는 가설이다. 두 번째 선구자는 루빈(Rubin, 1915)으로서 지각에 있어 전경과 배경의 차이에 관한 논문을 발표하여 형태주의이론 형성에 크게 기여하였다.

1) 창과 방패 패러독스: 중국 초나라에 창과 방패를 파는 상인이 있었다. 이 상인이 다음과 같은 말을 했다. "여기 이 방패로 말할 것 같으면 너무나 단단해서 어떤 창으로도 뚫을 수가 없지요. 그리고 또 이 창을 보십시오. 이 창은 어찌나 끝이 날카로운지 어떤 물건이든 모두 뚫을 수 있답니다." 상인의 방패와 창을 동시에 사용하면 어떻게 될까? 이처럼 앞뒤가 맞지 않는 말을 창 모(矛), 방패 순(盾)을 사용해 '모순'이라고 한다. (출처: 심진경 · 석주식 · 최순미(2015. 초등수학 개념사전).

[그림 8-3] 부분의 합은 전체가 아니다

게슈탈트 운동을 거쳐 형태주의심리학이 형성되었는데, 1910년 여름 형태주의 심리학의 창시자라 불리는 베르트하이머(Max Wertheimer)는 스트로보스코프(stroboscope)[2]를 이용하여, 그 장치로는 불가능한 착시에 관해 몇 가지 조사를 하였다. 만약 두 개의 자극을 빠른 속도로 교차시키면, 교차 속도 등에 따라 여러 가지 이상한 것들이 나타난다는 것을 발견하였다. 즉, 교차 속도가 낮으면 두 자극이 별개로 보이고, 교차 속도가 높으면 두 자극이 달리 보인다는 것을 발견한 것이다. 이처럼 정지된 자극을 연속적으로 제시하여 얻는 운동지각을 스트로보스코프 운동이라고 한다. 분명히 이 운동은 두 자극의 움직임만으로는 설명하기 어렵다. 즉, 두 자극의 각각은 현재의 위치에 나타나기도 하고 사라지기도 하는 것이다. 이와 같은 운동을 나중에 베르트하이머는 파이운동(phi-movement)[3]이라 불렀는데, 이는 자극들 간의 시간적 · 공간적 관계의 결과로 나타난다.

2) 고정된 지점에서 약간씩 변화가 있는 그림들을 빠른 속도로 연속적으로 제시하여 마치 그림이 움직이는 것처럼 지각하게 하는 섬광촬영 장치

3) 파이현상은 두 개의 불빛이 일정한 간격을 두고 번갈아가면서 반짝일 경우 마치 한 개의 불빛이 이동하는 것처럼 보이는 현상을 말한다.

베르트하이머는 두 사람의 젊은 심리학자들인 쾰러(Wolfgang Köhler), 코프카(Kurt Koffka)와 함께 프랑크푸르트 대학에서 파이현상에 대해 계속 연구하였다. 이 세 명의 심리학자들이 오늘날 형태주의심리학이라 불리는 새로운 지각 이론을 형성하였다.

(2) 경험주의이론

심리학에서의 경험주의는 지각하는 사람을 잠수함의 선장과는 다른 존재로 파악한다. 선장은 잠수하는 방법이나 원리에 대한 지식을 가지고 있지만, 그것을 직접 경험할 수는 없다. 따라서 경험과 훈련을 통하여 얻은 지식을 바탕으로 계획을 세울 필요가 있다. 때로는 간접적인 방법을 이용하기도 한다. 예를 들어, 정밀한 도구를 이용하여 수심을 재기도 하고, 임초가 있는지를 가려내기도 한다. 선장이 경험이 많으면 많을수록 결함이 있는 감지장치를 더 잘 가려낼 수 있다. 잠수함은 결코 접촉할 수 없는 물을 통하여 인도되어야 한다.

독일의 헬름홀츠(H. Helmholtz, 1821~1894)와 같은 초기 심리학자들에 의해 시작된 경험주의 시지각 이론은 오늘날 크게 발달하여 많은 이론가들이 탄생하였다. 영국의 시지각 이론가인 그레고리오(R. L. Gregory)는 시지각 특성을 다음과 같이 제시하고 있다(Gordon, 2004)(그림 8-4).

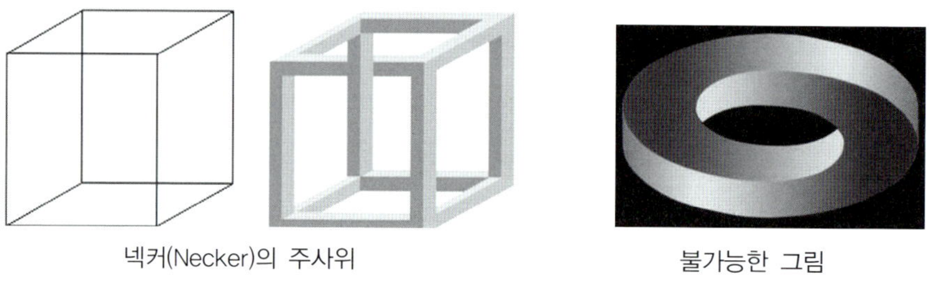

넥커(Necker)의 주사위 불가능한 그림

[그림 8-4] 시지각의 모호성

- 인간은 무의미한 객체의 속성에 맞추어 지각한다. 윗면이 사다리꼴인 다리가 세 개 달린 테이블을 '보더라도', 우리는 그것을 다리가 네 개 달린 직사각형 테이블로 지각하기 쉽다.
- 시지각은 모호할 수 있다.
- 시지각은 배경의 혼잡 속에서도 익숙한 물체를 정확히 가려낼 수 있다.
- 친숙하지 않은 물체를 친숙한 물체처럼 잘못 지각하는 경향이 있다.
- 시지각은 모순되어 보이나 실제로는 옳은 경우도 있다.
- 시지각은 반드시 경험한 것에만 의존하여 이루어지는 것은 아니다.
- 사람들은 환상을 경험하기도 한다.

2) 시지각 유형

시지각은 관점에 따라 각기 다른 유형으로 구분된다. 여기에서는 지적장애 · 뇌성마비 · 학습장애 · 주의력장애아동 등 장애아동 가운데 흔히 결함을 보이는 공간지각, 형태지각, 시운동지각에 대해서만 살펴보고자 한다.

(1) 공간지각

사람의 지각은 근접 자극의 평면을 통하여 원격 자극의 입체를 얻는다. 근접 자극이란 눈앞에 보이는 실물을 말하며, 원격 자극이란 망막에 비친 상을 말한다. 그래서 눈에 비친 실물의 상은 모두 평면적이지만 그 실물의 입체적 속성을 파악할 수 있는 것이다. 그리고 깊이나 거리 지각에 이용되는 단서들은 단안 단서와 양안 단서로 분류된다.

단안 단서는 한쪽 눈을 이용하여 깊이나 거리에 관한 정보를 얻게 하는 단서를 말한다. 예로부터 화가들은 단안 단서들을 이용하여 원근법을 구사해 왔는데, 그 대표적인 것들을 열거하면 [그림 8-5]와 같다.

a. 선명도 b. 직선적 조망 c. 중첩
d. 결의 밀도 e. 빛과 그림자 f. 상대적 크기

[그림 8-5] 단안 단서의 예

- **선명도:** 선명하게 보이는 것일수록 가깝게 보인다(그림 8-5a). 공기가 맑을 때에는 멀리 있는 산도 가깝게 보이지만 흐릴 때에는 가까운 산도 멀리 보인다. 즉, 상의 선명도가 거리 또는 깊이의 단서가 되는 것이다.
- **직선적 조망**: 두 물체가 떨어져 있는 간격이 클수록 두 물체는 가깝게 보인다(그림 8-5b). 철도 레일과 같은 평행선이 멀어질수록 두 직선 사이의 간격은 좁아진다.
- **중첩:** 한 사물의 일부분이 다른 사물에 가려져 보이지 않으면 그 사물은 가린 사물보다 멀리 있는 것으로 지각된다(그림 8-5c).
- **결 밀도**: 대부분의 물체 표면에는 결이 있다. 이 결이 조밀할수록 멀리 있는 표면으로 보인다(그림 8-5d).

- **빛과 그림자**: 다른 조건이 동일하다면 밝게 보이는 물체가 어둡게 보이는 물체보다 더 가깝게 보인다. 그리고 어떤 형태의 위쪽에 그림자가 드리워져 있으면 움푹 팬 구멍으로 보이며, 아래쪽에 그림자가 드리워져 있으면 밝은 부분이 튀어나온 입체로 보인다(그림 8-5e).
- **상대적 크기**: 동일한 형태의 크기가 다르면 큰 것이 가깝게 보인다(그림 8-5f).

양안 단서는 두 눈을 이용하여 깊이나 거리에 관한 정보를 얻게 하는 단서를 말한다. 두 눈의 시야는 완전히 중첩되어 왼쪽 눈으로 보는 시야와 오른쪽 눈으로 보는 시야가 동일하다. 그러나 우리가 입체물을 볼 때에는 두 눈에 맺혀지는 상이 서로 다르다. 대상 물체가 가까울수록 두 눈의 상들 간에 차이가 커진다. 이와 같이 두 눈의 망막이 맺혀지는 상의 불일치 정도가 깊이 지각의 중요한 단서로 작용한다. 이 단서를 망막불일치라고 한다. 망막불일치는 입체를 볼 때에만 일어나므로 그것은 입체를 지각하는 단서로 작용한다.

망막불일치 이외에 또 하나의 양안 단서로서 눈의 수렴이 있다. 우리가 멀리 떨어진 사물을 바라볼 때에 두 눈동자는 평행을 이룬다. 그러나 가까운 사물을 바라볼 때에는 두 눈의 시야가 일치하도록 눈동자가 안쪽으로 회전한다. 즉, 눈동자 시선의 방향이 수렴한다. 이때 눈동자를 회전시키는 근육에 있는 감각 세포가 시선의 수렴 정도에 관한 정보에 관여한다.

(2) 형태지각

형태지각을 이해하기 위해서는 우선 형태재인에 관한 이론을 이해할 필요가 있다. 또한 형태지각의 대표적인 유형인 전경-배경지각과 형태지각의 원리, 그리고 경험주의에 바탕을 둔 맥락효과를 이해할 필요가 있다.

① 형태재인이론

우리는 공간의 물체나 그 운동을 지각하면서 일상 환경에 적응할 뿐만 아니라, 어떤 의미를 가진 그림 · 문자 · 숫자 등도 알아볼 수 있어야 한다. 이것들은 의미를 전달하는 부호로서 형태를 가지고 있으며, 우리는 이 부호의 의미를 파악해야만 글을 읽을 수가 있다.

어떤 부호의 의미를 파악하는 전체의 과정이 모두 지각의 문제라고는 할 수 없다. 그러나 최종적인 의미를 파악하기 전에 그 부호의 형태에 대한 확인이 우선되어야 한다. 예를 들어, 'ㄱ'을 아주 짧은 순간부터 점차로 긴 시간까지 보여 줌에 따라 우리가 갖는 지각은 먼저 어떤 것이 출현되었는지를 탐지해야 하고, 그 다음 그것이 'ㄱ' 또는 그 밖의 다른 어떤 것에 가까운지를 변별해야 하며, 다시 그것이 학습된 'ㄱ'과 같다는 것을 재인한 후에, 그 이름을 '기역'이라고 확인할 것이다. 우리가 일상에서 어떤 형태를 확인하는 일은 단순하고 순간적인 것 같지만, 이와 같이 복잡하고 시간이 걸리는 과정임을 알 수 있다(이양, 1990).

[그림 8-6] 여러 가지 형태의 '가'

형태를 확인하는 과정 중, 재인 단계에서는 지금 지각되고 있는 형태가 이미 기억되어 있는 형태에 비교되면서 그 정체가 결정된다. 이 재인 과정에서 지각되는 형태가 비교되는, 학습된 형태를 **표상** 또는 **원형**이라고 한다. [그림 8-6]의 여러 서체의 '가' 중에서 신명조 '가'가 표상이라 할 수 있을 것이다.

재인 단계에서는 지각과 기억이 중첩된다. 어떤 형태가 표상과 맞아야 재인이 이루어진다면, 우리는 어떻게 학습 당시의 형태와 같지 않은 형태까지도 같은 형태로 간주할 수 있을까. 보통 사람이라면 [그림 8-6]의 모든 글자를 '가'라고 읽을 것이다. 그런데 자세히 보면 우리가 처음 '가'라는 글자를 배웠을 때의 형태가 아닌 것들이 대부분이다. 그럼에도 불구하고 우리는 아무런 저항 없이 모두 '가'라고 받아들인다. 그렇다면 어떻게 나머지 형태까지도 같게 재인하는 것인가.

② 전경–배경 지각

전경-배경 지각은 지각을 구조화함에 있어 기본이 되는 함축성 원리 중의 하나이다. 전경은 튀어나온 것 혹은 주의가 집중되는 것을 말하고, 배경은 바탕을 제공하고 분산된 것을 말한다. 그런데 어디에 주의를 집중하느냐에 따라 전경과 배경이 바뀔 수 있다. 이는 지각에 있어서 두뇌의 능동적인 측면을 잘 나타내 주고 있다. 즉, 우리는 주의를 한 가지 형태에만 지속시킬 수 없다는 사실을 알 수 있다(그림 8-7). 또한 전경과 배경 간의 관계가 시각에 의해서만 지각되는 것은 아니며, 시각이 아닌 다른 감각으로도 지각할 수 있다. 우리는 배경이 되는 밖의 소음(배경) 속에서 새가 지저귀는 소리(전경)를 들을 수 있고, 오케스트라의 화음(배경) 속에서 바이올린의 소리(전경)를 들을 수 있다. 이처럼 감각 양식이 청각일 경우, 전경과 배경 간의 관계는 선택적 주의로 설명할 수 있다.

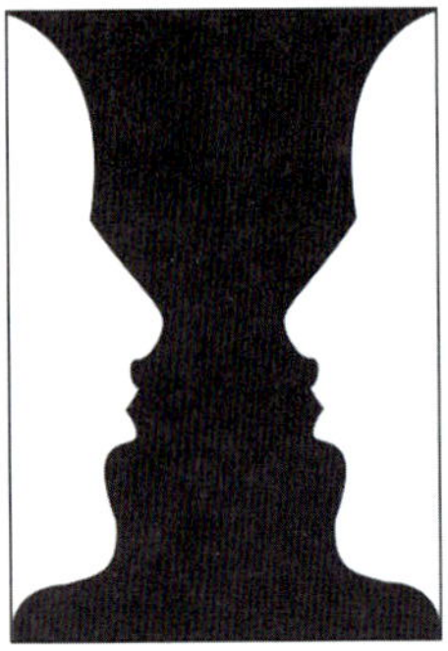

얼굴-컵 반전
Edgar Rubin 작

중년여인-노파의 반전
Edwin Boring 작

[그림 8-7] 전경-배경 지각

③ 게슈탈트 원리

초기 형태론자인 베르트하이머(Wertheimer, 1923)는 지각이 구조화되는 경향들을 예시하면서 이 경향은 영향을 받지 않는다고 역설하였다. 베르트하이머에 의하면, 인간은 가능한 한 좋은 형태로 지각하려는 경향이 있는데, 이를 **게슈탈트 원리** 혹은 함축성 원리라고 한다. 여기에서 '**좋은 형태**(good gestalt)'란 간결성 · 규칙성 · 대칭성 · 의미성 등을 지닌 형태를 말한다. '좋은 형태'는 곧 형태의 구성요소들이나 특징들이 통합되는 과정을 말하는 것으로, 이 과정을 지각적 군집화 혹은 형태화라고 한다.

게슈탈트 원리는 다른 지각의 원리들을 포괄하는 상위 원리로서, 여기에는 100여 개의 하위 원리들이 있는데, 그 중 대표적 원리들을 소개하면 다음과 같다(그림 8-8).

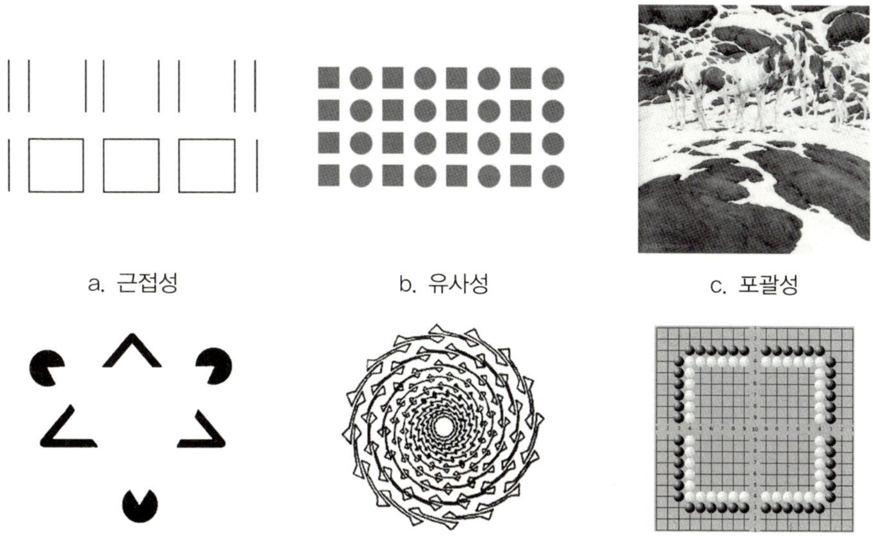

a. 근접성 b. 유사성 c. 포괄성

d. 폐쇄성 e. 연속성 f. 대칭성

[그림 8-8] 게슈탈트 원리

- **근접성**: 가까이 있는 자극들은 함께 묶이려는 경향이 있다(그림 8-8a).
- **유사성**: 유사한 자극들은 지각 장에서 함께 묶이려는 경향이 있다(그림 8-8b).
- **포괄성**: 큰 자극은 지각하기 쉽고, 작은 자극은 큰 것에 묻혀 지각의 장에서 발견되기 어렵다(그림 8-8c). '숨은그림 찾기'는 이 원리의 좋은 예다.
- **폐쇄성**: 지각은 불완전한 경험을 완전한 것으로 완성시키려는 경향이 있는데, 이것은 자극을 의미 있는 것으로 조직하려는 경향이기도 하다(그림 8-8d).
- **연속성**: 도형의 선이 진행되는 방향이 같을 때, 즉 좋은 연속을 이룰 때, 이는 함께 묶이려는 경향이 있다(그림 8-8e).
- **대칭성**: 두 개의 선형이 대칭을 이루면 이 선형들은 한 형태의 윤곽으로 지각된다(그림 8-8f).

④ 맥락효과

형태는 관찰자의 심리적 상태나 주변 상황, 즉 맥락의 영향을 받아 결정되기도 한다. **맥락효과**는 형태가 관찰자에게 친숙하지 않은 것일수록 그리고 모호한 특징을 가진 것일수록 더 크다(Gordon, 2004). [그림 8-9]는 맥락이 형태 지각에 미치는 영향을 보여주고 있는데, 가운데 '13'은 숫자에 대한 경험적 지식에 따라 추론하여 '13'이 되기도 하고, 'B'가 되기도 한다. 또한 '13'의 의미도 그 자체를 직관한 것이 아니라 숫자 또는 문자의 요소로 구성한 결과일 것이다. 이것은 동일한 특징들로 구성된 형태가 숫자들과 함께 있으면 숫자의 형태로, 문자들과 함께 있으면 문자로 지각되는 것을 보여주고 있다.

[그림 8-9] 맥락효과: 문자와 숫자

(3) 시운동지각

운동은 공간의 한 지점에서 다른 지점으로 이동하는 데 시간이 걸리는 사건이다. 3차원의 공간에 시간이 겹쳐지는 4차원의 사건은 우리의 일상적인 내용이다. 따라서 운동지각의 문제는 가장 실제적인 지각에 가깝다고 할 수 있다. 운동지각은 대상이 실제로 움직일 때의 지각과 그렇지 않을 때의 지각으로 크게 나눌 수 있다.

① 실제 운동지각

물체의 운동에 대한 지각은 시야 내에서 물체들 간의 관계에 의해 결정된다. 우리가 어떤 물체의 움직임을 지각하는 것은 전경인 물체가 움직일 때 정지된 배경을 차례로 가리기 때문이다. 만약 물체의 움직임에 대해서 시각적 정보만 있을 경우에는 어떻게 될까. 여러 연구들에 의하면, 우리는 큰 물체보다 작은 물체가 움직이는 것으로 판단하는 경향이 있다고 한다. 이를 시사하는 현상이 유도된 운동지각이다. 움직이는 구름 사이의 달을 볼 때 우리는 구름보다는 달이 움직인다고 판단한다. 이와 같은 운동을 표적이 맥락에 유인되어 운동하는 것처럼 보인다고 하여 **유인운동**이라고 한다.

우리가 길을 걷거나 달릴 때, 주위에서 무엇이 움직이며, 무엇이 정지되어 있는가를 구분하기란 그리 어렵지 않다. 팔과 다리에서 오는 운동감각 정보가 우리의 움직임에 대해 알려 주기 때문이다. 그러나 우리가 움직이지 않을 때, 예를 들어 기차를 타고 있는 경우 중요한 정보 출처는 시각뿐이므로 자기가 탄 기차가 움직이는지, 아니면 다른 기차가 움직이는지를 판단하기가 순간적으로 어렵게 된다. 결국 물체의 운동에 대한 지각은 관찰자 자신에게 오는 정보, 대상 물체와 다른 물체 또는 배경들 간의 관계 정보 등 여러 유형의 정보들이 종합되는 복잡한 판단과정을 거쳐 이루어진다.

② 가현운동지각

형태론자인 베르트하이머(Wertheimer, 1912)는 적절히 떨어진 두 지점에서 고정된 두 불빛이 적당한 시간 간격으로 한 번씩 번쩍일 때 운동이 지각되는 현상을 예시했다. 우리의 주변에서도 이런 현상을 관찰할 수 있다. 밤거리에서 화려하게 움직이는 네온사인의 움직임이 그것이다. 불빛은 고정되어 있지만 운동을 지각하게 한다. 이처럼 실제로는 사물이 움직이지 않는 경우에 나타나는 운동지각을 **가현운동**이라고 한다. 가현운동은 자동운동과 섬광운동으로 구분된다(그림 8-10).

[그림 8-10] 가현운동

- 곡식의 낱알들이 함께 움직이고 있는가?

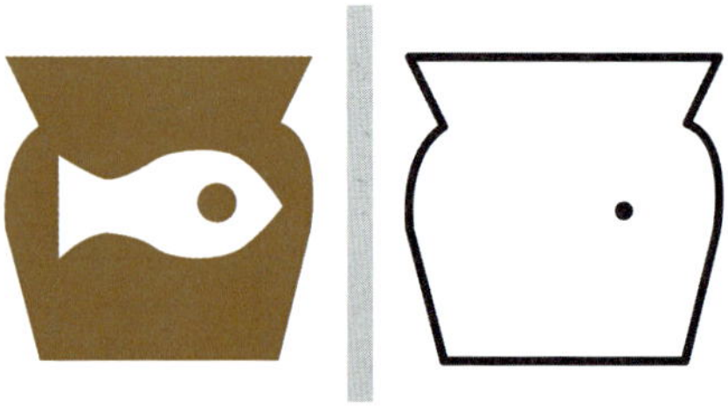

[그림 8-11] 운동잔상

- 색 점에 15초 정도 집중한 다음 까만 점에 초점을 맞추어 보라.
- 만약 움직이지 않으면 이 책을 흔들어 보라.
- 물속에서 물고기가 헤엄치고 있을 것이다.

캄캄한 방에서 한 점의 불빛을 몇 초간 응시하면, 그 불빛은 이리저리 움직이는 것처럼 보인다. 때로는 앞뒤로 흔들리다가, 갑자기 한 방향에서 다른 방향으로 급격히 강하하기도 한다. 이것을 **자동운동**이라고 한다. 이 현상에 대해 많은 사람들이 연구해 보았으나 아직 그에 대한 적절한 설명이 부족한 실정이다.

섬광운동은 단절된 자극, 움직이지 않는 자극이 계속적으로 제시될 때 일어난다. 이러한 현상은 시각상의 지속성 때문에 나타난다. 어떤 형태의 상이 망막에 맺혀졌을 때, 그 형태가 없어지더라도 잠시 동안 잔상이 남는다. 그래서 불빛이 깜박이는 속도가 빨라지면 깜박인다는 사실을 느낄 수 없다. 영화와 TV 화면은 이 원리를 이용한 것이다. 가장 간단한 형태의 섬광 운동은 **파이현상**(phi-phenomenon)으로, 고정된 거리를 둔 자극들을 계기적으로 제시할 때 일어나는 현상을 말하는데, 길거리의 전광판이 그 좋은 예다.

가현운동 이외에도 우리는 일상생활에서 운동 잔상의 효과를 자주 경험한다

(그림 8-11). 운동 잔상의 한 예로 폭포의 착시를 들 수 있다. 우리가 폭포 앞에서 급히 떨어지는 물살을 한참 지켜본 후, 폭포 주변의 낭떠러지로 눈을 돌리면, 거기에 있던 돌이나 풀들이 갑자기 거슬러 올라가는 것 같은 착시를 갖게 될 것이다. 또한 마술사들이 즐겨 사용하는 '움직이는 사진'도 마찬가지이다. 즉, 나이테 모양의 그림을 빙빙 돌려 보여준 직후 사진을 보여주면 사진이 마치 살아 움직이는 것처럼 보이는 것이다.

3) 항등성과 착시

(1) 항등성

항등성이란 대상에 대한 안정된 지각을 말한다. 우리는 잘 알고 있는 사람이 멀리 있을 때나 가까이 있을 때나 같은 키의 사람으로 지각한다. 만약 사람의 지각이 항등적이지 못하다면 일상생활에서 많은 혼란을 겪을 것이다.

항등성에 대해 경험론자들과 형태론자들은 각기 달리 설명한다. 경험론자들에 따르면, 우리는 일상생활에서 자주 접하는 대상이라면 그 대상의 크기 · 색 · 모양 등의 특징들을 잘 알고, 그 기대대로 지각하여 항등성을 얻는다고 한다. 사람이 가까이 오면 망막의 상이 커진다는 사실을 알고 있으면서도 사람을 더 크게 보지는 않는다. 이와는 달리 형태론자들은 지각이 구성체에 의존하지 않고서도 항등성을 얻을 수 있다고 주장한다. 사람이 가까이 올 때, 그 사람의 상을 주위에 있는 물체의 상과 비교하면 그 크기의 비율은 항상 일정하다. 형태론은 이처럼 상의 비율과 같이 대상을 전체적 관계로 지각함으로써 항등성을 얻을 수 있다고 주장한다.

(2) 착시

착시와 인지 양식과의 관계, 생활 속의 착시, 그리고 착시를 통한 패러다임의 변화에 대해 알아본다.

① 착시와 인지 양식

착시는 감각상은 같지만 다른 지각이 이루어지는 현상이다. 착시는 과연 개인에 따라 다른가, 그리고 착시는 어떻게 일어나는가. 이러한 문제에 대해서도 경험론과 형태론은 설명을 달리한다. 경험론에서는 착시가 경험의 영향을 받기 때문에 사물의 착시가 개인차를 보일 수 있다고 주장한다. 형태론에서는 구성체의 매개 없이 착시가 일어난다고 주장한다.

착시는 인지 양식과도 밀접한 관련이 있다. 인지 양식이란 외부로부터 받아들이는 자극을 처리하는 개개인의 독특한 방법을 말하는 것으로, 내적 통제성과 외적 통제성, 장 독립성과 장 의존성, 사려성과 충동성 등이 있다. 그 중 착시와 관련이 깊은 인지 양식은 장 의존성과 장 독립성이다. 장 의존적 인지 양식의 사람들은 특정한 상황의 세부적인 측면에 정신을 집중하거나 전체를 부분적으로 분석하는 데 어려움을 겪는다. 이에 반해 장 독립적 인지 양식을 가진 사람들은 전체적인 패턴을 보기보다는 부분적으로 분석하는 경향이 있다. 이러한 유형의 사람들은 사물을 주변 상황과 연결하여 전체적으로 조망하는 것에 익숙하지 않다. 학자들에 따르면, 인간은 어릴 때는 장 독립적 성향을 보이지만 점차 나이가 들어감에 따라 장 의존성 경향으로 변한다고 한다. 또한 일반적으로 남자들이 여자들에 비해 장 독립적인 경향이 짙은 것으로 알려져 있다.

② 생활 속의 착시

착시 전문가가 아닌 보통 사람들에게 착시는 여전히 불가사의할 뿐이다. 착시란 시각에 관해서 생기는 착각으로, 크기 · 형태 · 빛깔 등 사물의 본래 성질과 눈으로 본 성질 사이에 차이가 있는 경우를 가리킨다. 무심코 느낀 오해는 착시가 아니다. 얼마간 주의를 기울이거나 지각이 잘못됐음을 알고 있는데도 계속 잘못된 채로 지각되는 현상이 착시다.

착시를 효과적으로 활용한 예는 많다. 의상 디자인이나 메이크업의 경우 이 착시를 이용하여 사용자의 신체적 결함을 보완하고 장점을 더욱 돋보이게 할 수 있다. 또한 사람들에게 잘 알려져 있는 부석사 무량수전의 배흘림기둥 역시 착시현상을 교정하기 위한 기법이다. 상하 모든 부분의 굵기가 똑같은 기둥을 멀리서 보면 기둥의 중간 부분이 가늘게 보인다(그림 8-12a). 즉, 배흘림기둥은 이러한 현상을 보정하기 위해 미리 기둥의 중간 부분의 배를 부르게 한 것이다. 이러한 기법은 그리스 아테네의 파르테논 신전에도 나타난다.

a. 부석사 무량수전의 배흘림기둥

b. 제주도 신비의 도로

[그림 8-12] 생활 속의 착시현상

자연에도 착시현상이 나타나는 곳이 있다. 대표적인 곳이 제주도에 있는 일명 신비의 도로이다. 이곳은 보기에는 약간 경사진 내리막길로 보이는데, 막상 차를 세우면 아래로 내려가야 할 차가 뒷걸음을 쳐 오르막길로 올라가는 것 같은 신기한 광경이 벌어진다(그림 8-12b). 이것 역시 실제 경사도가 낮은 곳이 시각적으로 높게 보이는 착시현상이다.

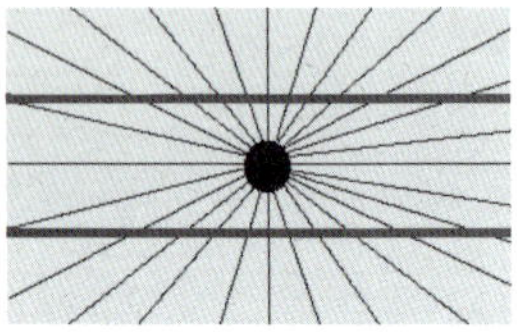

[그림 8-13] 여러 가지 착시현상

③ 착시의 교훈

오래 전부터 심리학자들은 착시현상을 심리학적으로 혹은 과학적으로 입증하고자 노력해 왔다. 그러나 아직까지도 그에 대한 설명은 가설 수준에 머물고 있거나 충분하지 못하다. 이처럼 착시현상에 대한 설명이 어려운 것은 그것이 눈으로 보는 것 이상의 것이기 때문이라고 여겨진다.

착시는 신체의 한 부분인 눈으로만 보는 세계가 아니라 마음의 눈도 더불어 작용한 결과이다. 이와 같은 마음의 지도 혹은 인식의 틀을 우리는 흔히 **패러다임**(paradigm)이라고 부른다. 우리는 착시현상을 통해 패러다임을 바꿀 수도 있다. 시각 혹은 입장을 조금만 바꿔보면 전혀 다른 세계가 펼쳐진다는 것, 그리고 우리가 지금 보고 있는 것이 유일하고 절대적인 정답은 아니라는 사실을 깨달았다면, 이미 자신의 기존 패러다임이 변화되었다고 볼 수 있다.

[그림 8-13]의 여러 착시현상들은 '당신의 눈은 믿을 수 없다'[4]는 사실을 웅변해 준다. 신체적 눈이 아닌 마음의 눈으로 보고 느끼면서, 독자들의 상상력을 키우기를 바란다.

4) 엘 세켈(Al Seckel) 저, 신선영 역(2002). 당신의 눈은 믿을 수 없다. 서울: 김영사.
저자 세켈은 착시에 관한 세계적인 권위자 중의 한 사람으로 세계 여러 나라를 돌아다니며 이 주제에 관한 폭넓은 강의를 하고 있다. 이 책에서는 착시에 관한 많은 작품들이 수록되어 있다.

3. 지각장애

일반적으로 장애아동 가운데에는 지각 혹은 지각-운동장애를 가지고 있는 아동들이 많다. 고전적 선행 연구 결과에 따르면, 뇌성마비 · 지적장애 · 학습장애 아동들은 시운동지각도 현저하게 떨어지는 것으로 알려지고 있다(Cruickshank & Paul, 1980).

이 절에서는 장애아동에게 특히 문제가 되고 있는 시지각장애와 청지각장애에 관해서만 살펴보고자 한다.

1) 시지각장애

시지각이란 시자극을 단순히 정확하게 눈으로 보는 능력만이 아니라 두뇌 작용으로 이루어지는 고차원의 기능으로서, 시자극을 조직하여 나름대로 의미 있게 재해석하는 과정을 의미한다. 특수교육에서 시지각 능력이 강조되는 이유는 그것이 후속 학습의 기초가 되기 때문이다. 즉, 시지각은 교과 학습 이전의 기초 능력으로서의 학습 준비 기술을 형성하는 데 반드시 필요하다.

시지각의 하위 기능은 학자들에 따라 약간씩 다르지만, 일반적으로 시각 변별, 전경-배경 변별, 시각 완결, 공간 관계 파악, 눈-손 협응 등으로 구분된다.

(1) 시각 변별

시각 변별은 형태와 상징을 구별하는 능력으로서, 판별 · 종류별 구분 · 분류 등이 포함된다. 이 능력이 떨어지는 아동은 교통 신호 · 위험 표지판 · 방향 표시 화살표 · 인쇄된 낱말 등을 보고 그 의미를 파악하는 데 어려움이 따른다.

(2) 전경-배경 변별

전경-배경 변별은 아동이 단어 · 구 · 문장 · 분석 · 통합 등에 필요한 기초 능력이다. 전경-배경 변별 능력에 장애가 있는 아동의 특징은 다음과 같다.

- 불필요한 자극에 쉽게 주의가 산만해진다.
- 글을 읽다가 어디 읽는지를 놓쳐버리기 쉽다.
- 사물의 위치를 찾지 못한다.
- 사전 · 색인 · 문장의 위치를 찾지 못한다.
- 불필요한 것은 무시하여 의미 있는 정보를 획득하지 못한다.
- 지도에서 위치를 찾지 못한다.
- 그림 · 이야기 · 사회적 상황을 이해하지 못한다.

전경-배경 변별에 결함이 있는 아동에게 제시할 수 있는 교정 프로그램들을 예시하면 다음과 같다.

- 같은 모양 · 크기 · 색깔의 사물 찾기
- 종류대로 구분하기
- 퍼즐 맞추기
- 그림에서 가려진(숨겨진) 모양 · 글자 · 숫자 찾기

(3) 시각 완결

시각 완결은 전체 자극 중 빠진 부분을 찾아내어 알아차리는 능력을 말한다. 일부분이 지워진 낱말이라 할지라도 전체적 맥락을 파악하여 읽을 수 있는 것은 시각 완결 능력이 있기 때문이다(그림 8-14).

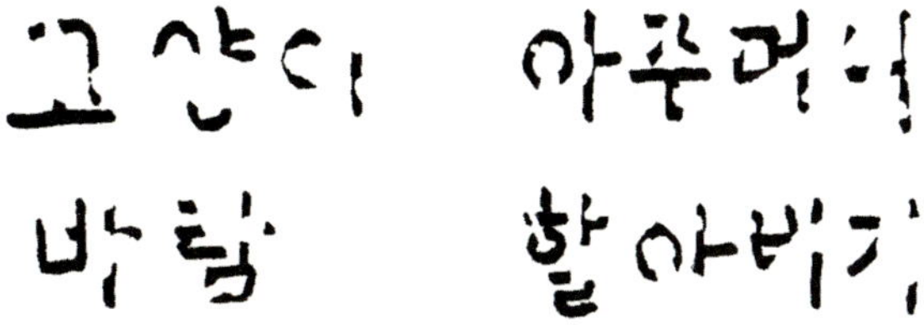

[그림 8-14] 시각 완결

시각 완결 능력에 장애가 있는 아동의 특징은 다음과 같다.

- 퍼즐이나 사물 맞추기를 못한다.
- 미완성의 그림이나 점으로 된 그림 · 글자 · 숫자 등을 완성하지 못한다.
- 그림이나 글자 등에서 빠진 부분을 찾아내지 못하거나 일부분만 보이는 그림 · 글자 · 낱말을 구별하지 못한다.
- 문장 중 낱말 하나를 써 넣는 과제를 수행하지 못한다(예: 철수는 남자이고, 영희는 __________ 이다).

(4) 공간 관계

공간 관계는 공간에서의 사물의 위치를 지각하는 능력을 말한다. 이 능력에 장애가 있는 아동의 특징은 다음과 같다.

- 도형 · 글자 · 숫자 · 낱말 · 문장을 그대로 베끼지 못한다.
- 사물 간의 거리를 판단하지 못한다.
- 산수에서 양적인 공간 관계를 이해하지 못한다.
- 시각적인 순서를 기억하지 못한다.

공간 관계 능력이 떨어지는 아동에게 제시할 수 있는 교정 프로그램들을 예시하면 다음과 같다.

- 다양한 형태 복사하기
- 네모와 적목 디자인을 복사하기
- 거리 · 크기 · 모양 · 무게 · 양 등이 다른 물체끼리의 관계를 설명하기
- 사물의 위치와 정도를 고려한 지시 따르기 프로그램
- 청사진이나 지도 읽기

(5) 눈-손 협응

눈-손 협응은 대표적인 시운동 기능으로써, 시각과 운동 기술을 전체적으로 통합하여 사용하는 것을 말한다. 학자에 따라서는 지각-운동 결합 혹은 시운동 통합이라고도 하는데, 최근에는 눈-손-발 협응으로 확대되고 있다. 눈-손 협응에 장애가 있는 아동의 특성은 다음과 같다.

- 물건을 조작하고 사용하는 데 어려움을 겪는다.
- 주어진 선을 따라 끝까지 그리는 데 어려움을 겪는다.
- 그림을 그릴 때 선 밖으로 색칠하는 경우가 많다.
- 수평선 · 수직선 · 대각선 · 곡선을 바르게 그리지 못한다.
- 그림 · 글자 · 숫자를 쓰지 못한다.
- 줄을 맞추어 글자를 쓰지 못한다.
- 읽을 때 글자를 따라 눈이 움직이지 못한다.

눈-손 협응이 곤란한 아동을 위한 교정 프로그램들을 예시하면 다음과 같다.

- 배선
- 뜨개질
- 구멍 뚫린 도형판
- 적목 쌓기 · 구슬 끼우기 · 바둑 · 장기놀이

- 공 던지기
- 그림 색칠하기
- 선 따라 그리기
- 구멍 속으로 구슬 넣기

2) 청지각장애

청지각이란 청자극을 조직하여 나름대로 의미 있게 재해석하는 과정을 말한다. 그리고 청지각장애는 발음이나 이해 등 언어 능력의 기초가 되는 과정상의 결함으로 인하여 바르게 이해하지 못하는 것을 의미한다. 듣는 데 전혀 문제가 없을 정도의 청력을 가졌다 할지라도 청지각장애가 있으면 여러 가지 문제가 발생한다. 그런데 특수교육 분야에서 시지각에 관한 연구는 많으나 청지각에 관한 연구는 적은 편이다. 청지각장애아동의 일반적 특성은 다음과 같다.

- 소리의 출처를 알아내지 못한다.
- 소리 혹은 낱말을 구별하지 못한다.
- 억양 · 리듬 · 운율을 모방하지 못한다.
- 의미 있는 청자극과 무의미한 청자극을 구별하지 못한다.
- 말하는 소리와 낱말을 연결하지 못한다.
- 소리의 의미를 이해하지 못한다.

일반적으로 청지각의 하위 기술은 청각 이해, 청각 변별, 청각 기억, 청각 완결로 구분된다.

(1) 청각 이해

청각 이해는 청각 자극의 의미를 깨닫는 능력을 말한다. 즉, 소리를 듣고 그

소리가 무슨 소리인지를 안다거나, 상대방의 말을 듣고 무슨 말인지를 알아차리는 능력을 말한다.

청각 이해에 문제가 있는 아동의 일반적 특성은 다음과 같다.

- 청자극에 주의를 기울이지 않는다.
- 말로 하는 지시에 따르지 못한다.
- 주변에서 나는 소리와 말하는 소리를 구별하지 못한다.

청각 이해에 문제가 있는 아동을 위한 교정 프로그램을 예시하면 다음과 같다.

- '네/아니오'의 반응을 요구하는 질문을 많이 한다.
- 환경에서 나는 소리와 말소리를 구분하는 훈련을 시킨다.
- 말로 하는 지시 사항을 따르도록 하는 훈련을 시킨다.
- 청각 자극의 유형, 즉 무거운 소리, 가벼운 소리, 슬픈 소리, 화난 소리 등을 구분하는 훈련을 시킨다.

(2) 청각 변별

청각 변별은 소리를 이해하고 낱말과 소리의 차이점과 유사점을 구별하는 능력을 말한다. 청각 변별에 장애가 있는 아동의 일반적 특성은 다음과 같다.

- 비언어적인 소리들의 차이점을 알지 못한다.
- 언어적인 소리들의 차이점을 알지 못한다.
- 비언어적인 소리와 언어적인 소리를 구별하지 못한다.

청각 변별에 장애가 있는 아동을 위한 교정 프로그램들을 예시하면 다음과 같다.

- 말소리와 말소리가 아닌 것을 들려주어 구분하게 한다.

- 낱말 간의 비슷한 소리나 틀린 소리를 구별하는 훈련 프로그램을 실시한다.

(3) 청각 기억

청각 기억은 재청각화와 청각 순서 기억으로 구분된다. 재청각화는 들은 것을 그대로 말하는 것을, 청각 순서 기억은 소리를 순서별로 기억하는 것을 말한다. 청각 기억에 장애가 있는 아동의 일반적 특성은 다음과 같다.

- 소리의 순서를 기억하지 못한다.
- 말로 한 지시사항이나 이야기를 기억하지 못한다.

청각 기억에 장애가 있는 아동을 위한 교정 프로그램들을 예시하면 다음과 같다.

- 가나다 · 요일 · 123 등 귀에 익은 순서를 외우게 한다.
- 글자 · 낱말 · 숫자 등을 들려준 후 순서대로 반복하게 한다.
- 지시 따르기 훈련을 시킨다.
- 노래 · 이야기 · 동요 등을 외우게 한다.
- 즐거웠던 날이나 어제의 일을 회상하여 이야기하도록 한다.

(4) 청각 완결

청각 완결은 빠진 청자극을 찾아내고 구별해 내는 능력을 말한다. 청각 완결에 장애가 있는 아동의 일반적인 특성은 다음과 같다.

- 소리들을 구별하지 못한다.
- 대화를 할 때에나 글을 읽을 때 일부를 빠뜨리는 경우가 많다.

청각 완결에 문제가 있는 아동을 위한 교정 프로그램들을 예시하면 다음과 같다.

- 일부 지워진 녹음테이프를 들려준 후 지워진 부분을 말해 보도록 한다.
- 말로 낱말을 들려준 후 빠진 글자나 낱말을 찾아내게 한다.

기억

CHAPTER 09

1. 기억

기억은 경험을 저장하고 재생하는 일련의 과정이다. 학습이 경험 내용을 획득하는 과정인데 비해, 기억은 획득한 경험 내용을 저장하고 보존하여, 필요한 상황에서 이를 재생하여 활용하는 과정이다. 기억은 어떤 측면에서 구분하는가에 따라 약간씩 다른 여러 가지 이름으로 불리기도 한다.

첫째, 기억은 과정의 측면에서 기명, 파지, 재생, 재인의 과정으로 세분된다(Moriss, 1993).

① **기명**: 기억의 첫 번째 단계로서 어떤 경험의 인상이나 흔적을 최초로 대뇌피질의 기억 부위에 남기는 작용, 즉 어떤 자극이나 인상(印象)을 받아들이는 것을 말한다.

② **파지**: 기명에 의해 생겨진 지각이나 표상의 흔적을 재생이 가능한 형태로

보존시키는 것을 말한다. 우리가 흔히 말하는 기억은 파지에 해당한다고 볼 수 있다.

③ **재생**: 파지된 경험의 내용이 어떤 인연이나 필요에 의해 다시 의식으로 떠오르는 것을 말한다. 재생에는 과거의 경험이 저절로 떠오르는 회상(回想)과 과거의 경험을 의도적으로 생각하려고 했을 때 떠오르는 상기(想起)가 있다.

④ **재인**: 현재 경험하고 있는 것이 과거에 경험한 것과 같은 것을 알아내는 것, 즉 재생된 내용이나 현재의 내용을 이전에 경험한 일이 있다고 인정하거나 확인하는 작용을 말한다.

둘째, 기억은 단계별로 감각기억, 단기기억, 장기기억으로 구분된다(이현진, 1994).

① **감각기억**: 물리적인 자극의 감각적 특징을 아주 짧은 시간 동안 그대로 저장하는 기억의 과정을 말한다.

② **단기기억**: 감각통로를 통해 투입된 정보가 단기간 저장되는 기억의 과정으로, 일차기억이라도 한다.

③ **장기기억**: 감각통로를 통해 투입된 정보가 단기기억의 과정을 거쳐 비교적 영속적으로 저장되는 기억의 과정으로, 이차기억이라고도 한다.

기억의 과정에 대한 명칭은 이론 혹은 관점에 따라 다를 뿐 아니라, 각 단계별 기억의 지속시간에 대한 견해도 약간씩 다르다. 이에 대해서는 관련되는 절이나 항에서 기술하고자 한다.

2. 기억이론

여러 가지 기억이론 중 특수교육과 밀접한 관련이 있는 정보처리단계 모형과 정보처리수준 모형에 대해 개략적으로 살펴보고자 한다.

1) 정보처리단계 모형

인간의 기억과정에 대한 이론 중 특수교육학 분야에서 널리 활용되는 것은 앳킨슨과 쉬프린(Atkinson & Shiffrin, 1968)의 정보처리단계 모형이다(Atkinson, Atkinson, Smith, & Bem, 1990).

(1) 기억의 단계별 구조

앳킨슨과 쉬프린은 기억과정을 ① 감각기억장치, ② 단기기억, ③ 장기기억의 세 가지 구조로 분리하여 설명하고 있다(그림 9-1).

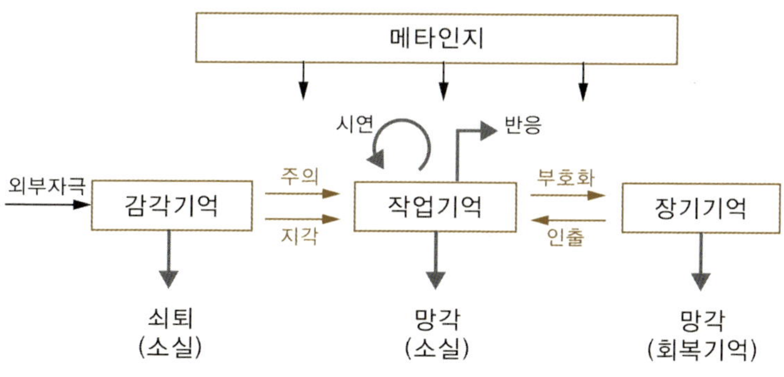

[그림 9-1] 정보처리단계 모형

[그림 9-1]에서 보는 바와 같이, 유입되는 정보는 일차적으로 감각등록기에 일시적으로 저장되는데, 대개 10분의 몇 초에 해당하는 아주 짧은 시간 동안 머물다 곧 사라진다. 이 정보는 여기서 최초로 조작되고 처리되어 선택적으로 단기기억단계로 넘어간다. 단기기억은 감각기관에 등록된 정보나 장기기억 속에 축적된 정보 중에서 필요한 것은 선택적으로 받아들여 사용하게 된다.

정보가 단기기억에 머무는 동안, 이 정보의 일부는 시연과정을 거쳐 장기기억으로 넘어가게 된다. 장기기억단계에서는 단기기억에서 넘어 온 정보를 아주 오랫동안 혹은 영구적으로 저장한다. 자기집 전화번호 또는 친구 이름 등은 아주 오랫동안 우리의 기억에 남아 있으며 필요할 때에 상기하여 활용하는데, 이는 장기기억단계에서 이루어지는 과정이다.

(2) 감각기억

감각기억은 물리적인 자극의 감각적 특징을 그대로 아주 짧은 시간 동안 저장되는 기억을 말한다. 여기에 저장된 정보들은 곧 사라지거나 혹은 그 정보의 의미가 해석되는 형태재인의 단계를 거쳐 단기기억으로 들어가게 된다. 대체로 감각기억에 정보가 머무르는 시간은 매우 짧아서 시각적 감각기억은 1초 이내, 청각적 감각기억은 그보다 약간 더 오래 지속되는 것으로 알려지고 있으나 정확한 지속시간에 대해서는 연구자들에 따라 약간씩 다르다.

일반적으로 감각기억은 영상기억과 잔향기억으로 구분된다. **영상기억**은 시자극을 순간적으로 기억하는 과정을 말한다. **잔향기억**은 청자극을 순간적으로 기억하는 과정으로, 지속시간은 영상기억보다 조금 길어서 1~2초 정도다.

잔향기억

"밥은 먹었니?"
"예? 아, 예~ 밥 먹었냐고요? 네 먹었어요."
청각적 기억은 다른 것에 집중하느라 어떤 청각적 자극을 제대로 듣지 못해서 들었는지 듣지 못했는지 애매한 상황처럼 느껴지다가도 청각적인 자극이 정확하게 재현되는 현상이 이를 증명하는데 청각적 기억이 감각기억으로 잠시 머무르는 동안 파악하여 활용하기 때문이다.

(3) 단기기억

단기기억은 기억과정의 핵심적 요소로서, 기억 체제 내에서 정보의 흐름을 통제하고 궁극적으로는 이를 지배한다. 그러나 한편으로는 인간의 통제 체제에 의하여 단기기억은 많은 영향을 받는다. 다시 말하면, 감각기억장치에 등록된 정보가 모두 단기기억으로 유입되는 것은 아니다. 유기체의 관심과 흥미에 따라 외부환경을 선택적으로 받아들이고, 또한 변용시켜 받아들인다. 이러한 의미에서 단기기억을 **작업기억**[1)]이라 부르기도 하는데, 이는 실제적으로 정보를 조작하고 사고하는 역할을 한다. 또한 정보처리수준 모형에서는 단기기억에 해당하는 기억을 **일차기억**이라고 부른다.

단기기억은 외부로부터 정보 자극을 적절하게 통제함으로써 기억과정에 너무 많은 정보가 한꺼번에 유입되어 야기되는 혼란을 사전에 막아준다. 또한, 일상생활에서 우리 마음에 어떤 용어가 떠올랐다면, 이것은 단기기억과정에 있는 정보를 의미한다. 즉, 우리가 의식하는 정보나 사고는 모두 단기기억의 정보이다.

주의와 기억은 어떤 경우에는 서로 구분될 수 없을 만큼 서로 밀접하게 관련

1) 기억의 정보처리모형에서 현재 주의를 기울여 의식하고 있는 기억을 의미한다. 작업기억(working memory)은 단기기억과 동일한 것으로 볼 수 있는데, 단기기억이라는 용어가 기억 시간이 짧다는 의미를 강조한 것이라고 한다면, 작업기억은 현재 사용 중인 기억이라는 의미를 강조한 용어이다(한국심리학회, 2014).

되어 있다. 우리가 어떤 항목에 주의를 하게 되면, 그 항목은 즉시적 현재, 즉 현재 포착된 시간의 묶음으로서 우리의 마음에 생생하게 부각되며, 이때는 쉽게 회상할 수 있다. 그러나 시간이 지남에 따라 그 항목은 점점 희미하게 사라지고 되고, 만약 그 항목을 기억하기 위한 적극적인 조치를 하지 않으면 망각되고 만다. 이것은 일상생활에서 우리가 흔히 경험하는 전화번호라든가 다른 사람의 이름 등에서 쉽게 알 수 있다.

한편, 제임스(James, 1998)는 이러한 형태의 순간적인 기억을 일차기억이라 부르고, 오랫동안 지속되는 기억을 **이차기억**이라 불렀다. 제임스에 따르면, 일차기억 속의 정보는 결코 한동안 의식 속에 없었으므로 과거의 기억에 대한 탐색적 노력을 통해서 회상된다.[2)]

일반적으로 단기기억은 조직화와 부호화 과정을 거쳐 이루어진다. **조직화**는 제시된 기억 자료를 그것이 가지고 있는 속성에 따라 의미 있는 단위로 묶는 것을 말하고, **부호화**는 정보를 한 가지 형태에서 다른 형태로 변환하는 것을 말한다.

마법의 수 7

밀러(Miller, 1956)에 따르면, 군집화(chunking)는 피험자로 하여금 자신들의 제한된 용량을 효율적으로 사용할 수 있도록 해준다. 그는 많은 연구 문헌들을 검토한 후, 단기기억 용량은 7±2로 한정된다는 결론을 내렸다. 그리고 7이라는 숫자가 단기기억의 저장용량의 한계를 나타낸다고 생각하여 이 숫자를 마법의 수 7(magic number 7)이라 불렀다. 여기에서 말하는 7개의 항목은 개개의 숫자일 수도 있고, 혹은 세 개의 군집일 수도 있다.

군집화에 관한 밀러의 연구는, 인간이란 제한된 용량을 지닌 정보처리체제로 볼 수 있다는 새로운 개념을 출현시켰다는 점에서 역사적으로 중요한 의미를 갖는다. 그러나 단기기억

2) 일반적으로 30초 이내의 짧은 시간 동안의 기억은 일차기억 · 단기기억 · 즉시기억 · 작업기억 등으로 불린다.

용량이 7개의 군단위라는 추정은 근사치에 불과하다. 더욱이 단기기억 용량은 주의집중 용량에 따라 달라질 뿐 아니라, 상황에 따라서도 달라질 수 있다. 하지만 최근 들어 실제 작업기억 용량은 그보다 더 작으며, 미리 연습(리허설)하지 않는 경우 4개 항목 정도에 불과하다는 것이 밝혀짐으로써(Cowan, 2001), '마법의 수 7'이라는 벽이 허물어지고 있는 듯하다.

(4) 장기기억

우리가 일상적으로 "기억한다"라고 말할 때의 기억은 더 정확하게 표현하면 장기기억을 뜻한다. 우리가 알고 있다고 생각하는 것 모두가 장기기억에 들어있는 내용들이다. 그러므로 장기기억은 곧 우리의 삶에서 얻어진 앎의 내용들이며, 이 앎은 삶에 절대적으로 필요하다. 우리가 행동하고 생각하는 데 필요한 모든 정보를 포함하고 있는 것이 장기기억인 것이다. 정보처리수준 모형에서는 장기기억에 해당하는 기억을 이차기억이라고 부른다.

일반적으로 장기기억은 부호화, 지식 표상, 일화기억 등을 통하여 이루어진다. 장기기억은 지식표상을 통해 이루어지는데, 지식표상은 대개 심상 부호와 의미 부호로 표상된다. 장기기억은 일화기억을 통해 이루어지기도 하는데, 일화기억(episodic memory)이란 개인적으로 겪는 사건들에 대한 기억으로서 장기기억 자서전적인 기억을 말한다(Craik & Tulving, 1975).

2) 정보처리수준 모형

인간의 기억에 관한 정보처리단계 모형은 다중구조모형에 속한다. 오랫동안 다중구조모형이 광범위하게 지지를 받아왔으나, 이에 대한 비판도 제기되어 왔다. 특히, 단기기억에서 장기기억 에로의 전이가 암송에 의해 잘 이루어진다고 설명하지만, 기억해야 할 내용 간의 의미적 연결성이 왜 장기기억을 증진시키는지를 설명하지 못한다는 비판을 받아왔다. 이와 같은 문제점에 착안하여, 기억은 독립적인 몇 개의 구조들로 이루어진 것이 아니라 단일 구조로 이루어져 있는 것으로 가정할 수 있다는 단일구조모형들이 대두되었다(이현진, 1994).

정보처리수준 모형은 단일구조모형들 중 가장 영향력이 있는 이론으로서, 크레이크와 록하트(Craik & Lockhart, 1972)가 제안하였다. 앳킨슨과 쉬프린이 기억과정을 단기기억과 장기기억으로 구분하여 설명하고 있는 반면에, 크레이크와 록하트는 이들을 구분하지 않고 일련의 연속적인 과정으로 설명하면서 정보처리과정의 수준이 다른 것으로 설명하고 있다. 특히 이들은 단기기억과 장기기억이 분명하게 구분된다는 점에 견해를 달리한다. 그러나 이들 역시 지금 당장 받아들여진 기억과 오래 전에 받아들인 기억 사이에는 서로 다른 측면이 있다는 것은 인정하고 있다. 즉, 일차기억(단기기억)과 이차기억(장기기억)으로 구분하고 있다.

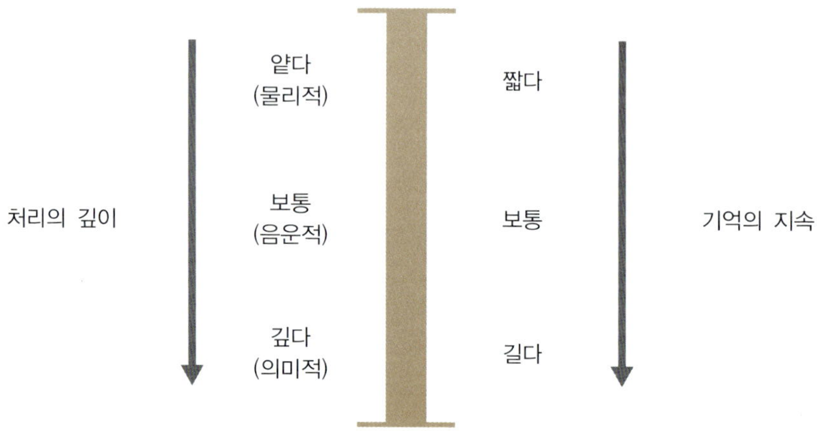

[그림 9-2] 정보처리수준 모형

정보처리수준 모형은 근본적으로 지각이론에 기초를 두고 있다. 지각이론에서 보면, 지각된 정보(자극)는 몇 가지 다른 수준에서 처리된다(그림 9-2).

일차적으로는 자극이 모양 · 색 · 크기 · 밝기 등과 같은 물리적 요소로 분석되어 처리되나, 그 다음에는 이 자극의 의미를 찾게 되고 그 의미에 따라서 처리된다. 이때에 물리적으로 지각된 자극은 이미 내재적으로 구성된 지각구조에 이를 합치시키게 된다. 우리가 어떤 유리컵을 보았을 때 일차적인 정보처리과정은 그것의 모양 · 색 · 크기 등을 지각하나 곧 이를 컵으로 인식하게 된다. 어떤 자극이 인지구조에 의해 그 의미가 인식되면 일반적으로 그 다음 수준의 정보처리과정이 이루어진다. "그 컵은 참 예쁘다" 또는 "그 컵을 사고 싶다"와 같은 일련의 사고가 이루어지는 것이다. 크레이크와 록하트에 따르면, 이처럼 기억은 일련의 과정을 거치면서 보다 깊은 수준의 정보처리과정을 거치게 된다.

그러나 모든 자극이 이와 같은 수준을 모두 거치는 것은 아니다. 어떤 자극은 초기의 분석과 처리만 하게 되는 것도 있고, 어떤 자극은 아주 깊은 수준의 분석과 처리를 하게 된다. 크레이크와 록하트에 따르면, 기억은 이 정보처리 수준에 비례한다. 물리적 분석과 처리 수준에 머문 정보는 인간의 기억과정에 깊은 흔적을 남기지 않기 때문에 쉽게 망각되지만, 깊은 수준의 정보처리과정을 거치면 깊은 흔적을 남기게 되어 망각되지 않고 필요시에 쉽게 재생된다는 것이다.

이 밖에 우연 학습을 이용한 실험에서도 정보처리수준 모형의 타당성을 입증하였다. 크레이크와 툴빙(Craik & Tulving, 1975)은 피험자들을 세 집단으로 나누어, 첫째 집단에는 각 단어가 대문자 또는 소문자로 써 있는지를 답하도록 하고, 둘째 집단에는 각 단어가 주어진 특정 단어와 운이 맞는지를 답하도록 하였으며, 셋째 집단에는 각 단어가 특정 문장의 빈 부분에 넣어 말이 통하는지를 판단하도록 하였다. 즉, 첫째 집단에는 처리 수준이 가장 얕은 감각 분석(글자의 외형만 파악)을 요구하며, 둘째 집단에는 발음을 해봄으로써 첫째 집단보다는 비교적 깊은 정보처리가 요구되며, 셋째 집단에는 의미 파악을 해야 하는 가장 깊은 정보처리가 요구된다는 것이다. 이와 같은 과제를 실시한 후, 피험자들이 예상하지 못한 기억 검사를 실시한 결과, 셋째 집단이 기억을 가장 잘 하였으며, 그 다음이 둘째 집단, 첫째 집단의 순이었다. 이 실험 결과는 정보처리 수준이 깊을수록 기억을 잘 한다는 사실을 말해 준다.

정보처리 수준은 몇 가지 요인에 의해 결정된다.

첫째는 자극의 특성이다. 일반적으로 자극이 의미 있게 구성되어 있으면 비교적 쉽게 깊은 수준의 정보처리과정이 이루어진다는 것이다. 그림이나 시와 같은 자극은 일반적으로 보다 의미 있는 자극이기 때문에 보다 쉽게, 보다 깊은 수준의 정보처리과정을 거치며, 따라서 더 오래 기억된다.

둘째는 주어진 정보를 처리하는데 걸리는 시간이다. 어떤 특정한 정보를 처리하기 위해서는 그에 따른 시간이 요구되는데, 생소하거나 복잡한 것일수록 많은 시간이 소요된다. 그런데 정보를 처리하는데 요구되는 시간을 갖지 못하면 깊은 수준의 정보처리를 충분히 할 수 없다.

3. 망각

1) 망각곡선

일반적으로 기억은 기명 · 파지 · 재생 · 재인의 과정을 거치는데, 이를 줄여 달리 말하면 약호화 · 저장 · 인출의 세 단계를 거친다고 할 수 있다. 망각은 기억 체계의 세 단계 중 어느 하나의 실패 때문에 생기는 것이다. 다시 말하면, 약호화가 부적절하거나, 저장 도중에 정보가 왜곡되거나, 저장 용량이 적거나, 혹은 찾아 끄집어낼 수가 없어서 망각이 일어난다. 그래서 망각은 기억의 또 다른 한 측면으로 간주된다.

우리가 흔히 말하는 기억은 파지에 해당한다고 볼 수 있지만, 모든 경험 내용을 파지할 수는 없다. 시간이 경과함에 따라 많은 양의 정보가 망각되는 것이다. 파지와 망각은 같은 현상을 다른 측면에서 말하는 것에 불과하다. 시간의 경과에 따른 파지량의 변화를 나타낸 그림을 파지곡선, 망각량의 변화를 나타낸 그림을 망각곡선이라 부른다. 그런데 파지곡선을 거꾸로 보면 망각곡선이 된다. **망각곡선**은 에빙하우스(Ebbinghaus, 1913)가 무의미 철자 학습에 관한 실험 연구를 기초로 하여 제시하였다(그림 9-3). 이 망각곡선에 의하면 학습한 직후에는 상당량이 망각되지만, 시간이 경과함에 따라 망각의 정도가 완만해짐을 알 수 있다.

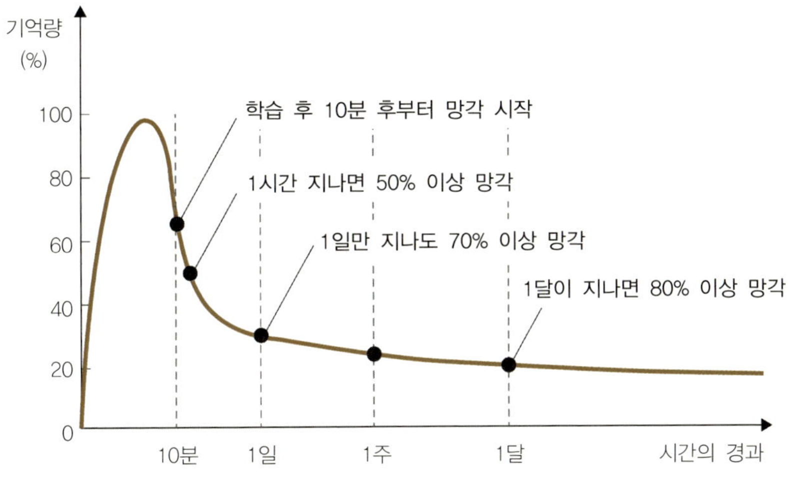

[그림 9-3] 에빙하우스 망각곡선

2) 망각이론

망각의 원인에 관한 이론에는 흔적쇠퇴이론, 간섭이론, 동기 이론, 인출실패이론 등이 있다.

(1) 흔적쇠퇴이론

흔적쇠퇴이론은 망각에 관한 초기 이론으로서 불용설이 또는 소멸 이론이라고도 한다. 이 이론에 따르면, 기억이란 경험의 결과가 흔적으로 남은 것이며, 망각이란 기억 흔적이 쇠퇴하는 현상을 말한다. 즉, 망각이란 시간이 지남에 따라 점차 퇴색해 가는 사진이나, 비석에 새겨진 문자가 점차 마멸되어 가는 것과 마찬가지 현상이라는 것이다. 그러므로 학습한 내용을 계속 사용하면 흔적이 유지되나, 반복해서 암송하지 않으면 흔적이 쇠퇴한다는 것이다. 이 이론에 따르면, 망각은 약호화나 인출에 관련되는 것이 아니라 저장의 실패에 기인하는 것으로 볼 수 있다.

흔적쇠퇴이론은 망각현상을 완전하게 설명하지 못한다. 가장 큰 약점은 망각이 파지 기간 중에 행하는 활동의 종류에 따라 영향을 받는다는 사실을 설명할 수 없다는 점이다. 망각에 관한 한 고전적 연구(Jenkins & Dallenbach, 1924)에서 수면 기간과 각성 기간의 망각률을 비교하였다. 연구자들은 무의미 철자의 학습을 한 집단에게는 밤늦은 시간에 하도록 하고, 다른 한 집단에게는 이른 아침에 하도록 하였다. 두 집단의 피험자들에게 파지 검사를 실시한 결과, 수면 조건과 각성 조건 사이의 파지량에서 본질적인 차이를 보였다(그림 9-4). 따라서 불용 그 자체가 망각의 유일한 원인이라고 주장할 수 없게 되었다.

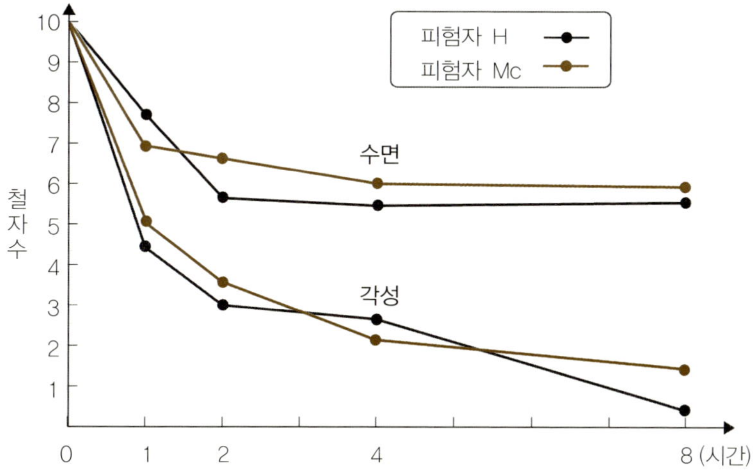

[그림 9-4] 수면 상태와 각성 상태의 파지량 비교

여기에서 한 가지 흥미로운 사실은 수면 중에 일어난 대부분의 망각은 꿈을 꾸는 동안에 일어나고 있다는 점이다. 그렇다고 해서 불용이 망각을 전혀 설명하지 못한다고 결론을 내리기는 어렵다.

(2) 간섭이론

간섭이론에 따르면, 망각이란 다음에 일어나는 일이 간섭하기 때문에 나타나는 현상이다. 역설적으로 말하면, 학습한 후에 아무런 일이 일어나지 않는다면 망각은 일어나지 않을 것이라는 이론이다.

간섭에는 역행성 간섭과 순행성 간섭의 두 가지 유형이 있다. 역행성 간섭은 새로 학습한 내용이 이전에 학습했던 내용의 재생을 간섭하는 것을 말하고, 순행성 간섭은 그 반대로 이전에 학습한 내용이 나중에 학습한 내용의 재생을 간섭하는 것을 말한다. 즉, 시간의 흐름과 같은 방향으로 간섭이 일어나는 현상을 순행성 간섭, 반대 방향으로 간섭이 일어나는 현상을 역행성 간섭이라고 한다.

역행성 간섭과 순행성 간섭에 대한 설명을 얼핏 들으면 그럴 듯하게 들릴지 모르지만, 사실은 이 두 과정은 엄격히 분리된 별도의 과정이라기보다는 동전의 앞뒷면과 같이 관점에 따라 역행성 간섭이 되기도 하고 순행성 간섭이 되기도 한다.

(3) 동기화된 망각이론

동기화된 망각이론은 정서적 요인, 특히 동기에 의해 망각이 이루어진다고 주장한다. 여기에는 주의할 점은 정서적 요인이 간섭하기도 하지만, 반대로 회상을 촉진하는 역할도 한다는 점이다.

첫째, 정서적 요인이 회상을 촉진하는 경우이다. 우리는 중립적인 상황보다는 정서적으로 흥분된 상황이 더 오래 기억되는 것을 흔히 경험한다. 즉, 담담한 기억보다는 흥분된 기억을 더 잘 반복하고 조직화한다.

둘째, 정서적 요인이 회상을 방해하는 경우이다. 예를 들면, 불안은 회상을 방해하는데, 어떤 불안에 젖은 생각 때문에 그 문제와 관련이 있는 정보를 회상하려는 시도가 간섭을 받게 되고, 기억은 전적으로 실패하게 된다. 이때 불안이 직접적으로 기억을 방해하는 것이 아니라, 불안으로 인해 야기된 쓸 데 없는 생각이 기억을 방해하는 것이다.

(4) 인출실패이론

인출실패이론에 따르면, 인출 단서와 최초 부호화 간의 잘못된 만남으로 인출 과정에 장애가 발생한다는 것이다. 기억의 효과적인 인출을 돕는 인출 단서의 가치는 그 단서가 처음 부호화될 때의 단서와 얼마나 일치하느냐에 달려 있는데, 이를 부호화 특정성 원리라고 한다.

비밀번호

2020년 OECD에서 39개 국가를 대상으로 인터넷 이용률을 조사한 결과, 우리나라는 96.5%로 6위에 해당하는 것으로 나타났다(OECD, 2020). 이처럼 인터넷 대중화시대를 맞이하여 삶의 질이 크게 달라지고 있지만, 반면에 비밀번호가 누출되는 등 부작용도 만만치 않다. 그래서 서너 개 되는 이메일이나 여기저기 가입한 사이트의 비밀번호를 자주 바꿀 수밖에 없다. 비밀번호를 메모지에 적어 놓는 것도 불안하여 기억에 의존하는 경우가 많다.

그런데 새로 바꾼 비밀번호가 생각나지 않을 때가 많다. "비밀번호가 틀렸습니다."라는 메시지가 나타나는 걸 보면, 아마도 이전에 사용했던 비밀번호를 입력한 것이 분명하다. 이와 같은 현상을 심리학자들은 이전에 사용했던 비밀번호가 새로 설정한 비밀번호를 기억하는 것을 방해한다고 하여 순행성 간섭이라고 한다.

또한 기억력에 자신이 없는 사람들로서는 전혀 새로운 비밀번호들로 계속 바꾸는 것이 그리 쉽지만은 않다. 그래서 가능하면 자신과 관련이 있는 번호들을 요리조리 섞어서 몇 개를 만들어 놓고 돌아가면서 사용하는 것이 보통이다. 비밀번호를 바꿔야 되겠다는 생각이 들면, 나와 어떤 면으로든 관련이 있는 이전의 비밀번호를 다시 생각해 내야 한다. 그런데 불과 한 달 전에 사용했던 '친숙했던' 비밀번호가 생각나지 않는 경우가 많다. 이와 같은 현상을 심리학자들은 새로 설정한 비밀번호가 이전의 비밀번호를 기억하는 것을 방해한다고 하여 역행성 간섭이라고 한다.

4. 기억 전략

1) 뇌의 저장 시스템

(1) 기억 범주

뇌가 정보를 받아들이는 양식은 세 가지로 구분할 수 있다. 그 세 가지 양식이란, 뇌의 뒷부분에 위치한 후두엽에 저장되는 시각적 양식, 양 귀 근처 뇌의 양쪽에 위치한 측두엽에 저장되는 청각적 양식, 그리고 뇌의 상층부에 있는 대뇌 피질에 저장되었다가 나중에 소뇌로 이동되는 운동감각적 양식이다.

다양한 방식을 통하여 들어오는 정보는 작업기억으로 보내지거나 혹은 장기기억 속으로 되돌려 보내진다(Sprenger, 1999). 새로운 학습이 뇌간에 등록되면, 그것은 차례대로 임시 저장소로 이동하고, 다시 정보처리가 일어나는 작업기억 장소로 이동한다. 단기기억 장소는 정보를 버릴 것인지 혹은 일련의 과정 속으로 보낼 것인지를 결정하는 데 약 30초 정도가 걸린다. 단기기억의 범주는 전화번호를 보고 전화를 걸 때까지 걸리는 시간을 예로 드는 사람도 있다(Sousa, 2014).

작업기억 장소는 정보가 처리되는 장소이다. 작업기억은 한 번에 처리하는 정보의 범주가 한정되어 있다. 이에 관해서는 7±2(5~9)개의 정보를 처리한다는 밀러(Miller, 1956)의 고전적 연구 결과가 널리 알려져 왔다. 최근에는 수자(Sousa, 2014)의 연구 결과가 주목을 받고 있는데, 유치원 어린이는 한 번에 2개, 청소년기 이전의 초등학생은 3~7개, 그리고 청소년과 그 이상의 성인들은 한 번에 7~9개의 정보를 다룰 수 있으며, 평균적으로 한 번에 7개 정보를 처리할 수 있다고 한다.

또한 작업기억 장소에 얼마나 오래 머무느냐 하는 것도 의견이 다양한데, 이에 관해서 수자(Sousa, 2014)는 청소년기 이전의 어린이는 5~10분 정도, 청소년기와 성인기에는 10~20분 정도 머무는 것으로 추정하면서, 만약 그 정보를 가지고 무엇인가를 하지 않으면 20분 후에는 작업기억으로부터 사라진다고 하였다.

만약 학습자가 나중에 이 정보를 회상한다면, 그 정보는 분명히 장기기억에 저장되어 있는 것이다. 뇌는 어떤 정보를 장기기억에 보낼 것인가 말 것인가를 결정하는 동안에는 그 정보를 작업기억에 보관하고 있다. 장기기억을 이해하기 위해서는 뇌의 저장 시스템에 대하여 이해하여야 한다.

(2) 저장 시스템

뇌 안에서 기억 경로의 수에 대해서도 역시 의견이 분분하다. 어떤 연구자들은 일화기억, 의미기억, 절차기억의 세 개의 경로를 제안하고(Squire et al., 1993), 또 어떤 연구자들은 그밖에 조건 반응 기억과 정서기억을 더하여 다섯 개의 경로를 제안하기도 한다(Tileston, 2005). 여기에서는 의미기억, 일화기억, 절차기억, 자동기억, 정서기억의 다섯 개 시스템으로 구분하여 살펴보기로 한다.

① 의미기억

의미기억 또는 서술기억은 낱말들로부터 학습한 정보를 보관한다. 새로운 정보는 뇌간을 통하여 들어가고 시상을 거쳐 해마에 도달하여 거기에서 대응하는 정보를 찾는 탐색이 수행된다. 만약 어떤 연관이 만들어지면, 그 정보는 작업기억으로 간다. 의미기억에는 개념, 규칙, 원리, 일반화, 기술 및 초인지기술의 지식이 포함되는데, 이 요소들을 총칭하여 도식(schema)이라 부른다. 의미기억은 추상적이고 연합적이다. 저장되어 나중에 인출될 정보를 약호화하기 위해서는 언어가 요구된다. 의미기억 속의 정보는 개념망의 형태로 저장되는데, 대뇌피질에 저장되는 것으로 알려지고 있다.

② 일화기억

일화기억은 위치와 맥락에 근거를 두고 있는데, 언제 어디에서 사건이 발생하였는가에 근거해 조직된 경험의 심상을 포함하고 있다(Tileston, 2005). 일화기억은 개인의 경험에 관한 기억으로서 우리가 보고 들은 것에 대한 '마음속의 영화'에 비유되기도 한다. 일화기억에서 인출의 기초는 특정 시간 또는 장소와의 연합이다. 따라서 일화기억 속의 정보는 언제 어디에서 사건이 발생했는가에 근거해 조직된 심상의 형태로 대뇌피질에 저장된다.

③ 절차기억

절차기억은 무엇에 대해 아는 것과는 달리 '어떻게 하는지 방법을 아는 것'을 의미하는데, 특히 신체적 작업과 관련하여 그 일을 어떻게 해낼 것인가를 회상해내는 능력을 말한다. 오랫동안 자전거를 타지 않았더라도 일단 한번 타게 되면 자극이 반응을 불러일으키기 시작한다. 자전거가 왼쪽으로 기울면(자극), 본능적으로 체중을 오른쪽으로 실어 균형을 맞추려고(반응) 할 것이다.

절차기억은 소뇌에 저장되어 있으며, 근육 운동을 조정하는 역할을 한다. 이 기억에서는 반복 연습이 대단히 중요한 역할을 한다. 만약 자동차를 운전하는 과정을 연습하지 않는다면 어떻게 자동차를 운전하는지 기억해 낼 수가 없다.

28일 법칙

절차기억과 관련하여 커비(Covey, 1989)는 28일 법칙이라는 흥미로운 가설을 제시했는데, 기본적으로 하나의 행동을 28일 동안 반복하여 수행하면 결국 그것이 기억 속에 내면화된다는 것이다. 행동 변화에도 사용되는 이 법칙은 행동의 반복을 통하여 부정적 사고를 긍정적 사고로 변화시키는 절차기억을 이끌어내는 것이다. 절차기억의 강화를 위해 역할 놀이, 드라마, 합창 낭독, 프로젝트, 체험 활동, 조작 활동, 토론, 그룹 활동 등이 권장된다(Tileston, 2005).

④ 자동기억

자동기억 혹은 조건반응기억은 자극에 의하여 유발된다. 알파벳이나 구구단 같은 것들은 자동기억에 저장되어 있다. 어떤 정보가 자주 사용되지 않는다거나 지루한 내용이라 기억하기 쉽지 않을 때 자동기억이 힘을 발휘한다.

⑤ 정서기억

정서기억은 기억의 형태에서 선행하여 나타나는 가장 강력한 기억이다. 뇌는 정서적 연계를 가지고 있는 그런 것들을 기억하려는 성향을 가지고 있다. 정서가 강하면 강할수록 의미도 더 강해지며, 정서적 경험이 학습을 중요한 것으로 인식시킨다. 우리가 어린 시절의 경험을 기억하고 있는 것은 뇌가 생생한 정서적 경험을 기억하기 때문이다. 정서가 기억에 영향을 줄 수 있고, 실제로 영향을 준다(Tileston, 2005).

2) 기억 전략

인지과정을 기억의 정보처리단계 모형에 비추어 보면, 특정 기억 체제 속에 저장된 정보를 다른 기억 체제로 전이시키기 위한 정신과정을 의미한다. 감각기억 속의 정보를 단기기억 속으로, 단기기억 속의 정보를 장기기억으로 보내는 과정이 인지과정이다. 인지 전략이라고 부르기도 하는 이러한 인지과정으로는 주의, 시연, 부호화, 인출이 있다.

인지 전략은 이해나 기억을 달성하도록 하는 도구라는 점에서 좁은 의미로 기억 전략이라 할 수도 있다. 기억 전략의 범주는 매우 광범위하여 학자들에 따라 각기 다르게 진술되고 있지만, 일반적으로 기억 전략이라고 하면 시연과 부호화를 의미하는 경우가 많다. 여기에서는 기억 전략을 시연, 부호화, PQ4R법, 기억술로 나누어 살펴보고자 한다.

(1) 시연

시연(rehearsal)은 나중에 회상해 낼 것을 생각하고 미리 기억해야 할 대상이나 정보를 눈으로 여러 번 보아 두거나 말로 되풀이해 보는 것으로 이를 암송이라고도 한다. 시연은 정보를 기억하는 가장 흔한, 그리고 가장 현실적인 전통적 기억 전략으로, 반복을 통하여 작업기억 속의 정보를 보유하려는 과정을 말한다. 만약 시연과정이 없다면 정보는 작업기억 속에 30초 이상 머무르지 못하고 사라질 것이다.

시연에 대해 자명한 사실은 시연을 할수록 기억이 향상된다는 것인데, 이를 연습의 제1법칙이라고 한다. 시연은 집중연습과 분산연습으로 구분된다. **집중연습**은 새로운 정보를 익힐 때 배운 것을 완벽하게 익힐 때까지 철저히 연습하는 것을 말하고, **분산연습**은 매일 조금씩 쉬엄쉬엄 나누어 연습하는 것을 말한다. 두 가지 방법 중 어느 쪽이 더 효과적일까. 집중연습은 정보를 빨리 배우는 데 효과적이지만 대부분의 학습에서는 분산연습이 더 효과적인 것으로 알려지고 있는데, 특히 사실을 학습할 때 더욱 효과가 있는 것으로 알려지고 있다(Dempster, 1989).

일반적으로 시연 횟수가 많으면 많을수록 단기기억에 있는 정보가 장기기억으로 전환되어 영구적으로 저장될 확률이 높아지는 것으로 알려져 있다. 그러나 많은 연구들은 시연이 수동적으로 이루어지는 경우 시연 횟수가 증가해도 기억이 향상되지 않는다는 것을 밝히고 있다. 기억력을 증진시키기 위해서는 기억하려는 정보를 능동적으로 시연하는 것이 중요하다.

아동은 연령이 증가함에 따라 능동적으로 시연하는 경향이 있다. 또한 연령이 증가함에 따라 점차 기계적인 시연에서 점차 적극적인 시연, 즉 과제나 정보를 조직화하는 방식으로 변화한다.

시연과 관련하여 오래된 연구 결과 중의 하나는 학습할 단어의 목록을 제시하고 학습을 한 후에 즉시 검사를 했더니 가운데 있던 단어들의 목록보다는 처음과 끝부분에 있던 단어들을 더 잘 학습한다는 사실이다. 처음에 있던 것을 잘 기억하는 것을 **초두효과**라 하고, 뒷부분을 잘 기억하는 것을 **최신효과**라고 한다. 보통 사람들은 다음에 오는 정보보다는 처음에 오는 정보에 더 많은 관심을 기울이며 시연한다. 또한 마지막에 학습한 정보와 나중의 학습 사이에 다른 정보가 개입하여 간섭을 거의 하지 않았을 경우에는 최신 효과가 나타난다. 교사는 초두효과와 최신효과에 관심을 기울여 수업의 처음과 끝부분에 배운 정보가 다른 정보보다 기억하기 쉽다는 사실에 유의할 필요가 있다.

연습

연습에 관한 기본적인 법칙으로는 '빈삭[3]의 법칙'과 '친근성의 법칙' 등을 들어왔다. 전자는 연습의 빈도가 많은 편이 보다 우수한 결과를 나타낸다고 하는 법칙이고, 후자는 동일한 횟수를 연습한 경우에는 최근에 연습한 쪽이 우수한 결과를 나타낸다고 하는 법칙이다. 연습 방법은 학습 효과를 향상시키는 데 커다란 영향을 미치게 한다. 여기에는 ① 일정한 재료를 가지고 일정하게 반복하는 경우에, 집중적으로 하는 것이 좋은가, 분산적으로 하는 것이 좋은가 하는 연습의 분배 문제와, ② 일정한 재료로 전체를 통해서 연습하는 것과 부분으로 나누어 하는 것 중 어느 편이 효과적인가 하는 전습과 분습법의 문제가 있다.

연습의 분배 문제에 있어서 일반적으로는 분산연습 쪽이 효과적이지만 조건에 따라 달라질 수 있다. 즉, 학습의 탐색적 단계에서는 집중적 방법이, 고정 단계에서는 분산적 방법이 효과적인 것으로 나타났다. 또 연습 기간 중의 반복 횟수를 적게 하는 것과, 쉬는 시간을 길게 하는 것이 좋으나, 이는 학습을 완성하는 데 시간이 오래 걸린다는 문제가 있다.

전습과 분습의 문제에 있어서도 각각의 효율성은 주어진 조건에 따라 다르게 나타난다. 대개 전체적으로 정리되어 있는 유의미한 재료의 경우에는 전습법이 유리하다. 따라서 전체적인 파악력이 있는 연장자나, 같은 나이일 때는 우수한 자에게는 전습법이 효과적이다. 그러나 갑작스럽게 방법을 바꾸는 것보다는 익숙한 방법이 좋을 수도 있으며, 전체적으로 연습하고 어려운 부분을 되풀이하는 절충적 방법도 효과적이다.

출처: 네이버 백과사전, 연습(두산백과)

(2) 부호화

부호화는 장기기억에 정보를 표상하는 과정으로, 그 정보를 가능한 한 유의미하게 만드는 것이 중요하다. 유의미성은 장기기억 속에 있는 하나의 아이디어와 다른 아이디어 사이를 연결하는 고리의 수를 말한다.[4]

3) 빈삭(頻數)의 사전적 정의: 도수가 매우 잦다.

정보의 유의미성을 높이기 위한 부호화 전략에는 조직화, 정교화, 심상화, 맥락화가 있다. 정교화는 새로운 지식을 기존 지식과 연결하는 것이고, 조직화는 연관된 정보끼리 묶어 구조화하는 것이다. 그리고 심상화는 정보를 언어와 이미지 두 가지로 기억하는 것이고, 맥락화는 물리적 · 정서적 맥락과 함께 학습하는 것을 말한다.

① 조직화

조직화는 관련 있는 내용을 공통 범주나 유형으로 묶는 과정을 말한다. 즉, 제시된 기억 자료를 그것이 가지고 있는 속성에 따라 의미 있는 단위로 묶어서 기억하는 방법을 말한다.

조직화 전략 중 가장 단순한 방법이 군집화이다. **군집화**는 일련의 정보를 주관적이든 객관적이든 간에 잘라서 묶어 기억하는 것이다. 예를 들면, '2-3-7-5-9-1-0-8-9'를 '237 · 591 · 089'로 묶어 기억하는 것이다.

군집화를 하는 데는 여러 가지 단서들이 사용되며, 하나의 단서로서의 차원을 달리하여 제시하면 단기기억에 도움이 된다. 이때 사용하는 단서는 아동의 선호도가 높을수록 효과가 있다. 지능검사의 숫자 기억 '7-8-9-3-6-5-1-8-5'를 군집화 형태로 조직화할 때 사용할 수 있는 단서들의 예는 다음과 같다.

4) 학자에 따라서는 부호화와 약호화를 구분하기도 한다. 부호화(coding)는 철자를 점과 선으로 변환시킨 것과 같이 정보를 한 가지 형태에서 다른 형태로 변환하는 것으로, 약호화는 정보를 처리체제 내에 표상하는 과정으로 정의하면서, 정보를 부호화함으로써 약호화하는 것으로 보기도 한다. 그러나 일반적으로는 이를 엄격히 구분하지 않고 부호화라는 용어를 사용하는 것이 보통이다.

군집화 단서들

- 공간: 7–8–9　3–6–5　1–8–5
- 크기: 7–8–9–3–6–5–1–8–5
- 밑줄: 7–8–9　3–6–5　1–8–5
- 색깔: 7–8–9–3–6–5–1–8–5
- 괄호: (7–8–9)(3–6–5)(1–8–5)

또 하나의 조직화 전략으로 범주화를 들 수 있다. **범주화**는 자료를 묶되 공통 속성을 확인하여 보다 상위의 부류로 묶는 것을 말한다. '연필 · 호박 · 가지 · 책 · 오이 · 필통'을 무조건 외우는 것이 아니라, '연필 · 책 · 필통', '호박 · 가지 · 오이' 식으로 같은 부류끼리 묶어서 외우는 것이다.

이밖에도 정보는 여러 가지 방법으로 조직화될 수 있다(Eggen & Kauchak, 2004).

여러 가지 조직화 방법들

- 도표: 많은 양의 정보를 하나의 범주 속에 포함시키는 데 유용하다.
- 위계도: 새로운 정보를 기존의 개념에 포함시킬 때 유용하다.
- 모델: 직접 관찰할 수 없는 관계를 나타내는 데 유용하다.
- 개요: 문서로 된 자료에서 조직화된 구조를 보여줄 때 유용하다.

② 정교화

정교화는 새로운 자료를 이미 알고 있는 정보나 아이디어에 연결시키는 과정, 즉 기억해야 할 정보에 무엇인가를 덧붙이거나 다른 정보와 서로 관련시켜 기억하는 것을 말한다. 다시 말하면, 서로 관계가 없는 정보, 즉 같은 범주에 속하지 않는 기억재료 사이에 관계를 설정해 주는 것을 말한다.

일반적으로 다음과 같은 세 가지 부가적인 전략을 통해 정교화를 촉진할 수 있다(Eggen & Kauchak, 2017).

- 개념을 설명해 주는 구체적인 사례들을 구성하고, 찾고, 분석하는 것은 강력한 정교화 전략이다.
- 두 개 이상의 어떤 성질을 공유할 때 다른 성질도 비슷할 것이라고 추론하는 유추도 정교화 전략 중의 하나이다. "우리의 순환기 체계는 우리 몸 전체에 피를 공급하는 양수기 체계와 같다. 정맥과 동맥은 파이프이고, 심장은 펌프이다"라는 식으로 유추를 이용하면 학습하는 데 더 효과적이다.
- 학습할 지식을 친숙한 정보에 연결시키는 기억술도 매우 효과적인 정교화 전략이다. 방송인 서경석은 모 TV 프로그램에서 초등학교 시절 임진왜란이 일어난 해 1592년을 "이로구 있을 때가 아니다."라고 외웠다는 일화를 밝힌 적이 있다. 그는 기억술을 이용한 정교화 전략을 활용한 것이다.

정교화 전략은 시연 전략에 비해 비교적 늦게 발달하는데, 자발적인 정교화 전략은 청년기에야 가능한 것으로 알려지고 있다. 정교화 전략이 늦게 발달하는 것은 두 개의 서로 무관한 정보를 관련짓기 위해서는 배경 지식과 주어진 정보의 의미를 확대하고 통합하는 능력이 필요하기 때문이다. 일반적으로 정교화 전략은 청년기 이후에 가능한 것으로 알려지고 있다.

③ 심상화

심상화는 학습 재료를 기억하기 쉽게 하기 위해 시각적 이미지를 만드는 것으로 시각화라고도 한다. 우리가 책을 읽을 때 어려운 내용이 글로만 적혀 있는 것보다 그것을 이해할 수 있는 도표나 그림과 함께 있으면 훨씬 이해하기 쉽다. 이처럼 데이터의 분석 결과를 이해하기 쉽도록 여러 시각화 도구를 통해 전달하는 것을 데이터 시각화라고 한다.

정보를 설명함에 있어서 글과 사진, 삽화, 도표, 지도, 픽토그램, 영상 등 다양한 시각적 요소들을 잘 어우러지게 표현을 하면 사용자들이 흥미를 갖고 정보의 의미도 쉽게 파악할 수 있다는 장점이 있다. 예를 들어, 데이터 시각화의 한 방법인 인포그래픽은 정보와 데이터, 지식을 시각적으로 표현하는 것으로 교통표지판과 지하철노선도가 대표적이다.

④ 맥락화

맥락화는 학습할 정보를 맥락(상황)과 연결하여 제시함으로써 학습 내용에 대한 이해, 기억, 인출을 보다 쉽게 하는 것을 말한다. 다시 말하면, 학습하는 환경과 감정을 인출하는 환경과 감정에 맞춰 조절하면, 인출할 때 더 잘 떠오르는 것을 뜻한다. 후술하는 기억술 중의 하나인 장소법은 맥락화의 좋은 예다.

(3) PQ4R법

PQ4R법(Preview, Question, Read, Reflect, Recite, Review: PQ4R)은 읽고 있는 내용을 이해하고 기억하는 데 도움을 주는 잘 알려진 기억 전략의 하나이다. PQ4R은 어떤 식으로 공부할 것인가에 대한 공부 전략으로 더 유명한데, 구체적인 단계는 다음과 같다.

PQ4R법

- 개관(Preview): 공부할 자료의 제목 · 장 · 절 · 항 등을 먼저 개괄적으로 살펴본다.
- 질문(Question): 내용을 살펴보면서 정교화 질문들을 만든다.
- 읽기(Read): 질문에 답하면서 절의 제목을 눈으로 읽는다.
- 숙고(Reflect): 예를 생각하고 다른 사항과 결합시키면서 다시 생각한다.
- 암송(Recite): 절을 마친 후에 암송한다.
- 복습(Review): 전체 장을 마친 후에 복습한다.

(4) 기억술

기억술에는 핵심 단어 기억법, 장소법, 두문자법, 연결법, 운율법 등이 있다.

① 핵심 단어 기억법

핵심 단어 기억법은 외워야 할 대상과 소리(음운) 또는 이미지와 연결시켜 기억하는 방법이다. 예를 들면, 영어의 yes(예스)는 우리말의 '예'로, many(메니, 마니)는 우리말 '많이'와 연결하여 외운다. 처음에는 외국어 학습에서 어휘를 가르치는 데 사용되었지만, 나중에는 역사 · 과학 · 외국어 등 다양한 교과 영역에 적용되어 왔다. 특히 학습장애아동들의 기억을 촉진하기 위한 전략으로 널리 활용되기 시작하였다. 이 전략은 기억해야 할 과제가 구체적일수록 기억을 더 잘 할 것이라는 생각을 바탕으로, 아동에게 추상적 개념을 그림이나 익숙한 단어와 같은 보다 구체적인 형태로 제시하는 방법이다.

핵심 단어 기억법의 하위 전략 중의 하나인 걸이단어법(pegword method)의 예를 들어보자. 통장 잔액 4,321,543원을 기억하고자 할 때, 먼저 각 숫자마다 발음이 비슷한 단어들(예: 일-일꾼, 이-이빨, 삼-삼베, 사-사슴, 오-오물 등)을 기억한 다음, 그 단어를 이용하여 심상을 형성한다. 예를 들어, "사슴이 삼베를 이빨로 물고 일꾼에게 달려가다 오물을 뒤집어쓰니 다른 사슴이 달려와 삼베를 물고 빼앗아갔다."는 식으로 외우면 효과적이다(권대훈, 2024). 어찌 보면 말이 안 되는 것 같아 억지스럽게 보일지 모르지만 나름대로 의미를 부여하면 기억에 도움이 된다.

핵심 단어 기억법 연구 결과

- 즉시회상과 지연회상에 대한 학생들의 학업 성취는 의미 있게 증진하였다.
- 학생들은 수업이 보다 재미있다고 말하였다.
- 학생들은 자신들이 사용한 특수한 기억 전략을 정확히 말하였다.
- 학생들은 다른 교과 영역에서도 비슷한 기억 전략을 사용하기를 원했다.
- 교사들은 기억술에 사용되는 자료들을 이용하는 것을 더 즐거워하였다.
- 교사들은 학생들이 예전에 비해 학습 동기가 더 고취되었다.
- 교사들은 학생들이 기억술을 이용한 수업에 더 열심히 참여하였다.

② 장소법

장소법은 심상을 이용한 기억술 중의 하나이다. 예를 들어, 기억해야 할 항목이 담배, 광고, 사막이라고 하자. 장소법을 사용해서, 우선 자신의 집안을 상상한다. 다음에는 머릿속으로 집안을 거닐면서 기억해야 할 항목들을 그려본다. 거실에 붙여져 있는 금연이라는 문구를 상상하면서 '담배'를 기억하고, 목욕탕에 걸려 있는 치약을 보고 TV에서 방영된 '광고'를 상상하며, 다시 거실에 있는 화분의 선인장을 상상하면서 '사막'을 차례대로 기억할 수 있을 것이다.

③ 두문자법

두문자법은 기억해야 할 항목의 머리글자만을 따서 외우는 전략으로, 축소형 부호화의 한 형태로 볼 수 있다. 우리가 초등학교 시절에 조선 왕조의 왕위 순서를 '태정태세문단세…'로 외운 것이 곧 두문자법을 이용한 예이다. 최근 젊은 층에서 머리글자만 모아 말하는 단축형 언어 행태가 그 좋은 예다.

④ 연결법

연결법은 기억해야 할 항목들을 시각적 심상을 형성하여 기억하는 방법이다. 잡지, 면도용 크림, 필름, 연필과 같은 단어를 기억하고자 할 경우, 연필과 면도용 크림을 들고 있는 남자가 모델로 실린 잡지의 표지를 연상하면 된다.

⑤ 운율법

운율법은 기억하고자 하는 항목들에 운율을 붙여 기억하는 방법이다. 한글이나 알파벳을 처음 익힐 때 자주 사용된다. 운율법을 사용하면 대뇌피질의 좌반구(언어 중추)와 우반구(음악 중추)를 동시에 활성화시키는 것으로 좌 · 우 대뇌반구의 통합에도 바람직한 것으로 알려지고 있다.

CHAPTER 10

언어

1. 언어발달의 이론적 기초

1) 의사소통·언어·말

인간은 사회적 존재인 만큼 의사소통, 언어, 말의 중요성은 더 말할 나위도 없다. 오늘날 의사소통 능력은 기본적인 기능에 속하기 때문에, 의사소통을 방해하는 것은 무엇이든 심각한 문제를 불러일으킨다. 장애아동의 의사소통 문제를 논의하기에 앞서, 의사소통, 언어, 말 이 세 가지 용어들을 명확히 이해할 필요가 있다(Brimer, 1996).

(1) 의사소통

의사소통(communication)은 메시지나 생각을 다른 사람들과 나누기 위한 일련의 행동, 즉 감정 · 사고 · 지각 등을 전달하는 과정으로서 형식적 · 비형식 방법을 포함한다. 그러므로 구어가 의사소통을 위한 유일한 수단은 아니다. 태도와 감정은 특별한 억양이나 강세를 사용하여 표현할 수 있으며, 몸 동작 · 몸 자세 · 얼굴 표정 · 시선 접촉 · 머리와 신체 움직임 · 물리적 거리 등도 의사소통에 사용되는 것들이다. 형식적이든 비형식적이든 간에, 의사소통은 ① 송신자, ② 정보 메시지, ③ 수신자를 포함한다. 의사소통은 미소를 보낼 때처럼 의도적인 경우도 있고, 도박사가 패가 잘 들어왔을 때 자신도 모르게 미소를 짓는 것처럼 비의도적인 경우도 있다.

(2) 언어

언어(language)는 송신자가 비형식적 방법으로 전달하기 어려운 메시지를 가지고 있을 때 이루어지는 의사소통 수단으로서, 형식적인 기호 체계를 통해 메시지를 보내는 과정이다. 그리고 언어는 의미를 표현하고 의사소통을 쉽게 하기 위하여 공동체에 의해 만들어진 일련의 상징과 규칙으로 정의할 수도 있다. 예를 들어 데이트하기를 원한다면, 이때의 미소는 그 뜻을 전달하지 못한다. 그는 특정 언어의 관습에 따라 메시지를 공식화해야 한다. 즉, 그 자신이 요청하고 있는 것을 상대방이 이해할 수 있도록 구체적인 단어와 형태를 사용해야 한다. 일반적으로 언어는 ① 통사론, ② 형태론, ③ 음운론, ④ 의미론, ⑤ 화용론의 5가지 기본적인 규칙과 체계를 가지고 있다. 이 5가지 규칙과 체계는 모두 언어 활동에 중요하고 또한 상호 관련된다. 따라서 언어가 무엇이고, 어떻게 기능을 발휘하는지, 그리고 이들 규칙과 체계의 상호작용과 상호 관련은 어떠한지에 대한 종합적인 고찰을 바탕으로 언어 지도를 해야 한다.

(3) 말

말(speech)은 언어의 구어적 전달이다. 만일 자신의 메시지를 구두로 상대방에게 전달한다면, 그것은 말이다.

의사소통, 언어, 말 이 세 가지 용어들은 혼용되기도 하기 때문에 혼란스러울 때도 있다. 어느 때는 같은 의미로 사용하기도 하고, 또 어느 때는 다른 의미로 사용하기도 한다. 특히 언어라는 용어는 문어와 구어 모두를 포함하는 뜻으로 사용되기도 하고, 그 중 한 가지만을 뜻하는 의미로 사용되기도 한다. 그래서 앞뒤 문맥을 살펴 의사소통, 언어, 말 중 어떤 용어에 해당하는가를 파악해야 할 때도 있다.

2) 언어습득이론

유아가 언어를 획득해 나가는 과정과 그 기저에 놓인 심리적 기제를 설명하기 위해 여러 이론들이 제시되었다. 여기에서는 학습이론, 모방이론, 인지이론, 생득기제이론에 대해서만 기술한다.

(1) 학습이론

스키너(B. F. Skinner, 1904~1990)를 비롯한 행동주의자들은 언어 습득과 발달은 다른 행동과 마찬가지로 강화에 의해 학습된다고 주장한다. 즉, 언어 습득도 작동적 조건형성에 따른 강화의 원리에 의해 이루어진다는 것이다.

학습이론에 의하면, 언어발달은 옹알이에서부터 시작된다. 옹알이 속에는 여러 나라의 언어에서 사용되는 음소가 포함되어 있다. **음소**(phonemes)란 그 이상 더 작은 음운 단위로 나눌 수 없는 최소 단위를 말한다. 그런데 성인들은 자신들이 사용하는 언어에 포함되는 음소를 어린이가 발성하면 받아들이고, 때로는 칭찬해 주기도 한다. 이것은 정적강화의 역할을 하여 그가 속하는 사회에서 통용되는 음소를 획득하게 된다. 유아가 우리말에는 없는 [f]의 발성을 하면 성인들은 교정해 주거나 무시한다. 유아가 '아빠'를 [a-fa]라고 발성하면 강화가 주어지지 않기 때문에 점차 '아빠'라고 발음하게 되는 것이다.

언어 습득에 관한 학습이론은 제한점을 지니고 있다. 만약 언어 습득이 언제나 조건형성에 의존한다면, 부모는 어린이가 어떤 발음을 할 때마다 강화를 제공해야 할 것이다. 그러나 실제로는 전혀 강화를 준 적이 없는 단어를 어린이가 사용하는 경우를 흔히 볼 수 있을 뿐만 아니라, 어린이의 언어발달 속도는 부모나 성인들의 강화 빈도와는 비교도 되지 않을 만큼 빠르다. 결론적으로, 우리는 학습이론으로 인간의 언어 습득과정을 어느 정도 설명할 수는 있으나, 인간의 언어 행동 전부를 설명할 수는 없다.

(2) 모방이론

반두라(A. Bandura, 1925~2021)에 의하면, 유아의 언어 습득은 모델이 보여준 언어 행동을 관찰하고 모방한 결과이다. **모방**(modeling)은 다른 사람의 말이나 행동을 그대로 따라 하는 것을 뜻하는 것으로, 유아는 다른 사람들이 하는 말을 듣고 그대로 모방하는 과정 속에서 모방 대상(모델)이 구사하는 언어의 문법 구조를 습득하게 된다는 것이다. 이때 부모가 말하는 언어는 유아가 모방하는 가장 영향력 있는 모델이 된다.

모방이 어휘 발달이나 문법 습득에 중요한 영향을 미치는 것은 사실이지만, 완전한 형태로 모방하는 것은 아니다. 이것은 두 문장 사용 시기에 잘 나타나는데, 예를 들어 "할아버지, 안녕히 계세요 라고 인사해야지."라고 하면, "안녕 계세요."라고 특유의 전문식 언어를 사용한다. 유아는 성인들의 말을 단순히 모방하는 것이 아니라, 어떤 규칙을 활용하고 있는 것이다.

뿐만 아니라, 어린이는 문법에 맞지 않는 언어를 구사하기도 한다. 어린이가 "저 애가 나에게 때렸어."라고 말하는 것은 그들이 단순히 어른들의 말을 모방하는 것이 아니라, 나름대로의 어떤 규칙 같은 것을 활용하고 있음을 보여주는 것이다. 그러나 새로운 말의 학습에서 모방이 큰 역할을 한다는 것을 전면적으로 부정할 수는 없다. 부모가 "엄마"라고 말할 때, 어린이는 "엄마"를 반복함으로써 말을 배운다. 또한 유아들은 남의 행동이나 말을 모방하려는 경향이 매우 강하다는 것을 경험적으로 알 수 있다.

(3) 인지이론

비고츠키(L. S. Vygotsky, 1896~1934)는 "사고는 언어의 형식으로만 존재한다." 또는 "언어는 사고에 선행한다."라는 기본 전제 아래 언어발달이론을 전개하고 있다.[1] 이러한 관점은 언어 이전에 사고가 선행한다는 피아제의 관점과 상반되는 것이다.

비고츠키는 언어의 형식을 외적 언어와 내적 언어로 구분하고 있는데, 외적 언어는 남에게 소리 내어 하는 말이고, 내적 언어는 자기 자신에게 소리 없이 하는 말을 의미한다. 그런데 언어발달 과정을 살펴보면, 외적 언어와 내적 언어가 분명히 구분되지 않고, 내적 언어도 소리 내어 말하는 과도기가 있다는 것이다. 피아제는 이 단계의 언어를 자기중심언어라고 하면서 점차 사회적 언어로 발달해 간다고 하였다. 그러나 비고츠키는 이와는 달리, 외적 언어가 먼저 나타나고 사적 언어가 나타난 후 최종적인 단계에서 내적 언어가 나타난다고 주장하였다. 여기에서 사적 언어란 개인적 지식이 공유되는 지식으로 전환되는 데 필요한 기제로서 일종의 혼잣말이다. 피아제의 자기중심언어와 비슷한 개념이지만, 단순히 의미 없이 중얼거리는 것이 아니라 자기조절의 시작을 의미한다는 점에서 다르다.

비고츠키는 여러 실험을 근거로 어린이의 자기중심언어는 외적 언어가 내적 언어로 발달해 가는 과도기에 나타나는 것이라고 주장한다. 피아제 이론에서는

---

1) 5장 2. 비고츠키 발달이론 참고.

언어발달의 초기에 나타나는 자기중심언어를, 비고츠키는 외적 언어에서 내적 언어로 이행하는 과도기 형태의 내적 언어로 보고 있는 것이다. 결국 비고츠키의 언어발달 도식은 외적 언어 → 자기중심언어 → 내적 언어로 표현할 수 있다.

비고츠키의 독특한 언어습득이론은 루리아(A. R. Luria, 1902~1977)에 의하여 더욱 발전되었다. 루리아도 사고가 언어의 형식으로만 존재한다는 전제에서 출발하고 있다. 루리아는 의사소통의 정보 전달 기능과 통제 기능 중 통제 기능을 중점적으로 연구하였다. 언어 통제 기능이란 말을 함으로써 듣는 사람의 행위를 금지하거나 지시하여, 그의 행동을 통제하는 것을 말한다. 그리고 언어의 통제 기능은 자신에서 타인으로 이행되는데, 처음에는 타인의 말에 따라 반응하지만 나중에는 자신도 언어를 통하여 타인의 행동을 통제하며, 맨 나중에는 자신의 행동에 대해 스스로 통제할 수 있게 되어 통제의 방향이 자신의 내부로 향하게 된다.

발달 초기에 유아의 행동에 영향을 미칠 수 있는 말은 타인의 외적 언어이지만, 점차 발달해 감에 따라 자기의 외적 언어로, 나중에는 자기의 내적 언어로 이행된다. 또한 통제 유형은 충동적 단계에서 의미론적 단계로 발달한다. 충동적 단계에서는 말이 특정한 의미를 전달함으로써 행동에 영향을 미치는 것이 아니라 단순히 물리적 자극으로 기능한다. 갑작스런 소리가 이미 행하고 있는 행동을 중지시키는 경우가 그 예다. 그러므로 이 시기의 언어에 의한 통제 유형은 충동적이라 할 수 있다. 발달이 진행됨에 따라 유아는 충동적인 언어 통제의 단계에서 의미론적 단계로 이행된다. 이 단계에서는 특정 순간에 자신이 들은 물리적 속성에 따라 행동하는 것이 아니라 말의 내용과 의미에 따라 행동하게 된다.

(4) 생득기제이론

언어발달에 관한 생득설은 여러 갈래가 있지만, 여기에서는 언어학의 혁명을 가져온 것으로 평가되는 촘스키의 이론과 언어발달을 생리학적 측면에서 설명하고 있는 렌네버그의 이론을 살펴보고자 한다.

촘스키

노암 촘스키(N. Chomsky, 1928~)는 미국의 필라델피아에서 태어났으며, 히브리어 학자인 아버지로부터 언어학자로서의 기초를 다지게 되었다. 그는 펜실베이니아 대학에서 언어학 · 수학 · 철학을 공부하여 박사 학위를 취득하였다. 언어학과 수학이 혼합된 촘스키의 새로운 이론은 기존의 이론들과 상당히 달라서 전통적인 학파들로부터 배척당하기도 하였다.

1957년 촘스키는 구문적 구조론(Syntactic structures)을 발표함으로써 언어심리학 분야의 새로운 장을 열었다. 촘스키는 아동의 문법 취급 능력을 설명하기 위한 하나의 정신 기제로서 언어습득장치를 가정하였다. 촘스키는 현재 미국 매사추세츠 공과대학 명예교수로 있다.

① 촘스키 이론

촘스키(Noam Chomsky, 1928~)는 언어발달은 태어날 때부터 가지고 태어난다는 소위 생득설을 주장한 학자로서 언어학의 혁명을 가져왔다는 평가를 받고 있다.

촘스키(Chomsky, 1959)는 인간의 신경조직이 언어 개념을 내포하고 있는 정신 구조로 이루어져 있다고 주장한다. 즉, 어린이는 내적으로 **언어습득장치**(Language Acquisition Device: LAD)를 가지고 태어난다는 것이다(그림 10-1).

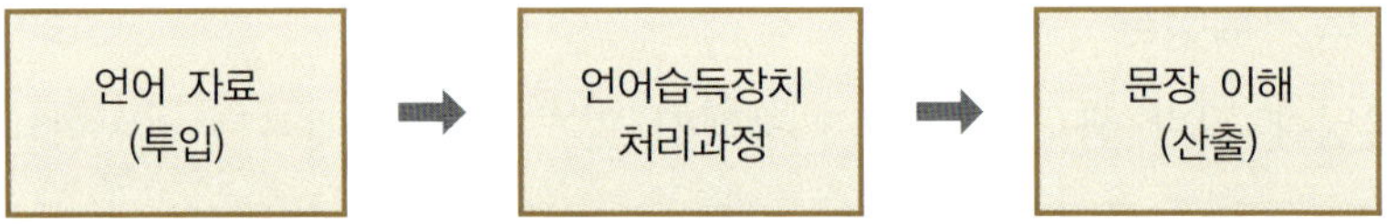

[그림 10-1] 언어습득장치

언어습득장치는 언어 자료를 처리하고, 언어 규칙을 구축하며, 문법적 문장을 이해하게 해주는 기제를 말한다. 그러므로 문화는 달라도 유아들의 언어발달 수준은 거의 동일하다고 한다. 사실 유아가 말을 배우는 것처럼 신기한 것도 없을 것이다. 만 한 살을 전후하여 유아는 처음으로 한 마디씩 말을 하기 시작하여 서너 살이 되면 의사소통에 큰 불편이 없을 정도로 말을 익힌다. 이는 어른이 되어 외국어를 배울 때, 수십 년이 되어도 도달하기 어렵다는 사실을 생각하면 매우 놀라운 일이다. 특히, 유아들이 그렇게 짧은 기간 내에 말을 습득한다는 사실과 체계적인 훈련이나 교육이 없이 그렇게 쉽게 말을 습득한다는 사실은 놀랄 만하다. 언어 능력은 타고난다는 본유성의 가설도 대체로 이러한 사실에 근거를 두고 있다.

촘스키에 따르면, 유아가 짧은 기간에 말을 습득한다는 사실은, 어떤 자연 언어를 말할 수 있다는 것이 한정된 수의 문장을 배워서 그것을 그대로 저장해 두었다가 표현하는 맹목적인 기억의 힘 때문은 아니다. 그것은 문법에 맞게 무한정으로 말을 만들어 낼 수 있는 창조적인 힘 때문이라고 한다. 이것이 곧 촘스키가 말하는 **언어학적 능력**(linguistic competence)이다.

유아의 언어학적 능력은 모든 문화권에서 공통적으로 규칙적인 순서에 따라 발달한다. 발달 초기의 유아는 어느 곳에서나 기본적으로 똑같은 문법 규칙을 사용한다. 심지어 청각장애아동도 수어를 할 때 공통적인 문법 규칙을 사용한다. 언어발달은 놀라울 정도로 빨리 진행되어, 생후 1년 정도 지나면 말이 시작되고, 2세 정도 되면 최소한 50여 개의 낱말을 구사할 수 있게 된다. 초기 문장은 전문식 언어의 특성을 가지고 있으며, 4세경이 되면 문법의 복잡성이 성인 수준에 도달하게 된다.

언어발달이 매우 체계적이고 보편적이라는 사실에 기초하여, 촘스키는 언어학적 능력은 타고난다고 주장한다. 이러한 보편성을 근거로 그는 선험성을 주장하는 것이다. 그럴 만한 여러 가지 이유가 있는 것도 사실이다. 우선, 유아는 부모의 말을 모방을 통해 학습하는 것이 아니다. 나라마다 부모의 말은 달라도 유아들이 사용하는 말의 내적 구조는 어느 나라에서나 마찬가지이다. 어휘 수라든가 문장 길이는 개인차가 있지만, 언어발달의 단계와 시기는 보편적이다. 언어습득의 속도도 빠르고 기간도 짧은 것으로 보아, 촘스키는 유아의 언어학적 능력을 생득적인 것으로 생각한다.

② 렌네버그 이론

렌네버그(Eric. H. Lenneberg, 1921~1975)는 언어란 생리적 발달을 전제로 한다는 소위 **언어분화이론**을 주장하였는데, 장애아동의 언어발달을 이해하는 데 여러 가지를 시사하고 있다. 그는 언어를 이해하고 산출하는 것은 인간 고유의 능력으로서, 이것은 인간의 종 특유의 특징이라는 것이다. 렌네버그에 의하면, 언어란 두뇌 중심부에 위치하고 있는 조음 장치와 인간의 말소리를 다른 소리와 구별해서 질적으로 다른 방법으로 처리하는 특수한 청각 조직을 통해서 발달된다. 그러므로 언어는 이러한 생리기관의 성숙에 의존한다.

렌네버그는 감각 운동 발달과 언어발달 간의 관계를 비교한 결과, 언어 습득의 기본 순서는 어떤 문화권에서나 고정된 순서로 이루어진다는 것, 그리고 문화적 · 환경적 차이에도 불구하고 같은 비율로 이루어진다는 것을 발견하였다. 즉, 옹알이를 시작하는 시기, 돌 이전에 첫 단어를 말한다는 사실, 그리고 두 돌 전후에 두 문장 사용을 표출한다는 사실 등은 어느 문화권에서나 비슷하였다.

이와 같은 결과에 비추어, 렌네버그는 언어란 생리적 발달을 전제로 발달한다고 주장한다.

렌네버그 이론은 크게 세 가지로 요약할 수 있다(Lenneberg, 1967).

- 언어 습득 결정기: 언어 습득을 담당하는 결정적 시기가 존재한다.
- 대뇌피질의 기능적 국재: 대뇌피질의 일정한 부분이 일정한 언어 능력과 관련되어 있다. 예를 들면, 브로카 영역(Broca area)은 발화와 관련이 있고, 베르니케 영역(Wernicke area)은 이해와 관련이 있다.
- 좌 · 우 뇌반구 기능 분화: 대뇌의 한쪽 반구가 어떤 특수한 기능을 수행하기 위해서 전문화된다.

렌네버그가 주장하는 가설 중 특히 언어 습득의 **결정기 가설**[2)]은 언어장애 유아의 조기교육에 시사하는 바가 크다. 렌네버그에 따르면 유아들의 두뇌는 더 유연하기 때문에 나이 든 사람들에 비해 언어를 획득하기가 더 쉽다. 언어발달 결정기에 대한 구체적인 연령에 대해서는 학자마다 약간씩 다르지만, 모국어는 5세경까지 습득된다는 주장이 대체로 받아들여지고 있다. 또한 렌네버그는 사춘기(11~13세) 전후에는 두뇌발달이 거의 없고 대뇌의 유연성도 떨어지기 때문에 새로운 언어를 배우기가 힘들다고 주장한다. 뇌 좌반구 기능의 특성에 비추어 볼 때, 인간의 언어 습득에는 연령의 한계가 있다는 것이다(Lenneberg, 1967).

렌네버그는 언어학적 능력을 인간의 종 특유의 것으로 본다는 점에서는 촘스키와 견해를 같이 한다. 그러나 두 사람의 관점은 분명한 차이점이 있다. 즉, 촘

2) 결정기 가설에 따르면 언어 습득은 생물학적으로 규정된 특정한 시기에만 일어나며, 이 시기에는 환경에 자연스럽게 노출되는 것만으로 언어 습득이 성공적으로 이루어진다. 언어 습득에 최적화된 이 시기는 출생부터 생후 몇 년까지, 길게 잡아 사춘기까지이다. 이 시기가 지나면 언어 습득은 매우 어렵고 대개의 경우 성공적으로 이루어지기 힘들다는 가설이다.

스키는 통사 구조를 논하면서, 그의 변형 생성 문법에서는 문법적인 목록들이 존재하는 것을 기본 전제로 당연시하고 있는데 비해, 렌네버그는 신경생리학적 관점에 입각해서 문법적인 관계가 발달한다고 주장한다. 결론적으로, 렌네버그는 언어발달을 연속선 위에서의 분화과정으로 파악하고 있다. 그의 언어에 대한 관점은 이후의 언어발달 연구에서 맥락의 개념을 도입하여 생물학적 근거에 대한 연구와 발달의 연속성이라는 개념을 발달시키는 데 큰 공헌을 하였다.

렌네버그에 의하면, 발달지체 아동도 언어발달의 습득 순서에 있어서는 일반 아동과 다를 바가 없으며, 다만 언어 습득이 늦을 뿐이다. 생리적 발달이론의 또 다른 증거는, 신체발달이 이루어지는 시기에 언어발달도 쉽게 이루어진다는 사실이다. 나이가 어릴수록 외국어 습득이 더 쉽다. 또한 뇌손상으로 인하여 언어장애를 불러일으킨 경우에도, 나이가 어릴수록 회복될 가능성이 더 크다. 이 점은 언어장애아동을 위한 조기교육의 이론적 기초로 제시되기도 한다.[3)]

2. 장애아동의 언어발달

1) 장애아동 언어발달 영향 요인

장애아동의 언어발달에 영향을 미치는 요인은 그 범주가 대단히 넓고 포괄적이다. 그래서 그 범주를 좁혀 언어발달을 촉진하는 정적 요인과 언어발달을 저

3) 어린이가 언어를 보다 쉽게 배우는 이유는 뇌의 측면화가 덜 되어서 뇌가 유연하기 때문이다. 나이가 어린 어린이는 양쪽 뇌를 모두 언어 기능을 위하여 사용할 수 있고, 한쪽 뇌에 이상이 있을 경우 쉽게 다른 쪽 뇌로 전이시킬 수 있다. 빈면에 성인은 그렇지 못하다. 그 증거로서 성인의 경우에 왼쪽 뇌가 제거 되면 언어 기능을 상실하지만, 어린이의 경우에는 왼쪽 뇌가 제거 되더라도 오른쪽 뇌에서 언어 기능을 대신하여서 언어 기능을 상실하지 않는다는 사실을 지적하였다.

해하는 부적 요인으로 구분하고, 정적 요인으로는 전언어적 행동을, 부적 요인으로는 반언어적 행동을 간략히 살펴보고자 한다.

(1) 전언어적 행동

전언어적 행동은 의사소통 기술을 학습하는 데 크게 공헌하는 요인이다. 정상적으로 발달하는 아동은 표현 능력이 비언어적 몸짓에 한정되어 있을 때, 여러 가지 전언어적 행동을 나타낸다. 결국 이 몸짓들은 표현적 언어 행동으로 발전한다.

전언어적 행동의 한 형태인 감각운동적 행동도 의사소통과 언어발달의 기초가 된다. 보통 9~13개월 사이의 유아는 소위 수단-목적 행동이 발달하는데, 사물을 얻기 위해 사람을 이용하기도 하고 다른 사람의 관심을 끌기 위해 사물을 이용하기도 한다. 이 단계의 유아는 소리를 내기 위해서가 아니라 부모의 관심을 끌기 위해 딸랑이를 흔들거나 던진다. 이와 같은 수단-목적 행동을 확실히 나타낼 때, 비로소 유아는 최초로 표현 언어의 징후를 보이는 셈이다. 부모들은 자녀의 의사소통 행동을 너그럽게 해석하는 경향이 있으며, 낯선 사람에게는 의미 없는 것으로 보이는 몸짓이나 발성을 복잡한 문장으로 해석하기도 한다.

특정한 사회적·인지적 기능도 언어발달과 밀접한 관련이 있다. 브루너(Bruner, 1975)는 부모와 아동 혹은 아동들 사이에 규칙이 지배하는 놀이는 언어와 의사소통 기술을 지배하는 규칙을 얻게 되는 단계라고 주장한다. 아동 초기의 발성이 기능상 제한이 있기는 하지만, 그들은 최초 단어 혹은 한 문장 사용 단계에서도 환경을 효과적으로 조절한다. 이밖에 상호작용의 빈도, 사회적 경험의 다양성, 보호자에 대한 반응 강도, 사회활동의 구조 등과 같은 사회적 요인들도 수용 언어와 표현 언어의 발달에 영향을 미친다는 사실이 여러 연구에서 밝혀졌다(Stevenson & Lamb, 1981).

(2) 반언어적 행동

반언어적 행동은 의사소통 기술을 학습하는 데 방해 요인으로 작용한다. 장애아동의 언어발달과정을 방해하는 반언어적 요인들은 매우 많다. 그 중 가장 먼저 지적된 요인은 주의력 결핍으로 지먼과 하우스(Zeaman & House, 1963)의 연구에서 밝혀졌다. 주의력 결핍 아동은 상대방과 이야기를 나누는 중에 다른 자극에 쉽게 주의가 쏠려 원만한 의사소통이 어려울 때가 많다.

그 밖의 다른 반언어적 행동들로는 머리 박기 · 되새김질 · 물건 흔들기 · 몸 흔들기 · 눈 비비기 등과 같은 자기 자극적 · 상동적 · 관례적 행동을 들 수 있다. 특히 중증장애아동 가운데에는 다른 사람들과 관계를 맺지도 못하는 경우가 많다. 그들로 하여금 억지로 다른 사람들과 사귀게 할 때면, 그들은 매우 공격적으로 변하고 머리를 박는다거나 머리카락을 뽑는 등 외적 지향의 위험한 행동을 보이기도 한다. 또한 그들은 알아듣기 어렵거나 의미 없는 소리를 지르기도 하고, 자신에게 한 말을 앵무새처럼 반복하기도 한다. 더욱이 시각장애와 청각장애를 동시에 가지고 있는 중증장애인의 말과 언어 기능은 크게 제한되어 있다. 예를 들면, 시각장애인은 말소리가 만들어지는 방법을 모방할 수 없고, 청각장애인은 소리를 재생하는 것이 매우 어렵다.

결론적으로 중증장애아동은 언어발달에 공헌하는 전언어적 행동은 발달하지 않고, 반대로 언어발달을 저해하는 반언어적 행동이 자주 나타나는 것으로 보인다.

2) 장애아동의 언어발달 특성

언어장애를 수반하는 대표적인 장애 유형은 언어 · 청각장애아동이지만, 이밖에 지적장애 · 뇌성마비 · 자폐성 아동들도 언어장애가 본질은 아니지만 상당히 심각한 문제가 되는 경우가 많다.

(1) 청각장애아동

청각장애아동의 언어발달은 듣는 기능의 제한으로 인하여 학습의 성취가 또래 일반 아동에 비해 양적으로나 질적으로 낮다(이진숙 · 황민아, 2007). 선천적 청각장애아동의 경우에는 말소리를 듣지 못하기 때문에 조음기관에 전혀 이상이 없더라도 말을 배우기가 어렵다. 그래서 청각장애 유아들은 말을 배우는 대신 의사소통의 한 방법으로 수어나 지화를 배우게 되며 그 시기는 일반 유아들보다 빠르게 나타난다(이은주, 2022). 청각장애 유아는 옹알이 단계를 통해 청각장애 부모로부터 자연식 수어를 배우게 되고, 일반 유아와 비슷한 방식으로 한 단어 단계(한 문장 사용)로 진행하게 된다. 일반 유아의 경우 한 단어 단계는 한 살 정도에 시작하지만 자연식 수어에서는 그보다 먼저 나타나는 것이 보통이다.

청각장애아동은 음성적 특징을 청각적으로 변별하는 능력이 제한적이며 청각적, 음성적 능력이 지체되기 때문에 또래의 일반 아동에 비해 청각적으로 정보를 처리하는 능력이 부족하다. 따라서 청각장애아동은 말하는 사람의 의사를 의미적으로 인지하는 데 한계가 있으므로 수어를 통하여 의미를 인지하는 과정을 가진다. 이때 수어의 어휘별 의미가 아닌 전체의 의미에 초점을 두며, 구체적으로 수어의 방향보다는 수어의 동작이나 수어의 형태에 많은 관심을 가지고 의미 중심으로 수어를 인지한다(윤미선, 2007).

청각장애아동은 부모의 언어 중재에 따라서 언어발달에 차이를 보이게 된다. 또한 언어 습득은 잔존 청력의 정도에 따라 언어 습득의 정도가 달라진다. 만 2~3세의 연령은 언어발달의 폭발기로 36개월 이전에 청력을 손실하면 언어 습득에 어려움을 보이며, 36개월 이후에 청력을 손상하면 언어 습득이 훨씬 수월하다(최성규, 2008).

(2) 지적장애아동

대부분의 지적장애아동은 청력이나 언어 기관에 이상이 없음에도 불구하고 같은 연령의 일반 아동과 비교해 보았을 때 언어 표현에서 차이를 보인다. 지적장애아동의 언어 표현은 같은 연령의 일반 아동들에 비해 뒤떨어지고 미성숙한 형태를 보인다. 또한 발화의 길이가 짧고 그 내용이 단순한 경향이 있으며, 정교하지 못하고, 의도, 역할, 가정, 문장 형태 등에서도 차이가 있다.

지적장애아동의 언어발달이 지체되어 있다는 사실은 여러 연구 결과 밝혀졌다. 렌네버그(Lenneberg, 1967)에 따르면, 지적장애아동은 일반적으로 추상적 · 논리적 사고가 열등하기 때문에, 언어 전달 기능이 뒤떨어질 뿐 아니라 언어발달도 늦다고 한다. 일반적으로 지적장애아동의 언어발달은 일반 아동과 마찬가지의 단계를 거치지만, 그 발달 속도는 지체되어 있는 것으로 알려지고 있다.

대체로 지적장애아동은 일반 아동에 비해 의사소통을 몸짓에 의존하는 경우가 많으며, 상징 놀이도 늦게 나타나 두 단어 사용 단계의 발달이 지체된다. 또한 지적장애아동은 일반 아동에 비해 언어 이해와 언어 표현의 차가 크며, 사용하는 단어의 의미를 명확하게 이해하지 못하는 것이 특징이다.

지적장애아동은 이야기 말하기 능력도 뒤떨어지는 것으로 나타났다. 이근숙(2003)은 경도 지적장애아동 10명과 언어 연령을 5세로 일치시킨 일반 아동 10명을 대상으로 이야기 말하기와 이야기 다시 말하기 능력을 비교하였다. 그 결과 지적장애아동은 일반 아동에 비해 이야기 문법과 이야기 내용을 더 적게 산출한 것으로 나타났다. 또한 일반 아동에 비해 발화 길이가 짧고 낱말과 문법 형태소를 다양하게 사용하지 못하는 것으로 나타났다.

한편, Owens(2021)는 지적장애아동들의 언어 표현 특성을 다음과 같이 세 가지로 나누어 설명하고 있다.

- **화용론**: 지적장애아동은 일반 아동에 비해 몸짓 패턴은 유사하지만, 명료하지 못하고 대화에서 주도적인 역할을 하지 못한다.
- **의미론**: 지적장애아동은 일반 아동에 비해 어휘 발달이 느리며, 사용하는 단어의 의미를 구체적인 의미로만 이해하여 다양한 의미 단위들을 잘 활용하지 못한다.
- **형태론**: 지적장애아동은 일반 아동과 같은 순서로 음운 규칙이 발달하지만 더 발전된 형태로 사용할 수 있음에도 불구하고 덜 성숙한 형태를 사용한다. 구문에 있어서 일반적인 문장의 발달은 일반 아동과 비슷하지만 문장의 정교함이 떨어지고 간단한 문장만을 사용한다.

(3) 뇌성마비아동

뇌성마비아동도 일반 아동과 마찬가지의 언어발달 단계를 거치지만, 상당수는 조음기관의 협응 문제로 인하여 조음장애를 가지고 있다. 그러나 뇌성마비아동 중에는 언어 경험의 결핍이나 언어 실패의 누적 등으로 인한 언어발달이 지체된 아동도 꽤 많다.

뇌성마비는 중추신경계의 결함으로 나타나는 신경운동성 장애로, 이러한 결함이 조음 및 발성기관에 영향을 미칠 경우에 구음장애를 동반하기도 한다. 구음장애는 말장애 중에 명료도가 가장 심하게 저하되는 것으로, 말을 산출할 때 필요한 여러 기관의 움직임에서 동시에 문제를 나타낸다(이미숙, 2015).

일반적으로 뇌성마비아동은 말하기 · 듣기에 필요한 자세와 운동조절기능의 무능력, 호흡 장애, 지능 지체와 같은 요인으로 인하여 약 80% 이상이 언어장애를 가지고 있는 것으로 알려지고 있다. 특히 중도중복 뇌성마비아동은 발성을 통하여 대화가 어려워 일상적으로 사용하는 언어가 행동의 조정과 사고의 유효한 수단으로서 기능을 다하지 못하게 된다.

뇌성마비아동의 운동장애는 다양한 경험의 기회를 방해하고 이는 풍부한 어휘 습득에 어려움을 지니게 된다(이미경 · 한경근, 2011). 이러한 어려움이 학령기에 접어들면서 아동의 전반적인 학력 수준이나 학교생활을 유지하는 데 방해가 되기 때문에 뇌성마비아동의 적절한 어휘의 습득과 습득한 어휘로 적절하게 표현할 수 있도록 하는 것은 매우 중요하다.

이와 같이 뇌성마비아동은 조음 및 발성기관의 결함으로 인하여 음운, 어휘, 구문, 화용 및 의사소통 등에 결함을 나타낸다.

- **음운 발달**: 대체로 뇌성마비아동은 파찰음과 마찰음에서 정확도가 낮고, 치경음을 발성하는 데 어려움을 보인다.
- **어휘**: 뇌성마비아동은 일반 아동에 비해 어휘력이 떨어지고, 사용하는 낱말의 수가 적을 뿐 아니라 낱말 유형도 제한적이며, 표현언어가 부족하다.
- **구문 발달**: 뇌성마비아동은 단문 형식의 단순한 문장으로 이야기를 표현하고, 이야기 구성력이 약하며, 이야기의 일관성도 뒤떨어진다(박선희, 2012). 또한 뇌성마비아동의 언어 능력은 통사 규칙의 습득과 발달에 제약을 받는다. 그 결과 뇌성마비아동은 학령기에 접어들어서도 자신의 의사를 표현하는 능력이 낮고 구문 능력이 부족하여 또래 아동들에 비하여 짧은 문장을 사용하는 경향이 있다(최지영, 2011).
- **화용론**: 화용론상의 문제는 다른 영역의 언어 결함과 함께 나타나기도 하고 독립적으로 나타나기도 한다. 조음기관의 움직임과 협응에 문제가 있는 뇌성마비아동은 발성에 문제가 있고 말 명료도 또한 낮아 의사소통에 어려움을 겪게 된다. 그리하여 또래 관계나 대화 유지에 있어 잦은 실패를 경험하게 되고, 그 결과 자존감이 낮게 되고 말을 하려고 하지 않는 경향을 띠게 된다.

- **호흡 장애**: 경련형 뇌성마비아동에게서 흔히 나타나는데, 말을 할 때나 하지 않을 때를 막론하고 흉부와 복부의 저항이 있을 뿐 아니라, 그로 인하여 호흡 이상이 증대되며, 특히 말을 할 때에는 흉부가 지나치게 확장되는 것으로 알려지고 있다.
- **음성 장애**: 후두 기능에 문제가 있을 때 나타나는데, 뇌성마비아동은 말을 하기 위해 숨을 조절하고자 할 때, 후두 근육이 긴장하게 되고 그 결과 여러 가지 형태의 후두 경련이 일어나게 된다.
- **언어 지체**: 대부분의 뇌성마비아동에게서 볼 수 있다.
- **조음 장애**: 뇌성마비아동의 언어장애 중 가장 일반적인 유형이다. 조음이란 말을 구성하고 있는 각각의 어음을 소리 내는 것을 말하는데, 이를 위해서는 정밀하고도 복잡한 조음기관이 제대로 기능을 발휘해야 한다. 그런데 뇌성마비아동은 구강 · 안면 파열 등 정형외과적 손상이나 불수의운동 혹은 경련 등으로 말미암아 조음장애가 많다.

(4) 자폐성장애아동

자폐성장애아동은 여러 가지 특성을 나타내지만, 그 중에서도 언어 문제가 매우 심각하다. 특히 심한 지적장애를 수반한 자폐성장애아동은 언어 습득이 어려우며, 몇 마디의 말을 하더라도 의사를 전달할 만큼의 수준에는 이르지 못한다. 물론 자폐성장애아동들은 개인차가 심하기 때문에 언어를 어느 정도 구사할 수 있는 아동도 있기는 하다.

자폐성장애아동의 언어발달에 관한 연구 결과들은 그 대상의 특성이 각기 다른 관계로 매우 다양하다. 지금까지 국내 관련 문헌에 소개된 자폐성장애아동의 언어발달에 관한 내용들을 종합하여 그 특징을 살펴보면 다음과 같다(이상아, 2017; 윤은영, 2014; 손은현, 2009; 김동흥, 2006; 정윤주, 2003; 조성숙, 2002).

- 대화를 할 때 서로주고 받기를 하지 못한다.
- 다른 사람이 하는 말의 뜻을 이해하지 못할 때가 많다.
- 다른 사람의 말에 관심이 없으며 스스로 말을 시작하기도 한다.
- 요구사항이 있을 때에는 말로 하는 대신 상대방의 팔목을 잡아끌고 가는 경우가 있다.
- 손으로 대상물을 지적하는 경우가 많다.
- 나이가 들면서 말을 이해하는 능력이 증가하지만 대체로 떨어지는 편이다. 따라서 다른 사람이 매우 쉬운 지시어로 말을 해도 그 내용을 이해하지 못하는 경우가 많다.
- 말수가 적으며 일반 아동들처럼 어머니를 졸졸 따라다니면서 끊임없이 재잘거리는 경우가 없다.
- 창의적이지 못하고 상투적인 말씨를 사용한다.
- 반향어를 사용하는 경우가 많은데, 다름 사람의 말이 끝나자마자 하는 즉시 반향어를 구사하기도 하고, 한참 뒤에 하는 지연 반향어를 구사하기도 한다. 그러나 대부분의 반향어들은 의미가 없다.
- 지능이 정상에 가까운 자폐성장애아동은 나이가 든 후에도 말을 반복적으로 하는 경우가 많으며, 질문을 할 때에도 상황이나 다른 사람의 반응을 고려하지 않고 한 가지 질문을 반복하는 경우가 많다. 또한 나이가 든 후에도 복잡하거나 추상적인 말은 하지 못한다.
- 말을 할 때 문법적 오류가 많다. 특히 대명사와 부사, 예를 들면 '여기 · 저기 · 거기'와 '어제 · 오늘 · 내일'을 적절히 사용하지 못한다.
- 자음이나 모음을 하나하나 발음을 할 때에는 정확할 때도 있다. 그러나 말의 억양은 대체로 평탄하고 감정표현이 없으며, 음절이나 낱말을 딱딱 끊어서 말하기도 한다.

- 다른 사람이 말을 할 때 사용하는 몸짓 · 손짓 · 얼굴 표정 등을 이해하지 못한다.

3. 장애아동 언어 중재

일반적으로 언어 중재 접근법은 크게 발달적 접근과 기능적 접근으로 구분할 수 있다. 발달적 접근은 일반 아동의 언어발달 순서를 따른다. 즉, 일반 아동의 언어 습득에 관한 자료에 근거하여 정해진 순서대로 언어장애아동에게 언어 기능을 가르친다. 기능적 접근은 환경을 통제 혹은 수정하고, 또한 환경과의 상호작용에 있어 각 아동에게 가장 유용한 형태와 기술이 무엇인가에 초점을 맞추고 있다. 이 접근을 지지하는 사람들에 따르면, 중증 언어장애아동은 일상적인 방법으로는 언어를 습득할 수 없기 때문에, 그들에게 정상적 발달 계열에 따라 가르쳐서는 곤란하다는 것이다. 그 밖의 접근법들은 이 두 가지 접근에 기초하고 있거나 혹은 변형한 것들로 볼 수 있다.

1) 언어 교수 전략

특수교육대상 학생을 위한 대표적인 언어 교수 전략은 환경 중심 언어 교수, 발음 중심 읽기 지도, 총체적 언어 교육, 언어 경험 접근법 등이 있다(교육부, 2017).

(1) 환경 중심 언어 교수

환경 중심 언어 교수는 수많은 자연주의 언어 교수 절차를 포괄하는 용어인데, 주로 자폐성장애나 지적장애 등 중증 발달장애학생을 대상으로 자주 사용되는 교수 전략이다. 이 방법의 일반적인 목표는 의사소통 행동의 빈도를 증가시키고, 더 길고 복잡한 발화를 산출하도록 하며, 보다 발달된 형태의 기능을 표현하도록 하는 것이다.

일반적으로 환경 중심 언어교수는 다음과 같은 네 가지 절차로 구성된다.

① 1단계: 모델링

모델이 되는 성인이 먼저 학생의 관심 대상을 파악한 후, 학생이 그 대상에 대해 관심을 보이면 따라 할 수 있는 단어나 기능을 말해 준다(예: "퍼즐을 하고 싶어요"라고 말해 보렴). 학생이 정확하게 따라 하면 칭찬 등 강화를 제공한다. 학생이 정확하게 따라 하지 못하거나 방응을 보이지 않는 경우에는 다시 한번 시범을 보여 준다.

② 2단계: 요구 · 모델링

모델링 절차에 요구라는 한 가지 요소를 첨가한 것이다. 즉, 이 절차에서는 학생에게 반응하도록 요구한 후에 다시 모델링을 한다. 학생에게 요청과 더불어 교사가 원하는 의사소통 행동 시범을 보여 준다.

③ 3단계: 시간 지연 절차

교사가 학생과 함께 활동하거나 학생이 반응할 때까지 기다리는 것이다. 학생이 어떤 사물이나 활동에 관심을 보이면, 성인은 학생이 요청 혹은 지적할 때까지 기다린다. 기다리는 것은 3~5초 정도인데, 필요에 따라 10초 이상 기다리기도 한다. 그래도 반응하지 않으면 다른 모델링 절차를 사용한다.

④ 4단계: 우연 학습

환경 중심 언어 중재의 본질이라고 할 수 있다. 우연 학습은 생활 장면에서 우연히 일어나는 의사소통 기회를 이용하는 것이다. 그러나 이러한 기회가 주어지지 않으면, 중재 목표에 도달하기 위한 상황을 의도적으로 만들어 주기도 한다. 이를 확장된 환경 중심 언어 중재(enhanced milieu teaching)라고 한다.

(2) 발음 중심 읽기 지도

발음은 글자를 말소리로 바꾸는 것을 말한다. 발음 지도는 읽기 자체를 의미한다기보다 읽기의 하위 기술을 길러 주는 것이다. 학생들이 글자와 말소리의 관계를 이해하고 해독하기 위해서는 자모 체계에 대한 지식과 함께 음운 인식이 가능해야 한다.

음운 인식은 구어의 음 구조에 대한 인식으로, 구어가 더 작은 요소로 나뉠 수 있고, 음이 여러 방법으로 조작될 수 있다는 것을 인식하는 것이다. 문장이 단어로, 단어가 음절로, 음절이 음소로 나누어질 수 있음을 이해하고, 음절이나 음소를 빼거나 더하거나 대치하였을 때에 소리가 어떻게 변화하는가에 대한 이해를 포함한다. 즉, 자소 · 음소의 대응 규칙을 터득하는 과정이다. 음운 인식은 소리와 낱말 간에 변별, 낱말 안의 소리의 정의, 낱말 안의 소리의 조작, 음소의 정의, 낱말 안에 초 · 중 · 종성을 변별하는 것을 포함한다. 음운 인식 훈련의 주요 내용은 다음과 같다.

- 여러 개의 단어에서 공통 초두 자음 찾기(예: 가방, 고기)
- 여러 개의 단어에서 공통 음절로 시작하는 단어 찾기(예: 가방, 가지)

- 여러 개의 단어에서 같은 음절로 끝나는 단어 찾기(예: 개구리, 너구리)
- 단어에서 특정 음소나 음절 빼고 말하기(예: 사과에서 'ㅅ'을 빼고 말하기)
- 단어에서 특정 음소나 음절 대치하여 말하기(예: 사슴에서 'ㅅ'을 'ㄱ'으로 대치하여 말하기)
- 단어에서 빠진 음절 찾기(예: 개나리에서 개를 빼고 말하기)
- 음절에서 공통 음절체 찾기(예: 길, 김 = 기)
- 음절에서 공통 각운 찾기(예: 벌, 털 = 얼)
- 합성, 즉 음소를 결합하여 단어 만들기 및 음절을 결합하여 단어 만들기(예: /ㅂ/ + /ㅜ/ + /ㄱ/ = 북, /개/ + /구/ + /리/ = 개구리)

(3) 총체적 언어 교육

총체적 언어 교육은 언어를 음소나 낱자 중심으로 가르치는 것이 아니라, 의미를 지닌 덩어리로 사용할 수 있도록 접근하는 방법이다. '총체적'[4]이라는 말은 다음 세 가지 의미를 함축하고 있다(박혜경, 1991). 첫째, 언어의 기본 단위는 의미이다. 둘째, 언어 교육은 말하기 · 듣기 · 읽기 · 쓰기를 인위적으로 따로 구분하여 가르칠 것이 아니라, 통합적으로 가르쳐야 한다. 셋째, 언어 교육은 모든 교과와 통합하여 가르치는 것이다.

총체적 언어 교육을 하는 교사들은 학생들이 언어 학습을 즐거워하도록 분위기를 조성해 주어야 하고, 자신감을 가지고 그들의 생각, 착상, 느낌을 스스로 표현하도록 유도하며, 어떠한 경우에도 학생이 언어 배우기를 두려워하거나 지루해하지 않도록 격려해야 한다. 총체적 언어 교육 주창자들은 학생들이 자연스러운 맥락에서 읽고 쓰는 것을 학습하여야 하며, 읽기와 쓰기 기술은 원래 연관되어 있다고 믿고 있다. 따라서 읽기와 쓰기를 분리하여 가르치는 것보다는 통

4) 박혜경은 그의 박사학위 논문에서 'whole language'를 '총체적 언어'로 번역하여 오늘에 이르고 있음

합하여 지도하여야 한다고 주장하고 있다.

총체적 언어 교육이 성공하기 위해서는 모든 학생이 좋은 글을 대할 수 있어야 하며 읽기와 쓰기가 연관된 활동이어야 한다. 그러나 교사는 특수교육대상 학생들이 간접적인 교수를 잘 학습하지 못한다는 것을 기억해야 한다. 총체적 언어 교육은 학생이 읽고자 하는 동기를 증가시키기 위해 고안되었지만, 교사는 학생이 읽는 방법을 학습할 동기가 생기면 해독과 이해 기술에 대한 조직적인 교수를 제공하여야 한다.

(4) 언어 경험 접근법

언어 경험 접근법은 초기 읽기 지도방법 중 하나로서, 총체적 언어 교육의 한 전략으로 사용되어 왔다. 총체적 언어 교육의 철학을 바탕으로 학습자는 자신의 개인적 경험과 생각을 듣고, 말하고, 쓰고 그것을 읽음으로써 통합적인 언어 능력을 발달시키는 것이다.

언어 경험 접근법의 특성은 다음과 같다.

- 학생의 경험을 바탕으로 한 학습 자료를 사용함으로써 학습 참여도와 흥미를 증진시킨다.
- 개별화 교육을 토대로 한다.
- 자신의 경험을 말하고, 듣고, 말하고, 다시 읽으며 학습하는 방법으로서, 학습하는 과정에서 자연스럽게 주요 언어 기술, 즉 듣기 · 말하기 · 읽기 · 쓰기를 함께 증진시킬 수 있다.
- 언어의 모든 형태를 포함하며, 학습 자체가 학습자의 흥미나 관심과 관련되기 때문에 동기가 내재적이다. 또 경험을 기초로 한 자료를 사용하기에 특별한 활동 자료가 필요 없으며, 언어와 글자 사이의 관계를 학습자가 알도록 도와줌으로써 이해 능력을 강조한다.

언어 경험 접근법의 단점도 지적되어 왔는데, 계획된 활동이 아니므로 학생들이 지루해하기 쉽고, 발달 정도를 평가하기 어렵다는 점, 학습의 체계성 부족, 즉, 교재나 교사용 지침서가 없어 무엇을 어떤 수서로 배워야하는지 계획할 수 없기 때문에 경험이 부족한 신규 교사는 사용하기 어렵다는 점 등이 제기되고 있다(황선희, 2007).

이러한 문제점을 해결하기 위해서 교사는 사전에 학습자의 요구와 능력을 평가하여 학습자에게 우선적으로 요구되는 것이 무엇인지 우선적으로 요구되는 것이 무엇인지 우선순위를 결정한 뒤 학습 목표를 명확히 설정하며, 그에 따라 학생들의 학습 자료를 어떻게 활용할지에 대한 체계를 선정하여야 한다. 또, 학습자의 경험을 재구성하여 학습 자료로 다양하게 활용하여야 한다. 그리고 학습한 내용을 포트폴리오화하여 학생의 발달 정도를 누가 기록할 수 있도록 함으로써 질적 평가를 할 수 있도록 해야 한다.

2) 듣기 · 말하기 및 보완대체·의사소통 지도방법

2022년 개정 기본 교육과정의 국어과 교사용 지도서(교육부, 2023)에는 ① 듣기 · 말하기, ② 보완대체 · 의사소통 지도방법을 제시하고 있는데 주요 내용은 다음과 같다.

(1) 듣기 · 말하기 지도방법

기본 교육과정을 배우는 1~2학년군 학생들의 듣기 · 말하기 지도의 목표는 '표정이나 몸짓에 의사소통 기능이 있음을 이해하고, 상대방의 표정과 몸짓을 살펴 상대방이 표현하는 의미를 이해하며, 표정과 몸짓으로 자기 의사를 표현하는 능력을 기르는' 데 주안점을 두고 있다. 이에 기본 교육과정 1~2학년군 학생들이 베이트(Bate, 1975)가 말하는 언향적 단계(perlocutionary stage)에서 출발해 언표내적 단계(illocutionary stage)로 전환되도록 의사소통의 의도를 발달시켜 나갈 수 있게 지도해야 한다. 또한 '표정이나 몸짓'을 주요하게 가르쳐 의사소통을 성공해서 다른 사람들과 소통하는 재미와 흥미를 높이고 스스로 환경을 통제함으로써 소통의 기본적인 구조를 확립해 언표적 단계로 나아갈 수 있도록 지도해야 한다.

① 성인에 의한 어휘 지도

주변 성인에 의한 어휘의 지도는 아동의 인지발달과 사회 · 정서발달 등과 밀접한 관련이 있는 중요한 발달 영역이다. 김화수 등의 연구(2019)에서도 지적장애 성인을 대상으로 한 연구에서 감정 표현을 위한 어휘의 다양도와 공감 능력과의 상관관계를 밝혀 어휘와 사회성 기술 간의 높은 관련성을 시사했다. 이에 근거해 어휘를 학습하는 시기를 어느 한 시기에 제한하기보다는 아동기부터 성인기까지 지속적으로 설정하는 것이 필요함을 알 수 있다.

② 학교에서의 어휘 습득

학교에서의 어휘 습득은 언어의 의미론적 발달을 비롯해 전반적인 언어 능력과 밀접한 관련성이 있기 때문에 언어 사용 능력을 신장시키기 위한 말하기 · 듣기, 읽기, 쓰기가 통합된 어휘 지도가 무엇보다도 중요하다. 특히 발달장애학생은 학교 교육에서 자신의 경험과 지식을 활용해 실제적인 학습을 하기 위해서는 자신의 경험을 관련짓고 개념을 형성하도록 도와줄 수 있는 어휘 지도가 초기에 이루어지도록 해야 한다.

③ 새로운 어휘 습득

새로운 어휘는 항상 학생들이 이미 알고 있는 언어 구조 속에서 소개해야 한다. 즉 그 어휘의 의미 자질, 기능을 명확하게 정의해 줄 수 있는 다른 어휘들과 함께 지도해야 한다. 이때 이미 아는 어휘들과 새로운 어휘가 함께 들어가는 이야기를 꾸며서 스토리텔링, 운반구, 스크립트를 활용해 지도하는 것이 필요하다.

운반구를 활용한 어휘 지도법

- **정의**
  - 같이 붙어 다니며 하나의 단위로 쓰이는 단어들의 조합을 말하는 것
  - 구문적 지식이 충분하지 않은 상태에서 활용 가능하다는 장점이 있음
  - "나 ~ 할래", "나 ~ 좋아해", "나 ~ 있어", "나 ~ 주세요" 등이 대표적
- **지도방법**
  - 다양한 운반구를 주기적으로 바꾸어 지도해 학생의 흥미도가 떨어지지 않도록 조절함
  - 운반구에 어울리는 단어의 소릿값, 그림 등으로 확장하면서 의사소통 판에 붙이도록 하거나, 운반구가 반복되는 동화, 동시, 율동, 아니면 상황 스크립트를 제작해 지도하는 것이 초기 언어 단계에 있는 장애학생들의 언어 수준을 고려한 비계 설정이 될 수 있음

(2) 보완대체 · 의사소통 지도방법

보완대체 · 의사소통체계(Augmentative and Alternative Communication System: AAC 체계)는 말이나 글로 의사소통하기 어려운 사람들을 위한 표현 의사소통방법으로, AAC 체계는 약간의 의사소통 기술이 있는 사람들을 위해 의사소통과정을 보충, 향상, 지원하기 위한 의사소통방법을 의미하고, 대체의사소통은 말 대신에 대체된 다른 형태의 의사소통 도구를 사용하는 것이다.

AAC 체계의 지도방법은 다음과 같다(박은혜, 김정연, 표윤희, 2018).

① 1단계: 기초 선을 측정하고 의사 표현 기능의 목표를 정하기

의사소통 지도를 시작하기 위해서는 우선 학생의 의사소통 능력의 기초 선을

측정하고 그에 맞는 목표를 서술해야 한다. 가르치고자 하는 목표 기술을 알기 위해서는 일상생활 장면에서의 상황을 관찰해 학생의 의사소통 행동의 특징과 수행 능력을 알 수 있는 자료를 수집해야 한다. 필요한 자료는 학생의 대화 상대방(부모, 담임교사, 교과 교사 등)에게서 얻고 다음의 항목들을 점검해 중재를 결정해야 한다.

- 목표로 선정한 기술은 실생활에서 개인의 기능을 증진할 수 있는가?
- 목표로 선정한 기술을 실생활에서 사용할 수 있는 기회가 주어지는가?
- 개인이 성공적으로 습득할 수 있는 기술이라고 생각되는가?
- 좀 더 넓은 지역사회에서 개인의 지위를 향상하는 기술인가?
- 개인이 가지는 어려움이나 요구를 보상할 수 있는 기술인가?
- 생활연령 기준에 적합한 기술인가?

② 2단계: 어휘 선정하기

의사소통 지도에 사용할 어휘는 AAC 체계 사용자와 대화 상대방의 만남을 통해 일상생활 중에서 사용될 어휘 목록 중심으로 선정해 수집한다. 가장 중요한 어휘 목록을 선정하되 어휘 확장이 가능하도록 수집하며, 생활 경험이나 교과 학습과 관련된 어휘 목록을 선정한다. 의사소통 수단은 학생의 특성에 따라 음성 제스처, 손짓 기호, 의사소통 판, 의사소통 책, 컴퓨터 공학 기구 등 다중 양식을 사용하되 메시지를 전달하는 데 효과적이며 가능한 빠르게 전달할 수 있고 수용 가능해야 한다.

③ 3단계: 사용자의 기술 습득을 지원할 수 있는 촉진 전략 교수하기

AAC 체계를 사용할 수 있도록 적절한 자세를 가지게 해주고, 도구(의사소통

판)와 의사소통의 동기를 부여할 수 있는 활동을 제공하는 것으로 환경을 구조화한다. 교사가 사용할 수 있는 촉진 전략은 다음과 같다.

- 학생이 표현한 것에 대해 반응해 주기
- 그림을 지적하거나 몸짓으로 의사 표현한 것을 정확한 문장으로 확인해 주기
- 표현할 수 있는 충분한 시간을 제공하고 인내하며 기다려 주기
- 다양하고 의미 있게 의사소통할 수 있도록 기회 제공하기
- 생활연령에 맞고 실생활에서 사용할 수 있는 적절한 어휘를 제공해 주기
- 도구 사용을 모델링해 주기, 과다한 자극과 촉진을 지양하고 필요할 때만 촉진하기

④ 4단계: 사용자에게 목표 기술 교수하기

교사는 학생과 학부모에게 의사 표현을 해야 하는 이유, 배워야 하는 이유를 설명한다. 의사 표현을 지도할 때는 자연적인 환경에서 실제의 상호작용이나 역할 놀이 중 기술을 사용해 보도록 다양한 기회를 제공해 연습하게 하며 능숙하게 사용할 수 있을 때까지 지속적인 연습의 기회를 제공한다. 의사소통 능력을 향상하는 교수 프로그램의 공통된 요소는 다음과 같다.

- 학습자에게 기술을 설명하고 모델링을 할 수 있도록 보여 준다.
- 각 상황에서 기술을 잘 사용했는지 설명해 준 다음에 기술을 사용하는 것을 연습하게 한다. 이때 수행 정도에 대한 피드백을 제공하며 능숙하게 사용할 수 있을 때까지 충분한 연습 기회를 제공한다.
- 기술의 지도는 단순한 상황이나 과업에서 시작해 점차 어려운 상황에서 할 수 있도록 지도한다.

⑤ 5단계: 일반화가 되고 있는지 상황 확인하기

학교, 교실 안, 교실 밖, 가정, 그 밖의 지역사회 환경 내의 다양한 실제 상황에서 AAC 체계를 지도한 교사가 아닌 다른 사람과도 의사소통방법을 이용해서 하고 싶은 말을 표현하고 있는지 관찰한다. 일반화 정도를 점검하는 절차는 다음과 같다.

- 자연적인 환경 내의 다양한 상황에서 관찰하기(다른 대화 상대방, 다른 상황)
- 실생활에서 효과적으로 사용하고 있는지 자료 수집해 점검하기
- 개인의 수행 능력에 대한 피드백 제공하기
- 실생활의 새로운 상황에서도 같은 기술을 성공적으로 사용한 것을 축하해 주고, 사용한 기술의 효과를 논의하기
- 배운 기술을 일반화하지 못한다면, 그 원인을 분석하고 교수 내용 및 방법을 수정하기
- 의사소통 기술을 실생활에서 사용하는 것이 효과적이지 못하다면, 의사소통 방법이나 메시지 등을 수정해 효과를 높일 수 있도록 고려하기

⑥ 6단계: 성과 측정하기

의사소통방법을 사용하고 있는 학생의 기술 습득 정도, 학생의 만족도, 사회성이나 또래와의 관계 등에 미치는 영향, 그 밖의 기대 효과 등을 측정한다. 교수 프로그램의 효율성은 AAC 체계 사용자의 기술 습득 정도와 사용자의 만족도 등 두 가지 측면에서 평가해야 하며, 평가의 결과는 교수 프로그램을 향상하고 앞으로의 교수 계획에 반영할 수 있어야 한다.

자아개념

CHAPTER 11

1. 자아개념

1) 개념

자아개념은 자신의 신체적 · 사회적 · 지적 능력에 대한 인지적 평가를 의미한다. 개인이 가지고 있는 자신에 대한 견해, 예를 들면 "나는 어떤 사람인가?", "나의 능력은 어느 정도인가?", "나는 지금 어떤 처지에 있는가?" 등의 질문에 대하여 스스로 자신에게 답을 제시하는 것이 곧 자아개념이다. 자아개념은 자신의 능력에 대한 견해뿐만이 아니라, 성격 · 태도 · 감정 등을 모두 포함하는 포괄적 개념이다.

자아개념을 심리학의 연구대상으로 삼아야 한다고 처음으로 주장한 심리학자는 제임스(James, 1890)로 알려지고 있다. 그 후 점차 많은 심리학자들이 관심을 가지게 되어, 오늘날에는 인간행동을 이해하는 데 중요한 요인으로 인정되고 있다. 물론 19세기 말, 콩트(A. Comte, 1798~1857)의 실증주의에 영향을 받아 행동주의심리학이 주류를 이룬 1940년대까지는 심리학의 연구대상에서 밀려나는 시기도 있었다. 그렇다고 이 시기에 자아개념에 대한 연구가 전혀 이루어지지 않은 것은 아니다.

행동주의심리학은 인간행동을 자극과 반응의 통합으로 간주한다. 또한 외적으로 관찰 가능한 행동만을 연구대상으로 삼는다. 보이지 않고, 볼 수도 없으며, 관찰할 수도 없는 인간의 생각이나 자아개념 등은 애초부터 연구대상이 되지 않는다. 그러나 모든 인간을 마치 기계처럼 해석할 수는 없으며, 또한 자극과 반응만으로는 설명할 수 없는 부분이 너무 많다. 많은 심리학자들이 이러한 점을 인식하게 된 결과, 오늘날에는 인간행동을 설명하고자 하는 주요 변인으로 자아개념을 연구하게 되었다.

자아개념에 대한 연구는 일반적 자아개념에 관한 연구(James, 1998), 융(G. G. Jung)에 관한 연구(Hall & Lindzey, 1978), 자기실현에 관한 연구(Rogers, 1951), 자아정체감 연구(Erikson, 2022) 등을 기초로 하고 있다. 특히 에릭슨은 쉬는 시간마다 화장실에서 얼굴을 닦는 흑인 유아를 보고 자아정체감의 중요성을 깨달은 후, 1994년 생을 마감할 때까지 자아정체감에 대해 연구하였다.

자아개념 연구의 역사는 길지만 그에 대한 정의는 학자마다 약간씩 다를 뿐만 아니라 자아의식(self-consciousness), 자아정체(ego-identity), 자아상(self-image), 자아존중(self-esteem), 자아감정(self-feeling), 자아지각(self-perceptions) 등의 용어가 어떤 때에는 같은 의미로, 어떤 때에는 다른 의미로 사용된다.

자아개념과 자아존중감은 대체로 동일한 개념으로 사용되어 왔지만, 최근에는 두 용어를 엄격히 구분해야 한다는 주장도 제기되고 있다(Pintrich & Schunk, 2002). 즉, 자아개념은 인지적인 자기이해인데 비해, 자아존중감(또는 자기가치)는 자신에 대한 정서적 반응이나 평가로 구분하기도 한다. 그러나 일반적으로는 동일한 의미로 사용하는 학자들이 대부분이다.

한편, 자아에 대한 정의도 관점에 따라 달리 정의된다. 자아란 “자신에 대해 알고 있는 것으로서의 자아”, “각 개인에게 중요하다고 여겨지는 개인의 모든 측면”, “개인이 자신의 것이라고 여기는 모든 것” 등 다양하다.

유사한 개념으로서의 자아정체감에 대한 정의도 약간씩 다르기는 하지만, 대부분의 정의는 자아개념의 정의와 비슷하다. 자아정체감이란 자기 자신 또는 자신의 과거 생활과 경험들의 연속선상에서 자신에 대한 느낌, 혹은 어떤 인간이 자신의 과거와 현재 그리고 미래의 맥락 속에서 자신에 대한 이해라고 할 수 있다.

자아개념과 유사한 개념들

- 자아인지(self-cognition): 자신의 내재적 특성에 대한 이해를 말한다.
- 자기지식(self-knowledge) 또는 자아인식(self-awareness)으로 불리기도 한다.
- 자아효율성(self-efficacy): 자신에게 주어진 과제를 얼마나 성공적으로 수행할 수 있는 능력을 가지고 있는가를 스스로 평가하는 것을 말한다.
- 자아존중감(self-esteem): 자신에 대한 정서적인 반응이나 평가를 뜻한다.
- 자아정체감(self-identity): 자기 자신 또는 자신의 과거 생활과 경험들의 연속선상에서 자기 자신에 대한 느낌 혹은 어떤 인간이 자신의 과거와 현재 그리고 미래의 맥락 속에서 자기 자신에 대한 이해를 뜻한다.

한편, 자아개념을 범주적 자아와 내재적 자아로 구분하기도 한다. **범주적 자아**란 사람과 사람 간의 차이를 구분하고 유목화하여 자아를 지각하는 개념적 틀을 뜻한다. 연령 · 성 · 신분 등은 대표적인 범주적 자아의 틀이다. 예를 들어, “나는 남자입니다.”라고 말하는 아동은 성에 따른 범주적 자아를 형성하기 시작한 것이다. 범주적 자아를 다른 연구자들은 흔히 자아개념이라고 부른다. 그리고 **내재적 자아**란 다른 사람이 볼 수 없는 자신만이 알고 있는 자아이다. 자신의 잘못을 감추기 위해 거짓말을 하거나 정서를 위장하는 것은 내재적 자아의 표출 양상이다.

결론적으로, 자아개념은 자신의 능력과 특성에 대한 자기평가를 의미한다고 볼 수 있다. 즉, 주어진 시간에 자기 자신에 대하여 가지고 있는 생각을 의미하며, 이를 긍정적 개념과 부정적 개념으로 대별할 수 있다. 그러나 긍정과 부정의 유목으로 양분될 수 있는 성질의 개념은 아니며, 긍정과 부정의 양극을 연결하는 연속선을 상징할 수 있는 개념이다.

2) 구조

일반적으로 자아개념은 어떤 구조를 가지고 있는 것으로 파악되는데, 학자에 따라 평면적 구조로 보기도 하고 위계적 구조로 보기도 한다.

자아개념을 평면적 구조로 파악하는 경우도 단순히 몇 가지 요소들로 구성되어 있다고 파악하는 관점과 복잡한 요소들로 구성되어 있다는 관점이 있다.

자아존중감이란 자신에 의해 만들어지는 평가적 차원으로서 자신이 느끼는, 자신의 가치에 대한 판단으로, 의미성 · 능력 · 미덕 · 힘 등을 주요 기준으로 삼고 있다.

자아존중감의 기준

- 주요 타인으로부터 사랑을 받으며 인정받고 있다고 느끼는 정도
- 능력: 중요하다고 여겨지는 과제의 수행 능력의 정도
- 도덕과 윤리적 규범을 달성한 정도
- 자신과 타인에 대한 통솔 능력의 정도

자아개념 연구의 대가 와일리(Wylie, 1968)는 자아개념을 여러 개의 요인들이 하나의 구조를 이루고 있는 것으로, 즉 개인의 내적으로 관련된 복잡한 요인들의 구조로 파악하며, 이를 일반적 자아개념이라고 한다.

한편, 자아개념의 구조를 위계적으로 파악하는 학자들도 있다(Shavelson, Hubner, & Stanton, 1976)(그림 11-1). 그들에 의하면, 일반적 자아개념은 학문적 자아개념과 비학문적 자아개념으로 구분되고, 비학문적 자아개념은 사회적 · 정서적 · 신체적 자아개념으로 세분된다. 그리고 학문적 자아개념은 국어 · 영어 · 수학 · 과학 등 각 교과에 대한 자아개념으로, 사회적 자아개념은 동료 자아개념과 중요 타인에 대한 자아개념으로, 정서적 자아개념은 각각의 특수한 정서 자아개념으로, 신체적 자아개념은 신체적 능력 자아개념과 외모에 대한 자아개념으로 세분된다. 이들 자아개념은 구체적 상황에서의 활동에 대한 평가결과로서의 자아개념이 있을 수 있다.

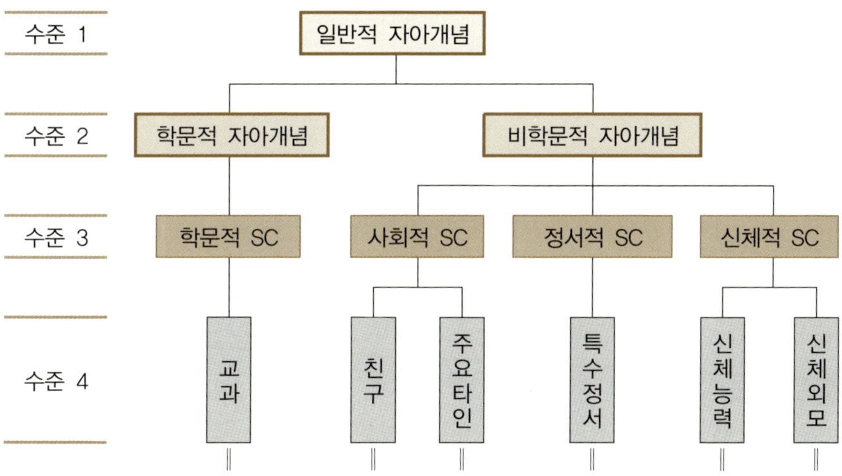

[그림 11-1] 자아개념의 위계적 구조

3) 특성

(1) 자아평가

아동들은 성장함에 따라 자신의 신체적 · 심리적 특성을 인지하는 데서 한걸음 나아가 **자아평가**를 하기 시작한다. 자신이 기대하는 기준에 비추어 자아평가 결과가 긍정적일 때 아동은 적절한 자아존중감과 긍정적인 자아개념을 갖게 되며, 그렇지 못할 때 부정적인 자아개념을 갖게 되고 심하면 무력감에 빠져들게 된다.

긍정적 자아개념을 가지고 있는 아동은 상상력이 풍부하고, 자신의 판단과 능력에 대해 자신감을 가지고 있으며, 자기주장을 펼 수 있고, 지도적 역할을 할 수 있으며, 자신에 대한 편견이 덜한 것으로 알려지고 있다. 반면에, 부정적 자아개념을 가지고 있는 아동은 항상 말이 없고, 다른 사람 앞에 나서지 않고, 독창성이 부족하고, 위축되어 있으며, 자신에 대해 의심을 하는 경향이 있다. 또한 자신의 능력과 학업 성취에 대한 자아개념이 긍정적일수록 성공에 대한 성취기대가 높고, 끈기 있게 꾸준히 공부하며, 보다 도전적인 과제나 문제를 추구한다. 이와는 달리, 훌륭한 학업 능력을 갖추고 있으면서도 자신의 능력을 터무니없이 낮게 평가한 결과 부정적 자아개념을 가진 아동들은 학습 동기가 낮고 새로운 과제에 대해 흥미가 부족하며 노력하려고도 하지 않는다.

특정 자아개념이 긍정적이냐 혹은 부정적이냐 하는 것도 매우 중요한 의미를 내포하고 있다. 자신이 운동을 잘 한다고 생각하는 사람은 긍정적인 신체적 자아개념을 가졌다고 말할 수 있고, 자신이 사람들과 잘 어울린다고 생각하는 사람은 사회적 자아개념이 긍정적이라고 말할 수 있다. 그리고 자신이 지적으로 유능하다고 생각하는 사람은 높은 지적 자아개념을 갖고 있다고 할 수 있다 (Eggen & Kauchak, 2017).

(2) 학습된 무력감

학습된 무력감은 학업 실패가 거듭됨에 따라 자신이 매우 무능하다고 믿게 되는 데서 비롯되는 부정적 자아개념의 극단적인 형태로서, 아동 중기 혹은 후기에 나타나기 시작한다. 학습된 무력감에 빠져든 아동은 자신이 무능하다고 믿기 때문에 어떤 과제가 주어지면 실패할 것이라는 생각부터 하게 된다. 따라서 스스로 노력하기를 포기하게 되고, 이것이 다시 무력감을 증폭시키는 악순환에 빠지게 된다.

학습된 무력감은 감정적 요소와 인지적 요소를 모두 가지고 있다. 학습된 무력감에 빠져 있는 학생은 낮은 자아존중감을 가지고 불안감과 우울로 고통을 받는다. 인지적으로 그들은 실패를 예상하기 때문에 이해를 증가시키고 능력을 발전시킬 수 있는 기회를 잘 살리지 못한다. 결과적으로 낮은 성취를 보이고 실패할 것이라고 기대한다. 특히 오랫동안 실패를 경험한 특수교육대상 학생들에게서 흔히 나타나는 현상이다. 학습된 무력감은 쉽게 치유되는 것은 아니지만, 그렇다고 전혀 치유 불가능한 것도 아니다. 학습된 무력감에 빠진 아동에게 자신의 실패가 결코 능력 부족에 기인하는 것이 아님을 확신시키고, 작은 노력에 의해 성취를 맛볼 수 있도록 난이도를 낮추어 과제를 제시하면 치유 효과를 볼 수 있다.

학습된 무력감은 뇌의 저속화 현상과 밀접한 관련이 있다. 뇌는 위협에 직면하게 되면 기능이 현저히 떨어지는 저속화 현상이 나타난다. 누구나 한번쯤은 어려운 문제로 가득 찬 시험지를 받아들었을 때, 머리가 멍해지는 것을 경험했을 것이다. 이것이 바로 학습부진아들에게 흔히 나타나는 소위 저속화 현상이다. 저속화 현상을 보이는 학생들은 피로, 잦은 질병, 주의산만, 반항 등의 행동을 보이기도 한다. 위협적인 학습 과제에 지속적으로 노출되는 학생들의 경우, 흔히 학습된 무기력이라 부르는 회피 습관이 발달하게 된다.

(3) 전반적 특성

자아개념은 다면적이기 때문에 여러 측면에서 검토해 보아야만 전체적 특성을 이해할 수 있다. 자아개념의 여러 특성들을 이해하는 데 다음과 같은 질문들이 도움이 될 것이다.

• 자아개념은 인간행동과 어떤 관계가 있는가

인간의 감정이나 정서는 특정 순간에 나타나는 자아개념의 징표라 할 수 있다. 불안은 자기존중감이 위협받는 상황에서 나타나는 정서로 해석될 수 있고, 방어기제는 변화를 요구하거나 인지적 부조화 상태를 불러일으키는 자극으로부터 자아개념을 방어하고자 하는 것으로 해석될 수 있다.

• 자아개념은 어떻게 형성되는가

자아개념은 자신이 살아가고 있는 환경 내에서의 경험에 의해 형성된다. 특히, 가정과 사회적 문화, 신체 등의 영향을 주로 받기 때문에 경험의 총체에서 비롯된 개념이라 할 수 있다.

• 자아개념은 어느 정도 지속적이어야 하는가

자아개념 구조상 상위에 속하는 일반 자아개념은 비교적 지속적인 특성을 갖는다. 다시 말하면, 일단 형성된 일반 자아개념은 주어진 환경과의 상호작용에 의해서 쉽게 변화하지 않는다는 것이다. 그러나 자아개념 구조상 아래에 위치하는 하위 자아개념은 일반 자아개념에 비해 안정성이 덜하다.

• 자아개념과 학습은 어떤 관계가 있는가

아동은 신체나 지식 또는 기능면에서만 발달하는 것이 아니라, 학습자와 인간으로서 자기 자신에 대한 이해와 생각도 발달해 간다. 자기 자신에 대한 생각은 학교에 입학할 무렵에는 대체로 긍정적이지만, 시간이 경과함에 따라 부정적인 방향으로 변화하는 경우가 자주 있다. 특히 학업상의 문제를 겪고 있는 대부분의 학생들은 이러한 경향은 더욱 두드러지게 나타난다. 일반적인 자아개념과 학업 성취는 어느 정도 상관이 있지만 그 정도는 일반적으로 낮은 것으로 알려지고 있다. 그 이유를 설명하기 위한 연구에서 연구자들은 사회적 자아개념과 신체적 자아개념이 사실상 학업 성취와 관련이 없음을 밝혔다(Byrne & Gavin, 1996). 학업면에서는 출중하지만 사회적으로 고립된 학생들과 또래들에게 인기가 많지만 성적은 평균을 밑도는 학생들을 우리는 흔히 볼 수 있다.

• 자아개념은 어떻게 측정하는가

자아라는 말은 외적 행동이나 기타 의사소통 체계에서 유추할 수 있는 가설적 개념에 불과하다. 따라서 자아개념을 조작적으로 정의함으로써 측정할 수 있다. 여기에서 조작적 정의란 어떤 술어를 정의하고자 할 때, 그 술어가 포함되는 명제의 진위를 판별할 수 있는 조건을 조작하는 것을 말하며, 보통 관찰 가능한 사실로 표현한다.

4) 발달

자아개념은 발달적 속성을 지니고 있다. 여기에서 발달이라 함은 자아개념 구조의 변화까지도 포함하는 넓은 의미이다. 자아개념의 발달은 유아나 아동 자신이 내리는 자신에 대한 평가 그리고 중요한 타인에 의한 평가에서부터 출발된다. 첫째 단계는 **자기지각**, 즉 자신의 신체를 경험하는 단계이다. 이 단계에서는 '나'와 '내가 아닌 것'이 구분되기 시작한다. 두 번째 단계는 이 자기지각과 자신에 대한 태도 혹은 감정이 혼합되는 단계이다. 이 단계에서는 일정한 역할을 수행하는 사람으로서의 자신을 발견하게 된다. 이때 아동은 자신이 처한 환경의 여러 요소들을 통제하기 시작한다.

(1) 영아기

피아제와 프로이트에 따르면, 영아는 생후 1개월 무렵까지는 자신과 타인을 구별하지 못한다. 그 결과, 영아는 어머니와 자신이 마치 하나인 것처럼 생각하여 자신의 몸과 어머니의 몸을 구분하지 못한다. 따라서 영아의 자아개념 발달의 첫 단계는 미숙하면서도 분리된 자아감각을 발달시키는 것이어야 하는데, 이를 실존적 자아의 발달이라고 한다. 실존적 자아의 발달은 전술한 대인 간 자기지각을 토대로 이루어진다. 즉, 아기가 울 때 누군가가 그 아이를 안아주고, 엄마가 웃으면 아기도 따라 웃는 등 상호작용과정을 통하여 영아는 서서히 자신과 타인의 기본적 차이를 인식하게 된다.

영아들이 자기가 다른 사람과 분리되어 있다는 것을 이해하기 시작하는 때는 약 9~12개월이고, 자신의 사진을 알아보는 등 분리된 자기관념이 비교적 명확해지는 때는 약 15~18개월경이며, 자아개념이 거의 확립되는 시기는 21~24개월경이다. 특히 18개월경에는 자신의 이름을 말할 수 있고, 거울 속의 인물에 자신의 이름을 붙일 수 있으며, 자신의 사진을 동갑내기의 다른 아이의 사진과 구별할 수 있는데, 이때부터 자아개념이 발달하기 시작하는 것으로 볼 수 있다.

(2) 유아기

영아가 자신이 다른 사람과 분리되어 있을 뿐 아니라 다르다는 것을 분명히 이해하면, 이때부터 자신을 정의하는 과정이 시작된다. 이것은 내재적 자아와 구분되는 범주적 자아라 불리는데, 이는 유아가 자신을 정의할 때 자신을 전체 범주 속에 놓는 형태를 취하기 때문이다.

2세에서 5세 사이에 아동의 자아인지는 크게 발달한다. 2세 무렵부터 유아는 자신이 남자인지 여자인지, 또는 아이인지 어른인지에 관한 기본적인 범주적 자아인지를 형성한다.

유아는 3세 무렵부터 언어 능력이 급격히 발달함에 따라 자신의 여러 특성들을 언어적으로 표현하게 된다. 이때 유아의 자기진술은 자아인지를 이해하는 좋은 수단이 된다. 3~5세 유아의 자기진술을 분석해 보면, 인간관계 · 신체적 특성 · 소유 · 기호 등 외현적 특성에 관해 자주 말하는 것을 알 수 있다. "나는 영희를 좋아해요", "나는 뚱뚱해요", "나는 피자를 좋아해요" 등은 이 시기의 유아들이 흔히 하는 말로, 자아인지의 진술 내용들이다.

유아는 3세 6개월 무렵부터 내재적 자아인지가 나타난다. 이때부터 유아는 자기의 생각에 관해 진술하기 시작하며, 숨바꼭질 놀이에서 틀린 단서를 주는 것처럼, 자신의 생각이나 감정을 감추는 초보적인 내재적 자아를 보이게 된다.

그러나 4세쯤 되는 유아의 자아인지는 내재적 특성을 고려하지 못하는 한계가 있다. 이 시기 유아들은 "나는 참을성이 많아", "나는 똑똑해" 등의 말을 좀처럼 하지 않는다. 이러한 현상은 유아의 자아인지 발달이 외현적인 물리적 자아로부터 내재적인 심리적 자아로 발달해 간다는 것을 보여준다.

(3) 아동기

학령기에 접어들면 아동의 자아인지 혹은 자아개념은 그 발달 양상이 달라진다. 입학하기 전에는 자신에 대한 생각이 전반적인 성격을 띠지만, 입학하게 되면 여러 가지 환경 변화로 인하여 자신에 대한 생각이 몇 개의 차원으로 나뉘게 된다.

6세 이전의 아동들은 개인적인 내적 자아와 외적 행동이 서로 어그러져 동떨어진 것을 이해하지 못한다. 그러나 대부분의 8세 아동은 생각과 표현이 다를 수 있으며, 같은 감정도 사람에 따라 달리 표출될 수 있다는 것을 알게 된다. 대체로 6~8세 사이의 아동은 타인에게 드러내 보이는 공적 자아와 내재적 자아의 불일치를 이해하게 되며, 내재적 자아가 진짜 자아라는 것을 깨닫게 된다. "정아는 절대로 거짓말하는 애가 아니야"라고 누군가 말했을 때, "아니야, 나도 가끔 거짓말을 해"라고 말하는 경우를 생각해 보자. '거짓말을 하지 않는 정아'는 공적 자아이고, 실제로 '가끔 거짓말을 하는 정아'는 내재적 자아이다. 초등학교 저학년 정도에 이르면, '가끔 거짓말을 하는 정아'가 진짜 나 자신으로서의 정아임을 깨닫게 된다는 것이다.

초등학교 고학년이 되면, 자아개념은 어느 정도 안정성을 보인다. 그리고 이상적인 자아와 현실적인 자아의 차이를 지각하게 된다.

중학생 혹은 사춘기에 접어들면, 교사나 친구들의 평가가 자아개념에 결정적으로 영향을 미친다. 자신에 대한 평가와 다른 사람들이 내린 평가가 일치할 때에 비로소 자아존중감이 발달한다. 또한 친구들이나 교사가 자신이 공부를 잘할 것이라는 평가를 하면, 실제로 학업 성적이 올라간다는 것은 잘 알려진 사실이다.

우리나라 아동의 자아인지 발달 양상을 알아본 연구들을 검토해 보면, 대체로 서구의 연구 결과들과 일치하지만, 우리나라 아동의 고유한 특징도 찾아볼 수 있다. 연진영과 김선애(1991)는 6~15세 사이의 아동 479명에게 20개의 문장기록 검사를 주고 내가 누구인지를 진술하게 하였다. 그 결과 우리나라 아동도 서구의 선행 연구 결과들과 마찬가지로 연령이 증가함에 따라 자아인식의 영역이 점차 다양해지는 것으로 나타났다. 또한 이 연구에서는 자아인지를 신체적 · 활동적 · 사회적 · 심리적 자아 네 영역으로 구분하였는데, 연령이 증가할수록 구체적인 영역에서의 활동적 자아인지는 감소하는 반면, 사회적 자아(또래집단과의 관계 등)와 내재적 자아인지(생각이나 신념 등)는 증가하는 경향을 나타냈다. 그러나 연령이 증가함에 따라 서구 아동들은 신체적 자아인지가 감소하는 데 비해, 우리나라 아동들은 신체적 자아인지가 증가하는 것이 큰 차이점으로 나타났다.

2. 장애인의 자아개념

1) 신체장애인의 자아개념

일반적으로 장애인의 자아개념은 일반인에 비해 부정적인 경향이 있다고 알려지고 있다. 이것은 **신체상**이 자아개념에 미치는 영향이 그만큼 크다는 것을 입증해 주고 있다. 신체상이 바로 그 사람의 심상이 되며, 이상적 신체상과 실제적 신체상 간의 일치도가 적응의 지표가 된다.

신체장애인은 이상적 신체상과 실제적 신체상 간에 큰 격차가 있는 것이 보통이며, 그 결과 자아개념이 부정적인 경향을 보이게 된다. 신체장애인은 **후광효과** 때문에 신체적 자아개념이 부정적인 경향을 보일 수도 있다. 사람들은 어떤 사람이 신체적으로 매력적이면, 그 사람은 지적이고 관대하고 성격도 좋고 집안 환경도 좋을 것이라고 생각하는 편견을 가지는 경우가 많다. 이처럼 첫인상 혹은 신체적 매력이 개인의 다른 인상 평가에 긍정적으로 영향을 미치는 현상을 긍정후광효과라고 하고, 부정적으로 영향을 미치는 현상을 부정후광효과라고 한다. 그러나 인간의 매력이란 신체적 매력만 있는 것이 아니라는 것을, 그리고 첫인상 못지않게 끝인상이 더욱 중요하다는 사실을 깨달아야 할 것이다.

오래 전의 연구이기는 하지만, 시각장애인은 자기동일성 · 신체적 자아 · 도덕적 자아 등이 부정적인 것으로 밝혀진 바 있다(Zunich & Ledwith, 1965). 그 이유는 자아개념 형성에 중요한 신체상이 시각이 아닌 감각기관에 의해 형성되기 때문일 것이다. 그러나 시각장애인의 자아개념에 관한 연구는 매우 드물기 때문에 일반화하는 데 한계가 있다.

청각장애아동의 자아개념 역시 일반인에 비해 부정적인 것으로 나타났다. 이규식(1980)에 의하면, 청각장애아동은 자기중심적이고, 고집성이 강하며, 욕구불만에 대한 내성이 약하며, 충동적 · 폭발적인 심리적 특성을 지니고 있는 것으로 나타났다. 이러한 성격으로 인하여 자아개념 형성이 늦어지거나 부정적인 경향을 보이는 것으로 판단된다. 시각장애인과 마찬가지로 청각장애인의 자아개념에 관한 연구가 드물기 때문에 그와 같은 결과를 일반화하기에는 한계가 있다.

지체장애인의 자아개념이 일반인에 비해 부정적이라는 연구 결과는 많다. 이러한 연구 결과들의 타당성을 떠나 현실적으로 지체장애인의 자아개념은 중요한 문제가 되고 있다(노호현, 2021; 오봉근, 2011; 이창진, 1997). 최근 지체장애 특수학교에 있어 가장 시급한 문제는 지체장애학생들의 위축이라고 한다. 어려서는 그저 '고마우신 부모님, 부모님 같은 선생님'으로 생각하지만, 점차 나이가 들어감에 따라, 특히 사춘기에 접어들면 이상적인 신체상과 실제적인 신체상 간의 어쩔 수 없는 큰 격차를 알게 된다. 이때에 느끼는 감정은 혼자라는 외로움, 다른 사람들에 대한 시기와 질투, 심지어는 부모에 대한 원망에 이르기도 한다. 그리고 현실적으로 자신에게 고마운 존재인 부모나 교사를 원망하는 것은 도덕적으로 용납이 되지 않은 관계로, 내부 갈등이 생기게 마련이다. 그 결과, 마음을 움츠리고 열지 않는 소위 위축현상이 나타나게 된다. 이것은 부정적인 자아개념에서 비롯된 것이다.

2) 신체적 자아개념 증진 프로그램

자신의 신체에 대해 긍정적인 시각을 지니도록 하기 위한 하나의 방법은 자신의 신체적 약점을 받아들이고, 오히려 그 약점을 소중한 것으로 인식하게 하도록 하는 것이다. 또 다른 방법은 그와 같은 전반적인 신체상이란 그것을 어느 정도 받아들이느냐에 따라 달라지는 문제로 인식하게 하는 것이다. 신체상과 관련된 또 다른 문제는 신체적으로 접촉하지 않을 때 느끼는 고립감이다. 따라서 다른 사람과 신체적으로 접촉하면서 생활하는 것이 매우 중요하다.

캔필드와 웰(Canfield & Well, 1994)은 긍정적인 자아개념의 중요성을 인식하고, 이를 교실에서 효과적으로 길러줄 수 있는 100가지의 프로그램들을 소개하고 있는데, 그 중 긍정적인 신체적 자아개념을 증진시키는 데 도움이 되는 프로그램들만을 소개하면 다음과 같다.[1)]

(1) 내 코 너무 멋있어

내 코 너무 멋있어 프로그램은 학생들로 하여금 자신이 좋아하지 않는 신체 부위를 말하도록 함으로써 신체상을 확립하게 하는 데 초점을 두고 있다.

먼저, 자신이 좋아하지 않는 신체 부위를 큰 소리로 말하게 하거나 종이에 쓰도록 한다(미국 여배우 메릴 스트립은 자신의 신체 중 코를 가장 좋아하지 않는다고 공언한 바 있다). 그 다음, 자신의 신체 부위에 대한 찬가를 적도록 한다.

1) 캔필드의 자아개념 증진법은 그 종류가 다양하다. 여기에서 소개한 신체적 자아개념 증진을 위한 프로그램 이외에 일반적인 자아개념 증진을 위한 프로그램들에 대해서는 다음 문헌을 참고하기 바란다.
- 김수동 · 박주상 · 김소아 (2000.7). 캔필드의 자아개념 증진법: 나를 찾아 떠나는 여행. 교육개발, 123, 67-75.
- 김수동 · 김소아 · 김명숙 (2000.10). 캔필드의 자아개념 증진법: 나에 대한 정의 내리기. 교육개발, 124, 130-137.

아, 이 사랑스런 코는 나에게 큰 즐거움을 가져다주는 보배이다. 왜냐하면, 캠프파이어 때 굽던 감자와 계란 냄새는 물론, 빵이나 팝콘 냄새며, 심지어는 활짝 핀 장미꽃의 향기로운 냄새를 맡게 해주기 때문이다. 아, 이 얼마나 황홀한가. 자전거를 타고 언덕길을 내려갈 때 공기를 가로지르는 나의 코는 이 얼마나 아름답고 빛나는 것인가. 사랑스런 나의 코여, 나는 너를 사랑한다.

학생들로 하여금 코를 칭송한 글들을 수집하도록 하면 더 효과적이다. 또한 자신이 쓴 코의 찬가를 여러 사람들 앞에서 즐거운 마음으로 발표하도록 하는 것도 효과적이다.

(2) 신체게임

신체게임 프로그램에는 얼음땡놀이, 인간사슬, 따라하기 등이 있다.

① 얼음땡놀이

얼음땡놀이 프로그램은 넓은 장소에서 큰 집단을 대상으로 실시할 때 가장 효과가 좋다. 술래는 전체 집단의 1/4에서 1/3 사이에서 마음대로 정해도 좋다. 가능하면 빨간 옷을 입었거나 색깔이 있는 운동화를 신은 학생들을 선정하는 것이 좋으며, 10세 이상이 적절하지만 나이는 상관이 없다. 이들은 '그대로 멈추게 하는 자들'이다. 그들의 과제는 집단의 나머지 학생들을 얼어붙게 하는 것이다. 술래들은 "꼼짝 마!"라고 소리치거나 터치함으로써 과제를 수행한다. 터치를 당한 사람은 멈춰서 그 자리에서 얼어붙은 것처럼 꼼짝하지 않아야 한다. 이와는 반대로, 아직 얼어붙지 않은 사람이 '얼어붙은' 사람을 터치하거나 "녹아라." 라고 소리치면 다시 살아난다. 이 놀이는 매우 재미가 있을 뿐 아니라 운동량도 많은 편이다. 평소 활기가 없는 학생들에게 유용하며, 운동장에서 100명까지도 실시가 가능하다.

② 인간사슬

인간사슬 프로그램은 먼저, 퍼즐을 풀고 싶어 하는 학생 한 명을 선정한 다음, 그 학생을 1분 정도 눈을 감은 채 구석에 세우거나 밖으로 내보낸다. 나머지 반 학생들은 손에 손을 잡고 원을 만든 다음, 손을 떼지 않은 채로 밑으로, 위로, 안으로, 밖으로 가면서 서로 엉키게 한다. 반 학생들 모두가 서로 엉키게 되었을 때, 술래를 돌아오게 한다. 술래의 임무는 어떻게 움직여야 풀릴 수 있는가를 말로 지시하면서 전체 집단을 원래 모습으로 되돌아오게 하는 것이다.

③ 따라하기

따라하기 프로그램은 마치 거울을 보고 따라하는 것처럼 꾸며진 재미있는 프로그램이다. 우선 학생들을 얼굴을 같은 방향으로 하여 두 줄로 정렬하도록 한다(한 학생은 다른 학생의 등 위에 앉도록 한다). 먼저, 앞줄에 앉은 학생이 팔과 다리 등 몸 전체를 움직이기 시작한다. 이때 뒷줄에 앉은 학생은 앞줄 바로 앞에 앉은 학생의 동작을 그대로 따라서 한다. 이 동작은 3~4분 정도 하도록 한다.

이제 모두 돌아서서 반대 방향을 향하여 앉도록 한다. 앞에서 한 대로 앞줄의 학생은 움직이고, 뒷줄의 학생은 따라서 한다. 이 동작도 3~4분간 하도록 한다.

학생들에게 이것은 소위 '따라하기'라는 것을 알려준 다음, 몇 분 동안 실제 거울에 나타나는 모습과 그것을 볼 때 무슨 일이 일어나는가에 대해 말하도록 한다.

그 다음, 학생들을 서로 마주보며 앉도록 한다. 한 사람은 그대로 따라서 하는 '거울'이 되게 하고, 다른 한 사람은 거울의 행동을 통제하는 역할을 하도록 한다. 이 동작은 3분 정도 하도록 한다. 이때 학생들이 얼굴 표정 등 몸 전체를 사용하도록 하는 것이 중요하다. 또한 함께 주변을 돌아다닐 수도 있고, 재미있는 얼굴 표정을 지을 수도 있으며, 뛰거나 앉을 수도 있음을 말해준다.

이와 같은 활동이 끝난 후, 학생들에게 시범을 보이는 쪽과 따라서 하는 쪽 중 어느 활동이 더 쉬웠는가를 묻는다. 또한 다음과 같은 문제도 생각해 볼 필요가 있다. 두 활동 중 어느 쪽을 더 선호하느냐 하는 것은 그 학생의 학급 내에서의 행동에 영향을 미치는가. 시범을 보이는 활동을 할 때의 어려움은 무엇이고, 따라서 하는 활동을 할 때의 어려움은 무엇인가. 시범을 보이는 활동의 이점은 무엇이고, 따라서 하는 활동의 이점은 무엇인가. 그들이 춤을 출 때의 감정은 어떠하며, 시범을 보일 때 혹은 따라서 할 때의 심정은 어떠한가. 그들은 상대방을 따라서 했는가.

(3) 사진 전시회

많은 학생들은 집이나 학교, 잡화점 등에서 자신의 모습을 사진에 담는다. 상당히 많은 수의 학생들이 그와 같은 사진들을 가지고 있다면, 그 사진들을 다른 색깔의 종이 위에 구분할 수 있고, 또한 자신을 소개할 수 있는 것들과 더불어 재미있게 게시판에 붙일 수 있다.

이와 같은 활동을 통하여 학생들의 어린 시절 모습과 현재의 모습을 비교해 볼 수 있다. 만약 어렸을 때의 사진이 없으면, 학생들로 하여금 그 학생의 어렸을 때의 모습을 상상하면서 다른 학생들의 사진 속에서 찾아보도록 하는 것도 재미있다. 이와 같은 다양한 활동을 통하여 사람은 누구나 나름대로의 독특한 모습을 지니고 있다는 사실을 깨닫게 될 뿐 아니라, 변화와 성장에 대한 개념도 예증을 통하여 알게 된다.

(4) 지문 확인

지문 확인하기 프로그램은 모든 사람은 여러 측면에서 독특하면서도 각기 다른데, 그 중 하나가 지문이라는 것을 깨닫게 하는 데 그 목적이 있다.

먼저 학생들을 5개의 소집단으로 나누고 각 집단에게 인주를 준다. 인주가 손에 묻지 않도록 주의를 준 다음, 손가락을 인주에 묻혀 흰 종이 위에 찍도록 한다. 지문은 너무 강하게 누르지 않고 왼쪽에서 오른쪽으로 돌리면서 찍을 때 가장 선명하게 나타난다. 확대경을 이용하여 서로 지문을 비교해 보도록 한다.

이 활동을 마친 후, 경찰이 범인을 잡기 위해 어떻게 지문을 이용하는지에 관한 어떤 착상이 떠올랐는지를 학생들에게 묻는다. 지문은 사람마다 독특하면서도 각기 다르다. 경찰은 각각의 사람들을 확인하기 위해 지문을 이용한다. 지문 외에도 성문 · 족문 · 치열 등도 나름대로의 독특성을 지니고 있기 때문에 각 개인을 확인하는 데 이용될 수 있다.

이 프로그램은 학생들의 각기 다른 학습 양식을 가지고 있다는 사실을 유념하는 데에도 유용하다. 학습 양식은 각 개인이 어떤 방법으로 정보를 처리하고, 어떤 방법으로 공부하기를 좋아하며, 다른 사람과 어떤 방식으로 관련을 짓는가 등에 대해서도 적용할 수 있다.

(6) 믿고 걷기

믿고 걷기 프로그램은 학생들이 서로 잘 알게 된 후에 실시해야만 그 효과를 기대할 수 있으며, 상호 간의 신뢰감과 친밀감을 높여주는 데 그 목적이 있다.

먼저, 각 학생으로 하여금 가장 절친한 동료 한 사람을 선정하도록 한다(나중에는 잘 알지 못한다고 느끼는 동료를 선정하도록 할 수도 있다). 한 사람은 눈을 감고, 다른 한 사람은 그를 안내하면서 함께 걷는다는 것을 말해준다. 누가 먼저 눈을 가릴 것인가는 두 사람이 상의하여 결정하도록 한다. 두 사람의 역할이 결정되고 나면, 안내하는 사람은 눈을 가린 동료를 무엇에 부딪친다거나 넘어지는 일이 없이 끝까지 안전하게 인도해야 함을 주지시킨다. 안내자는 가능한 한 재미있는 걷기가 되도록 노력해야 한다. 안내자들은 눈을 가린 동료들을 데리고 계단을 오르내릴 수도 있고, 뒤로 걸을 수도 있으며, 낯선 곳으로 데리고 갈 수도 있다. 또한 안내자들은 눈을 가린 동료들이 여러 가지 감각을 경험할 수 있도록 매끄러운 유리, 거칠거칠한 시멘트벽, 부드러운 양탄자, 분수식 음료수대, 모피 코트, 피아노 건반 등을 만져 보게 할 수 있다. 이때 창의력과 상상력을 최대한 동원하도록 한다.

이 활동은 안내하는 사람이나 눈을 가린 사람 모두 처음부터 끝까지 아무런 말을 하지 않은 채 이루어져야 한다. 10분 혹은 15분 정도 지나면 사전에 약속한 신호(예: 종, 호루라기 등)로 종결시킨 후, 10~15분 정도 함께 모여 느낀 바를 말하도록 한다. 이때 다음과 같은 질문을 던질 수 있다.

- 눈을 감은 채로 걸을 때 상대방을 믿을 수 있는가?
- 한 번쯤 눈을 떠본 적이 있는가?
- 안내하는 쪽과 눈을 감은 쪽 중에서 어느 쪽이 더 쉽다고 느꼈는가?
- 재미는 있었는가? 있었다면 무엇이 재미있었는가?

(6) 자화상 그리기

자화상 그리기 프로그램은 우선 학생들에게 짝을 짓도록 한다. 한 학생이 두꺼운 포장지 위에 누우면 다른 학생은 몸의 윤곽을 그린다. 학생들은 그 그림을 재단할 수도 있고 색깔을 칠할 수도 있다.

이것은 각 학생들에게 실제 크기의 자화상을 제공한다. 그림이 완성되면, 교사는 교실 여기저기에 전시한 후 이 그림들을 보관해 둔다. 그리고 연말쯤에 다시 한번 자화상을 그리게 한 후 이전의 그림과 비교하도록 한다.

또한 각 학생들로 하여금 '나의 자화상' 등의 제목을 붙여 짤막한 글을 짓도록 하면 더욱 효과적이다. 그리고 자화상의 손에 그 이야기를 붙여놓는다.

끝으로, 학생들로 하여금 분단별로 혹은 학급 전체를 대상으로 자신들이 만든 것을 가지고 서로 이야기를 나누도록 하는 것도 좋은 방법이다.

(7) 나의 몸 알기

나의 몸 알기는 다음 7단계를 거쳐 자신의 몸을 알게 하는 프로그램이다.

- 1단계: 지금 너에게 말하고 있는 신체 부위(예: 목 · 팔 · 손 등)는 어디인가? 만약 그 부위가 너에게 말하는 내용이 부정적이면, 그 부위와 너 자신에 대해 좋은 것을 말하도록 다시 써라.
- 2단계: 너의 몸이 너를 기쁘게 해주는 것 10가지를 써라.
- 3단계: '나의 몸'이라는 제목으로 짧은 시를 지어보아라.
- 4단계: 학생들이 자신의 몸 전체를 볼 수 있도록 교실 내에 거울을 비치하라. 학생들은 거울 속의 자신과 대화를 나눈다. 이때 교사는 학생들이 무엇을 보고 있으며, 어떤 얼굴 표정을 짓고 있는지를 기록한다.
- 5단계: '어떻게 하면 나의 모습을 최고로 멋있게 할 수 있는가?'라는 제목으로 짧은 수필을 쓰도록 한다.
- 6단계: 학생들이 미소를 짓도록 하거나 웃음을 터뜨리도록 한다.
- 7단계: 학생들에게 '내 마음 깊은 곳에서 온 편지'라는 제목으로 글을 쓰도록 한다. 자신의 몸이 그들 스스로에게 편지를 쓸 수 있다는 것을 미리 알려준다. 마음 깊은 곳으로부터 어떤 말이 들려오는가? 예를 들어, "나는 지금 졸려요"와 같은 말을 할 수도 있을 것이다. 그동안 왜 나를 활용하지 않았는가? 나는 내 몸을 별로 가치 있게 여기지 않을 뿐 아니라 고맙게 생각하지도 않는다. 그렇다면, 나의 위 속에 고기를 집어넣을 때는 무엇을 기대하는가? 내가 피자, 아이스크림 등으로 가득 차 있을 때 나는 그것들을 소화시킬 수가 없다. 나에게 휴식을 달라.

(8) 나 자신을 사랑한다

나 자신을 사랑한다는 신체적 자아개념을 긍정적으로 변화시키는 데 유용한 프로그램이다. 일반적으로 사람들은 겸손해야 한다는 생각 때문에, 그리고 자랑하는 것은 꼴불견, 심지어는 죄스러운 것이라는 생각 때문에, "나는 나 자신을 사랑한다"라고 말하는 것을 꺼린다. 그리하여 사람들은 자기 자신을 언급할 때, "사랑한다"라는 말보다는 "좋아한다"는 말을 즐겨 사용한다. 그러나 자기 자신을 "사랑한다"라고 거침없이 말할 수 있어야 하며, 또한 그렇게 말할 때 죄의식을 느낄 필요가 없다.

우리가 인간의 심리에 대해 알고 있기로는, 우리들 자신을 위하여 스스로 현재 있는 그대로의 나, 즉 모든 죄나 어리석은 행동까지 포함한 현재의 나를 받아들이는 것이 정신건강을 위한 첫걸음이다. 이 프로그램은 매우 재미가 있는데, 교사나 학생 모두 마음이 편안한 상태에서 즐거운 마음으로 행할 때 효과가 있다. 특히 학생이 빈칸을 채울 때까지 충분한 시간을 주면서 천천히 기술하도록 하는 것이 중요하다. 이 프로그램은 각 학생들에게 자신을 확인하는 문장을 완성하도록 한 후, 곧 이어 긍정적인 메시지를 이용하여 강화해 주는 것으로 중학생 이상에게 적절하다.

먼저, '나는 나 자신을 사랑한다'라는 제목 아래 받아쓸 수 있도록 준비시킨다. 학생들은 다음의 문장들을 완성시켜야 한다.

- 나는 나 자신을 사랑한다. 그 이유는 ______이다.
- 나는 비록 ______할지라도 나 자신을 사랑한다.
- 그래 맞아. 나는 가끔 ______하기는 하지만 나 자신을 사랑해.
- ______하는 것이 그렇게 나쁜 것은 아니야.
- 나는 나 자신의 ______에 대해 용서한다.
- 나는 자신에 대해 별로 좋아하지 않는 것을 바꿀 수 있다.
- 나는 그것을 기꺼이 바꿀 것이다. 지금 당장 나는 ______을 실천하려고 한다.
- 그 대신에 나는 ______을 할 수 있다.
- 설령 ______을 바꿀 수 없다 하더라도, 나는 내 자신을 사랑한다. 바꿀 수 없는 그것이 나 자신에 대한 좋은 생각을 가져다주기 때문에, 나는 그것을 감수하면서 살아갈 수 있다.

- 나는 내 인생을 관리하고 있다.
- 나는 강하다.
- 나는 정말로 현재의 나, 있는 그대로의 나를 좋아한다.
- 나는 미래에 대해 매우 낙관적이다.
- 그래, 나는 ______때문에 정말로 내 자신을 사랑해.
- 나는 무조건, 그리고 전반적으로 현재의 나를 사랑한다.
- 나는 항상 성장과 더불어 변화하고 있다. 나는 매일매일 더 나아지고 있다.

이 과정이 끝나고 나면, 학생들끼리 자신이 쓴 것과 다른 사람이 쓴 것을 서로 비교하면서 이야기를 나누도록 한다. 격의 없는 환경을 만들어 줌으로써 자신감과 자존감을 내세울 수 있다. 이 프로그램은 자신에 대한 반성과 반 친구들의 고백을 통하여 자신들을 보다 명확하게 깨달을 수 있는 기회를 제공해 준다.

(9) 감각 인식

감각발달이 제대로 이루어지지 않아서인지 학생들은 자기네들끼리 접촉하는 일이 많지 않다. 실제로 어떤 수업시간에 서로 손을 잡고 있으라고 하여도, 손을 잡자마자 곧바로 손을 놓는 경우를 흔히 볼 수 있다.

학급에서 적용할 수 있는 감각발달 프로그램들은 여러 가지가 있다. 다음은 그 중에서도 효과가 좋은 것으로 판명된 것들이다.

- 눈을 감고 너의 머리에 대한 느낌을 확인해 보라. 너의 손가락을 구부려 머리끝에 올려놓아라. 옆 · 뒤 · 앞을 살짝 두드려 보라. 양 손을 내리고 너의 머리와 손이 어떤 느낌이 드는지를 경험해 보라.
- 눈을 감고 너의 얼굴에 대한 느낌을 확인해 보라. 눈을 감은 채 손가락으로 앞이마를 살짝 때려 보라. 이제 뺨 · 입술 · 턱으로 손과 손가락을 옮겨라. 코를 스치고 지나면서 눈자위로

조심스럽게 옮겨라. 너의 느낌이 어떠한지 알아보라.

- 너와 동성의 짝을 선정하여라. 마음속으로 상대방의 몸을 왼쪽과 오른쪽으로 나누어라. 오로지 몸의 왼쪽 부위에만 집중하면서, 상대방의 머리를 가볍게 두드려 본 다음, 어깨 · 왼팔 · 등 · 배 · 왼발 등을 스치면서 슬쩍 만져 보라. 이때 상대방은 여전히 눈을 감은 채로 서 있는다. 이 일련의 동작을 마치고 난 후, 너와 상대방 모두 눈을 감은 채로 서서 너 자신의 몸을 느껴본다. 1~2분이 지나면 네가 느낀 오른쪽과 왼쪽의 차이점에 대해 말해 준다. 그 다음 이번에는 오른쪽 부위에 집중하면서 위와 같은 일련의 동작을 반복한다.
- 수업시간 내내 왼손을 사용하라(만약 왼손잡이이면 오른손을 사용하라). 서투른 쪽 손으로 할 수 있는 모든 것을 해 보면서, 어떤 느낌이 드는가를 음미해 보라. 무엇을 느끼는가? 스스로 견딜 만한가? 수업이 끝난 후, 어떤 느낌이 들었는가?
- 먼저 짝을 정하라. 얼굴을 마주보며 앉아 짝의 양손을 잡아라. 이제 눈을 감은 채 아무런 동작도 하지 말고, 오직 너의 양손하고만 대화를 나누라. 짝의 강도가 어느 정도인지 알아보고, 자신의 양손을 꼭 눌러 보라. 이제 논쟁을 벌여라. 다시 화해를 하라. 서로 예의를 지켜라. 이제 농담을 건네 보라. 함께 춤을 추라. 춤을 끝내고 작별 인사를 하라. 서로 떨어져라. 이제 어떤 느낌이 드는지를 음미해 보라. 눈을 뜨고 상대방을 쳐다보라. 마지막으로 서로 느낀 바를 이야기해 보라.
- 여덟을 셀 동안 코로 들이마셔라. 숨을 들이마시는 동안 배를 앞으로 내밀어라. 이번에는 여덟을 셀 동안 배를 안으로 들이밀면서 입으로 내쉬어라. 이와 같은 동작을 15회 반복하라.
- 각 학생들은 다른 사람의 뒤에 위치하면서 한 방향으로 얼굴을 맞대고 원을 그리면서 앉거나 서 있는다. 앞 사람에게 손을 뻗쳐 목과 어깨를 3분간 주무른다. 다음에는 뒤로 돌아서 마찬가지로 3분간 상대방의 목과 어깨를 주무른다.
- 학급의 전 학생들은 주변을 거닐면서 만나는 학생마다 악수를 한다. 또한 만나는 학생마다 그의 팔꿈치를 잡아 흔들고, 다음에는 어깨를 잡아 흔든다. 계속해서 다리 · 머리 · 코 등을 잡아 흔든다. 그 다음 동작을 멈추고, 두 눈을 감은 채로, 어떤 느낌이 들었는가를 음미한다.

(10) 일기예보

일기예보는 뉴질랜드의 간호사들이 자녀를 학대할 가능성이 있는 어머니들에게 건강에 좋은, 사랑스런 방법으로 자녀를 접촉하는 법을 가르칠 때 활용하는 프로그램이다.

교사는 접촉을 제공해 주는 사람이다. 접촉을 당하는 사람으로서의 학생은 피드백을 주어야 한다. 접촉은 다음과 같은 순서로 제공된다. 교사는 새로운 일기 예보를 즐겁게 말해 준다.

- 눈송이: 손가락 끝으로 머리 · 어깨 · 등을 가볍게 툭툭 쳐라.
- 빗방울: 손가락 끝으로 약간 더 세게 머리 · 어깨 · 등을 툭툭 쳐라.
- 천 둥: 손바닥을 컵 모양으로 하여 학생의 등을 가볍게 두드린다.
- 파 도: 학생의 팔과 등을 쓰다듬어라.
- 고 요: 잠시 동안 학생의 어깨에 손을 얹고 그대로 있어라.

(11) 나는 왜 나 자신을 좋아하는가

먼저 아동들에게 자신이 좋아하는 사람들의 이름을 말해 보라고 한다. 대부분의 아동들은 어머니 · 아버지 · 친구 · 할아버지 · 할머니 · 이웃 등 특별한 관계가 있는 사람들의 이름을 말할 것이다. 만약 그들이 자신의 이름을 말하지 않으면, "너 자신에 대해서는 어떠하니? 너 자신을 좋아하니?"라고 묻는다. 자기 자신을 좋아하는 것도 매우 중요하다는 사실을 일깨워 준다.

학생이 자기 자신을 좋아한다고 말할 때, 다음과 같은 질문을 하고, 각 질문마다 2~3분의 시간을 준 다음 대답하도록 한다.

- 너 자신에 대해 생각해 보라.
- 너는 너의 어떤 모습을 좋아하는가?
- 너는 어떻게 노는 것을 좋아하는가?
- 너는 어떻게 행동하는 것을 좋아하는가?
- 너는 무엇을 하는 것을 좋아하는가?

아동으로 하여금 자기 자신에 대해 좋아하는 것을 보여주기 위한 것으로, 그림으로 그려 '내 자신을 좋아하는 이유'라는 제목의 작은 책자를 만들도록 하는 것도 좋다. 그리고 아동들끼리 서로 자신의 책자에 대해 이야기하도록 한다.

3. 특수교육적 의의

자아개념은 정의적 교육의 핵심으로서 인간화 학습과 깊은 관련이 있는데, 특수교육에 있어서는 그 중요성이 더욱 크다고 할 수 있다. 특히 신체적으로 열약한 장애아동에게는 부정적 신체상이 형성될 가능성이 크고, 그 결과 부정적 자아개념 혹은 자아정체성으로 이어질 가능성이 높기 때문이다. 자아개념은 특히 특수교육 형태, 장애인의 장애관, 진로 지도 등과 밀접한 관련이 있다.

첫째, 긍정적인 장애인관은 더불어 살아가는 인간 사회의 기본적인 전제로서, 장애인의 사회적 통합을 위해서는 반드시 필요하다. 그런데 긍정적 장애인관은 사회적 자아개념에서 비롯된다. 자기 또래의 장애아에 대한 태도가 곧 사회적 자아개념의 중요한 하위 구조이다. 따라서 장애아에 대한 긍정적인 관점을 지니게 할 수 있는 방안이 마련되어야 할 것이다.

그와 같은 접근법 중의 하나가 통합교육이다. 통합된 유치원에서 장애유아들의 고립적 행동을 현저하게 감소시켰을 뿐만 아니라, 긍정적인 자아개념도 크게 증진되었다는 연구 결과(Dunlop et al., 1985)는 우리에게 많은 시사를 주고 있다. 이밖에도 통합교육이 장애아의 긍정적인 자아개념의 증진에 효과적이라는 연구 결과(Guralnick, 1986)는 긍정적인 자아개념을 위해 통합교육의 필요성을 말해주고 있다.

둘째, 장애인 자신의 긍정적인 자아개념도 매우 중요하다. 사회 일반의 긍정적인 장애관이 중요하다는 것은 말할 나위도 없지만, 그보다 더욱 중요한 것은 장애인 자신이 자신의 장애를 바라보는 장애관이다. 이것은 신체적 자아개념과 관련이 있는 것으로서, 자신감을 불러일으킬 수 있을 뿐만 아니라, 사회 일반의 장애인관에도 크게 영향을 미친다. 이와 같은 사실은 김삼섭(1988)의 연구에서도 확인되었는데, 이 연구는 사회적 자아개념이 신체적 자아개념에 미치는 영향보다 반대로 신체적 자아개념이 사회적 자아개념에 미치는 영향이 더 큰 것으로 나타났다. 자신의 신체에 대해 어떻게 생각하느냐 하는 것이 이처럼 중요하다는 것이 새로운 견해는 아니지만, 장애인의 자아개념에 관한 한 무엇보다도 중요하다는 인식이 필요하다 하겠다.

셋째, 자아개념은 장애학생의 진로 지도와도 밀접한 관련이 있다. 직업 탐색은 청소년기에 달성해야 할 직업 발달과정 중의 한 단계이다. 이 단계에서는 각종 직업에 대한 정보를 통하여 자신에게 알맞은 직업들의 실상을 더듬어 찾아야 한다. 그런데 이 과정에서는 정의적 특성들이 포함될 수밖에 없다.

정의적 특성은 한 개인의 방향을 결정해 주는 과정임을 고려한다면 쉽게 이해할 수 있을 것이다. 자기 자신에 대한 명확한 인식이 확립되었을 때에, 그리고 자신의 능력에 대한 정당한 평가가 이루어졌을 때에 비로소 바람직한 직업 탐색의 과정이 일어날 수 있는 것이다. 다시 말하면, 자아개념의 확립으로 인한 자아정체감이 형성되었을 때에 올바른 직업 선택이 가능하다는 것이다. 만약에 자신의 능력과 동떨어진 직업에 대한 계속적인 탐색으로 인하여 그 직업을 선호하게 된다면, 결국에는 자기 자신의 무능함 혹은 부정적인 측면이 강하게 부각될 수밖에 없을 것이다. 즉, 부정적인 자아개념 혹은 부정적인 자아정체감으로 인하여 무기력 상태에 빠질 가능성이 높다. 따라서, 직업 탐색의 과정은 아동의 정의적 행동 특성이 결정적인 역할을 한다고 볼 수 있다.

PART 04

사회심리학적 접근: 장애 차별과 인권

학습목표

사회심리학은 개인이 다른 사람들과 상호작용하는 과정에서 나타나는 생각, 감정, 행동을 연구하는 학문이다.

오늘날 하나의 시대정신으로 간주되는 장애인 정상화는 '장애인도 보통 사람이다'라는 전제 아래, 가능하면 일반 사람들과 같은 장소에서, 같은 삶의 양식으로, 함께 살아가는 것을 뜻한다. 이를 위해서는 장애인과 비장애인 간의 소통과 상호작용이 필수적이다.

만약 사람들이 장애인을 바라보는 시각이 부정일 경우, 그리고 장애인과 비장애인 간의 소통이 제대로 이루어지지 않거나 상호작용이 부족할 경우, 소수집단에 속한 장애인들은 편견에 사로잡히게 되고, 그 결과 장애인 차별로 이어진다. 장애인 차별은 곧 인권의 핵심 과제이다. 이러한 문제에 연구의 핵심 내용으로 하는 학문이 곧 사회심리학이다.

CHAPTER 12

장애 차별

1. 장애

1) 정의

장애의 정의는 역사적 변천과정을 거듭해 왔는데 오늘날에도 여전히 혼돈스럽다. 이러한 상황에서는 우리나라 관련 법규에 규정된 장애의 정의에서부터 출발하는 것이 바람직하다 할 것이다.

우리나라의 법정 장애인에 관해서 「장애인복지법」(시행 2024. 8. 14.)은 장애인의 정의를, 「장애인복지법 시행령」(시행 2024. 7. 31.)은 장애인의 종류와 기준을, 「장애인복지법 시행규칙」(시행 2024. 8. 14.)은 장애 등급을 각각 규정하고 있다.

「장애인복지법」 제2조는 장애인과 신체적 · 정신적 장애 및 장애인 학대를 규정하고 있다.

① 장애인이란 신체적 · 정신적 장애로 오랫동안 일상생활이나 사회생활에서 상당한 제약을 받는 자를 말한다.

② 이 법을 적용받는 장애인은 제1항에 따른 장애인 중 다음 각 호의 어느 하나에 해당하는 장애가 있는 자로서 대통령령으로 정하는 장애의 종류 및 기준에 해당하는 자를 말한다.

1. 신체적 장애란 주요 외부 신체기능의 장애, 내부기관의 장애 등을 말한다.
2. 정신적 장애란 발달장애 또는 정신질환으로 발생하는 장애를 말한다.

③ 장애인 학대란 장애인에 대하여 신체적 · 정신적 · 정서적 · 언어적 · 성적 폭력이나 가혹 행위, 경제적 착취, 유기 또는 방임을 하는 것을 말한다.

2) 법정 장애인

「장애인복지법 시행령」(시행 2024. 7. 31.)은 별표 1(개정 2022. 4. 13.)에 '장애의 종류 및 기준에 따른 장애인(제2조 관련)'(개정 2021. 4. 14.)에서 장애인의 종류를 ① 지체장애인, ② 뇌병변장애인, ③ 시각장애인, ④ 청각장애인, ⑤ 언어장애인, ⑥ 지적장애인, ⑦ 발달장애인, ⑧ 정신장애인, ⑨ 신장장애인, ⑩ 심장장애인, ⑪ 호흡기장애인, ⑫ 간장애인, ⑬ 안면장애인, ⑭ 장루 · 요루장애인, ⑮ 뇌전증장애인으로 규정하고 있다.

① 지체장애인

- 한 팔, 한 다리 또는 몸통의 기능에 영속적인 장애가 있는 사람
- 한 손의 엄지손가락을 지골(指骨: 손가락 뼈) 관절 이상의 부위에서 잃은 사람 또는 한 손의 둘째손가락을 포함한 두 개 이상의 손가락을 모두 제1지골 관절 이상의 부위에서 잃은 사람
- 한 다리를 가로발목뼈관절(lisfranc joint): 발등 뼈와 발목을 이어주는) 이상

의 부위에서 잃은 사람
- 두 발의 발가락을 모두 잃은 사람
- 한 손의 엄지손가락 기능을 잃은 사람 또는 한 손의 둘째손가락을 포함한 손가락 두 개 이상의 기능을 잃은 사람
- 왜소증으로 키가 심하게 작거나 척추에 현저한 변형 또는 기형이 있는 사람
- 지체(肢體)에 위 각 목의 어느 하나에 해당하는 장애 정도 이상의 장애가 있다고 인정되는 사람

② 뇌병변장애인

뇌성마비, 외상성 뇌손상, 뇌졸중 등 뇌의 기질적 병변으로 인하여 발생한 신체적 장애로 보행이나 일상생활의 동작 등에 상당한 제약을 받는 사람

③ 시각장애인

- 나쁜 눈의 시력(공인된 시력표에 따라 측정된 교정시력을 말한다. 이하 같다)이 0.02 이하인 사람
- 좋은 눈의 시력이 0.2 이하인 사람
- 두 눈의 시야가 각각 주시점에서 10도 이하로 남은 사람
- 두 눈의 시야 2분의 1 이상을 잃은 사람
- 두 눈의 중심 시야에서 20도 이내에 겹보임[복시(複視)]이 있는 사람

④ 청각장애인

- 두 귀의 청력 손실이 각각 60데시벨(dB) 이상인 사람
- 한 귀의 청력 손실이 80데시벨 이상, 다른 귀의 청력 손실이 40데시벨 이상인 사람

- 두 귀에 들리는 보통 말소리의 명료도가 50퍼센트 이하인 사람
- 평형 기능에 상당한 장애가 있는 사람

⑤ 언어장애인

- 음성 기능이나 언어 기능에 영속적으로 상당한 장애가 있는 사람

⑥ 지적장애인

- 정신 발육이 항구적으로 지체되어 지적 능력의 발달이 불충분하거나 불완전하고 자신의 일을 처리하는 것과 사회생활에 적응하는 것이 상당히 곤란한 사람

⑦ 자폐성장애인

- 소아기 자폐증, 비전형적 자폐증에 따른 언어 · 신체 표현 · 자기 조절 · 사회 적응 기능 및 능력의 장애로 인하여 일상생활이나 사회생활에 상당한 제약을 받아 다른 사람의 도움이 필요한 사람

⑧ 정신장애인

- 다음 각 목의 장애 · 질환에 따른 감정 · 조절 · 행동 · 사고 기능 및 능력의 장애로 일상생활이나 사회생활에 상당한 제약을 받아 다른 사람의 도움이 필요한 사람
- 지속적인 양극성 정동장애(情動障碍, 여러 현실 상황에서 부적절한 정서반응을 보이는 장애), 조현병, 조현정동장애(調絃情動障碍) 및 재발성 우울장애
- 지속적인 치료에도 호전되지 않는 강박장애, 뇌의 신경학적 손상으로 인한 기질성 정신장애, 투렛장애(Tourette's disorder) 및 기면증

⑨ 신장장애인

• 신장의 기능부전으로 인하여 혈액투석이나 복막투석을 지속적으로 받아야 하거나 신장기능의 영속적인 장애로 인하여 일상생활에 상당한 제약을 받는 사람

⑩ 심장장애인

• 심장의 기능부전으로 인한 호흡곤란 등의 장애로 일상생활에 상당한 제약을 받는 사람

⑪ 호흡기장애인

• 폐나 기관지 등 호흡기관의 만성적 기능부전으로 인한 호흡기능의 장애로 일상생활에 상당한 제약을 받는 사람

⑫ 간장애인

• 간의 만성적 기능부전과 그에 따른 합병증 등으로 인한 간 기능의 장애로 일상생활에 상당한 제약을 받는 사람

⑬ 안면장애인

• 안면 부위의 변형이나 기형으로 사회생활에 상당한 제약을 받는 사람

⑭ 장루 · 요루장애인

• 배변 기능이나 배뇨 기능의 장애로 인하여 장루(腸瘻) 또는 요루(尿瘻)를 시술하여 일상생활에 상당한 제약을 받는 사람

⑮ 뇌전증장애인

• 뇌전증에 의한 뇌신경세포의 장애로 인하여 일상생활이나 사회생활에 상당한 제약을 받아 다른 사람의 도움이 필요한 사람

「장애인복지법 시행규칙」(시행 2024. 2. 9.)은 의학적 진단에만 의존하고 있는 장애 등급제를 폐지하고 '장애 정도'로 규정하고 있다. 즉, 장애 유형별 장애 정도의 기준은 각각 '심한 장애'와 '심하지 않은 장애'의 하한 기준으로 한다(개정 2022. 9. 6).

3) 세계보건기구의 장애 분류

장애에 대한 보편적인 개념은 세계보건기구(World Health Organization: WHO)에 의해 제시되고 있다. WHO의 공식적인 장애 분류 체계는 1980년 이전까지는 없었다. 1970년대 이전까지는 국제 질병 분류만 존재하였는데, 이는 의료적 분류에 따른 질병을 말하는 것이었다.

1980년 국제 장애 분류(International Classification of Impairment, Disabilities, and Handicaps: ICIDH)를 제시하여 장애를 이해하는 새로운 접근을 채택하였고, 1997년에는 국제 장애 분류-2(ICIDH-2)를 제안하였으며, 2001년에는 국제 장애 분류-2(ICIDH-2)의 명칭을 국제기능 · 장애 · 건강 분류(International Classification of functioning, disability and health: ICF)로 수정하여 개정안을 제안하였다.

(1) 국제 장애 분류

1980년 WHO의 국제 장애 분류(ICIDH, 1980)는 손상, 장애, 불리의 세 가지 범주로 장애를 구분하고 있다.

손상(impairment)은 심리적 · 해부학적 기능 상실 혹은 이상을 의미한다. 시각장애를 가지고 있는 사람은 시력에 영향을 주는 녹내장과 같은 신체적 상태 때문에 시력을 상실하거나 정상적인 형태를 갖추지 못한 눈을 가지고 있을 수 있다. 운동장애를 가지고 있는 사람은 운동 능력을 통제하는 뇌 영역의 손상으로 걷기가 어려워지는 뇌성마비 진단을 받은 상태일 수 있다.

장애(disabilities)는 손상으로 인한 기능의 제한이 장기간에 걸쳐 지속될 것이라는 의학적 판단과 더불어, 정상적인 활동수행 능력이 제한 또는 결여된 상태를 말한다. 장애는 신체적인 부분에 발생할 수도 있고 인지적 부분에 발생할 수도 있으며, 두 경우 다 제한성을 야기한다. 의사소통장애를 가지고 있는 사람은 말을 하기 위한 구강근육 기능이 저하도거나 언어를 처리하는 뇌 기능이 저하된 경우이다. 인지장애를 가지고 있는 사람은 자신의 환경 내 정보를 처리하는 뇌 기능이 저하된 경우이다. 이러한 뇌 기능 저하는 다운증후군(Down's syndrome)[1]처럼 선천적인 것일 수도 있지만 뇌손상처럼 후천적인 것일 수도 있고, 좋지 않은 사회 · 경제적 상태 때문에 발생하는 영양결핍과 같이 환경적 영향을 받아서 발생할 수도 있다.

불리(handicaps)[2]는 손상이나 장애를 가지고 있는 사람이 환경과의 상호작용 시 불편을 겪는 사회적 불리 혹은 핸디캡을 말한다. 다시 말해, 사회적 불리는 부분적으로는 환경 내 접근이 가능한 편의시설 부족으로 발생할 수 있는 제한성이라고 할 수 있다. 예를 들어, 운동장애나 지체장애를 가지고 있는 사람이 휠체

1) 21번 염색체이상으로 나타나는 유전질환의 한 종류. 1866년 영국 의사인 존 다운(John Down)에 의해 최초로 보고되었기 때문에 붙여진 이름이다. 한때는 다운증후군의 얼굴 모습이 동양인(몽골로이드)을 닮았다고 해서 몽골리즘(Mongolism, 몽고증)이라고 부르기도 했지만, 특정 인종을 비하하는 단어라는 이유로 현재는 쓰이지 않는다.

2) 자신에게 특별히 불리하게 작용하는 여건을 말한다. 운동경기 등에서 기량의 차이가 나는 경기자에게 이길 기회를 공평하게 주기 위하여 우월한 경기자에게 지우는 불리한 조건을 뜻하는 말로도 사용된다. 경기 승패에 영향을 줄 수 있는 점수 · 횟수 · 거리 · 중량 따위를 조절하여 대등한 경기를 할 수 있도록 한다.

어를 탄 상태에서 계단을 이용하는 데는 어려움이 있지만, 학습 과제를 수행하는 데는 별 어려움이 없을 수 있다.

(2) 국제 장애 분류-2

1997년 WHO는 장애의 개념과 범주에 대하여 새로운 제안(ICIDH-2, 1997)을 하였다. 즉 장애를 손상, 활동, 참여의 3개 축으로 설명하여 장애의 개념을 크게 확장하였다. 손상(impairments)은 신체 구조나 물리적 · 심리적 기능상의 상실이나 비정상성을 의미하는 것으로 이러한 기능상의 제한, 신체 혹은 신체의 부분의 기본적인 기능을 수행하는데 따르는 불능을 말한다. 활동(activity)은 개인적 수준에서 기능의 범위와 본질로서 일상생활과 관계된 개인 활동을 다룬다. 참여(participation)는 손상, 활동, 건강 조건, 생활 요인과 관련한 생활 상황에서 개인의 연관성 정도와 본질로 정의한다.

1980년 ICIDH에 비해 달라진 점은 중립적인 전문용어를 사용하고 있다는 점, 장애 대신 활동을, 핸디캡 대신 참여라는 용어를 사용하고 있다는 점, 그리고 개별적 모델과 사회적 모델 개념의 차이를 한 체계 안에 제시하고 있다는 점 등을 들 수 있다.[3]

(3) 국제 기능 · 장애 · 건강 분류

2001년 WHO는 ICIDH-2(1997)를 근간으로 5년 동안의 현장 검증과 국제회의를 거쳐서 그 명칭을 국제 기능 · 장애 · 건강 분류(International Classification

3) 개인적 모델은 장애라는 현상을 질병, 종양, 건강 조건 등에 의해 직접적으로 야기된 개인적인 문제로 간주하여, 이러한 문제의 원인이 장애가 발생시키는 근본적인 제한 혹은 심리적인 상실에 기인된다고 보고 있다. 사회적 모델은 장애 현상을 장애를 가진 사람의 사회 통합이라는 관점에서 사회적인 문제로 간주하여, 장애는 개인에게 귀속된 것이 아니고 사회적 환경에 의해 창조된 조건들의 복잡한 집합체로 보는 것이다.

of functioning, disability and health: ICF, 2001)로 수정하여 개정안을 제안하였다. 과거 단순히 의학적이나 생물학적인 측면에서만 장애를 바라보던 것에서 사회적 · 물리적 환경 요인이 결합된 새로운 장애 개념을 도입하고, 건강과 관련된 광범위한 정보를 구분하는 틀로서 ICF가 제공됨에 따라 건강 및 보건 관련, 다양한 기준과 분야 간에 원활한 커뮤니케이션이 가능하게 되었다(보건복지부, 2016).

ICF는 건강과 건강관련 영역의 분류 체계이다. 이 영역들은 신체의 기능과 구조, 그리고 활동과 참여의 두 목록에 의해 신체적 · 개인적 · 사회적 관점으로부터 분류된다. 개인적 기능과 장애는 같은 맥락에서 나타나기 때문에, ICF는 환경 요소 목록을 포함하고 있다. 이 분류 체계는 일반 대중 등의 집단들 간에 의사소통을 증진시키기 위하여 공통적인 언어를 제공하는 것이 주요 목적 중의 하나이다.

ICF는 장애에 대한 개별적 모델과 사회적 모델의 통합을 위한 시도하였다. 또한 국제 질병 분류 체계인 ICD-10과 병행해서 상호 보완적으로 사용하도록 만들어졌다. ICD-10은 질병의 진단에 초점을 두고 있다면, ICF는 기능(function)에 대한 풍부한 정보를 제공하도록 되어 있다.

ICF는 장애를 가지고 있는 사람들에게 제한되어 적용될 수 있는 것이 아니라, 모든 사람의 건강에 관련된 요소들을 설명해 줄 수 있는 보편적인 적용이 가능한 틀이라고 할 수 있다. ICF는 인간의 기능과 그 기능을 제한하는 요소들 간의 연관성을 나타낼 수 있도록 해준다.

ICF의 장애는 개인의 건강 상태와 개인 요인, 그리고 개인이 살고 있는 환경을 대변하는 외적 요소 간의 복잡한 상호작용의 결과로 설명될 수 있다. 그렇기 때문에 특정한 건강 상태에 있는 동일 인물이라 하더라도 환경이 다르면 그 영향도 달라질 수 있다. 방해 요소가 있거나 촉진 요소가 결여된 환경은 개인의 활동과 참여를 제약하게 된다. 반면 촉진 요인을 가진 환경은 개인의 활동과 참여를 강화시킨다. 만약 접근이 어려운 건물이 있거나 보완대체 · 의사소통체계를 제공하지 않으면 사회생활을 하는 데 제약을 받을 수 있다. 즉, 장애는 손상, 활동 제한, 참여 제약에 관한 사항을 모두 기술할 수 있어야 하고, 또한 손상 혹은 건강 상태에 의해서만 결정되는 것이 아니라 환경 요인에 따라 얼마든지 달라질 수 있는 것이다.

개인의 기능은 신체의 기능 · 구조, 활동, 참여 세 가지로 표현된다. 이 세 가지 차원의 기능들은 건강 조건과 상황적 맥락에 속하는 환경 요소(사회의 인식, 건축물의 장애 요소 정도 등)와 개인 요소(성 · 연령 · 인종 · 습관 · 대처 양식 등)의 양 측면에서 영향을 받는다.

ICF는 현재 우리나라처럼 건강 조건, 즉 손상의 정도만 고려하여 장애 등급을 매기는 것이 아니라 환경 요소와 개인 요소 양 측면을 고려하여 결정한다. 즉, 신체 구조와 기능은 어떤 상태이고, 사회참여는 어느 정도 가능한지를 기술하는 것이다. '시각장애 1등급'처럼 범주화되는 것이 아니라 여러 상황에서 다양하게 기술될 수 있는 것이다.

ICF 특징

건강과 건강 관련 영역의 분류 체계

- ICF는 신체의 기능과 구조 및 활동과 참여의 두 축에 의해 분류된다.
- ICF는 환경 요소의 목록을 포함한다.
- ICF는 일반 대중 등 집단들 간 의사소통을 증진하는 것이 주요 목적이다.

장애에 대한 개별적 모델과 사회적 모델의 통합을 위한 시도

- ICF는 질병이 아니라 기능에 대한 정보를 제공하는 데 초점을 두고 있다.
- ICF는 장애인뿐 아니라 모든 사람들에게 적용될 수 있는 보편적 틀이다.

- ICF는 장애란 환경 요인에 따라 얼마든지 달라질 수 있는 것으로 간주한다.
- ICF에서 개인의 기능은 신체의 기능과 구조, 활동, 참여 등으로 표현된다.

ICF는 현재 우리나라처럼 손상의 정도만 고려하여 장애 등급을 매기는 것이 아니라 환경 요소와 개인 요소 양 측면을 고려하여 결정한다.

2. 장애 차별의 역사

오늘날 장애인에 대한 사회의 시각과 인식은 이전 세대에서 이미 시행착오를 거쳐 그들에 대해 이해해 온 결과이다. 이 절에서는 고대에서 현대에 이르기까지 장애인에 대해 어떻게 생각해 왔으며, 또한 어떤 식으로 다루었는가를 살펴보고자 한다.

1) 서구: 고대에서 현대[4)]

(1) 초기 인간 사회: 악마론의 태동

고대 사람들은 삶과 죽음, 햇빛과 폭풍, 풍년과 기근 등 모든 변화를 초자연적인 힘에 기인한다고 생각하였다. 따라서 장애인도 악령에 의해 생겨난 것으로 생각하였다. 고고학적 연구 결과에 의하면, 구석기시대 사람들은 신령을 보다 직접적인 방법으로 다루었음을 알 수 있다. 소위 개두술이라 불리는 외과수술을

4) 이 절의 내용은 "Brimer, R. W. (1990). Students with Severe Disabilities: Current Perspectives and Practices. 김삼섭 옮김 (1995). 중증 장애인의 교육과 재활. 서울: 이화여자대학교 출판부."의 제1장 중증 장애인: 역사 · 정의 · 출현율 (pp. 21–35)에서 발췌 · 수정 · 보완하였음.

통해 장애인의 두개골에 구멍을 뚫었는데, 그 당시 사람들은 이 구멍을 통해 악령이 빠져나간다고 생각하였다. 더욱 놀랍게도 중국과 페루에서 발견된 두개골 중에는 관상 톱을 이용하여 수술한 흔적이 발견되었다. 이것은 고대에서 실제로 개두술을 실시하였음을 입증하고 있다(Zilboorg & Henry, 1941). 그러나 대부분의 원시사회에서는 영아 살해가 인정되었기 때문에 장애유아는 살아남지 못하였다(Hewett & Forness, 1977).

이처럼 장애란 악령이 몸에 들어와 생긴 것이라는 생각은 여러 문화권에 걸쳐 오랜 세월 동안 지속되었다. 악령에 관한 문헌은 중국 · 이집트 · 그리스 · 헤브루 · 초기 기독교 등에 관한 고대 기록에서 발견된다.

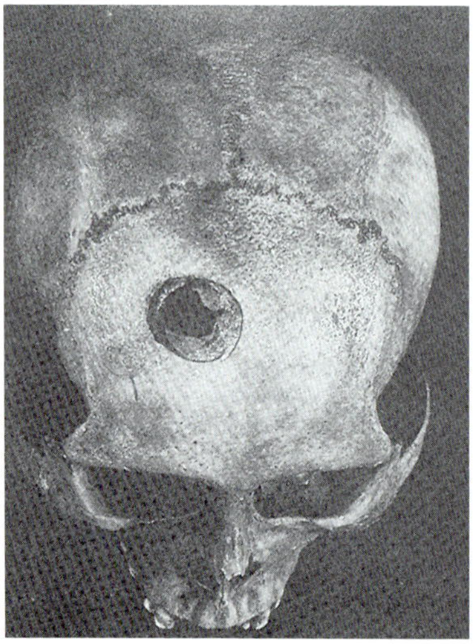

개두술(開頭術)은 두개골에 구멍을 뚫는 수술을 말하는데, 아득한 옛날에는 이 구멍을 통해 악령이 빠져나간다고 생각하였다. 이 사진은 실제로 그 수술을 받았음을 보여주고 있다. 이 뼈는 그 사람이 죽기 전에 오랫동안 치료했음이 밝혀졌다.

[그림 12-1] 고대 개두술

출처: Neg. No. 283258, photo by L. Bierwert. 미국 자연사박물관 장서과.

(2) 그리스 · 로마시대: 이성론의 탄생

기원전 6세기경, 그리스 사람들은 신화적 사상에서 벗어나 이성에 바탕을 둔 신념을 갖기 시작했다. 즉, 인간의 이성은 자연을 이해하는 일과 똑같다고 생각하게 되었다. 이 시기에 역사상 처음으로 장애인에 관한 연구가 이루어졌는데, 장애를 초자연적 현상이 아닌 자연적 현상의 일부로 간주하기 시작했다. 이와 같은 혁신은 그리스 의사였던 히포크라테스에 의해 주로 이루어졌다. 그는 자신의 스승인 엠페도클레스의 연구 업적을 이끌어냈다.

히포크라테스는 장애의 원인이 물리학적 요인에 기인한다는 자연주의적, 기질적 이론을 최초로 발전시켰다. 그는 사례를 관찰하고 그 결과를 될 수 있는 한 객관적으로 기술하는 새로운 방법을 적용하였다. 또한 전에 비해 훨씬 더 인간적인 처치방법을 고안하였다. 히포크라테스는 환자들을 좀 더 정확히 관찰하기 위해 가끔 집으로 돌려보내기도 하였다(Calhoun, Acocella, & Goldstein, 1977). 그의 노력으로 인하여 휴식 · 운동 · 음악 등 치료적 활동을 통해 장애인 재활을 위한 수용소가 설립되었다.

그러나 모든 그리스인이 히포크라테스의 장애인 처치법을 받아들인 것은 아니다. 예를 들면, 스파르타에서는 냉혹할 만큼 우생학을 적용하였다. 결함을 가지고 태어난 영아는 죽음의 계곡에 던져졌다(Durant, 1966). 히포크라테스 시기까지 아테네에서는 결함을 가지고 태어난 아이를 큰 질그릇 용기에 넣어 신전 근처에 버렸는데, 버려진 아이는 썩어 없어지거나 들짐승의 먹이가 되기도 하였다(Durant, 1954).

로마의 탄생과 더불어 히포크라테스의 방법은 수세기 동안 계속 이어졌다. 그리스의 의사로서 로마에서 활동 중이던 애스클리피아디스, 소라누스, 갈레노스 등은 히포크라테스의 기질론을 더욱 확대 · 발전시켰다(Zilboorg & Henry, 1941). 그럼에도 불구하고 로마에서도 장애유아를 그의 부모로 하여금 밖에 버리도록 하였다. 그 후, 부유해진 로마제국은 정신지체아[5]를 친목회의 노리개 감

5) 이 절에서는 역사적 사실을 기술하는 관계로 오늘날 지적장애를 의미하는 당시의 용어인 정신지체아를

이나 광대로 삼기 위해 집에 머무르도록 허락하였다(Wallin, 1955). 로마 황제 코머더스는 활을 연습할 때 목표물로 사용하기 위해 정기적으로 지체장애인을 모집하였다(Durant, 1944).

5세기 로마제국의 멸망과 함께 히포크라테스 철학은 고대 미신 사상의 부활로 주춤하게 되었다. 악마론이 다시 태동한 것이다. 그러나 새로운 기독교 교회에서는 장애인을 조용하면서도 따뜻하게 받아들이고 있었다.

(3) 중세와 문예부흥: 다시 살아난 악마론

중세에는 종교가 예술활동에서부터 장애인 학대에 이르기까지 모든 행위의 기본이 되었다. 장애의 원인에 대해 인간 삶의 순환으로 파악하였던 고대 그리스의 자연주의 철학은, 신에 의해 설명되는 모든 사상(事象)은 인간 이해를 뛰어넘는다고 믿는 기독교적 초자연주의 철학에 의해 밀려나게 되었다(Wallin, 1955).

결국 악마론이 이성론을 대신하게 되었다. 장애는 원죄에 대한 벌의 결과라는 생각, 그리고 장애인은 귀신이 씌었다는 생각이 퍼지게 되었다(kirtley, 1975). 중세 초기에 대부분의 장애인들은 푸닥거리(exorcisms)에 의존하였다. 시간이 지남에 따라 신학적 교리가 점차 다듬어졌음에도 불구하고, 장애인에 대해서는 여전히 엄격하였다. 장애인들은 굶어 죽기도 하고, 끓는 물에 던져지기도 하였으며, 쇠사슬에 묶여 채찍질을 당하기도 하였다.

장애인에 대한 대우가 암울했던 3세기 동안이 고대 지혜의 재탄생이라는 문예부흥 시기에 걸쳐 있다는 점은 참으로 이해하기 어렵다. 대략 1450년에서 1700년 사이에 마녀의 수가 약 100,000명에 이르렀다. 1800년대에는 약 20,000명의 마녀가 스코틀랜드에서 홀로 죽어갔다. 유럽 전역에 걸친 마녀 사냥은 일상

그대로 사용함

적인 사회적 · 종교적 의무로 여겨졌다. 이웃 사람은 다른 이웃 사람에게, 부모는 자식에게, 자식은 부모에게 일러바쳤다. 모든 사람이 서로 의심하는 상황이었다. 이 시기에는 다른 사람에게 자신이 열성적인 신앙심을 가지고 있음을 보여주는 것만이 최선의 방어책이었다(Zilboorg & Henry, 1941).

(4) 18~19세기: 합리주의로의 회귀

15세기 초, 장애인을 위한 병원이 스페인의 이슬람교에 의해 최초로 설립되었다. 그 후 유럽과 미국의 기독교 교회에서도 이를 본보기로 하여 많은 주요 도시에 병원을 개설하였다. 유럽에서 기독교 교회가 세운 최초의 병원은 런던의 베들레햄 성 메리 병원이었다. 이 병원에서는 환자들을 쇠사슬에 묶인 채로 짐승처럼 울부짖으면서 바닥을 기어다니도록 하였다. 환자들을 쇠사슬로 묶고, 새장에 가두기도 하고, 쥐들의 먹이가 되도록 하기도 하였다. 대중 앞에서 광대 노릇을 할 때에는 자신의 배설물 위에 벌거벗은 채로 누워 있도록 강요당하기도 하였다(Foucault, 1965).

18세기 후반 프랑스 혁명 중에 파리의 라 비세트르(La Bicetre) 병원의 내과 과장이던 피넬(Philippe Pinel)의 연구 결과는 기존의 처치방법에 변화를 가져온 계기가 되었다. 자유 · 평등 · 우애 정신으로 흠뻑 젖은 피넬은 장애인을 수용한 파리의 두 개 병동을 보고 아연실색하였다.

피넬은 여러 장애인 병동을 둘러 본 후, 장애인도 보통 사람이며 따라서 그들을 비인간적으로 대우하거나 학대해서는 안 된다는 믿음을 갖게 되었다. 악취 나는 토굴 속에 갇혀 있던 장애인들을 공기 맑고 햇빛 따사로운 방으로 옮겼다. 그는 장애인들을 정열적으로, 그리고 인간적이면서도 신사적인 방법으로 치료하기 시작했다(Selling, 1940).

피넬이 파리의 라 비세트르 병원에서 개혁을 시도하던 때와 거의 같은 시기에

윌리엄 튜크(W. Tuke)는 북잉글랜드에서 그와 비슷한 개혁을 시도하고 있었다. 장애인이 살고 죽는 혐오스런 상황을 보고 충격을 받은 튜크는 이를 개혁하는데 자신의 생애를 바치기로 결심하였다. 그는 생색 내지 않으면서도 지원을 아끼지 않는 종교단체가 장애인 치료에 가장 적절한 환경이라고 확신하였다. 그는 장애인들을 평화로운 전원으로 옮기고, 요크 재활원(York Retreat)이라 이름 지었다. 거기에서 장애인들은 서로 어려운 점을 이야기하고, 기도하고, 산보하고, 때로는 휴식을 취하면서, 그야말로 건전한 생활을 하였다. 1824년 이전에 설립된 미국의 장애인 시설의 반수 이상이 요크 재활원을 모델로 하였다. 또한 튜크의 치료 방법은 피넬이 실시한 방법보다 더 많은 영향을 미쳐 소위 '도덕적 치료(moral management)'라는 이름으로 미국에 전파되었다(Dain, 1964).

그러나 특수교육 전반, 특히 장애인의 처치에 가장 큰 영향을 미친 사람은 이타르(Jean M. G. Itard, 1774~1838)라 할 수 있다. 이타르는 1799년 프랑스 남부 아베롱의 숲에서 사냥꾼에게 잡힌 11~12세 정도로 추정되는 "야생 소년"을 5년여 동안 강도 높은 훈련을 시켰다. 그 결과 "야생 소년"은 큰 진전이 있었지만 나이가 들어가면서 점차 행동이 격렬해지는 등 통제하기 어렵게 되어 훈련을 포기하고 말았다.

아베롱의 야생 소년

1799년 프랑스 남부 아베롱의 숲에서 11~12세 정도로 추정되는 "야생 소년"이 사냥꾼에게 잡혔다. 그 소년은 생의 대부분을 원시적인 숲속의 동물처럼 보낸 것이 틀림없었다. 그는 모양새나 행동이 마치 동물과 비슷했다. 벌거숭이로 지내고, 더럽고, 겁에 질려 있고, 말도 할 줄 몰랐으며, 냄새를 맡아 음식을 골랐다. 바로 뒤에서 총을 쏘아도 전혀 반응을 보이지 않지만, 나무 열매가 떨어지는 소리는 금방 알아차렸다. 뜨거운 것과 차가운 것을 구별할 수 없을 정도로 촉각도 발달되지 않았다.

이 소년은 곧 파리에 있는 국립 농아연구소로 보내졌으며, 많은 사람들의 호기심을 불러일으켰다.[6] 이타르(J. M. G. Itard)는 이 소년에게 적절한 훈련을 시키면 정상으로 돌아올 것이라 확신하고 연구소의 허락을 받아 그와 함께 생활하였으며, 그에게 '빅토르(Victor)'라는 이름을 지어주었다. 그러나 피넬 등 이 분야의 선구자들은 이 소년을 "희망이 없는 바보"에 불과하다고 생각하였을 뿐 아니라, 이타르의 노력이 부질없는 짓이라 생각하였다(Itard, 1932; Pritchard, 1963).

5년여 동안 강도 높은 훈련을 시킨 결과 빅토르는 큰 진전이 있었다. 그러나 사춘기에 접어들자 빅토르는 아주 거칠어져 결국에는 통제하기 어렵게 되고 말았다. 마침내 이타르는 그에 대한 실험을 마치고 친절한 여자 가정교사로 하여금 그를 보호하도록 하였다. 빅토르는 40세가 되어 생을 마칠 때까지 그 가정교사와 함께 지냈다.[7]

이타르는 빅토르를 정상으로 만들지 못한 것 때문에 크게 낙담하였다. 그럼에도 불구하고 이타르의 실험은 유럽과 미국 전역에 걸쳐 장애아 교육을 고무시키는 데 큰 역할을 하였다. 이타르는 장애아도 배울 수 있으며, 그 결과 틀림없이 진전을 보일 수 있다고 굳게 믿었다(Doll, 1962). 빅토르를 훈련시키는 동안 이타르는 학습문제를 해결하기 위해 완벽에 가까운 교육 원리를 적용하였다. 그가 빅토르에게 적용한 교육방법들은 오늘날 장애아 교육 혹은 유아 교육에 널리

6) 이리에 의해 양육된 쌍둥이인 레무스와 로물루스(Remus and Romulus) 이후, 늑대 혹은 야생 아이들에 대해 큰 관심을 기울여왔다. 이 아이들은 아주 어렸을 때 부모들이 버렸거나 잃은 것이 분명하며, 아마도 동물들이 자신의 새끼를 기르듯이 그 아이를 길렀을 것이며, 그 결과 야생동물들 가운데 살아남은 것으로 추정된다(Dennis, 1951). Rudyard Kipling은 『밀림의 서(The Jungle Book)』라는 책에서, 모글리(Mowgli)라는 야수인간에 대해 기록하고 있다. 그는 인도의 밀림에서 늑대 사냥을 업으로 하는 가족에게 잡혔다. 실제로 있었던 이야기 가운데 가장 유명한 늑대 아이는 타잔(Tarzan Clayton)일 것이다. 그와 그의 가족들은 아프리카 서해안 지방에서 폭도들에 의해 버려졌다. 그의 가족들이 죽은 후, 타잔은 코치크 부족의 칼라(Kala)라는 원숭이여성(a she-ape)에게 붙잡혀 양육되었다.

7) 빅터에 관한 이타르의 연구는 "아베롱의 야생 소년"(The Wild Boy of Aveyron)이라는 제목의 영화로 제작되었다. 그 소년의 신체를 면밀히 조사해 본 결과, 그의 목 부위에 아주 어렸을 때 칼로 다친 것으로 보이는 자국이 발견되었다. 빅터를 원하지 않았던 가족들이 그를 밀림으로 데려가 칼로 목을 벤 다음 버렸을 것으로 추정되었다. 최근에는 아프리카의 탕가니카 호수 부근에서 원숭이 소년이 발견되었다(People, February 9, 1976). 네 살 난 이 아이는 원숭이 떼들과 함께 나무에 기어오르는 것이 발견되었다.

적용되고 있다. 또한 빅토르를 교육시키고자 한 이타르의 노력은 세갱(Edouard Seguin, 1812~1880)과 몬테소리(Maria T. A. Montessori, 1870~1952) 등 장애인 교육의 대가들에게 하나의 지침이 되었다.

(5) 20세기: 개혁을 위한 투쟁

20세기에 접어들었을 무렵, 미국에서는 장애인을 보호시설에 수용하는 것이 주된 형태였다. 그러나 장애인을 그가 살고 있는 지역사회에서 교육해야 한다고 주장하는 사람들도 있었다. 독일에서는 이미 1860년 이후부터 장애인을 지역사회 안에서 교육하기 시작하였으며, 1900년에는 전국에 걸쳐 확고하게 정착되었다. 미국에서는 남북전쟁(1861~1865) 직후에 지역사회에 바탕을 둔 장애아 특수학급이 보스턴에 처음으로 생겼다. 그러나 1920년경까지 공립학교 중 장애아를 위한 특수학급이 설치된 도시는 12개에도 미치지 못하였다(Doll, 1962).

지역사회에 바탕을 둔 특수학급은 낙관적인 입장에서 출발하였다. 그러나 생각과는 달리 장애아를 치료하는 것이 매우 어렵다는 사실을 알게 된 교사들은 크게 실망할 수밖에 없었으며, 그 결과 문을 닫는 학급도 생겨났다. 여하튼 장애아동의 절반 이상이 국가에서 운영하는 보호 기관에 수용되어 있었다.

그러나 여전히 장애인의 시설 수용을 반대하는 사람들이 있었다. 장애아를 배제하는 것은 현행법에 그 바탕을 두고 있었다. 또한 여러 지역에서 그렇게 하는 것이 법적, 교육적 측면에서 볼 때 옳다는 인식이 널리 퍼져 있었다. 심지어 몇몇 주에서는 입학할 때부터 신체장애와 정신지체아를 배제하도록 하는 법률을 제정하기도 하였다. 장애아들은 '위축'되어 있고, 따라서 그들에게 적절한 교수 프로그램이 없다고 생각하는 사람들이 많았다.

1950년대에는 미국의 공립학교에서 장애아를 배제하는 것이 여전하였지만, 사회, 정부, 교육에 있어서의 변화는 장애인관에 큰 영향을 미쳤다. 이 시기의 공민권 운동은 흑인들이 교육의 기회 균등, 동등한 대우, 공공장소의 동등한 출입 등을 요구하는 계기를 마련하였다. 흑인과 마찬가지로 장애아의 공민권도 거부되었는데, 장애아 부모들과 지지자들은 정부가 그와 같은 불만을 깨끗이 씻어 줄 것을 기대하였다.

1960년대에는 많은 장애아 부모 단체들이 주나 연방정부에 더욱 압력을 가하기 시작했다. 케네디(J. F. Kennedy)가 대통령에 당선됨으로써 이와 같은 지지 세력에 전문가들이 대거 참여하게 되었다. 케네디 대통령 재임시 연방정부가 장애인들에게 대폭적인 지원을 하도록 규정한 획기적인 법안들이 많이 통과되었다. 그 밖의 다른 연방정부 프로그램들도 장애인의 요구를 충족시켜 줄 수 있도록 수정되었다.

1970년대는 아동 옹호와 소송이라는 말로 특성지을 수 있다. 아동 옹호 프로그램은 장애를 가진 성인과 아동의 인간적 · 시민적 권리를 보호한다는 차원을 뛰어넘었다. 공립학교 내에 특수학급을 설치할 필요성이 점차 증가함에도 불구하고, 아직도 대부분의 장애아들은 필요한 서비스를 받지 못하고 있었다. 장애아를 배제하는 정책들이 여전히 남아 있어 공립학교에 입학하는 데 제한이 따랐다. 그래서 장애아 부모, 보호자, 지지자들은 균등한 교육 기회를 보장받기 위해 법원과 입법부에 도전하기로 하고 굳게 뭉쳤다.

이들은 미국 헌법의 14개 수정 조항을 들이대면서, 모든 아동은 공교육을 받을 권리가 있다고 주장하였다. 1972년 이러한 주장을 받아들인 획기적인 법원 판결이 나왔다. 소위 펜실베이니아 정신지체아협회가 주를 상대로 낸 소송(Pennsylvania Association for Retarded Children(PARC) v. Pennsylvania, 1972)에서, 법원은 중증 정신지체아를 포함한 모든 아동에게 무상으로 적절한 공교육을 받을 권리를 부여하였다. 몇 달 후, 중복장애에 관한 또 다른 법원 판결이 나왔다(Mills v. Board of Education of the District of Columbia). 즉 법원은 "어떤 아동도 자신의 능력과 요구에 걸맞아 그로부터 이익이 되는 공교육에서 배제될 수 없다"고 명문화하였다(Weintraub & Abeson, 1974: 548).

1975년 말경, 포드(Gerald R. Ford) 대통령은 전장애인교육법(PL 94-142: the Education for All Handicapped Children Act of 1975)에 서명하였다. 이 법은 "교육은 기본 권리로서 모든 장애아동들에게 확대되어야 한다는 명제를 국가정책으로" 공포한 것이며, "모든" 장애아동들에게 무상으로 적절한 공교육을 실시해야 함을 천명한 것이다. 이 법이 제정 · 공포됨으로써 중증 장애아동에게 우선권이 주어지게 되었다.

(6) 현재: 정상화

장애인을 위한 서비스에 대한 현재의 방향을 한마디로 말하라고 한다면 그것은 정상화(normalization)라고 할 수 있다. 벵트 니리에(Bengt Nirje, 1969)는 정상화를 "정신지체인들이 사회 주류의 규준 · 방식과 될 수 있는 한 가까운 일상생활의 조건 · 방식을 언제든지 접할 수 있도록 갖추어 주는 것"이라 정의하였다(p. 181). 불과 수년 전만 하더라도 장애인에 대한 서비스는 일반인과의 차이에 초점을 맞추어 실시되었고, 그 결과 사회와 동떨어질 수밖에 없는 상황이었다. 이와 같은 맥락에서 정상화는 정책적 변화의 출발점을 암시하고 있다.

정상화라는 개념은 덴마크 정신지체인 서비스 센터의 책임자였던 닐스 에릭 뱅크 미켈슨(Niels Erik Bank-Mikkelsen)이 처음으로 제안하였다. 그는 "정신지체인들에게 될 수 있는 한 일상적인 생활환경과 가까운 환경"을 마련해 주고 싶었다(Bank-Mikkelsen, 1980: 56). 또한 그는 정신지체인의 서비스에 관해 규정하고 있는 1959년 덴마크법 속에 정상화의 원리를 포함시키는데 공헌하였다. 그러나 정상화라는 말이 체계적으로 기술된 것은 그후 10여년이 지나서였다. 즉 스웨덴 정신지체협회의 전무이사였던 벵트 니리에(Bengt Nirje)가 처음으로 정상화라는 말을 체계적으로 기술하였다. 니리에는 그의 유력한 논문에서 정상화는 일상생활에서 정상적인 경험을 해 볼 기회를 주는 것임을 강조하였다. 몇 년 후, 울펜스버거(Wolfensberger)는 『북미화(North Americanizing)』라는 책을 펴냈는데, 이 책은 미국의 서비스 방법이 스칸디나비아 방식과 다르다는 점을 역설하고 있다. 울펜스버거는 서비스 · 기관 · 프로그램 등의 과연 적절하고도 바람직한가를 따질 때에는 장애인 자신이 살고 있는 지역사회의 규준과 관련하여 결론을 내려야 한다고 주장하였다(Wolfensberger, 1980).

탈수용화(deinstitutionalization)는 정상화의 한 예이다. 이것은 장애인을 비인격적인 기관에서 나오게 하여 가정이 있는 지역사회로 돌려보내는 것을 의미한다. 한 연구에 의하면, 공공기관에 수용된 장애인이 훨씬 더 행복해질 수 있을 뿐 아니라 더 생산적인 활동을 할 수 있으며, 가정처럼 규모가 작은 기관일 경우 일반 사람들의 생활양식과 크게 다를 바 없다고 한다. 많은 전문가들은 현재 기관에 수용되어 있는 장애인들을 가정과 다를 바 없는 지역사회로 돌려보내야 하며, 기관들도 더 이상 장애인들을 수용하는데 급급해서는 안 된다고 주장하고 있다.

정상화의 두 번째 예는 공교육에 있어서의 주류화 운동(mainstreaming movement)이다. 현재 주류에서 벗어나 특수학교에 배치된 많은 장애아동들은 같은 건물, 이상적으로는 생활연령이 같은 또래들이 공부하고 있는 학급에서 특수교육 서비스를 받아야 한다. 탈수용화의 경향과 마찬가지로, 주류화 운동은 장애인도 보통 정상이라고 간주되는 사람들과 차이가 있다는 사고방식에서, 사실은 그렇게 차이가 있는 것이 아니라는 것을 강조하는 쪽으로 변화하고 있음을 말해준다.

2) 한국: 차별에 맞선 장애인 역사

우리나라 장애인 역사에 관한 연구는 찾아보기 힘들 정도로 드물다. 그러나 지금까지 이루어진 연구 결과들에 의하면 앞서 살펴본 서구와 마찬가지로 현대 이전까지 고난의 역사였음을 알 수 있다. 이 절에서는 최근 우리나라에서 일어난 장애인 권리 운동을 중심으로 차별에 맞선 장애인 역사를 약술하고자 한다(김기룡, 2013).

(1) 1980년대: 시민운동의 태동

장애인이 지역사회에 통합되어 인간답게 살 권리를 주장하는 시민운동은 우리나라도 예외가 아니었다. 그러나 1980년대 초반까지는 장애인 문제에 대한 대응은 특정 사건에 대해 일시적으로 대처하는 한시적 수준이었다. 1980년대 후반에 이르러서야 장애인이 자신의 권리를 자신의 목소리로 표현하기 시작하였다(김도현, 2008).

1982년 사법 연수원을 졸업한 장애인 3명이 법관 임용에서 탈락한 사건, 1984년 지체장애인 김순석이 서울시 거리의 턱을 없애 달라며 자살한 사건 등은 당시 전국적인 반향을 불러일으키는 사건이었다(김도현, 2008). 이러한 사건을 계기로 장애인단체들은 공동의 성명을 내고 관련 기관에 항의방문을 하는 등 사회적 차별에 맞선 운동을 전개하였다.

1987년 6월 항쟁 등 사회운동이 급격히 전개되면서, 보다 민주적이고 평등한 사회를 꿈꾸며 많은 시민사회운동이 활발하게 진행되었다. 이러한 사회 분위기는 장애인운동에도 영향을 미쳤다. 당시 설립된 장애인문제연구회 울림터, 전국지체부자유대학생연합회, 대학정립단 등의 장애인 청년 학생 조직을 비롯하여 장애우권익문제연구소, 장애인한가족협회와 같은 장애인단체 등이 장애인 문제에 대한 국가와 사회 차원의 제도적 대책 마련을 촉구하는 활동을 하였다(곽정란, 2004).

특히 1988년 서울장애인올림픽은 올림픽을 치르는 데 막대한 예산을 투자하면서 장애인의 복지에는 인색했던 정부의 한계를 보여주었는데, 이를 계기로 여러 장애인단체들이 연합하여 국가 차원의 장애인 복지에 대한 지원과 제도 마련을 요구하였다. 그 결과 「심신장애자복지법」이 「장애인복지법」으로 개정되고 「장애인고용촉진법」이 제정되는 성과를 거두기도 하였다(이익섭, 2003).

또한 1988년 신망애복지관 건립과 1991년 천안 인애학교 건립을 지역주민들이 반대한 사건 등 장애인시설을 혐오시설로 간주하며 지역사회로의 진입을 가로막는 문제에 대해 장애인단체들이 연합하여 저항하기도 하였다(곽정란, 2004).

(2) 1990년대: 장애인 권리 운동의 확산

1990년대 들어 장애인운동은 더욱 활발하게 전개되었는데, 장애인의 생존권을 우리 사회에 알리는 활동, 건축물에 대한 장애인의 접근권 보장을 위한 편의시설 설치 요구, 장애여성의 권리를 알리는 활동 등이 전개되었다(김도현, 2007).

또한 시각장애인의 안마사와 침술 시술에 대한 권리를 지키기 위한 운동(한국시각장애인연합회, 1999), 청각장애인의 수화통역 자격증 요구(한국농아인협회, 1998), 정신지체인 부모들의 그룹홈 확대 요구(한국장애인부모회, 1996), 장애인교육 단체의 특수교육진흥법 전면 개정 운동(장애우권익문제연구소 등, 1993) 등 장애 영역별 활동도 활발하게 진행되었다. 그러나 아직도 전국 규모의 장애인 옹호단체 등에 의존하는 형식을 벗어나지 못했다(곽정란, 2004; 김도현, 2007).

(3) 2000년대: 장애인 권리 보장 운동

그동안 전국 규모의 장애인조직에 의존했던 장애인운동은 2000년대에 접어들어 풀뿌리 조직들이 전면에 나서 활동하기 시작했다. 사회운동방식도 소송, 입법 청원, 단식, 점거, 서명 운동, 국토 순례, 공청회, 국제 세미나, 철로 점거, 쇠사슬 시위 등 다양한 방식으로 나타났다(유동철, 2004). 장애운동 주체도 경도장애인에서 중증장애인으로 이행하는 경향을 보임과 동시에 운동의 기치도 차별과 당사자주의를 표방하는 쪽으로 기울기 시작했다(김병하, 2005). 또한 장애인 부모들의 장애아동을 위한 교육권 보장, 발달장애 자녀를 위한 생활권 보장 등을 요구하는 활동도 활발하게 이루어지게 되었다(김도현, 2007).

2000년대에는 장애인 권리보장을 위한 여러 가지 법률이 제정되었다. 「교통약자의 이동편의 증진법」(2004), 「장애인 차별금지 및 권리구제 등에 관한 법률」(2007), 「장애인복지법」(2007), 「장애인 등에 대한 특수교육법」(2007), 「장애인연금법」(2010), 「장애인활동지원법」(2010), 「장애아동복지지원법」(2011)에 이어 2014년에는 「발달장애인 권리구제 및 지원에 관한 법률」이 제정되기에 이르렀다.

2015년 11월 2일, 동대문구 성일중학교에서 '발달장애학생 직업훈련센터 설립'을 위한 제6차 주민설명회가 열렸지만 일부 주민들의 격렬한 반발로 30분 만에 무산됐다.

[그림 13-1] 주민설명회 사진

출처: 에이블뉴스.

(4) 2020년대 오늘날 사정은 어떠한가

장애인 권리 보장을 위한 여러 가지 법률이 제정되었음에도 불구하고, 장애인의 삶은 많이 나아지지 않았다. 장애인의 실업률, 장애인의 사회 · 경제적 지위, 장애인의 월 평균 소득 등 삶의 질 관련 통계 수치들은 좀처럼 개선되지 않고 있다. 물론 이것은 우리나라만의 문제는 아니다. 전 세계적으로 여전히 장애인들은 노동, 교육, 문화, 정치 참여 등 다양한 사회 영역에서 장애를 이유로 차별받고 있거나 인권을 침해당하고 있는 것으로 보고되고 있다.

2006년에 제정된 「UN 장애인 권리 협약」은 이러한 장애인의 사회적 차별을 UN에 가입한 모든 나라들이 앞장서서 해소하자고 결의한 최초의 국제 조약이다. 이 조약의 제정은 여전히 장애인의 사회적 차별이 계속되고 있음을 반증해주고 있다고 할 수 있는데, 마찬가지로 이러한 사회적 차별을 철폐하기 위한 장애인 및 관련 단체들의 활동과 목소리 역시 앞으로도 계속될 것이다.

3. 편견과 차별의 심리

보건복지부가 발표한 '2023년 장애인 실태조사 결과'에 따르면, 장애인 차별이 있다고 인식하는 장애인의 비율은 2023년 80.1%로 2020년 63.5%보다 무려 16.5%p 상승한 것으로 집계됐다.

지난 2008년 시행된 「장애인차별금지 및 권리구제 등에 관한 법률」은 장애인의 완전한 사회 참여와 평등권의 실현을 위해 제정됐으며, 국가인권위원회 등의 장애인차별시정기구를 통해 장애인의 정당한 권리를 구제하도록 규정하고 있다. 그러나 이러한 법령과 규정에도 불구하고, 장애인의 권익과 복지증진에 영향을 주는 규제들이 여전히 존재, 이에 대한 피해로부터 신속하게 권익을 보장해야 할 필요가 있다는 지적이 지속해서 제기됐다.

이처럼 장애인 차별이 지속적으로 증가하는 이유는 여러 가지를 추정할 수 있겠지만 먼저 그 저변에 깔린 심리과정으로서 편견을 들 수 있을 것이다. 특정 집단에 대한 편견은 그 집단과 집단에 속한 구성원들을 대하는 상황에서 부정적 평가의 작용을 통해 불이익을 주는 등의 외현적 행동으로 나타난다. 장애인 차별은 장애인집단에 대한 부정적 평가에 바탕을 둔 편견이 그 출발점이다.

이 절에서는 편견과 차별의 심리학에 대해 살펴봄으로써 장애 차별을 최소화할 수 있는 방안을 모색하는 데 기초를 제공하고자 한다.

1) 편견의 심리

(1) 정의

편견은 특정 집단이나 개인에 대해서 한쪽으로 치우친 의견이나 견해를 가지는 태도로, 일반적으로 부정적인 평가를 동반한다. 특히 집단 간 갈등 상황에서 많이 나타나는데, 상대방이나 상대방이 속한 집단에 대해서 객관적이고 정확한 정보 수집이나 정보처리과정 없이 적대감이나 혐오 등의 부정적 정서를 동반하여 상대를 한쪽으로 치우쳐 평가하고, 또한 이를 외현적으로 드러나는 차별적인 행동으로 옮기기도 한다(Sherif et al., 1961). 이러한 과정을 통해, 집단 간 갈등은 편견의 작용으로 인해 더 악화되는 경우가 많다(Sherif, 1966).

편견은 인지적 · 정서적 측면에 그치는 것이 아니라, 편견의 대상이 되는 사람을 대할 때 발현되어 나타나는 행동적 측면에까지 영향을 미친다. 이러한 편견의 작용은 사회의 광범위한 측면에서 복합적으로 나타난다. 예를 들어, 교육 등 사회 정책과 관련하여, 특정 집단에 대한 정책 혹은 어떤 정책이 특정한 집단에 미칠 여파는 사람들이 해당 집단에 대해 가지고 있던 편견의 작용을 통해 정책에 대한 찬성 혹은 반대 입장과 그 입장을 표명하는 정치적 행위에도 영향을 미친다(Huddy & Feldman, 2009; Huddy & Sears, 1995).

(2) 유형

편견은 고정관념, 차별, 혐오, 내집단 우월주의, 외집단 동질성 등 다양한 형태로 나타날 수 있다.

① 고정관념

고정관념은 특정 집단에 속하는 사람들이 공통으로 가지고 있다고 생각되는 전형적인 특성에 대한 일반화된 기대나 신념을 가리킨다. 예를 들어 "시각장애인은 기억력이 뛰어나다", "아랍인은 게으르다"(Bodenhausen & Wyer, 1985), "흑인은 폭력적이다"(Gordon et al., 1988) 등을 들 수 있다. 고정관념은 주로 인지적인 측면의 기대나 신념에 관한 것이지만, 편견은 특정 대상에 대한 인지적 과정뿐만 아니라 좋다 혹은 싫다 등의 가치 판단이 포함된 정서적 측면을 동반한다.

② 차별

차별은 사회적 상황에서 집단에 따라 차등을 두어 대우하는 행위로, 특정 집단이나 그 집단에 속한 개인에게 불이익을 주거나 불평등하게 대우하는 외현적 행동으로 나타난다. 이러한 차별의 기초가 되는 것이 편견으로, 특정 집단에 대한 편견은 그 집단과 집단에 속한 구성원들을 대하는 상황에서 부정적 평가의 작용을 통해 차별 대우를 야기한다. 차별은 고용, 교육, 사회 참여 등 다양한 분야에서 나타나는 특성이 있다.

③ 혐오

혐오는 어떤 대상이나 집단에 대해 강한 거부감, 반감, 증오를 느끼는 감정을 말한다. 단순히 싫어하는 것을 넘어, 해당 대상을 비하하고 차별하며, 때로는 폭력을 행사하기도 한다.

사회심리학의 관점에서 혐오 발생 이유는 대체로 다음 요인들이 지적되고 있다. 첫째, 사회 학습이다. 어릴 때부터 가족, 친구, 사회, 미디어 등을 통해 획득한 편견과 고정관념이 혐오의 씨앗이 될 수 있다. 둘째, 불안과 불확실성이다. 새로운 사람이나 집단에 대한 불안감을 해소하기 위해 혐오를 이용하기도 한다. 셋째, 권력 유지이다. 특정 집단의 권력을 유지하기 위해 다른 집단을 혐오의 대상으로 삼기도 한다. 넷째, 정체성 확립이다. 자신이 속한 집단과의 소속감을 강화하기 위해 다른 집단을 혐오하기도 한다.

④ 내집단 우월주의

자신이 속한 집단이 다른 집단보다 우월하다고 생각하는 것을 말한다. 타지펠과 터너(Tajfel & Turner, 1986)의 사회정체성 이론(social identity theory)은 편견에 대한 인지적 접근을 통합한 이론으로, 내집단-외집단 범주화가 일어난 상황에서, 자기 자신을 긍정적으로 바라보려고 동기화된 개인이 집단 내에서의 정체성과 관련하여 자존감을 높이기 위해 내집단을 더 호의적으로 평가하는 내집단 편애효과 등으로 집단 간 행동을 설명한다.

⑤ 외집단 동질성

자신이 속하지 않은 집단의 구성원들이 모두 비슷하다고 생각하는 것을 말한다. 내집단-외집단 범주화를 통해, 외집단의 구성원들에 대해서는 서로 차별성이 없이 모두 일차원적이고 비슷하다고 지각하는 외집단 동질성 효과가 나타나기도 한다(Ostrom & Sedikides, 1992). 이러한 인지적 범주화는 결국 내집단 구성원들에 대해 외집단 구성원들보다 더 긍정적으로 평가하고 더 호의적인 행동을 보이는 내집단 편애효과로 이어져, 외집단에 대한 편견을 일으키게 된다(Tajfel et al., 1971).

(3) 형성과정

편견은 어떤 과정을 거쳐 형성되는가. 지금까지 연구된 바에 따르면, 부모나 친구, 미디어 등을 통한 사회적 학습의 과정에서 나타나기도 하고, 집단 간에 한정된 자원을 놓고 벌이는 경쟁과 갈등으로 인해 형성되고 유지되기도 하며, 단순한 인지적 범주화의 과정을 통해, 혹은 상대적 박탈감으로 인한 적대감을 특정 집단을 대상으로 표출함으로써 나타나기도 한다.

① 모방(modeling)

사회학습이론의 핵심 주제는 모방(modeling)이다. 사회학습이론은 가족이나 주변 환경, 대중매체 등을 통해 공격적으로 행동하는 사람을 단순히 관찰하는 경우에도, 모방의 과정을 통해 공격적인 행동을 하게 된다는 것이다(Bandura, 1977).

편견의 경우에도 마찬가지로, 특정한 집단에 대해 편향된 의견이나 견해를 가지고 부정적인 평가를 내리는 모습을 부모나 친구, 혹은 미디어를 통해 반복적으로 보고, 혹은 이러한 편견의 발현이 칭찬 등의 강화로 이어진다면, 이러한 편견은 사회적으로 학습된 것으로 볼 수 있다(Aboud & Doyle, 1996).

② 내집단-외집단 범주화

실제로 두 집단 간에 아무런 차이가 존재하지 않더라도, 단순히 사람들을 두 집단으로 나누어 우리 집단(내집단)과 상대 집단(외집단)을 인지적으로 구분하는 것만으로도 편견과 차별을 일으킬 수 있다. 이 과정은 여러 단계를 거쳐 나타나는데, 우선 범주화의 기준이 실체적으로 존재하지 않거나 임의적이라 하더라도 사람들은 내집단 구성원들이 서로 유사한 점이 많으며, 특히 외집단 구성원들과 비교했을 때 내집단 구성원들 간에 유사성이 높고 외집단과는 다르다고 지각하는 것으로 드러났다(Locke et al., 2012).

③ 상대적 박탈감

다른 사람(혹은 다른 집단)에 비해 나 자신(혹은 내집단)이 소득이나 지위, 혜택 등에서 못하거나 특정 기회에서 배제되는 등 상대적 박탈감을 느낄 때, 이는 상대방이 속한 집단(혹은 외집단)에 대한 적개심의 표출로 이어져 편견이 발생하기도 한다(Walker & Smith, 2001). 이때 박탈감은 개인이 주관적으로 느끼는 것으로서, 교육의 기회나 경제적 배분, 사회복지정책 등과 관련된 혜택 등에서 절대적으로나 객관적으로는 불평등이나 차이가 실제로 존재하지 않더라도 주관적으로 느껴지는 상대적인 박탈감만으로 편견의 대상이 되는 집단에 대한 부정적인 감정을 경험하고, 이는 편향된 평가로 이어져 사회운동이나 폭동 등의 집단적 행동으로 나타나기도 한다(Walker & Smith, 2001).

편견(The Nature of Prejudice)

미국 심리학자 고든 올포트(Gordon W. Allport)는 동서 냉전 시대에 편견의 문제를 개인의 성격발달, 희생양 만들기의 역사, 사회 규범, 종교, 경제 등 다양한 측면에서 탐구해 후세 연구자들에게 큰 영향을 끼쳤다. 특히 그는 『편견』(교양인, 2020)을 통해 사회심리학적 관점에서 우리 사회의 뿌리 깊은 병폐인 편견을 파헤쳤다.

사람들은 검증된 해결책에 매달린다. 어떤 사람이 있다고 하자. 그 사람이 어떤 사람인지 직접 알아가는 것보다 자신의 경험 등에 의존한다고 한다. 예를 들어 범죄현장이나 불법사이트 등에서 찐따[8]나 오타쿠[9] 같은 사람들을 자주 발견한다고 하면 사람들은 내심 모든 찐따나 오타쿠를 그런 인간들로 판단한다. 실제로 사실이 아니어도 개개인에 대해 그렇게 일반화해 버리는 오류를 범하는 것이다.

여기에서 발생되는 편견은 적대적인 말, 차별적 행위, 물리적 공격의 형태로 나타나는데, 대부분은 적대적인 말에서 그치지만 거부의 언어가 일상이 되면 차별적 행위로 이어지고, 물리적 폭력이나 집단학살을 낳기도 한다. 홀로코스트가 대표적인 예이다.

사람들은 특정 집단을 향한 자신의 반감을 합리적이라 여기며, 비난의 책임을 그 대상에게 지우기도 한다. 흑인에 대한 편견을 지닌 백인은 흑인의 몸에서 불쾌한 냄새가 난다거나 지능이 낮고 게으르다고 여기는 것이 그 예이다.

편견으로 가득한 사람도 "나는 편견이 없어요."라고 말한다. 편견을 인정하는 것은 자신이 비합리적이고 비윤리적인 존재라고 인정하는 꼴이 되기 때문이다. 이들은 심리적으로 억압, 방어, 타협 등 다양한 방법을 동원해 내적 갈등에서 벗어나려고 한다.

올포트는 편견을 줄이고 집단 갈등을 해소하기 위한 다양한 방안을 검토하였다. 특히 차별을 규제하는 입법으로 집단 간 갈등을 줄일 수 있다고 주장하였다. 또한 외적 행위가 내면의 사고 습관과 감정에 영향을 주기 때문에 입법 조치를 공적인 차별만이 아니라 사적인 편견까지 감소시키는 주된 수단 중 하나로 포함해야 한다고 주장하였다.

2) 차별의 심리

(1) 정의

차별(discrimination)은 개인이나 집단의 특성을 이유로 부당하게 구별하여 대우하는 행위를 말한다. 편견에서 비롯되는 차별은 이는 개인의 출신, 인종, 성별, 성적 지향, 종교, 장애 등의 속성에 기반하며, 이러한 속성이 그들의 능력이나 자격과 관계없이 편견의 대상이 되는 경우에 발생한다.

---

8) 어수룩하고 찌질한 사람 혹은 타인과 잘 어울리지 못하는 사람을 뜻하는 비속어. 어원은 절름발이, 짝짝이를 뜻하는 일본어 '찐빠'로부터 유래되었다고 한다.

9) 만화나 애니메이션과 같은 한 분야에 마니아 이상으로 심취한 사람을 이르는 말. 일본에서 처음 사용되었는데 한국으로 넘어오면서 만화나 애니메이션, 게임 등의 일본 문화에 전문적으로 깊이 빠지고 사회에 폐쇄적인 사람들을 가리키는 말로 쓰이게 되었다.

(2) 구분

직접 차별이란 유사한 상황에서 보호받아야 할 개인의 특성을 이유로 제한, 배제, 분리, 거부 등 불리하게 대우하는 것을 말하며, 이는 가장 전형적인 차별의 형태이다. 유럽연합 법원은 차별을 받는 사람이 반드시 보호받는 특성을 가지고 있지 않더라도, 그와 관련된 사람이 보호받는 특성을 가지고 있는 경우에도 차별로 인정한다. 예를 들어, 특정 종교를 가졌다는 이유로 승진 기회를 박탈당하거나, 본인이 아닌 자녀가 장애를 가졌다는 이유로 고용상 불이익을 받았다면, 이는 직접 차별에 해당한다.

간접 차별은 겉보기로 보면 중립적이고 공정한 기준을 적용한 것처럼 보이지만, 어떤 특성을 가지고 있는 사람이나 집단에게 불리한 효과가 초래되어 발생하는 차별을 의미한다. 차별의 의도가 없었더라도 결과적으로 특정 개인이나 집단에 차별을 초래하게 되면 간접 차별로 간주될 수 있다. 실제 예를 들면, 특정 직책에 대해 "풀타임 근무 가능자"라는 조건을 제시하여 육아나 돌봄을 해야 하는 사람에게 불리하게 작용하게 되었을 때, 판매 업무에 필요한 자격이나 기술, 능력과 무관한 학력을 자격 요건으로 인해 해당 업무에 종사하려는 사람에게 불리하게 작용하게 되었을 때 간접 차별에 해당될 수 있다.

(3) 유형

차별은 개인의 태도나 행동에서 비롯되는 개인적 차별과 법 · 정책 · 관습 등을 통해 특정 집단에 불리한 조건을 제공하는 사회적 체계로서의 구조적 차별로 크게 나눌 수 있다. 그런데 현실적으로 나타나는 차별은 그 근원이 개인적 요인인지 구조적 요인인지 구분하기 어려운 경우가 대부분이다. 차별의 유형은 그 범주가 넓을 뿐 아니라 드러나지 않은 경우도 있을 것이지만 오늘날 전 세계적으로 장애인 차별, 인종 차별, 성 차별, 연령차별 등이 사회 문제로 인식되고 있다.

① 장애인 차별

정신적 · 신체적 장애를 가지고 있는 장애인을 부당하게 대우하는 행위를 뜻한다. 이는 교육 고용 의료 등 삶의 전반에 걸쳐 나타나는 경향이 있다.

장애인 차별은 대한민국 법률상 거의 유일하게 처벌 대상이 되는 차별이다. 그러나 차별의 고의성, 차별의 지속성 및 반복성, 차별 피해자에 대한 보복성, 차별 피해의 내용 및 규모 4가지를 모두 충족해야 하기 때문에 실질적으로 처벌하기가 쉽지 않은 실정이다.

② 인종 차별

피부색이나 국가 등에 기반하여 특정 인종을 차별하는 행위이다. 이는 역사적으로 깊은 뿌리를 가지고 있으며, 현대 사회에서도 여전히 큰 문제로 남아 있다. "중국인은 돈을 밝힌다", "아랍인은 게으르다"(Bodenhausen & Wyer, 1985), "흑인은 폭력적이다"(Gordon et al., 1988) 등이 대표적인 예이다.

③ 성 차별

성 차별(sexism)은 성이 다르다는 이유로 특정 성을 부당하게 대우하는 행위를 말한다. 이는 남녀 모두에게 영향을 미칠 수 있지만 특히 여성에게 불리하게 작용하는 경우가 많으며, 정치 · 사회 · 경제 · 문화 등 사회 전반에 걸쳐 나타난다. 구체적으로 직장에서의 승진 기회 제한, 임금 격차, 가정 내 역할 분담 등의 형태로 나타난다.

성 차별의 대상이 '성적 소수자 집단'일 경우 성적 지향 차별이 된다. 소수자 집단은 구성원의 수가 적다는 의미는 아니다. 소수자 집단은 육체적 · 문화적 특질 때문에 다른 사람들과 구별되고 불평등한 차별 대우를 받아서 집단적 차별의 대상이 되는 사람들을 일컫는다.

④ 연령차별

연령차별(ageism)은 특정 연령대의 개인 또는 집단에 대한 고정관념과 차별을 일컫는다. 이 단어는 노인들에 대한 차별을 설명하기 위해 1968년 로버트 N. 버틀러에 의해 만들어졌다. 연령차별은 노인뿐 아니라 청소년과 어린이에 대한 차별과 편견을 설명하는 경우에도 사용된다. 예를 들어, 나이가 어리다는 이유로 그들의 생각을 무시하거나 특정한 규범을 강요하는 행위, 권위에 대한 일방적 복종을 강요하는 것 등이다. 일찍이 미국과 영국은 연령차별을 이유로 의무퇴직법을 폐지하였고, 최근에는 정년퇴직 연령을 폐지하는 경향을 보이고 있다.

4. 장애 차별의 사회심리학적 접근

사회심리학은 개인이 다른 사람들과 상호작용하는 과정에서 나타나는 생각, 감정, 행동을 연구하는 학문이다. 장애 차별의 사회심리학적 접근은 장애를 이유로 한 차별을 사회적 집단 간의 상호작용, 편견, 고정관념, 낙인, 및 사회적 규범을 중심으로 분석한다. 이 관점은 장애를 가진 사람과 비장애인 간의 관계에서 발생하는 심리적, 사회적 요인을 탐구하며, 차별이 개인적 행동에서부터 구조적 불평등으로 이어지는 과정을 설명한다.

사회심리학

사회심리학은 개인이 다른 사람들과 상호작용하는 과정에서 나타나는 생각, 감정, 행동을 연구하는 학문이다. 즉, 우리가 사회 속에서 어떻게 생각하고 느끼며 행동하는지를 과학적으로 탐구하는 심리학의 한 분야이다.

연구 분야

- 사회적 인지: 다른 사람에 대한 인상 형성, 태도 변화, 설득 등 사람들이 사회적 정보를 어떻게 처리하고 해석하는지를 연구
- 사회적 관계: 친구, 가족 등 다양한 관계에서 나타나는 상호작용, 갈등 등을 연구
- 집단행동: 군중심리, 리더십, 협동, 경쟁 등 집단 내에서 나타나는 다양한 현상을 연구
- 사회적 영향: 다른 사람들의 생각이나 행동에 영향을 받는 현상, 즉 순응, 복종, 권위에 대한 순종 등을 연구

핵심 개념

- 고정관념: 특정 집단에 대한 일반화된, 단순화된 믿음
- 편견: 특정 집단에 대한 부정적인 태도
- 차별: 편견을 바탕으로 형성된 특정 집단에 대한 불공정한 대우
- 태도: 어떤 대상이나 사건에 대한 평가적 반응
- 사회적 규범: 사회구성원들이 공유하는 행동 기준
- 자아: 개인이 자신을 인식하고 평가하는 방식

특수교육적 시사

- 다양성 존중: 모든 사람은 다르다는 것을 인정하고, 다양성을 존중해야 한다.
- 편견 경계: 고정관념과 편견에 휩쓸리지 않고 개인의 특성을 존중해야 한다.
- 소통의 중요성: 다른 사람들과의 소통을 통해 오해를 풀고 관계를 개선해야 한다.
- 공동체 의식 함양: 우리는 함께 살아가는 공동체 일원이라는 것을 인식해야 한다.

1) 장애 차별의 원인론

사회심리학적 관점에서는 장애인 차별의 원인을 개인이 다른 사람들과 상호작용하는 과정에 초점을 맞추어 규명하고자 한다. 즉, 일반 사회 속에서 사람들이 장애인을 어떻게 생각하고 느끼며 행동하는지에 과학적 탐구를 통해 장애 차별의 원인을 찾고자 한다. 지금까지 이루어진 장애인 차별에 대한 사회심리학적 원인론으로 고정관념과 편견, 내-외 집단 편향, 낙인, 사회적 지배이론, 이론 등을 들 수 있다.

(1) 고정관념과 편견

고정관념은 특정 집단에 대해 과도하게 단순화되고 일반화된 신념이다. 장애인은 종종 '병자(病者)', '능력 부족', '의존적', '비생산적'이라는 부정적 고정관념의 대상이 된다(Fiske et al., 2002).

편견은 고정관념에서 비롯된 정서적 반응으로, 비장애인이 장애인을 불쾌하게 느끼거나 동정의 대상으로만 여기는 경향이 있다.

편견에는 '한쪽으로 기울었다'는 부정적인 의미가 있으나, 고정관념의 경우 통념과 마찬가지로 그 자체로는 좋고 나쁨의 의미가 없는 중립어이다. 따라서 어떠한 통념이나 고정관념이 있다고 해서 그 자체로 반드시 나쁘거나, 정정, 계몽되어야 하는 것이라고는 단정할 수 없다.

(2) 라벨링과 낙인

라벨(label)은 종이나 천에 상표나 품명 따위를 인쇄하여 상품에 붙여 놓은 조각을 뜻하고, 라벨링(labeling)은 라벨을 붙이는 작업 또는 붙인 것을 말한다. 특수교육에서는 어떤 장애를 지니고 있는 사람에게 지적장애나 시각장애 등과 같이 명칭을 붙이는 것을 뜻하는 용어로 사용되고 있다. 예를 들면, 어떤 사람에게

'시각장애'라는 라벨을 붙인 결과 사람들은 시각장애로 말미암은 행동은 일부분에 불과함에도 시각장애를 그 사람의 정체성으로 인식하여 부정적 시각을 형성하게 된다.

이와 같은 장애 라벨링의 부정적 측면을 고려하여 1981년 영국에서는 교육법을 개정하여 교육에 관한 한 어떤 장애 명칭도 사용해서는 안 된다고 규정하고, 종전의 장애 명칭 대신 특수요구아동(child with special educational needs)으로 부르도록 규정하였다. 오늘날 특수요구 학생이라는 용어는 유럽을 중심으로 전 세계적으로 널리 사용되고 있다.

장애 종별에 따라 각기 다른 이름, 즉 라벨을 붙임으로써 그가 지니고 있는 인간 본래의 모습보다 라벨에 쓰여 있는 별개의 이름을 그 사람의 본질로 오해하게 된다. 결국 장애인의 라벨링은 사회적 낙인(stigma), 즉 오명(汚名)으로 작용하게 된다. 그리하여 장애인은 종종 '이상함' 또는 '다름'이라는 사회적 낙인을 경험한다(Goffman, 1963). 이는 비장애인이 장애인을 동등한 사회적 구성원이 아니라 '불완전한 존재'로 보는 차별적 시각을 강화한다.

(3) 내집단-외집단 편향

사회적 정체성 이론(social identity theory)에 따르면, 사람들은 자신이 속한 집단(내집단)을 더 긍정적으로 평가하고, 다른 사람들이 속한 집단(외집단)에 대해 부정적 태도를 가지는 경향이 있다(Tajfel & Turner, 1979). 이와 같은 내집단-외집단 편향(ingroup-outgroup bias) 구도에서, 장애인은 비장애인에게 외집단으로 인식되며, 이로 인해 비장애인이 장애인을 배제하거나 부정적으로 대우하는 차별적 행동이 발생한다는 것이다.

타지펠의 최소 집단 연구(Tajfel & Turner, 1979)

설계
- 피험자들을 옷 색깔이나 동전 던지기 같은 의미 없는 기준에 따라 양 팀으로 나누었다.
- 임의로 두 명을 뽑아서 일대일로 대면시킨 후, 소정의 금액을 제시하고 상대방에게 얼마를 나누어 줄 것인지를 물었다.

결과
- 피험자들은 자신과 같은 집단의 상대방에게는 굉장히 후하게 베푸는 경향을 보였지만, 다른 집단의 상대방에게는 관대함을 보이지 않았다.
- 상대방에 대한 어떠한 부정적인 태도도 없고 선입견이나 범주 관련 고정관념도 없음에도 불구하고, 내집단 편애현상이 나타났다.

해석
- 사람들은 "내가 어떤 범주에 소속되어 있는가"를 우선적으로 생각한 다음, 그것을 바탕으로 "그렇다면 사회 속의 나는 누구인가"를 정립함을 알 수 있다.
- 이때 자기고양적인 삼단논법, 즉 상대방과의 비교를 통하여 "나는 이 집단의 일부이다. 그런데 이 집단은 우월하다. 따라서 나도 우월하다"의 결론을 도출한다.

의의
- 차별은 사람들의 개인적 생각과 편견에서 비롯된 것임을 확인하였다는 점에서 그 의의를 찾을 수 있다.

시사
- 사람은 자신이 속한 집단은 다른 집단에 비해 우월하다고 생각하고, 이것을 확인받고 싶어하며, 반대로 다른 집단은 열등한 집단임을 합리화하고 확인하고 싶어한다.
- 개인의 정체성이 소속집단에 지나치게 의존하고 있음으로 인해 우월집단에 대한 내면화를 통해 차별 의식이 발생한다.

(4) 사회적 지배이론

사회적 지배이론(social dominance theory)은 사회 속 다양한 집단 간의 불평등과 차별이 왜 발생하고 유지되는지를 설명하는 이론이다.

① 주요 개념

- 사회적 지배 지향성: 개인이 사회적 불평등을 정당화하고 유지하는 정도
- 사회적 지배 시스템: 사회적 불평등을 유지하고 강화하는 사회구조와 제도

② 핵심 내용

- 사회집단 간 불평등은 자연스러운 현상이 아니라 사회적으로 만들어진 결과이다.
- 사회 지배 경향(social dominance orientation)이라는 개념을 도입하여 사회 구성원들이 불평등을 정당화하고 유지하는 데 어떤 역할을 하는지 설명한다.
- 사회 지배 이념에는 사회적 계층 간의 차이를 정당화하는 능력주의, 인종주의 등이 포함된다.
- 사람들은 사회적 계층을 유지하려는 경향이 있으며, 이는 장애인과 같은 특정 집단이 하위 계층으로 유지되도록 차별을 정당화한다(Sidanius & Pratto, 1999).

③ 시사점

- 사회적 불평등 문제해결을 위해서는 개인의 인식 변화뿐만 아니라 사회 시스템 자체를 변화시켜야 한다.
- 사회적 지배 이념을 비판적으로 분석하고, 대안적인 사회관을 모색하는 것이 중요하다.

시다니우스와 프라토의 사회적 지배이론(Sidanius & Pratto, 1999)

이론의 목적

이 이론은 "차별? 불평등? 그거 당연한 거 아닌가?"라고 말하는 심리를 개인에서부터 사회적 구조에 이르기까지 광범위하게 설명하고자 한다.

사회적 지배 지향

사회적 지배 지향성을 일종의 개인차로 보며, "사람 위에 사람 있고, 사람 밑에 사람 있는 게 당연하다."고 믿는다.

핵심 내용

- 세상은 강한 집단이 약한 집단보다 더 많이 가져감으로써 불평등이 발생하는데, 이 불평등은 시간이 지나도 잘 해소되지 않는다. 그 이유는 개인, 제도나 사회적 조직 및 사회적 체제가 그것을 긍정하고 옹호하며 보호하고 있기 때문이다.
- 어떤 사람들은 사회적 지배 경향(social dominance orientation)이 강해서, 한 사람이 다른 사람에 비해 더 많은 자원을 소유하고 있는 현실을 긍정하고 적극 받아들이지만, 반대로 이 경향이 낮은 사람들은 가능한 한 모두가 평등하게 자원을 나누어 가질 수 있도록 애쓴다. 이와 같은 경향은 조직이나 집단, 제도의 수준에서도 발견되며, 개인의 이런 성향이 제도 수준에서 영향을 줄 수도 있지만, 반대로 제도 수준에서의 차별과 불평등이 개인의 심리에 영향을 줄 수도 있다.

활용 분야

사회적 지배이론은 장애인 차별을 비롯하여 유리천장의 문제, 임금 격차가 끼치는 심리적 영향, 남초 · 여초 성비 등에 이르기까지 광범위하게 적용되고 있다. 하여 장애 등급을 매기는 것이 아니라 환경 요소와 개인 요소 양 측면을 고려하여 결정한다.

(5) 공포관리이론

공포관리이론(terror management theory)은 죽음에 대한 공포에 대처하기 위한 심리적 기제로 자존감, 집단 간 편견, 건강 관련 행동 등의 심리적 현상을 설명해 주는 심리학 이론으로, 1986년 제프 그린버그(J. Greenberg), 셸던 솔로

몬(Sheldon Solomon) 및 토머스 피슈친스키(Tomas A. Pyszczynski)이 처음으로 제안하였다. 이 이론은 장애를 이유로 한 차별을 사회심리학적으로 설명하는 데 유용하게 적용될 수 있는 이론 중 하나이다.

① 주요 가정

공포관리이론은 인간이 자신의 죽음의 불가피성을 인식하면서도 심리적 안정을 유지하려는 본능적 메커니즘에 기반을 둔다(Greenberg, Pyszczynski, & Solomon, 1986). 주요 가정은 다음과 같다.

- 인간은 자신의 유한성을 인지하며, 이는 죽음에 대한 심리적 공포를 유발한다.
- 이러한 공포를 관리하기 위해 사람들은 문화적 세계관과 자기존중감을 강화하려는 경향을 보인다.
- 자신이 속한 문화적 집단에 부합하지 않는 "다른" 사람은 죽음의 불안을 상기시키므로, 배제하거나 차별하려는 심리가 발생한다.

② 장애인 차별과의 연관성

공포관리이론은 장애를 가진 개인이 비장애인에게 죽음과 취약성에 대한 불안을 상기시키는 존재로 여겨질 수 있음을 설명한다. 이는 장애 차별의 심리적 기제를 이해하는 데 중요한 관점을 제공한다.

- 장애가 죽음과 취약성을 상기시키는 역할을 한다. 장애는 비장애인들에게 인간의 신체적, 심리적 한계를 상기시켜, 자신의 죽음 가능성과 취약성을 더욱 인식하게 만든다(Goldenberg & Roberts, 2004). 이러한 죽음 상기는 비장

애인으로 하여금 장애인을 거부하거나 배제하려는 심리적 반응을 유발할 수 있다.

- 장애가 문화적 세계관의 위협을 가한다. 비장애인은 자신이 속한 문화적 세계관이 강함, 능력, 독립성과 같은 가치를 기반으로 한다고 여기는 경향이 있다. 장애인은 종종 약함, 의존성, 취약성과 연관되어 문화적 세계관에 위협을 가한다고 인식될 수 있다. 이러한 위협은 비장애인들로 하여금 장애인을 차별하거나 배제함으로써 자신의 세계관을 보호하려는 행동을 유발한다.
- 자기존중감 보호를 위한 방어기제로 작용한다 비장애인은 장애인을 '열등한 존재'로 인식함으로써 상대적으로 자신을 '우월한 존재'로 느끼고, 이를 통해 자신의 자기존중감을 강화하려고 할 수 있다. 장애인을 비하하거나 부정적 고정관념을 적용하는 것은 자기존중감을 유지하려는 심리적 방어 기제로 작용한다(Pyszczynski et al., 2004).

③ 장애인 차별에 대한 시사

공포관리이론은 특히 장애인 차별을 이해하고 극복방안을 모색하는 데 널리 활용되는 이론으로서 그 시사점은 다음과 같다.

- 공포관리이론은 장애인 차별의 심리적 기제를 설명해 준다. 죽음의 본능으로 인해 인간은 어쩔 수 없이 불안한 존재일 수밖에 없고, 그 불안에서 탈피하고자 무의식적으로 방어기제가 나타난다는 프로이트 정신분석이론을 그 바탕으로 삼고 있다. 이 방어기제는 장애인 차별이 단순한 개인적 편견 이상의 심층적 동기에서 비롯된다는 사실을 말해 준다.
- 공포관리이론은 죽음으로부터 야기되는 원초적 불안을 줄이기 위한 교육적 · 심리적 개입이 차별을 완화하는 데 유용할 수 있음을 시사한다. 장애인

을 '죽음 상기'의 대상으로 인식하지 않도록, 장애에 대한 긍정적 인식과 상호작용을 강조하는 프로그램 개발이 필요하다.

- 공포관리이론은 차별을 줄이고 장애인을 사회적 주체로 인정하는 방향으로 정책과 교육을 설계하는 데 이론적 근거를 제공한다.
- 공포관리이론은 모든 장애인을 '환자'로 생각하는 데에서 출발한다. 장애는 점차 악화되어 죽음에 이르는 질병이 아니라 하나의 조건(conditions)이라는 사실을 인식시킬 필요가 있다.

2) 차별의 심리적 결과

차별이 개인에게 미치는 심리적 영향은 매우 크고 지속적이다. 차별을 가하는 상대가 개인일 때보다 집단 혹은 사회 전반에 걸쳐 있을 경우 차별의 당사자가 겪는 심리적 타격은 더 말할 나위도 없다. 여기에서는 사회심리학 관점에서 강조하고 있는 자기충족적 예언과 사회적 거리에 대해서만 살펴보고자 한다.

(1) 자기충족적 예언

자기충족적 예언(self-fulfilling prophecy)[10)]이란 미래에 관한 기대가 실제 현실로 이루어지는 경향성을 지칭하는 말로, 미국의 사회학자 로버트 머튼이 그의 저서 『사회 이론과 사회 구조(Social Theory and Social Structures)』에서 처음으로 언급하였다.

자기충족적 예언은 부정적이거나 긍정적인 방향 모두로 작용할 수 있다. "나는 할 수 있다"와 같은 마음가짐은 실제로 성공을 이끌어낼 수 있고, "나는 실패

10) 자기충족적 예언(self-fulfilling prophecy)은 학문 분야에 따라 같거나 비슷하게 사용된다. 의학의 위약 효과(Placebo effect), 경영학의 호손 효과(Hawthorn effect), 심리학의 피그말리온 효과(Pygmalion effect), 교육학의 로젠탈 효과(Rosenthal effect) 등이 그 예다.

할 거야" 같은 부정적 생각은 실제로 실패할 가능성을 높인다. 머튼은 부정적인 자기충족 예언은 결국 상황에 대한 잘못된 판단과 정의를 야기하여 처음의 잘못된 생각을 현실화시킨다고 보았다. 이는 낙인효과(stigma effect)와도 일치하는 현상이다. 낙인효과는 개인이 주변의 부정적인 평가나 편견에 노출될 경우 실제로 그 평가나 편견에 일치하는 방식으로 행동하여 결과적으로 기존의 부정적인 평가와 일치하는 행동 및 상황이 발생하는 것을 말한다.

사람들이 장애인을 무능력하다고 간주하면, 장애인은 스스로 무능력하다고 믿고 그에 따라 행동하게 된다(Merton, 1948). 이는 장애인의 역량을 저하시키고, 차별을 정당화하는 결과를 초래하며, 그 결과 학습된 무력감(learned helplessness)에 빠지게 된다. 학습된 무력감은 실패가 거듭됨에 따라 자신이 매우 무능하다고 믿게 되는 데서 비롯되는 부정적 자아개념의 극단적인 형태이기도 하다. 학습된 무력감에 빠져든 장애인은 자신이 무능하다고 믿기 때문에 어떤 과제가 주어지면 실패할 것이라는 생각부터 하게 된다. 따라서 스스로 노력하기를 포기하게 되고, 결국 부정적 자기충족적 예언이 몸에 배게 되어 무기력한 생활의 악순환에 빠지게 된다.

(2) 사회적 거리

사회적 거리(social distance)는 물리적 거리와 심리적 거리 두 가지 의미로 사용된다. 사회심리학에서의 심리적 거리는 사람들 간의 관계에서 느껴지는 심리적인 거리를 말한다. 사회적 계층, 인종, 문화 등 다양한 요인에 따라 달라질 수 있다. 로버트 E. 파크는 사회적 거리를 "개인과 사회적 관계를 일반적으로 특징짓는 이해와 친밀감의 등급과 정도를 측정 가능한 용어로 줄이려는 시도"로 정의했다.

오래 전에 일반 사람들은 장애인을 부정적으로 인식하여 장애인과의 사회적 거리를 유지하려는 경향이 있으며, 이것이 차별적 행동으로 이어진다는 연구 결과(Bogardus, 1933)는 불행하게도 오늘날까지 크게 변화가 없다. 뿌리 깊은 장애인에 대한 편견에 바탕을 둔 사회적 거리는 장애인의 사회적 배제를 심화시킨다.

근접공간학

근접공간학(proxemics)은 미국의 문화인류학자 에드워드 홀(Edward T. Hall)이 제안한 용어로, 그의 저서 『숨겨진 차원』에서 사람들이 영토권(동물이 특징적으로 한 영역을 설정해 동일종의 다른 구성원으로부터 그것을 방어하는 행동)을 바탕으로 타인과의 상황에 따라 공간의 크기를 선택하는 것을 밝혀내고 이를 네 가지로 분류했다.

인간관계 거리의 4유형

- 친밀한 거리(intimate distance, 0∼46cm): 가족이나 연인 사이의 거리
- 개인적 거리(personal distance, 46∼120cm): 친구나 가까운 사람 사이의 거리
- 사회적 거리(social distance, 120∼360cm): 사회생활을 할 때 유지하는 거리
- 공적인 거리(public distance, 360cm 이상): 연설 · 강연 등이 이루어지는 거리

– 친밀한 공간은 상대방에 대한 신체적 · 정서적 정보를 확연하게 느낄 수 있는 거리로, 아무리 동료나 선후배 사이라고 하더라도 이성간에는 이 공간을 함부로 침범해서는 안 된다. 이 공간은 자기방어를 위한 최소한의 사적인 공간이므로 이 영역을 침범 당하면 본능적으로 거부감이나 공포감을 느낄 수 있다.
– 개인적 공간은 양팔을 벌려 원을 그렸을 때 만들어지는 거리로, 격식과 비격식의 경계지점으로 여기서 멀어지면 긴장감은 줄어들지만 친밀감이 떨어지고 좀 더 다가서면 긴장감이 고조된다. 친밀한 공간과 개인적 공간을 사적 영역이라고 한다면, 사회적 공간과 공적인 공간은 공적 영역에 속한다.
– 사회적 공간은 직장에서 공적인 업무로 대화할 때 주로 사용되며 대화 도중에 참여와 이탈이 자유롭다.
– 공적인 공간은 공중을 대상으로 한 연설이나 강연 등에서 연사 주변에 자동적으로 형성되는 공간이다.

홀의 근접공간학은 인간이 공간을 구조화하고 사용하는 방식이 대인관계와 상황에 따라 달라질 뿐만 아니라 문화권마다 다르다는 사실을 밝혀낸 문화인류학적 연구로서, 인간이 공간을 구조화하고 사용하는 방식에 문화의 영향이 크다고 주장한다. 사회심리학에서 말하는 편견과 차별의 문화에서는 과연 그 사회적 거리가 얼마나 될까.

3) 장애 차별 극복: 사회심리학적 개입

장애 차별은 단순히 개인의 편견을 넘어, 사회 시스템과 구조적인 문제가 복합적으로 작용하여 발생하는 심각한 문제이다. 이러한 문제를 해결하기 위해서는 사회심리학적 관점에서 접근하여 교육, 법과 제도, 환경 등 사회 전반에 걸쳐 다각적인 노력이 필요하다.

(1) 교육

장애인에 대한 긍정적 인식을 갖게 하기 위해서는 이론적 주입식 교육이 아닌 실제적 체험 교육이 더 효과적인 것으로 알려지고 있다. 전통적으로 장애인에 대한 긍정적 인식을 위한 교육은 주로 정의적 교육의 측면에서 이루어져 왔다. 이제는 장애에 대한 정확한 정보를 제공하고, 그 장애가 개인과 더 나아가 사회에 미치는 영향에 대해 함께 토론하는 방식으로 전환해야 할 것이다.

장애 인식 개선 교육에서 고려해야 할 사항은 다음과 같다.

첫째, 이론적 측면보다 실제적 측면을 강조해야 한다. 이를 위해 드라마, 영화, 광고 등 다양한 매체를 통한 시청각적 방법이 장애인에 대한 긍정적인 이미지를 확산시키는 데 효과적이다.

둘째, 가능한 한 직접 경험을 제공한다. 장애인과 비장애인 간의 상호작용을 통해 서로를 이해하고 편견을 해소할 수 있는 기회를 제공한다. 우리나라에서는 소위 장애 체험 프로그램이라는 이름으로 이루어져 왔는데 직접 경험 프로그램이 좋은 예라 할 수 있다. 그밖에도 올포트(Allport, 1954)의 접촉이론을 기반으로 하는 다양한 프로젝트 기반 활동을 통해 장애인과 비장애인이 동등한 지위에서 협력하는 환경을 조성하여 편견을 줄이는 전략이 필요하다.

셋째, 장애학생 통합교육의 확대와 안정적 뒷받침이다. 이미 오래 전부터 '장애인 정상화'는 어느 누구도 거스르기 어려운 하나의 시대정신으로 간주되어 왔다. 이를 위한 노력으로 지역사회에서는 시민의 주도로 주류화 운동(main streaming)이 일었고, 학교 사회에서는 장애아 부모 주도로 통합교육이 강조되기 시작하여 오늘에 이르고 있다. 통합 교육은 장애학생도 일반 학생과 다르지 않다는 대전제 아래 또래들과 가능한 한 같은 장소에서, 같은 내용을, 같은 방법으로 교육을 받는 것을 의미한다. 우리나라의 경우 물리적 통합은 말할 나위도 없고 교육과정 통합도 기본 교육과정을 통해 일정 수준에 도달했다고 볼 수 있다. 다만 일반 학급에서 완전통합교육을 받고 있는 특수교육대상자에 대한 맞춤형 지원이 제대로 이루어지지 못하고 있는 실정이다. 다시 말하면 통합의 최고 수준인 사회심리적 통합 수준으로 끌어올리는 데 역점을 두어야 할 것이다. 그와 같은 사회심리적 통합이야말로 장애인 차별을 극복할 수 있는 최선의 전략이라 할 수 있을 것이다.

(2) 법 · 제도

올포트(Allport, 1954)는 편견을 줄이고 집단 갈등을 해소하기 위한 다양한 방안을 검토하였는데, 특히 입법을 통한 차별 규제를 강력히 주장하였다.

법 · 제도의 측면에서 고려해야 할 사항은 다음과 같다.

첫째, 「장애인 차별 금지법」의 강화를 통해 장애인의 권리를 보호한다. 「장애인 차별 금지법」은 모든 생활 영역에서 장애를 이유로 한 차별을 금지하고 장애를 이유로 차별받은 사람의 권익을 효과적으로 구제함으로써 장애인의 완전한 사회 참여와 평등권 실현을 통하여 인간으로서의 존엄과 가치를 구현함을 목적으로 한다. 올포트(Allport, 1954)의 접촉이론에 따르면, 장애 차별의 극복은 법이 선행될 필요가 있다.

둘째, 「특수교육법」의 통합교육 관련 부분 개정이다. 「특수교육법」 제21조 제2항은 “특수교육대상자가 배치된 일반학교의 장은 일반교육 교원 및 특수교육 교원의 협력을 통하여 차별의 예방 등을 포함한 통합교육 계획을 수립 · 시행하여야 한다.”고 규정하고 있다. 이를 위한 구체적인 시행 방안을 「특수교육법 시행령」에 새로 규정해야 한다. 예를 들면, 일반 교사와 학생 모두 장애학생과 상호작용할 기회를 가질 수 있도록 제도를 법제화할 필요가 있다는 것이다. 이를 위한 프로그램들은 ‘일일 특수학교 교사’, ‘일일 특수학교 체험’, ‘휠체어 체험’, ‘눈 가리고 30분 생활하기’ 등 다양한 이름의 프로그램들을 구상할 수 있을 것이다. 이러한 프로그램 참여자에게는 각각에 적절한 보상이 주어야 함은 물론이다.

셋째, 「장애인 등 편의법」의 부분 개정이다. 이 법은 장애인 · 노인 · 임산부 등이 일상생활에서 안전하고 편리하게 시설과 설비를 이용하고 정보에 접근할 수 있도록 보장함으로써 이들의 사회활동 참여와 복지 증진에 이바지함을 목적으로 한다. 그런데 최근에는 스마트 매장 등에서 키오스크나 테이블오더 시스템이 일반화되고 있는 추세이다. 이러한 사회 시스템의 급격한 변화는 특히 발달장애인의 대인관계 및 사회활동을 위축시키고 있다. 이러한 정보 기기에 적응하지 못하는 장애인과 노인 등을 바라보는 사회 일반의 시각은 냉랭하며 심지어 조롱의 대상이 될 수도 있다. 그 결과 사람들이 장애인을 무능력하다고 간주하면, 장애인은 스스로 무능력하다고 믿고 그에 따라 행동하게 된다(Merton, 1948). 이는 장애인의 역량을 저하시키고, 차별을 정당화하는 결과를 초래하는 결과를 초래한다.

(3) 환경

사회 전반에 걸쳐 널리 퍼져 있는 장애인 차별을 극복하기 위해서는 무엇보다 장애 포용적인 사회 분위기 조성이 중요하다. 장애인을 존중하고 포용하는 사회 문화를 조성하는 것이 그리 쉬운 일은 아니며 또한 단기간에 이루어질 수 있는 것도 아니다. 그럼에도 사회 전반에 걸쳐 긍정적 장애인관이 자리 잡지 않을 경우 장애인에 대한 편견과 그로 인한 차별은 불가피하기 때문에 국가와 지방자치단체, 학계, 시민단체, 장애인 관련 단체 등이 공동으로 참여하는 범국가적 프로젝트를 시행할 필요가 있다.

첫째, 정부와 지방자치단체는 장애인이 지역사회 활동에 적극적으로 참여할 수 있도록 지원한다. 장애인들만의 만남이 아니라 장애인과 일반인 간의 만남이 자연스럽게 이루어지는 지역사회 행사 등 활동에 능동적 · 적극적으로 참여할 수 있도록 다양한 지원을 할 필요가 있다.

둘째, 학계는 장애인 차별 극복을 위한 사회심리학적 연구에 주의를 기울여야 한다. 장애 차별에 관한 사회심리학 연구의 핵심 과제는 태도 변화, 편견 완화 및 사회적 지지 연구라 할 수 있다. 장애인에 대한 태도 변화를 위한 효과적인 교육 프로그램 개발 연구가 필요하고, 다양한 상황에서 편견이 어떻게 발생하고 유지되는지에 대한 심층적인 연구가 필요하며, 사회적 지지가 장애인의 삶의 질에 미치는 영향에 대한 연구도 필요하다.

장애인 차별 극복은 사회구성원 모두의 노력이 필요한 과제이다. 사회심리학적 접근을 통해 장애에 대한 인식을 개선하고 제도를 개선하며 환경을 변화시켜 나가야 한다. 그리하여 장애인과 비장애인이 함께 어울려 살아갈 수 있는 포용적인 사회를 앞당겨야 한다.

장애아동 인권

CHAPTER 13

1. 장애아동의 인권과 교육권

1) 장애아동의 인권

(1) 인권

인권(人權, human rights)이란 인간답게 살 권리를 의미한다. 인간답게 살 권리는 인간으로서 최소한의 생활을 누릴 권리를 의미하기도 하지만 인간으로서 존엄성을 유지할 수 있는 권리를 의미하기도 한다. 인권은 인간이 인간으로서 존엄함을 유지하고 보호받을 수 있는 최소한의 삶의 조건을 의미하고, 국가는 국민의 인권을 보장하기 위한 최소한의 역할과 의무를 법률로 규정하고 있다.

인간의 권리에 대한 개념은 오래 전부터 논의되어 왔으나 이것이 실정법상의 실체적 권리로 인정받게 된 것은 100여년도 되지 않았다. 2차례에 걸친 세계대전으로 국제 평화와 안전 유지를 위하여 국제기구인 유엔이 설립되었고, 유엔에 가입한 국가들은 제2차 세계대전의 참상이 인권의 경시와 이를 해소하기 위한 각국의 공동의 노력 부재 때문에 발생된 것임을 깨닫고 기본적 인권 존중 실현에 필요한 최소한의 원칙인 세계인권선언을 작성하기로 약속했다(국가인권위원회, 2007). 1948년 12월 유엔총회에서 채택한 세계인권선언은 각국의 대표들이 모여 인권에 대한 오랜 논의 끝에 인류 공통의 기준으로 합의한 문서이다. 세계인권선언은 국제인권법의 모법(母法)이라고 알려질 정도로 인권에 관한 최소한의 가이드라인을 제시하고 있고, 다른 국제인권조약을 탄생하는 기반이 되었다.

〈세계인권선언〉 전문에 명시되어 있는 "Common standard of achievement for all peoples and all nations"은 "모든 사람과 국가가 다 함께 달성해야 할 하나의 공통적인 기준"을 의미한다. 〈세계인권선언〉은 이러한 인류의 열망과 목표를 담은, 인권에 대한 국제사회 수준에서 최초로 마련된 합의문이자 현재까지도 대체 불가능한 세계사적 문서라 할 수 있고, 국제인권사에서 큰 획을 긋는 역사적 산물이다.

〈표 13-1〉 **세계인권선언**

전문 (前文)	인류가족 모두의 존엄성과 양도할 수 없는 권리를 인정하는 것이 세계의 자유, 정의, 평화의 기초다. 인권을 무시하고 경멸하는 만행이 과연 어떤 결과를 초래했던가를 기억해 보라. 인류의 양심을 분노케 했던 야만적인 일들이 일어나지 않았던가? 그러므로 오늘날 보통 사람들이 바라는 지고지순의 염원은 '이제 제발 모든 인간이 언론의 자유, 신념의 자유, 공포와 결핍으로부터의 자유를 누릴 수 있는 세상이 왔으면 좋겠다'는 것이리라. (중략) 유엔총회는 이제 모든 개인과 조직이 이 선언을 항상 마음속 깊이 간직하면서, 지속적인 국내적 국제적 조치를 통해 회원국 국민들의 보편적 자유와 권리신장을 위해 노력하도록, 모든 인류가 '다 함께 달성해야 할 하나의 공통기준'으로서 '세계인권선언'을 선포한다.
제1조	모든 사람은 태어날 때부터 자유롭고, 존엄하며, 평등하다. 모든 사람은 이성과 양심을 가지고 있으므로 서로에게 형제애의 정신으로 대해야 한다.
제2조	모든 사람은 인종, 피부색, 성, 언어, 종교 등 어떤 이유로도 차별받지 않으며, 이 선언에 나와 있는 모든 권리와 자유를 누릴 자격이 있다.

제6조	모든 사람은 법 앞에서 '한 사람의 인간'으로 인정받을 권리가 있다.
제22조	모든 사람은 사회의 일원으로서 사회보장을 받을 권리가 있다.
제26조	모든 사람은 교육받을 권리가 있다. 초등교육과 기초교육은 무상이어야 하며, 특히 초등교육은 의무적으로 실시해야 한다. 부모는 자기 자녀가 어떤 교육을 받을지 '우선적으로 선택할 권리'가 있다.
제30조	이 선언에서 말한 어떤 권리와 자유도 다른 사람의 권리와 자유를 짓밟기 위해 사용될 수 없다. 어느 누구에게도 남의 권리를 파괴할 목적으로 자기 권리를 사용할 권리는 없다.

(2) 장애아동의 인권

장애아동의 인권은 크게 생존에 필요한 인적, 물적 지원을 제공받고 사용할 수 있는 권리(제공, provision), 열악하고 유해한 환경으로부터 보호받아야 하며 이를 향유할 권리(보호, protection), 자유롭게 의사결정을 하고 자신의 삶을 결정하는데 간섭받지 않고 참여할 권리(참여, participation)로 구분하여 제시할 수 있다. 또한 「아동의 권리에 관한 협약」(Convention on the Rights of the Children: CRC, 이하 아동권리협약)의 비차별의 원칙(제2조), 아동 최선의 이익 원칙(제3조), 아동의 생명 존중 및 발달 보장의 원칙(제6조), 아동 의사 존중의 원칙(제12조)에 따라 장애아동은 아동의 생존과 보호, 발달과 참여에 필요한 권리를 갖고 있다.

〈표 13-2〉 **아동권리협약의 아동 권리**

구분	내용	
기본 원칙	무차별	모든 아동은 부모가 어떤 사람이건, 어떤 인종이건, 어떤 종교를 믿건, 어떤 언어를 사용하건 부자건 가난하건, 장애가 있건 없건 모두 동등한 권리를 누려야 한다.
	아동 최선의 이익	아동에게 영향을 미치는 모든 것을 결정할 때는 아동의 이익을 최우선으로 고려해야 한다.

	생존 및 발달 보장	생애시기에서 특별히 생존과 발달을 위해 다양한 보호와 지원을 받아야 한다.
	참여	책임감 있는 어른이 되기 위해 어린이 자신의 능력에 맞게 적절한 사회활동에 참여할 기회를 가지고 자신의 생활에 영향을 주는 일에 대하여 의견을 말할 수 있어야 하며 그 의견을 존중받을 수 있어야 한다.
기본 권리	생존권	적절한 생활수준을 누릴 권리, 안전한 주거지에서 살아갈 권리, 충분한 영향을 섭취하고 기본적인 보건서비스를 받을 권리 등, 기본적인 삶을 누리는 데 필요한 권리
	보호권	모든 형태의 학대와 방임, 차별, 폭력, 고문, 징집, 부당한 형사처벌, 과도한 노동, 약물과 성폭력 등 어린이에게 유해한 것으로부터 보호받을 권리
	발달권	잠재능력을 최대한 발휘하는데 필요한 권리로, 교육받을 권리, 여가를 즐길 권리, 문화생활을 하고 정보를 얻을 권리, 생각과 양심과 종교의 자유를 누릴 권리
	참여권	자신의 생활에 영향을 주는 일에 대하여 의견을 말할 수 있어야 하며 그 의견을 말하고 존중 받을 권리로, 표현의 자유, 양심과 종교의 자유, 의견을 말할 권리, 평화로운 방법으로 모임을 자유롭게 열 수 있는 권리, 사생활을 보호받을 권리, 유익한 정보를 얻을 권리 등

2) 장애아동의 교육권

(1) 개념

장애아동의 교육권은 교육받을 권리를 기존의 교육권 이외에 교육기관에서의 아동으로서의 누려야 할 기본적 권리, 인권침해 또는 장애 차별 없이 온전하게 교육을 제공받을 수 있는 권리를 포괄하는 개념이다(그림 13-2).

[그림 13-2]에서 볼 수 있는 바와 같이 장애아동의 교육권은 생존권, 보호권, 발달권 및 참여권을 보장받는 아동으로서의 기본적 권리, 자유롭게 공교육에 참여하고 필요한 교육을 제공받을 권리, 인권침해 또는 장애 차별을 받지 않고 교육을 받을 권리 등으로 제시해 볼 수 있다. 그 구체적인 내용은 다음과 같다.

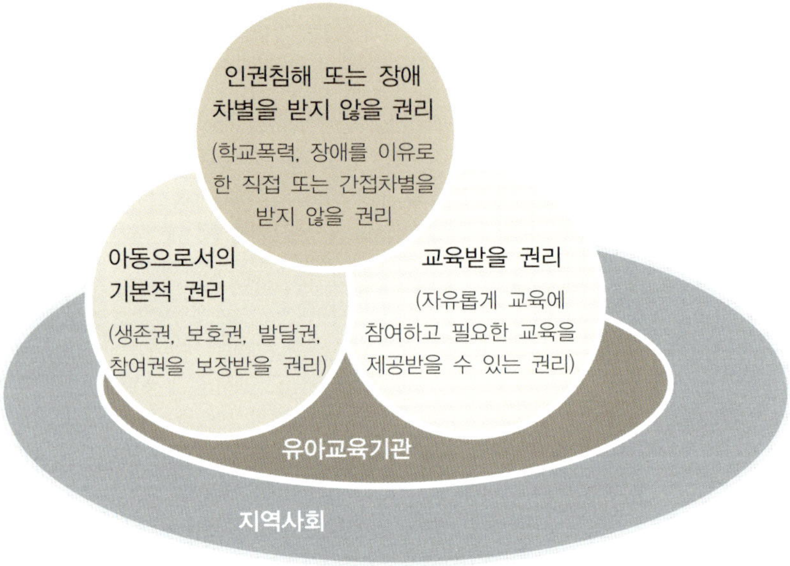

[그림 13-2] 장애아동 교육권의 개념

첫째, 아동으로서의 기본적 권리는 교육기관에서 특수요구가 아동으로서의 기본적 권리를 누리고 있는가에 대한 것을 의미한다. 일반아동과 마찬가지로 특수요구도 교육기관에서 최소한의 생활을 보장받고, 안전과 위협으로부터 보호를 받아야 하며, 발달을 촉진하는데 필요한 교육을 제공받을 수 있어야 하고, 발달장애아동과 관련되는 사안에 대해 특수요구의 의견을 반영하거나 특수요구를 참여시킬 수 있어야 한다. 아동권리협약에 기반한 아동으로서의 기본권은 장애를 가진 아동에게도 보장된 권리이며, 특수요구와 가장 많은 시간을 보내고 있다고 할 수 있는 특수교육기관에서도 이와 같은 권리를 보장하기 위하여 적극적으로 노력하여야 한다.

둘째, 공교육에 참여하고 필요한 교육을 제공받을 권리는 교육기관에서 특수요구에게 적절한 교육을 제공하고, 특수요구가 필요로 하는 지원을 제공함으로써 발달장애아동이 어려움 없이 발달 촉진에 필요한 교육을 제공받는 권리를 의미한다. 이를 위하여 교육기관은 특수요구이 교육기관에서의 일상을 존중받아야 하고, 아동 최선의 이익이라는 원칙에 부합하는 방향으로 교육을 제공하여야 한다. 또한 발달장애아동이 장애로 인해 교육을 받는 데 어려움이 없도록 장애를 고려한 조치를 함께 제공하여야 하고, 이를 위하여 물적, 인적 지원도 함께 제공하여야 한다.

셋째, 인권침해 또는 장애 차별을 받지 않을 권리는 학교폭력과 같은 인권을 침해받지 않고, 장애를 이유로 교육 활동 과정에서 차별을 받지 않고 교육을 받을 수 있는 권리를 의미한다. 교육기관은 많은 아동이 함께 생활하는 환경이며, 이 과정에서 의도하지 않게 또래 간, 교사-아동 간, 부모-아동 간의 인권침해가 발생할 수 있으며, 장애를 이유로 하여 장애아동을 의도적으로 차별하는 사건이 발생할 수 있다. 교육기관은 이와 같은 인권침해 또는 장애 차별이 아동으로서의 기본권 또는 교육받을 수 있는 권리를 침해할 수 있으므로, 이를 보호하고 예방하기 위하여 적극적으로 노력하여야 한다.

(2) 접근방법

장애아동의 교육권을 전통적 교육권 개념을 통한 접근, 아동권리협약에 따른 아동기본권으로서의 접근, 인권침해 또는 장애 차별을 받지 않고 교육받을 수 있는 교육 인권으로서의 접근 등 세 가지 관점에서 살펴보고자 한다.

① 전통적 교육권 접근

「헌법」 제31조 제1항에서는 "모든 국민은 능력에 따라 균등하게 교육을 받을 권리를 가진다"라고 규정하고 있다. 교육받을 권리란 교육받는 것을 국가에 의해 방해받지 않고, 교육받을 수 있도록 국가에 요구할 수 있는 권리를 말한다(권영성, 1997). 이때 국가에 의해 교육을 방해받지 않는다는 것은 교육받을 권리의 자유권적 측면을 적극적으로 교육받을 권리를 국가에 요구한다는 것은 교육받을 권리의 사회권적 측면을 의미한다.

자유권적 측면에서 교육받을 권리는 교육을 받고자 하는 사람이면 누구나 능력에 따라 교육을 받을 수 있음을 의미한다. 누군가 교육권의 수혜를 방해한다면 국가는 이를 보호하고, 교육의 기회를 자유롭게 누릴 수 있도록 교육환경을 조성하고 제반 조치를 취하도록 하는 것이 자유권적 측면에서 교육받을 권리를 보장받는 것이다. 사회권적 측면에서 교육받을 권리는 교육받을 자유는 갖고 있으나 교육받을 수 있는 교육환경이 마련되지 않아 교육을 받지 못할 경우 이를 국가에 적극적으로 요구할 수 있는 권리를 의미한다. 다른 사람과 차별 없이 동등하게 교육받는 것을 의미하기도 하고, 이를 위해서는 국가는 누구나 교육의 기회를 누리고, 질 높은 교육을 제공받는 데 필요한 조치를 취하여야 한다는 의미이다.

이와 같이 교육권을 자유권과 사회권의 관점에서 본다면, 장애아동 교육권의 자유권적 측면은 장애아동이 교육기관에서 자신의 신체, 양심, 종교 등의 자유를 행사하거나, 자신의 사생활을 보호받을 수 있는 자유를 의미한다(김삼섭 외, 2015). 또한 사회권적 측면은 인간다운 생활을 하기 위해 제공되어야 할 최소한의 교육적 조치를 누릴 수 있는 권리를 의미한다고 할 수 있다. 특히 다른 사람과 차이나지 않게 균등하게 교육을 제공받고, 적절한 생활을 향유하는 데 필요한 교육을 경제적 부담 없이 제공받는 것을 의미한다. 이런 측면에서 사회권적 측면에서의 교육권은 생존권적 성격을 지니고 있다고 할 수 있다(이수광, 2000). 교육권의 이와 같은 측면을 고려해 본다면 장애아동의 교육권은 장애아동 개개인의 자유롭게 교육받을 권리와 교육의 질적인 측면을 확충하여 제대로 교육을 받을 수 있는 권리를 모두 포괄하는 의미를 지니고 있다고 하겠다.

교육권에 대한 전통적인 정의, 교육권의 자유권 및 사회권적 의미, 대상에 따른 교육권의 정의 등을 고려해 볼 때 장애아동의 교육권이라 함은 또래와 차별 없이, 아동으로서의 기본권을 누리며, 전문가의 체계적 지원에 따라 최적화된 교육환경에서 교육을 받는 것을 의미한다고 할 수 있다. 이는 교육기관에서 장애아동의 학습권을 보장하기 위해 제공되어야 할 일련의 교육적 조치를 일컫는 것이기도 하다. 따라서 장애아동의 교육권은 인간다운 생활을 위한 필수 요건이고, 국민의 능력의 계발과 실현을 위해 요구되는 권리이다. 교육권을 보장하게 되면 교육을 통하여 개인의 잠재적인 능력이 계발되고, 인간다운 문화생활 및 직업생활을 할 수 있는 기초를 마련할 수 있게 되는 것이다.

② 아동권리협약 접근

장애아동 관련 교육권을 다룬 연구에서는 주로 아동이 교육받을 권리 또는 학습권에 초점을 맞추고 있다. 이는 장애아동에 대한 교육이 학령기 일반아동에 비해 상대적으로 그 중요성이 덜 부각되었다는 점, 조기에 적절한 교육이 그 이후 이루어지는 교육보다 더 효율성이 높다는 등의 제안, 아동권리협약에 근거하여 장애아동 교육에 대한 국제적인 관심 고조 및 이에 기반한 국내 차원의 대책 수립 요구 등 정책 환경의 변화 등에 기반한 것이기도 하다.

아동을 권리 행사의 주체로 또는 권리의 적극적 향유 주체로 인정할 것인가에 대한 논쟁은 아동권리협약의 제정으로 일단락되었다. 1989년 유엔에서 아동권리협약이 채택된 이후 아동은 한 사람의 인간으로서 인권의 적극적 향유 주체로, 아동 최선의 이익을 고려하여 어떠한 차별도 받아서는 안 될 존재로 인정받게 되었다(양순경, 2012; 이재연, 2009). 아동권리협약에서는 아주 어린 유아도 자신의 경험을 이해하는데 충분한 자격을 갖추고 있으며, 자신을 표현할 수 있는 능력을 갖고 있음을 밝히고 있다(한지숙, 홍은주, 1998). 또한 아동은 연령과 성숙도에 관계없이 자신의 감정과 의견을 가진 존재이며, 자신의 요구를 분명히 표현할 수 있고, 적절한 지원과 존중이 있을 때 사려 깊고 책임 있는 결정을 내릴 수 있는 존재이다(안동현, 2000). 또한 아동권리협약에서는 권리 행사의 주체로서의 아동의 권리를 구체적으로 제시하고 있는데 생존권, 발달권, 보호권, 참여권이라는 4대 권리로 구분하여 제시해 볼 수 있다(김영지 외, 2013; 김정화, 2014). 아동권리의 4대 기본 권리 중 생존권은 아동이 생존 또는 생활에 필요한 제반 조건의 확보를 요구하는 권리를 말하고, 보호권은 아동의 특성을 발휘한 권리로서 비차별 권리와 학대, 방임, 폭력으로부터 보호받을 권리를 말한다. 또한 발달권은 자신의 재능과 잠재능력을 최대한 발휘하도록 하기 위한 기본 조건을 포함하고 있고, 참여권은 권리행사의 주체자로서 여러 가지 상황에 참여할 수 있는 권리를 말한다.

교육기관에서의 아동기본권은 아동이 교육기관을 이용할 때 교육기관으로부터 제공받아야 할 기본적 권리를 의미하고, 이와 같은 권리는 교육기관과 그 구성원의 의무 또는 권리를 통해 제공받을 수 있다. 교육기관의 구성원은 아동의 발달권을 촉진시키고, 위협으로부터 보호받을 수 있도록 안전한 교육환경을 조성하여야 하며, 교육기관의 중요한 의사결정에 아동의 의견을 반영하기 위하여 적극적으로 노력하여야 한다. 교육기관에서의 아동 권리 실현을 위한 노력은 적절한 교육적 조치 또는 교육에 대한 책무성을 바탕으로 수행되어야 하며, 아동은 이를 통해 자신의 교육받을 권리를 온전히 보장받게 된다.

따라서 교육기관에서의 아동기본권은 아동의 교육받을 권리를 실현시키기 위한 전제가 되는 권리라고 볼 수 있으므로, 이와 같은 권리 역시 장애아동의 교육권 범위에 포함하여 제시할 필요가 있다.

③ 교육인권 보장 접근

아동권리협약에 따른 아동기본권 이외에도 교육기관에서는 폭력, 성폭력, 언어폭력, 괴롭힘 등과 같이 자유권을 침해당하거나 장애를 이유로 제한, 배제, 분리, 거부를 당하거나, 장애를 고려한 조치를 제공받지 못함으로 인하여 또래와 함께 교육을 받는데 어려움을 겪는 사례도 보고되고 있다. 특히 장애아동의 경우 이와 같은 침해 및 차별 사례는 자유롭게 교육을 받고 적절한 교육을 보장받는데 제약을 가하기 때문에, 교육권을 침해할 수 있고, 교육기관에서 아동이 누려야 할 기본적 권리를 침해할 수 있다.

장애아동의 교육권의 범주에 인권침해 또는 장애를 이유로 한 차별을 받지 않고 교육받을 권리를 장애학생 교육권의 범주에 포함시킬 수도 있다(김삼섭 등, 2014; 김기룡 · 김삼섭, 2015). 교육기관에서 발생될 수 있는 인권침해 유형으로는 폭력, 성폭력, 언어폭력, 괴롭힘, 사생활침해 등이 있고, 장애 차별 유형으로는 직접 차별과 정당한 편의제공 거부에 의한 차별이 있다.

2. 장애아동 인권 실태

1) 장애아동 학대와 인권침해

장애아동에 대한 학대 또는 인권침해 사건은 시대가 변화되어도 끊이지 않고 있다. 장애아동은 학교, 가정, 지역사회 등에서 폭행 사건, 성폭력 사건, 가혹행위, 정서적 학대, 괴롭힘, 사이버 폭력 등 무수히 많은 학대 또는 인권침해에 노출되어 있고, 그 피해 또한 심각하다. 이를 예방하고 근절하기 위해 지난 수십여

년 동안 법적, 제도적 방안을 수립하고, 대응하는 기구를 설치 · 운영하는 등 다양한 노력을 기울여 왔으나 아직도 큰 변화를 체감하지 못하고 있다.

장애아동의 학대와 인권침해 사건은 때로는 같은 개념으로 때로는 다른 개념으로 사용되고 있다. 학대는 주로 신체적 또는 정서적으로 상대방을 억압하는 가혹행위로 알려져 왔으나, 「아동복지법」이 본격적으로 시행되면서 그 개념이 정립되었다. 지난 2012년에는 「장애인복지법」 개정으로 장애인에 대한 학대 개념이 새롭게 제안되었다. 「장애인복지법」 제2조 제3항에 의한 "장애인학대"란 장애인에 대하여 신체적 · 정신적 · 정서적 · 언어적 · 성적 폭력이나 가혹행위, 경제적 착취, 유기 또는 방임을 하는 것이라고 규정하고 있다. 「장애인복지법」에 의한 학대 개념은 가시적인 가혹행위를 중심으로 정의되어 있고, 「아동복지법」 제3조에서 정의하고 있는 학대 개념과 유사하다. 「아동복지법」에 의한 학대는 신체적 · 정신적 · 성적폭력이나 가혹행위를 하는 것과 아동의 보호자가 아동을 유기하거나 방임하는 것을 의미하며, 크게 신체적 학대, 정서적 학대, 성적 학대, 방임 및 유기로 구분하고 있다. 「아동복지법」에서 정의하고 있는 학대 유형은 경제적 착취를 제외하고 「장애인복지법」과 대부분 동일하다.

인권침해는 이러한 학대를 포함해, 아동의 인권 전반을 침해하는 행위를 일컫는다. 아동의 인권이라 함은 '아동의 권리에 관한 협약'에 따른 생존권, 발달권, 보호권, 참여권을 의미하고, 이와 같은 권리가 개인 또는 집단 등에 의해 박탈당하거나 그 권리를 보장받지 못하는 상황을 인권침해라 규정한다. 아동 인권의 하위 유형 중 생존권 또는 보호권 침해가 학대 피해와 유사하므로, 인권침해라는 개념이 학대라는 개념보다 상위의 개념에 해당된다고 볼 수 있다.

장애아동의 경우 학대 사건, 인권침해 사건 등을 혼용하여 사용하는데, 이는 장애아동이 겪는 문제에는 발달의 문제, 참여의 문제, 생존의 문제 등 다양한 사안에서 제반의 권리를 누리지 못하기 때문에, 이를 대변하기 위하여 학대보다 상위의 개념인 인권침해라는 용어를 많이 사용하는 것으로 판단된다. 그러나 장애아동에 대한 대부분의 인권침해 사건은 신체적 · 정신적 · 정서적 가혹행위와 관련된 학대 사건이 대다수를 이루고 있으므로, 최근 장애아동의 인권침해 문제 역시 학대 사건에 집중하여 바라보기 시작했다. 또한 그 어떠한 인권침해 사건보다 당장의 신체적 구속과 억압을 상징하는 학대 문제가 장애아동의 인권 문제에서 가장 시급히 해결해야 할 과제라 인식했기 때문이다. 「장애인복지법」에 장애인 학대라는 개념이 등장한 것도 이 같은 이유가 반영되었다고 볼 수 있다. 학대 사건을 효과적으로 대응하고, 학대 피해 장애인을 지원하기 위하여 별도의 장애인권익옹호기관을 전국적으로 설치 · 운영하고, 매년 장애인 학대 관련 사건 현황과 대응 사례를 보고하는 체제가 구축된 것도 장애인에 대한 학대를 근절하고, 예방하기 위한 국가 차원의 가시적 노력이 시작된 것도 이러한 맥락과 관련되어 있다.

2) 장애아동 학대 유형

「아동복지법」 제3조에 따르면 학대란 보호자를 포함한 성인이 아동의 건강 또는 복지를 해치거나 정상적 발달을 저해할 수 있는 신체적 · 정신적 · 성적 폭력이나 가혹행위를 하는 것과 아동의 보호자가 아동을 유기하거나 방임하는 것을 의미한다. 이러한 학대는 대상에 따라 아동 학대, 노인 학대, 장애인 학대 등으로 구분하거나 발생되는 사건의 유형에 따라 신체적 · 정서적 · 정신적 · 성적 학대 등으로 구분된다.

여기서는 장애아동의 학대 유형을 「장애인복지법」 제2조에 따른 장애인 학대의 정의와 이 법률에 의해 설치 · 운영되고 있는 중앙장애인권익옹호기관에서 발행한 장애인 학대 관련 보고서에 의거하여 ① 신체적 학대, ② 정서적 학대, ③ 성적 학대, ④ 경제적 착취, ⑤ 유기 · 방임으로 구분하고자 한다(표 13-3 참조).

〈표 13-3〉 장애아동 학대 유형

유형	내용	예시
신체적 학대	신체적 폭력이나 가혹행위	• 신체의 일부나 물건을 이용한 폭행 • 가혹행위 • 원치 않는 수술이나 시술 • 신체의 억압, 감금, 출입통제 등의 행위
정서적 학대	언어 또는 비언어적 방식으로 괴롭히거나 참기 어려운 정신적 · 정서적 고통을 주는 행위	• 위협하거나 협박하는 행위 • 욕설, 조롱, 비난하는 행위 • 따돌리거나 소외시키는 행위 • 선택권 · 자기결정권 침해하는 행위
성적 학대	성적 폭력이나 가혹행위	• 성희롱, 강제추행, 강간, 유사강간, 준강간 등의 행위 • 성매매를 강요하는 행위 • 원치 않는 성적 행동을 강요하는 행위
경제적 착취	재산을 빼앗거나 채무를 발생시키는 등 다양한 방법으로 경제적 피해를 주는 행위	• 공적 급여 등 재산을 함부로 빼앗거나 사용하는 행위 • 대출을 받거나 보증계약 체결 또는 채무를 발생시키는 행위 • 근로에 대한 정당한 대가를 지급하지 않는 행위(노동력 착취)
유기 · 방임	보호, 감독의 의무가 있는 사람, 장애인을 버리거나 기본적인 보호 및 치료를 소홀히 하는 행위	• 원치 않는 곳에 보내고 연락을 끊는 행위 • 적절한 의식주 미제공 • 보건 · 의료 또는 일상적 돌봄의 미제공

출처: 중앙장애인권익옹호기관 홈페이지(http://www.naapd.or.kr)

(1) 신체적 학대

신체적 학대는 장애인의 신체에 손상을 입히거나 고통을 주는 행위로 폭행, 상해, 감금 등의 행위를 의미한다. 대표 행위로는 손이나 발 몸이나 도구를 사용해 따리거나 상처를 입히는 행위, 원치 않는 수술이나 시술을 받게 하는 행위, 묶거나 가두거나 출입을 통제하는 행위, 잠을 자지 못하게 하거나 똑바로 앉은 채 움직이지 못하게 하는 행위, 고통을 줄 목적으로 과도한 양의 음식이나 매운 음식을 먹이는 행위, 화상 · 동상을 입히는 행위, 체벌, 기합, 불필요하거나 과도한 약물투여 등이 있다. 신체적 학대는 아동의 정상적 발달을 저해할 수 있는 신체적 폭력 또는 가혹행위를 의미하며, 신체적 괴롭힘, 비자의적 행위 강요 등도 이와 같은 유형에 포함시킬 수 있다.

(2) 정서적 학대

정서적 학대는 마음에 상처를 입히는 행위로서 폭언, 협박, 조롱, 비하 등과 같은 언어적 폭력, 무시하거나 집단적으로 따돌리는 등의 비언어적 폭력, 모욕적인 행위를 강요하는 등의 가혹행위를 의미한다. 공포감을 주는 위협이나 협박, 지속적인 비하, 모욕, 조롱, 욕설 등의 행위, 따돌리거나 소외시키는 행위, 투명인간처럼 대하는 행위, 종교적 행위 강요, 사회관계로부터의 고립 등이 대표적인 행위이다. 정서적 학대는 장애아동에게 행하는 언어적 폭력, 정서적 괴롭힘 등을 포함하고 있다. 그밖에도 아동의 의견 박탈, 억압, 과잉보호, 애정 요구에 대한 거부, 감정과 행동에 대한 방치, 잠을 재우지 않는 것, 옷을 벗겨 내쫓는 행위와 형제 및 친구와 비교하는 행위, 미성년자에게 악영향을 미칠 수 있는 장소에 데려가는 것 등도 포함될 수 있다(김경민, 2020). 특히 정서적 학대는 신체적 학대와 함께 나타나기도 한다.

(3) 성적 학대

성적 학대는 성희롱, 성추행, 성폭행 등 성적 폭력이나 가혹행위를 말한다. 대표적 행위로는 성추행, 성폭행, 성희롱, 성매매를 요구하거나 강요하는 행위, 특정한 사람과의 성적 행위나 성적 수치심을 주는 행위의 강요, 성적 행위나 신체를 촬영하거나 게시, 유포하는 행위 등이 있다. 또한 정서적 학대에 해당하는 행위라도 성적 굴욕감이나 수치심을 준다면 성적 학대로 볼 수 있고, 반대로 성적 학대로 보기에 애매한 행위는 정서적 학대로 볼 수도 있다. 특히 성적 학대는 「아동학대처벌법」에서 명시하고 있는 강간 및 유사강간, 성매매와 같이 강제적이고 직접적인 성적 접촉뿐만 아니라 무분별한 음란물 노출, 성인의 성적 만족을 위한 아동 관찰, 성적인 노출과 추행 등의 간접적인 행위까지 포함하고 있다(중앙아동보호전문기관, 2017). 성적 학대는 다른 학대와는 달리 심각한 정서적 트라우마의 원인이 되고, 정서적 학대 경험이 있는 아동의 경우 성적 학대의 피해자가 될 가능성이 높다(손일영 · 김해란, 2018).

(4) 경제적 착취

경제적 착취는 피해자의 장애를 이용하여 노동력, 재물, 재산적 가치가 있는 권리 등을 부당하게 침해하고 이로 인하여 경제적 손해를 끼치는 행위를 말한다. 대표적인 행위로는 노동력 착취, 폭행이나 협박 등으로 재산을 빼앗는 행위, 속여서 재산을 가로채는 행위, 명의를 도용하여 재산을 가로채거나 채무를 발생시키는 행위, 폭행, 협박, 기망 등 다양한 방법을 이용하여 현저히 부당한 계약을 체결하거나 권리를 포기하게 하는 행위 등이 있다.

(5) 유기 · 방임

유기 · 방임은 보호의무자가 자신의 의무를 방기함으로써 피해자에게 생명이나 신체의 위험을 초래하는 행위를 말한다. 유기는 보호의무자가 자신의 보호 · 감독을 받는 장애인을 버리는 행위를, 방임은 보호의무자가 자신의 보호 · 감독을 받는 장애인에 대하여 기본적인 보호조차 제공하지 않는 행위를 말한다. 대표적인 행위로는 피해 장애인을 본래 거주지가 아닌 장소에 버리고 연락을 끊는 행위, 기본적인 의식주의 제공을 현저히 소홀하게 하는 행위, 치료, 수술 등 의료적 처치가 필요함을 알고도 이를 지원하지 않고 방치하는 행위, 기본적인 교육 · 훈련을 일체 지원하지 않는 행위 등이 있다. 이중 방임의 경우 신체적, 교육적, 의료적, 정서적 방임으로 구분하기도 한다(김유리, 2010).

3) 장애아동 학대 실태

장애아동을 대상으로 한 학대 사건은 뉴스를 통해 끊임없이 보도되고 있다. 한국언론진흥재단의 빅카인즈를 통해 "장애", "아동", "학대"로 검색해 보면, 지난 1990년부터 2020년까지 총 4,500건에 달할 정도로 장애아동의 학대 사건은 자주 발생되고 있다. 2020년 한 해만 해도 559건이 보도된 바 있다. 언론에 보도되지 않은 학대 사건까지 포함하면 이보다 더 많을 것으로 예상된다. 장애아동을 대상으로 발생된 학대 사건의 구체적인 현황 자료는 전체 아동을 대상으로 한 보고 자료와 전체 장애인을 대상으로 한 보고 자료를 통해 확인해 볼 수 있다.

(1) 장애아동 학대 발생 현황

최근 연구 결과를 바탕으로 장애아동 학대가 발생하는 ① 장소, ② 장애 · 정도 및 성별 발생 빈도, ③ 학대 가해자를 살펴보면 다음과 같다.

① 지역사회

중앙아동보호전문기관의 2017년 전국아동학대현황보고서에 따르면, 33,436건의 아동학대 사건 중 피해 아동이 신체적 장애, 정신적 장애 또는 장애 의심이 있는 아동의 수가 711명으로 전체 피해 아동의 2.1%를 차지하였다. 그러나 이 통계자료에는 장애로 분류된 피해아동 이외에 신체발달 지연(201명), 언어 문제(522명), 주요 병력(248명) 등 정서 · 정신건강, 적응 · 행동, 발달 · 신체상의 어려움을 갖고 있는 아동은 별도로 분류하고 있으므로, 실제 학대 피해 장애아동의 수는 이보다 더 많을 것으로 예상된다. 피해 장애아동에 대한 학대 사건 현황을 학대 유형별로 살펴보면 1,047건의 피해 사건 중 신체적 학대 사건의 비율이 402건(38.4%)으로 가장 많고, 그 다음으로 정서적 학대 373건(35.6%), 방임 224건(21.4%), 성적 학대 48건(4.6%)인 것으로 나타났다.

2019년 중앙장애인권익옹호기관의 장애인학대보고서에 따르면 학대 의심 사례로 1,923건이 신고되어 이중 장애인학대로 판정된 사례는 945건이었으며, 이 중 19세 미만의 장애아동 대상 학대 사례는 163건이었다. 특히 장애아동 대상 학대 사례가 2018년의 경우 127건이었으나 2019년 163건으로 전년도 대비 28.3% 증가한 것으로 나타났다. 이러한 학대 사례의 유형을 살펴보면 신체적 학대가 95건으로 전체 사례의 58.3%를 차지하였고, 그 다음으로 정서적 학대 55건(33.7%), 방임 32건(19.6%), 성적 학대 18건(11.0%), 경제적 착취 13건(8.0%), 유기 1건(0.1%)의 순이었다.

아동보호전문기관과 중앙장애인권익옹호기관의 자료만을 놓고 본다면, 장애아동을 대상으로 한 학대 유형 중 신체적 학대의 비율이 대체로 높다는 것을 알 수 있다. 그러나 장애아동을 대상으로 국가 수준의 별도의 학대 통계자료를 수집하지 않고 있으므로, 보다 정확한 현황을 산출하기 위한 제도 개선이 필요하다. 특히 교육현장에서 장애아동을 대상으로 한 학대가 누가 언제 어디서 어떻게 이루어지고 있는지에 대한 구체적인 내용이 필요하나 현재의 학대 관련 국가 통계자료로는 이러한 자료를 확보하기 어렵다. 다만 중앙장애인권익옹호기관의 장애인학대보고서의 자료 중 집단이용시설의 장애인 학대 유형을 제시한 결과에서 교육기관에서 발생하고 있는 학대 사건은 총 55건이었고, 이중 신체적 학대 30건(54.5%), 정서적 학대 13건(23.6%), 방임 6건(10.9%), 성적 학대 4건(7.3%), 경제적 착취 1건(1.8%), 유기 1건(1.8%)로 신체적 학대 사건의 빈도가 높다는 사실을 확인할 수 있다.

② 교육기관

교육기관에서 발생하고 있는 학대 사건은 학대 관련 보고서 이외에도 인권침해 현황을 살펴본 연구를 통해서 간접적으로 살펴볼 수 있다. 먼저 김삼섭, 김기룡, 박은혜(2014)는 통합교육현장에서의 장애학생 인권침해 현황 등을 조사한 결과에서 이와 같은 신체적, 정서적, 정신적 학대와 같은 학교폭력 현황과 장애를 이유로 한 차별 현황의 발생 사례 수를 확인한 바 있다. 이 연구 결과에 따르면 통합교육현장에서 장애학생 10명 중 6명은 학교폭력 또는 장애 차별 중 1가지 이상의 인권침해를 경험하고 있는 것으로 나타났고, 이중 학대와 관련된 학교폭력 경험 비율은 장애학생 10명 중 4명이 지난 1년 동안 1가지 이상의 학교폭력을 경험했던 것으로 나타났다(그림 13-3). 또한 이 연구 결과에 따르면 학교폭력 사건의 대부분은 구타, 체벌 등과 같은 폭력 사건이 많았고, 주로 또래에 의해 발생되었으며, 교육적 방임과 같은 정서적 학대는 주로 일반교사에 의해 발생된다고 하였고, 쉬는 시간에 교실에서 주로 발생되고 있는 것으로 보고되었다.

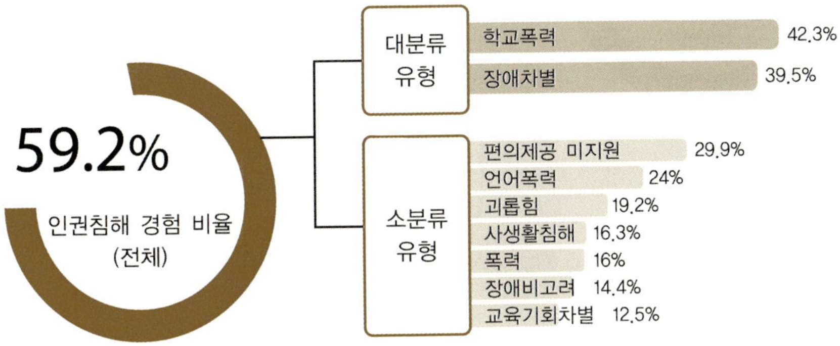

[그림 13-3] 일반학교 내 장애학생 인권침해 경험

또한 김삼섭 등(2015)은 유아교육기관에서의 장애유아를 대상을 한 학대를 포함한 인권침해 조사 결과, 장애유아 10명 중 2명이 폭력, 성폭력, 언어폭력, 괴롭힘, 사생활침해, 교육적 방임 사건 중 1가지 이상을 경험한 적이 있는 것으로 보고하였다. 연령대가 낮은 장애아동임에도 불구하고 신체적, 정서적, 방임 등의 사례가 교육기관에서 발생되고 있는 것으로 나타났다.

김기룡 등(2018)은 지체장애 특수학교에서의 중도중복장애학생의 인권침해 사건 경험 현황을 조사한 결과에서, 전체 학생 2명 중 1명의 비율로 인권침해 경험이 있었고, 이중 신체적 학대에 해당하는 구타, 체벌 등의 폭력 사건 경험 비율이 19.1%, 정서적 학대에 해당하는 희롱 또는 과도한 장난 등 괴롭힘 사건 경험 비율이 15.9%인 것으로 보고되었다(그림 13-4).

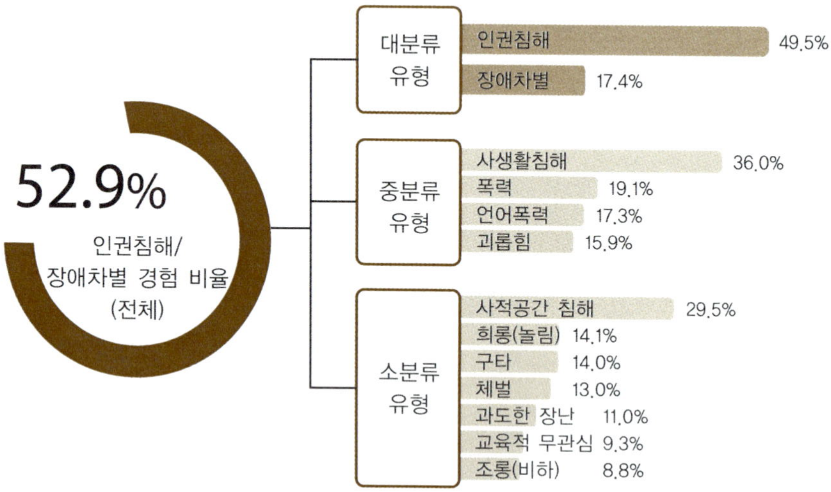

[그림 13-4] 특수학교 내 중도중복장애학생 인권침해 경험

교육부가 지난 2018년 서울 인강학교, 태백 미래학교 등의 인권침해 사건 이후 전체 특수학교를 대상으로 실시한 인권침해 실태조사 결과에 따르면 23,239명의 학생을 대상으로 한 조사에서 27건의 의심사례가 접수되었다고 보고된 바 있다. 이중 성추행 의심 사건 23건, 성폭행 의심 사건 2건, 폭행 의심 사건 1건, 언어폭력 의심 사건 1건 등이었고, 교사를 대상으로 한 조사에서는 115건의 사례가 접수되었다고 하였다.

③ 장애 유형 · 정도 및 성별

장애아동의 학대는 장애 유형, 장애정도, 성 등에 따라 학대 발생 비율이 다르다고 보고되고 있다. 지적장애아동이 비장애아동에 비해 5배 이상 더 많은 학대를 경험하거나(Sullivan & Knutson, 2000), 지적장애아동은 일반아동보다 약 8배 정도 더 많이 학대를 경험한 것으로 보고된 바 있으며, 지적장애아동, 뇌성마비아동, 중복장애아동이 일반아동에 비해 3%에서 50%까지의 높은 학대 발생률을 보여주고 있다(김유리, 2009). 특히 발달장애가 있는 아동의 학대 발생 빈도가 다른 유형의 장애아동 또는 일반아동에 비해 학대 발생 비율이 더 높은 것으로 보고되고 있으므로(추연구, 2019), 이점을 고려한 장애아동 학대 예방 및 보호 대책이 수립되어야 할 것이다.

장애 유형 이외에도 성별에 따른 학대 발생 비율의 차이도 발견된 바 있고(Sobsey et al., 1997), 장애아동이 어릴수록 학대 경험 비율이 더 높거나(Sullivan & Knutson, 2000), 학령기 장애아동에 대한 학대 비율이 다른 연령대보다 더 높다고 보고(Verdugo et al., 1995)되고 있다. 또한 경도장애아동이 중도장애아동보다 학대의 위험에 더 많이 놓여 있거나(Hershkowitz et al. 2007), 기능적으로 덜 손상된 장애아동들이 학대를 당하는 확률이 높다고 하였다(Verdugo et al., 1995), 반대로 중도장애아동이 학대의 위험에 더 놓여 있다고 주장하기도 한다(Kvam, 2000). 이와 같은 연구 결과는 장애아동의 다양한 변인이 아동학대와 관련이 있으며, 특히 장애 유형, 장애 정도, 성, 연령대 등 장애아동의 특성을 고려한 학대 예방 대책 강구의 필요성을 시사하고 있다.

④ 학대 가해자

장애아동 대상 학대 사건 가해자는 주로 학부모, 가족구성원, 장애관련 서비스 제공자 등으로 보고되고 있다. 장애아동 학대 가해자 중 장애아동과 관련이 없는 낯선 사람들의 비율은 8%에 불과하다는 Sobsey와 Doe(1991)의 보고는 장애아동 학대 사건이 장애아동과 가까이 있는 사람들로부터 지속적으로 당하는 사건의 비율이 높다는 것을 의미한다. 또한 장애아동 학대 예방은 장애아동과 가장 가까이 있는 사람을 대상으로 실시되어야 함을 시사하고 있다. 학대 가해자가 일면식이 있는 사람의 비율이 높기 때문에 학대 사건 발생 장소 역시 장애아동의 집, 학대 가해자의 집인 경우가 많고, 집 · 학교 등 장애아동이 주로 활동하는 장소에서 발생하는 것으로 보고되고 있다. Sullivan과 Knutson(2000)은 장애아동이 학대를 당하는 장소로 아동의 집(50%), 학교(29%), 학대가해자의 집(6%), 기타 장소(8%)의 순이라고 하였다.

이처럼 장애아동 학대 사건은 가까운 지인에 의해 친숙한 장소에서 발생되는 경향이 있으며, 이는 그러한 가해자에 의해 친숙한 곳에서 지속적으로 반복적으로 발생될 가능성이 높다는 것을 의미하기도 한다. 이러한 이유로 장애아동 학대 사건은 장시간에 걸쳐 지속적으로 이루어지거나, 재발생 또는 재학대 사건으로 연결되는 경우가 많다.

(2) 장애아동 학대 발생 원인

장애아동의 학대 발생의 원인은 크게 ① 장애아동 특성, ② 부모 특성, ③ 학교 특성, ④ 사회문화적 특성을 들 수 있다(최형보 · 강동욱, 2018).

첫째, 아동의 장애 특성은 학대의 주요한 요인으로 보고되고 있다. 불안, 우울, 주의산만, 과잉행동 등의 특성을 보이는 장애아동의 학대 피해 사례가 다른 장애아동에 비해 높게 나타나고 있으며, 낮은 지능과 신체장애의 한계가 장애아동의 학대 또는 방치의 사유가 되고(Gore, & Janssen, 2007), 의사소통이 제대로 이루어지지 않는 문제가 신체적 학대로 연결될 수 있다(박진아 · 이경숙, 2015).

둘째, 부모의 특성도 원인 중 하나로 보고되고 있다. 장애아동 양육과정에서 겪는 스트레스 또는 정신건강에서의 문제가 부정적 양육태도로 이어질 수 있는데, 실제로 양육 스트레스 수준이 높은 부모가 그렇지 않은 부모에 비해 학대행위 발생 비율이 더 높은 것으로 보고되거나 부모의 학대행위를 비교적 관대하게 받아들인다는 연구 결과도 있다.

셋째, 학교의 특성도 원인 중 하나로 알려져 있다. 장애아동은 하루 중 상당한 시간을 학교에서 보낸다. 학교에서 만나고 부딪히는 수많은 사람들과의 관계에서 학대 사건이 발생되기도 하는데, 학교에서 발생된 학대 사례는 전체 학대 사례에서 많은 비율을 차지하지는 않으나 학대 사건이 피해 장애아동과 학교구성원 전체에 미치는 영향을 고려해 볼 때 결코 간과해서는 안 될 것이다.

넷째, 장애아동에 대한 사회적 인식 요인을 들 수 있다. 우리 사회의 장애에 대한 편견, 선입견 등 장애아동을 비정상적으로 바라보는 사회의 인식이 장애아동에 대한 보호나 양육을 덜 가치 있는 것으로 간주하고, 이것이 학대로 이어지기도 한다는 것이다.

(3) 장애아동 학대로 인한 결과

학대가 장애아동에게 미치는 영향으로는 발육 장애, 정신발달의 지체, 정서 · 행동의 이상, 반복되는 외상, 사망 등이 있다. 장애아동에 대한 학대는 아동의 발달에 부정적 영향을 미치고, 일생 동안 영구적으로 지속될 수 있으며(최복천 외, 2013), 아동의 뇌의 발달을 저해하기도 한다(추연구, 2019). 장애아동 학대로 인한 부정적 결과는 크게 학업, 사회성, 정서적 측면에서 살펴볼 수 있다.

첫째, 학대는 장애아동의 학업성취와 부정적인 상관관계가 있는 것으로 알려져 있다. 학대 경험 아동이 그렇지 않은 아동보다 특수교육 프로그램에 더 많이 참여하고 있었으며(Jonson-Reid et al., 2004), 학대 경험 여부에 따른 장애아동의 읽기 점수와 수학 점수가 통계적으로 유의하게 차이가 난다고 보고된 바 있다(Sullivan, Knutosn, 2000).

둘째, 학대는 장애아동의 사회성 발달에도 부정적인 영향을 미친다. 학대 경험 장애아동은 자기통제력과 사회성 기술이 부족하고, 대인관계를 형성하는 데 어려움을 보이고(Oseroff et al., 1999), 학대 피해 장애아동이 공격 행동과 자해 행동과 같은 다양한 문제행동을 표출할 수 있으며(Mansell et al., 1998), 정서 불안, 주의집중의 어려움, 지나친 걱정, 울분 등을 경험하는 것으로 보고되고 있다(Pan, 2007).

셋째, 학대는 정서발달에도 부정적인 영향을 미친다. Reiter 등(2007)은 장애아동과 비장애아동 대상 설문조사에서 비장애아동의 48%가 학대로 인한 부정적 정서 경험을 보고한 데 반해, 장애아동의 경우에는 74%가 학대로 인해 부정적 정서 경험이 있으며, 학대피해 장애아동의 68%가 낮은 자아존중감, 62%가 주의산만, 57%가 울분을 경험하는 것으로 보고되고 있다(조가람, 2015).

이와 같이 학대는 장애아동의 학업적 · 사회적 · 정서적 측면에서 부정적 경험을 갖게 하고 이로 인한 가정생활 또는 학교생활 전반을 어렵게 만드는 주된 요인이 될 수 있음을 알 수 있다.

3. 장애아동 인권 증진 방안

장애아동을 대상으로 한 학대는 그 원인이 다양하며 학대로 인한 결과 및 후유증은 상당히 심각하다는 것을 알 수 있다. 따라서 장애아동 학대를 근절하고 이러한 사건이 발생되지 않도록 하기 위한 적극적인 예방 노력이 요구된다고 하겠다. 특히 교육기관 등에서 발생되는 학대 사건은 학교구성원의 노력과 환경 개선을 통해 예방하고 통제할 수 있으므로, 학교 차원의 노력과 함께 제도적으로도 개선되어야 할 것이다.

여기에서는 ① 장애아동 학대 예방 방안, ② 교육부의 장애아동 인권 보호 종합 대책, ③ 아동기본권에 따른 장애아동 인권 증진 방안에 대해 기술한다.

1) 장애아동 학대 예방 방안

최복천과 김유리(2014)는 장애아동 학대 사례 및 관련 연구 등에 대한 조사 결과를 바탕으로 장애아동 학대 예방 대책으로 크게 4가지를 제시하고 있다.

첫째, 장애아동을 위한 포괄적 학대 예방 교육 프로그램이 개발되고 실행되어야 함을 강조하였다. 장애아동의 발달연령에 적합한 신체적, 정서적, 성적 학대 및 방임에 대해 예방 프로그램을 개발하고, 교육현장에서 실행될 수 있어야 한다고 하였다. 이때 학대 예방 교육 프로그램은 교사뿐만 아니라 부모에게까지 확대하여 개발, 시행되어야 하며, 학교의 모든 구성원이 장애아동 학대에 대한 신고의무자로서 학대 사건이 발생되었을 때 책임을 다할 수 있도록 하여야 할 것이다.

둘째, 장애아동을 양육하는 보호자를 대상으로 체계적이고 지속적인 교육 프로그램 실행을 강조하였다. 장애아동 보호자가 장애아동의 옹호자가 아닌 학대자가 될 수도 있으며, 학대자가 되는 원인 중 하나가 장애아동의 발달 특성, 지원 방법 등에 대한 이해 부족에서 발생되는 경우가 많다. 따라서 보호자는 장애아동을 효과적으로 양육하고 훈육할 수 있는 역량을 갖고 있어야 하며, 이를 위해서는 보호자를 대상으로 한 장애아동 지원 전반에 대한 체계적이고 집중적인 교육이 시행될 필요가 있다.

셋째, 장애아동 학대 행위자 중 보호자 이외에 상당한 비율을 차지하고 있는 학대 행위자는 학교, 시설, 기관 등 장애아동이 이용하고 있는 곳에 종사하는 사람들이다. 장애아동에게 쉽게 다가갈 수 있는 사람에 의한 학대 사건의 발생 빈도가 높다는 점을 고려해 볼 때 장애아동과 밀접한 관계를 맺게 되는 기관, 시설 및 단체 종사자를 대상으로 선발부터 채용 후 교육에 이르기까지 엄격한 절차와 교육 프로그램 시행 등을 고려하여야 한다.

넷째, 장애아동 학대 예방을 위해서는 학대에 대한 사회적 인식의 전환이 필요하다고 제안하였다. 언론 매체를 통해 장애아동도 학대의 위험성에 노출되어 있고, 학대로 인해 신체적으로 고통당하고 정서적으로 상처받을 수 있다는 사실을 알려서 사회의 일원 모두가 장애아동의 학대에 민감하게 반응할 수 있는 분위기를 조성하도록 할 필요가 있다고 제안하였다.

2) 장애학생 인권보호 종합 대책

2018년 특수학교에서 발생되었던 학교폭력 사건을 계기로 교육부는 장애학생 인권보호 종합 대책을 수립, 발표한 바 있다. 이 대책에 따르면 그간 장애학생을 위한 인권침해 사안의 조기감지 및 대응, 장애 특성을 고려한 대응 체계가 미흡했고, 202개의 장애학생인권지원단의 운영만으로는 인권침해 예방 및 대응에 한계가 있었으며, 장애학생 인권보호를 위한 노력에도 불구하고 인권 사각지대가 존재하고 인권침해 사안이 지속적으로 발생되는 등의 문제가 발생되고 있었다고 한다. 이점을 고려하여 인권침해 예방과 대응체제 강화를 위한 범정부 차원의 종합 대책을 수립하였는데, 감지 · 대응체제 관련 6개 과제와 예방체제 관련 10개 과제로 구성되어 있다.

교육부는 2018년 대책 발표에 이어 2019년에는 이러한 종합 대책의 시 · 도 교육청별 이행 상황을 점검하고 미이행 과제에 대한 이행을 촉구하는 사업 등을 실시하였는데, 이는 장애아동 학대 예방 및 인권 증진에 기여할 것으로 예상된다.

〈표 13-4〉 **장애학생 인권보호 종합 대책 개요**

핵심 과제		중점 추진 과제
감지 및 대응체제	인권침해 대응체제 강화	• 장애학생 인권침해 감지체계 구축 • 장애학생 인권침해 실태 점검 내실화 • 장애학생 행동지원 체계 구축
	인권보호 안전망 구축	• 장애학생 인권침해 위기상황별 대처 매뉴얼 개발 • 피해학생 보호 및 치유 지원 강화 • 장애학생 인권지원단 역할 강화
예방체제	인권보호 여건 개선	• 장애학생 담당 인력 확충 • 취약한 특수교육환경 개선 • 유관기관 협의체 구축
	인권보호 역량 강화	• 장애학생의 자기보호 역량 강화 • 학교의 장애학생 인권보호 역량 강화 • 사회복무요원 배치 · 관리 및 교육 강화
	사회적 예방체제 구축	• 통합교육 지향 생태계 조성 • 장애인권 감수성 향상 교육 강화 • 사회적 인식 개선 교육 · 홍보 강화 • 장애학생 인권보호 추진 점검단 운영

출처: 교육부(2018. 12). 장애학생 인권보호 종합 대책. 보도자료 발췌.

3) 아동기본권에 따른 장애아동 인권 증진 방안

학대 예방을 위한 노력은 장애아동을 대상으로 한 인권침해 사건을 예방하고, 학교구성원 전체의 인권을 존중하는 인권친화적 학교 환경 조성에 기여할 것이다. 누군가를 억압하거나 배제하는 등의 침해 행위가 발생되지 않고 모두의 권리가 존중될 수 있는 인권친화적 학교 환경 조성은 학대를 발생시킬 수 있는 학교 환경 전반을 바꾸는 것이기도 하다. 이를 위해 생존권, 발달권, 보호권, 참여권 등 아동기본권을 중심으로 학교 현장에서 고려해 볼 수 있는 인권 증진 방안과 인권친화적 학교 환경을 조성할 수 있는 전반적인 인권 증진 방안을 제안하고자 한다.

(1) 아동기본권에 따른 장애아동의 권리

아동기본권의 하위 권리에 따른 장애아동의 구체적 권리를 제안하면 〈표 13-5〉와 같다.

〈표 13-5〉 아동기본권에 따른 장애아동의 권리

아동기본권	장애아동 권리
생존권	01. 어쩔 줄 모를 때나 기분이 언짢을 때 전문가의 도움을 받을 수 있는 권리
	02. 아플 때 치료를 받을 수 있는 권리
	03. 전쟁, 화재, 지진, 홍수 등 나쁜 일이 일어났을 때 즉시 도움을 받을 수 있는 권리
보호권	04. 필요한 경우 자신의 입장을 말해 줄 사람을 요청(활용)할 권리
	05. 종교, 언어, 피부색, 신분 때문에 차별받지 않을 권리
	06. 학교(기관)의 책임 있는 사람으로부터 존중받을 권리
	07. 위험하거나 나이에 걸맞지 않은 노동을 강요받지 않을 권리
	08. 감정을 해칠 사람이나 상황으로부터 보호를 받을 수 있는 권리
	09. 몸을 해칠 사람이나 상황으로부터 보호를 받을 수 있는 권리
	10. 학교에서 일어날 수 있는 안전사고로부터 보호를 받을 수 있는 권리
발달권	11. 놀이를 즐길 수 있는 기회를 제공받을 수 있는 권리
	12. 능력과 노력이 허락하는 한 최고의 좋은 교육을 받을 수 있는 권리
	13. 발달단계에 맞는 교재, 교구를 사용할 수 있는 권리
	14. 흥미와 관심에 따른 활동을 선택할 수 있는 권리
	15. 배우는 데 필요한 도움을 제공받을 수 있는 권리
참여권	16. 자신과 관련된 사항을 결정할 때 자신의 생각이 반영될 권리
	17. 자신과 관계된 계획이나 일을 할 때 자신의 입장이나 희망사항을 존중받을 권리
	18. 좋아하는 친구를 사귈 기회를 가질 권리
	19. 자신의 방식대로 자유롭게 행동하는 사람으로서 존중을 받을 권리
	20. 다른 사람에게 사랑을 베풀 기회를 가질 권리

출처: 김기룡, 김삼섭 (2015). 통합교육현장에서의 장애학생 인권침해 실태. 세종: 교육부.

(2) 장애아동의 아동기본권 보장 방안

장애아동의 아동기본권 보장 방안을 아동기본권의 하위 권리, 즉 생존권, 발달권, 보호권, 참여권으로 구분하여 정리하면 〈표 13-6〉~〈표 13-9〉와 같다.

〈표 13-6〉 생존권

하위권리	고려해야 할 사항	지원해야 할 사항
건강권	• 학교 안에서나 학교를 오가는 과정에서나 건강을 해치는 조건에 노출되지 않도록 보살피고, 아동의 건강권이 실현될 수 있도록 학교 운영 계획을 정비하며 제반 시설 및 설비 확충에 힘쓰는 일 등이 있음	• 학교시설과 물품, 위생설비, 환경정비 등 • 최적화된 보건실 • 학교 급식의 질 확보, 급식에 대한 동등한 접근, 학교 매점에 대한 감독 • 적절한 건강 검진 • 운동 시설 확보 • 보건교육의 실시 • 감염병 관련 조치 등

〈표 13-7〉 발달권

하위권리	고려해야 할 사항	지원해야 할 사항
교육권	• 아동은 배움에 대한 권리를 가지며, 아동은 교육시설이나 교육 프로그램에 동등하게 접근할 수 있어야 하고, 자신의 욕구와 사회 변화의 흐름에 부합하고 감당할 만한 수준의 배움을 누릴 수 있어야 함 • 장애아동은 장애의 특성과 요구에 맞는 교육과 교육지원, 그리고 치료가 지원되어야 하며, 개별화 교육계획에 의한 적절한 교육적 조치가 이루어져야 함	• 실질적 보장, 비정규 교육활동에서의 선택, 다양한 진로 탐색 지원 • 학생 수 축소, 안정적인 학습 환경, 학습 지원 물품 제공 • 일시적 박탈 최소화, 수업 시간외 조사, 중도 탈락률 감소 조치 • 교육 접근, 경제적 부담의 축소 • 수업, 실험, 실습, 현장견학, 수학여행, 시험 등 학습활동에 필요한 보조인력의 제공, 학습 및 의사소통을 위한 보조기기 지원, 적절한 교육 및 평가 실시 • 특성과 요구를 고려한 보조인력 배치, 치료를 위한 물리치료, 작업치료, 언어재활 등의 치료지원 제공

휴식문화	• 학생의 쉼, 놀이, 문화에 대한 권리를 권리로서 분명히 인식하고 권리의 온전한 실현을 위한 기반 조성에 힘써야 함 • 학습부담 강화, 사교육 확대 등은 학생의 쉼, 놀이, 문화에 대한 권리를 심각하게 위협하고 있는 만큼, 학교는 교육당국, 지역사회 등과 연계하여 이에 적극 대처해야 함	• 시간의 보장, 쉬는 시간의 자율성, 실외 휴게공간의 확보, 실내 휴게공간 확보 • 동아리의 지원, 문화 관람의 다양성, 문화 활동에 대한 제한 금지 등 조치

〈표 13-8〉 **보호권**

하위권리	고려해야 할 사항	지원해야 할 사항
신체 자유	• 아동의 존엄성과 신체의 자유를 해치는 가혹하거나 모욕적인 처우, 자유의사에 반한 행위로부터 아동을 보호해야 할 책임이 있음	• 체벌의 금지, 모욕적인 처벌의 금지 • 성폭력 금지와 예방 • 긍정적인 감정을 표현하는 과정에서 아동의 몸에 접촉하는 경우에도 아동이 그 표현을 수용하는 데 대한 모니터링 실시 • 장애학생에 대한 성교육 실시 • 교직원 대상의 성폭력 예방교육 실시
안전	• 학교는 아동이 즐겁게 배우고 생활할 수 있도록 아동을 안전사고로부터 보호하기 위한 적극적 대책을 마련해야 함 • 안전사고가 일어난 경우에는 관리 소홀 등으로 문책을 받거나 불명예에 대한 우려 때문에 피해자에 대한 치료와 보상 문제가 뒤로 밀려나는 일이 없도록 주의해야 함	• 안전을 위한 설비 확보 • 학교 밖 교육시설의 안전점검, 사고에 대한 책임 소재 확인 • 통학로 안전 확보, 통학수단 제재의 최소화 • 안전교육 실시 • 학교 내외 이동과 접근에 있어 안전한 진입로와 통로, 화장실 내 안전을 위한 시설 확보
차별 금지	• 성, 장애, 인종, 출신지역, 성 정체성, 가족형태, 외모, 경제적 수준, 사회적 신분, 성적, 학년, 나이 등이 다를지라도 수업 등 학교생활 전반에서 차별 없이 권리를 누릴 수 있어야 함 • 학교는 다양성이 존중되는 학교 문화, 반(反)차별 정신의 보편화, 학교 구성원에 대한 교육, 통합을 위한 적극적 조치 등을 통해 차별 예방을 위해 노력해야 함	• 차별 근절 조치, 성적, 성별, 학년 또는 나이, 빈곤 아동, 가족형태, 가출에 따른(대한) 차별금지 • 장애인의 교육 접근권의 보장, 편의시설의 제공, 교육지원, 교육과정에서의 배제 금지, 통합을 위한 교육 실시 • 이주민 학생의 교육 접근권의 보장, 교육지원, 교육과정에서의 배제 금지, 통합을 위한 교육, 역사와 문화에 대한 존중, 신상정보의 보호 노력

		• 성소수자 학생의 교육과정에서의 차별 금지, 아웃팅의 금지, 성적 정체성의 탐색 지원 등
적법 절차	• 학교의 각종 징계 규정은 국제인권기준과 헌법, 국내 법률에 부합해야 하고, 조사와 징계는 공정하고 적법해야 하며 학생이 감당할만한 것이어야 함 • 학교는 조사와 징계의 전 과정에서 학생의 나이, 성별, 성 정체성, 인종, 문화적 배경, 건강과 심리상태 등을 종합적으로 충분히 고려해야 함	• 징계 규정의 정당성, 권리 제한의 최소화, 징계의 남용 금지, 예비 범죄자 대우 금지 • 징계절차의 성문화, 무죄 추정의 원칙, 차별 없는 징계절차, 모욕적이거나 비인도적 대우 금지, 사려 깊은 조사 절차, 변론권 보장, 조사 · 징계 사실의 통보, 재심권 보장 • 사건과 징계의 공개 제한, 징계 기록의 보관, 징계기록의 보관 규정 마련 • 문제해결의 지원, 사건의 은폐 · 축소 금지 등
특별보살핌	• 특별한 상황에 놓인 어린이와 청소년은 특별한 보살핌을 받을 권리가 있음 • 가정에서의 학대, 사법처리, 경제적 착취, 폭력 피해 등을 경험한 아동에게는 특별한 돌봄이 제공되어야 함 • 이 경우 어떤 돌봄을 제공할 것인지에 대한 선택은 당사자의 의견을 존중하며 당사자의 최상의 이익에 부합해야 함 • 학교는 가용자원을 최대한 활용하여 일시보호조치를 포함한 충분한 지원을 제공	• 피학대아동에 대한 구제조치, 추가 피해의 예방, 시설 생활 학생에 대한 보살핌 제공 • 수사기관에 대한 요구, 추가 불이익금지, 관련 사실의 공개 제한 • 노동할 권리 보장, 권리 구제의 지원, 전문계고 현장실습 감독, 노동인권교육 실시 • 모든 형태의 폭력 예방, 피해 아동의 대한 지원, 피해 학생의 복귀, 추가 불이익 금지, 제보 아동에 대한 보호, 성폭력 규정 성문화, 폭력예방교육의 실시 등 • 장애학생을 위한 돌봄교실 지원

〈표 13-9〉 **참여권**

하위권리	고려해야 할 사항	지원해야 할 사항
존엄 의사존중	• 모든 아동은 존엄한 인격체로 대접받을 권리가 있으며, 학교의 모든 구성원은 아동을 대할 때 아동의 존엄성을 해치는 말이나 행동을 하고 있지 않은지 각별한 주의를 기울여야 한다. 교육과 관련된 모든 결정은 아동의 존엄과 최상의 이익을 고려하여 이루어져야 함	• 존엄에 합치되는 규율, 학교 규율 제 · 개정 과정에 아동의 참여, 아동의견의 존중, 학교 규율 제 · 개정 과정에 아동의 판단을 돕는 충분한 정보와 토론 시간 제공, 규율의 공지 • 강제 학습의 금지, • 언어폭력의 금지 • 아동의 의견에 대한 책임 있는 답변 • 표현물 활용 시 아동 자신의 동의 등
자치 참여권	• 학교는 아동이 즐겁게 배우고 생활할 수 있도록 아동을 안전사고로부터 보호하기 위한 적극적 대책을 마련해야 함	• 자치와 참여를 위한 여건 조성, 학급단위의 자치활동 활성화, 학교당국과의 면담권 보장, 자치와 참여에 대한 교육

	• 이때 학교는 안전을 이유로 아동의 활동이 부당하게 제한되는 등 아동의 다른 권리의 실현이 저해되어서는 안 됨	• 학생대표의 입후보 자격 제한 금지, 대표 선출의 민주성, 학생회의 권한 확보 • 동아리 설립 · 가입 허가제의 금지, 동아리의 자유로운 활동, 동아리 활동에 대한 지원 등
사상 양심 종교	• 모든 아동은 자유롭게 생각하고 자기 생각에 반하는 행위를 강요받지 않을 권리 • 학교는 아동의 사상 · 양심 · 종교의 자유가 부당하게 제한당하거나 침해되는 일이 없도록 예방할 책임이 있음	• 동의에 기초한 서약, 양심에 따른 상징의식 거부, 반성이나 서약의 강요 금지 • 생각에 따른 차별 금지, 일방적 의사 전달을 위한 소집 금지 • 종교에 따른 차별 금지
표현	• 다른 사람의 권리를 침해할 명시적이고 현존하는 위험이 없는 한, 아동의 표현에 대한 사전 검열이나 통제는 있어서는 안 됨 • 아동이 처벌에 대한 두려움 없이 자유롭게, 홀로 또는 여럿이 의사를 표현하고 다양한 활동에 참여할 수 있는 기회를 보장	• 복장의 자유, 두발의 자유, 이름표와 학교 배지의 착용 강제 금지, 현행 용모규정의 개정 • 매체활동의 자유, 매체활동에 대한 지원 • 주제에 대한 검열 금지, 홍보와 선전 활동 보장, 의견 조직 활동 보장 • 학내 집회 · 시위의 자유, 학외집회 · 시위의 자유
사생활 개인정보	• 모든 아동은 일기나 통신, 소지품, 사적 공간, 친구관계 등 사생활에 대한 부당한 간섭과 통제를 받지 않을 권리가 있음 • 사생활에 대한 권리를 폭넓게 해석, 보장해야 함. 교육을 위해 반드시 필요한 정보를 제외하고, 아동의 개인정보가 과도하게 수집되거나 유출되는 피해가 일어나지 않도록 해야 함	• 일기장 검사의 대안, 편지의 공개 금지, 휴대전화 내용의 열람과 공개 제한 • 소지품 금지의 제한, 사적 공간에 대한 존중, 사적 공간 검사 시 절차, 소지품 압수의 제한, 사적 공간의 확보 • 과도한 개인정보 수집 금지, 동의 없는 개인정보 유출 금지 • 성적 공개 금지, 보호자에 대한 공개 시 전제, 상담 정보의 비밀 유지
정보접근	• 학교는 아동의 정신적, 신체적, 사회적 성장 등을 위해 학생이 다양한 국내외적 정보원으로부터 원하는 정보를 보다 쉽고 적절하게 얻을 수 있도록 보장해야 함	• 자기정보에 대한 열람, 자기정보에 대한 통제 • 가고 싶은 학교도서관, 컴퓨터 이용 보장, 인터넷 접근 보장, 정보 활용 교육 실시 • 참여를 위한 정보, 학교 당국의 투명성 보장
권리를 지킬 권리	• 학교는 아동이 부당한 학교나 교직원의 결정에 대해 처벌에 대한 두려움 없이 자유롭게 이의를 제기할 수 있는지 살펴보아야 함	• 이의제기한 학생에 대한 처벌이나 불이익 금지 • 구제절차에 자유롭게 접근 가능 환경 마련 • 장애아동을 위한 인권교육, 장애학생 인권보장을 위한 내부 규정 마련

(3) 과제와 대책

학대 예방과 인권 증진을 위해서는 학교관리자, 교사 등의 역할이 중요하지만, 학교구성원 전체가 인권감수성이 있는 구성원이 되어야 하며, 학교 전체가 인권친화적인 교육공동체가 되고자 하는 학교 문화를 조성해 가야 한다. 이를 위해서는 학교구성원의 인권감수성 향상에 필요한 다양한 사업을 확대 추진할 필요가 있다. 교사뿐만 아니라 학부모, 일반학생, 학교관리자 등에 이르기까지 학교의 모든 구성원의 인권감수성을 높이기 위한 교육 프로그램이 개발, 보급되어야 하며, 학교 교육과정 내에서 인권감수성 향상 요소를 포함시키는 방안도 마련되어야 할 것이다.

이러한 프로그램 운영에 있어 학생의 참여와 학생의 인권감수성을 높이기 위한 노력도 중요하다. 먼저 통합교육현장의 경우 장애학생과 일반학생과의 관계에서 학대 또는 인권침해 사건이 자주 발생한다. 따라서 일반학생을 대상으로 한 인권 관련 프로그램의 질적 수준 제고 및 확대, 인권 실천 활동 기회 확대 등 인권감수성 향상에 필요한 다양한 노력이 요구된다. 일반학생 대상 장애인권 증진 관련 프로그램은 크게 교과 연계 프로그램, 가정 연계 프로그램, 정보통신 활용 프로그램, 전시 · 홍보 프로그램, 통합 활동 프로그램, 이벤트성 프로그램 등이 있다. 또한 일반학생의 인권 실천 활동 기회를 확대하기 위하여 또래도우미 제도를 확대하는 방안도 고려해 볼 수 있다. 이외에도 일반학생과 장애학생이 함께 참여하는 인권동아리 발굴 및 육성 사업 실시, 인권동아리 운영 매뉴얼 개발 · 보급 및 우수 사례 발표, 전국 장애인권동아리 페스티벌(박람회) 개최 등이 있다(김기룡 · 김삼섭, 2014).

학생의 인권감수성 역량뿐만 아니라 장애학생 부모의 인권보호 역량 강화도 필요하다. 장애학생 부모는 자녀의 양육을 담당하는 역할을 뛰어넘어 의사표현이 어려운 장애자녀의 권리를 옹호하는 역할을 담당하거나 촉진자의 역할을 담당할 수 있다. 장애자녀가 지니는 제한된 상황을 부모가 참여하거나 개입함으로써 자녀에 대해 더 많은 지원과 격려를 제공해 줄 수 있게 되고, 자녀에게 주어진 권리를 누리는데 도움을 줄 수 있다. 또한 부모는 통합교육현장에서의 장애학생에 대한 인권침해 여부를 모니터하거나 감시할 수 있고, 예측 가능한 인권침해 상황을 학교와 함께 협력하여 사전에 예방할 수 있는 조력자가 될 수도 있다. 이에 따라 장애학생 부모를 대상으로 장애학생에 대한 옹호 역량을 강화하기 위하여 자녀의 자기보호 역량 강화를 위한 가정 연계 프로그램 운영 및 인권침해 사건 발생 시 비상 대응 매뉴얼 보급 · 대처 기술 교육 등이 있다(김기룡 · 김삼섭, 2014).

또한 장애학생이 스스로 자신의 인권을 보호하고 권리를 주장할 수 있는 자기옹호 역량 강화를 위한 교육이 확대되어야 할 것이다. 장애학생의 학대 예방과 인권 보호를 위해서는 다른 사람의 인권 보호 역량뿐만 아니라 장애학생 스스로 학대를 인지하고, 신고하거나 도움을 요청할 수 있는 역량을 가질 수 있어야 할 것이다(김기룡, 2014).

마지막으로 교사, 장애학생, 일반학생, 장애학생 부모 이외에도 학교관리자 등 다양한 학교구성원의 인권감수성 역량 향상을 위해서도 다양한 프로그램을 운영해 볼 수 있으며, 학교구성원의 인권 보호에 대한 개인 역량뿐만 아니라 인권에 기반한 학교 문화를 조성하고, 이를 실천할 수 있는 교육 여건을 만드는 등 학교 환경 제반 여건을 변화시키기 위한 노력도 필요하다. 학생 수가 너무 많거나, 보조인력 또는 보조기기 지원 등 필요한 인적, 물적 지원이 충분히 제공되지 않거나, 프로그램을 실시할 수 있는 예산이 부족하거나 행정 지원 체계가 뒷받침되지 못하는 등 교육환경의 구조적인 문제가 인권 기반 교육 실천 환경을 저해할 수 있다. 따라서 인권 친화적 학교 환경 조성에 필요한 행 · 재정적 지원을 확대하기 위한 방안도 함께 마련되어야 할 것이다.

4. 장애인관

장애 혹은 장애인을 바라보는 안목, 이것을 흔히 장애인관이라 한다. 장애인에 대한 사회적 태도 및 인간관은 종교나 철학의 동향, 사회경제적 조건 등에 의해 형성된다. 고대와 중세에 이르기까지 장애인에 대한 보호 사상의 일단이 부분적으로 엿보이기는 했으나, 역시 장애인에 대한 편견은 현대사회에 이르기까지 일반 통념으로 이어져 내려왔다.

그러면 부정적 장애인관의 형성 요인은 무엇이며, 부정적 장애인관을 극복할 수 있는 이론적 근거를 제공해 주는 철학적 인간학의 관점에서는 장애인을 어떻게 바라보는가. 그리고 한국인의 장애인관은 어떠한가.

1) 부정적 장애인관의 형성 요인

인간 본질에 대한 이해 부족으로 인한 부정적 장애인관의 형성 요인으로 완전인간 지향, 보편인간 지향, 인간 소외 가치 기준, 건강 개념 왜곡, 님비현상, 장애 이해 부족 등을 들 수 있다.

(1) 완전인간 지향

개성이 평가받지 못하는 사회에서는 개성 지향보다는 완전 지향을 추구하게 된다. 완전주의란 부족함이 없는 것 혹은 결함이 없는 것을 지향하는 사고방식을 의미한다.

일반적으로 한국인은 완전주의를 지향하는 의식이 매우 강한 것으로 알려지고 있다. 한국인의 밥상은 전혀 개성을 무시한 채 고루 갖추는 것을 미덕으로 아는 것이 그 예이다. 또한 출판계 전집물과 30첩 백반 정식, 신혼 가구를 세트로 마련하는 경향도 완전주의를 지향하는 의식 구조의 전형이다. 모두가 그렇다고 말할 수는 없지만, 한국에서의 이상적 인물은 오체구족(五體具足)에 잘 생기고, 공부도 국어에서 도덕까지 다 잘하며, 성실하고 인정 많은 등 그 모든 것을 완전히 갖춘 인간이다. 어떻게 보면 완전인간이란 전혀 개성이 없는 인간일 수도 있다.

완전주의는 인간에 있어 가장 기초적인 '완전'의 결여인 장애에 대해 비가치화하고 경멸하며 편견을 갖게 하는 근본 요인이 되고 있다. 또한 완전주의 사회에서의 장애인은 개별자요, 불완전 인간이다. 그들은 항상 남다름의 평균과 동질에서 결격되고 소외당한 개별자이기에 수치심을 갖게 되고, 이 수치심이 열등감으로 정착하게 된다는 것이다.

(2) 보편인간 지향

한국인의 사고방식의 동일성 가운데 하나로서 이질성을 배척하고 동질성을 별나게 강조한다는 것을 들 수 있다. 동질 의식이 강할수록 동질적이고 평균적인 보편성의 것에 가치를 두게 되며, 평균에서 일탈된 이질성의 것일수록 비가치화한다. 따라서 평균인간 · 동질인간 · 보편인간을 지향하게 되며, 그 기준에서 일탈될수록 존재가치를 상실한다.

전통적 농경사회는 노동력을 무엇보다 중요시하였다. 따라서 개개인은 이목구비가 바르고 수족이 건강한, 육체 노동력을 지닌 평균인간이어야만 했다. 곧 보편적이고 평균적인 육체적 조건이 맨 먼저 요구되었다. 그와 같은 상황에서 농사에 종사하지 못하는 평균인간 이하의 장애인이 소외당한 것은 어쩌면 당연한 일이었는지도 모른다.

(3) 인간 소외 가치 기준

인간 소외 가치 기준, 즉 다른 사람과의 상대비교는 인류가 타인을 인식하기 시작한 때부터 나타났다고 볼 수 있다. 이러한 상대비교는 자신이 정상이라고 믿는 것에서 일탈되었을 경우에는 평가절하하는 것이 보통이다. 물론 이 때의 기준은 매우 주관적이며 모호하다.

"모든 인간은 평등하다."라는 말은 옳다고 여기면서도 실제로 인간소외 가치 기준에 의해서, 즉 다른 사람과 상대적으로 비교하여 인간을 평가하는 것이 보통인데, 아마도 그 이유는 평등의 개념을 잘못 이해하는 데서 연유하는 듯하다. "하늘 아래 있는 어떤 사물도 같은 것은 없다."는 것은 엄연한 현실인데 어떻게 평등이 존재할 수 있느냐 하는 사고방식이 그것이다. 이러한 사고방식으로 말미암아 인간소외 가치기준, 즉 계급 · 인종 · 빈부 등에 의한 차별을 무리 없이 받아들이고, 심지어는 이를 긍정적으로 받아들이기까지 하는 것이다. 그 결과, 다른 사람들과 다른 '장애'를 가지고 있는 장애인에 대한 차별을 무리 없이 받아들이는 오류를 범하게 되는 것이다.

그러면 같은 것이라고는 그 자체 하나밖에 없는 현실에서 '평등'의 개념을 어떻게 이해해야 할 것인가에 대한 논의의 여지는 있겠지만, 평등이라는 개념은 동일성의 의미보다는 적합성 혹은 공정성의 의미로 이해하는 것이 더 타당할 듯하다. 이때에 비로소 장애인 나름의 독특한 요구를 충족시켜 줄 수 있는 적절한 조치가 평등의 실현임을 알게 될 것이다.

(4) 건강개념 왜곡

사람은 누구나 질병(disease)이란 두렵고 피해야 할 나쁜 것이고, 건강이란 무조건 추구해야 할 좋은 것이라고 생각한다. 그런데 이미 본래적인 자기를 상실하고 자기소외감 속에서 자기반성을 할 줄 모르는 사람일수록 더욱 건강이라는 빈 말에 분별을 잃고 광적으로 집착하는 경향이 있다.

흔히 건강이라는 말은 일상용어로 개념 규정이 명확하지 않다. 국어사전을 찾아보면, 건강은 "몸에 탈이 없고 튼튼함" 혹은 "정신적 · 육체적 이상 유무를 주안으로 본 몸의 상태"를 의미한다. 또한 건강을 의미하는 영어의 'health'는 "신체적으로 또는 정신적으로 온전한 상태"를 의미하며, 독일어의 'Gesund'는 "정신이나 육체가 건전한 상태"를 의미한다. 어느 나라든 건강은 신체적 측면과 정신적 측면을 동시에 고려하는 개념임을 알 수 있다. 또한 건강이라는 말은 사실명제가 아닌 최고 가치를 나타내는 말로서, 그 판단기준은 상황에 따라 인간이 정하기 나름이다.

이처럼 건강이라는 말이 신체적 · 정신적 양 측면을 포함할 뿐 아니라 주관적 판단에 따라 달라짐에도 불구하고, 신체적으로 장애가 있을 경우 건강하지 않다고 생각하는 것은 분명 잘못된 판단이다. 양쪽 다리를 사용하지 못하면서도 눈 내린 한라산 정상을 오르는 뇌성마비인과 머리 좋고 사지도 멀쩡한 사기꾼 중 누가 더 건강한 사람인가.

(5) 님비현상

님비(not in my back yard: NIMBY)의 사전적 정의는 '공공의 이익에는 부합하지만 자신이 속한 지역에는 이롭지 아니한 일을 반대하는 이기적 행동'이다. 내가 사는 지역에 쓰레기장이나 핵폐기물 처리장 같은 시설을 설치하고자 할 때 님비현상 때문에 여간 골치 아픈 것이 아니다. 불행하게도 이 님비현상은 특수학교나 장애인시설 등에까지 미치고 있다.

님비현상의 원인으로 여러 가지를 들 수 있지만 주요인은 비틀어진 자본주의적 사고가 아닐까 싶다. 무엇보다 그와 같은 시설이 들어서면 집값이 떨어지는 등 경제적 손실을 가져온다는 생각을 하게 되어 막무가내로 반대 투쟁에 앞장서는 것이 아니겠는가. 이러한 님비현상은 어디까지나 돈을 행복의 기준 최상위에 두는 우리나라 어른들의 문제일 뿐 젊은 세대에서는 점차 그 비중이 낮아지고 있다는 점에 희망을 본다.

(6) 장애 이해 부족

당신이 살고 있는 지역에 특수학교가 들어선다고 하면, 당신은 찬성할 것인가 반대할 것인가. 만약 반대한다면 그 이유는 무엇인가. 앞서 말한 비틀어진 자본주의적 사고 외에 다른 이유가 있는가. 만약 정확히 무엇인지는 모르지만 내 아이와 내 가족에게 부정적이거나 심지어 '나쁜' 영향을 미칠 것이라는 생각이 드는 것은 아닌가. 만약 그렇다면 당신은 장애인에 대해 몰라도 너무 모르고 있는 것이다. 장애인이 지니고 있는 장애는 자신에게만 영향을 미치는 내적 지향성을 띠고 있다. 다른 사람에게 피해를 주는 경우는 거의 찾아보기 어렵다.

딱히 그 이유를 말하기는 어렵지만 어쨌든 장애인들과 함께 살아가는 것이 싫다고 생각하는 사람이 있는가. 요즘 세상에 그런 사람이 있을 리 만무하겠지만 혹여라도 있다면, 그는 공동체 의식이 결여된 것이 분명하다. 이 대목에서 이미 250여년 전에 "장애인도 보통 사람이다"라고 외친 프랑스 의사 피넬(Phillippe Pinel)이 떠오른다.

이 두 가지 질의응답은 부정적 장애인관의 원천을 밝히고자 억지로 가상한 것에 불과하다. 후술하는 한국인의 장애인관에서 기술하듯 우리나라 사람들은 여느 나라 사람들에 비해 천부적이다 싶을 정도로 긍정적인 장애인관을 지니고 있다고 믿는다.

자(者)와 인(人)의 해석학

지금도 무심코 사용되는 '장애자'는 오랜 논의를 거쳐 '장애인'으로 바뀐 말이다. 장애자의 '자(者)'는 '놈'이라는 뜻이고, 비하 의미가 있는 한자이기 때문에 '사람 인(人)'을 쓰는 장애인으로 바꿔 불러야 한다는 주장이 받아들여진 것은 1988년 서울패럴림픽(paralympics)을 치르면서였다.

장애자를 장애인으로 바꿔 부르자는 주장은 적잖은 반론을 맞닥뜨렸다. 반대하는 쪽은 과학자, 노동자, 당선자 같은 예시를 들어 '-자'가 비하의 의미로 쓰이지 않는다고 주장했다. 물론 앞의 예시 단어들은 어떤 행위를 하는 사람이거나 행위의 결과로 규정된 사람이지만, 장애가 있는 사람은 그렇지 않다는 점이 다르다.

이 논란에서 더 중요한 것은 장애자라는 단어가 쓰이는 현실적인 조건을 고려해야 한다는 점이었다. 이 단어가 가진 부정적 관념을 타파하는 것이 언어적 의미를 해석하는 것보다 중요한 과제였다. 논란에 종지부를 찍은 계기는 1988년 서울올림픽과 나란히 개최된 서울패럴림픽이었다. 당시에는 패럴림픽이 아니라 장애자올림픽이라는 명칭이 사용됐는데, 이 국제 행사를 계기로 우리도 장애인 인권과 복지에 있어 소위 '글로벌 스탠다드'를 따라야 한다는 주장이 설득력을 얻었다. 결국 1989년 「심신장애자복지법」이 「장애인복지법」으로 개정되고 장애가 있는 사람을 뜻하는 공식 명칭이 장애자에서 장애인으로 바뀌었다.

영어권에서는 장애인과 관련된 표현이 더 민감하게 다뤄진다. 과거에는 '장애가 있는'을 의미하는 단어로 'handicapped'가 사용됐으나 지금은 차별 용어로 받아들여진다. 'handicapped'는 불리한 여건에 있는 상태를 의미하는데, 장애가 있어도 휠체어를 타거나 해서 보정을 하면 handicapped가 아니라고 여기기 때문이다. 대신 어떤 능력이 없는 상태를 의미하는 'disabled'가 더 가치중립적인 표현이고, 장애인을 지칭할 때는 한국장애인고용공단의 영문 명칭에도 있는 'Persons with Disabilities'가 통용된다.

'장애자'를 '장애인'으로 고쳐 부르는 것, 장애인과 관련된 표현을 바로잡는 것은 장애인도 비장애인과 똑같은 인격권을 가진 존재로 여기는 인식의 변화를 반영한다. 장애인을 위한 법과 제도, 사회적 배려가 필요하다고 해서 인격이 다르다고 여겨서는 안 된다는 뜻이다. 이런 의미를 생각하면 지금도 종종 쓰이는 '장애우' 같은 말 역시 부적절하다.

어떤 이는 '벗 우(友)'를 사용해 장애인을 친근하게 지칭하는 용어가 왜 문제냐고 주장한다. 그런데 우리 사회에서 소수자 혹은 약자로 불리는 사람들은 어떤가. 출신 국가, 경제 능력, 성적 지향 등 여러 이유로 소수자 혹은 약자로 분류되는 이들을 '친구'라고 규정하는 용어는 없다. 사적 개념인 친구를 공적으로 사용할 때는 '우방국(友邦國)'처럼 사실상 친구가 아닌 대상을 친구로 지칭할 때뿐이다. 장애인과의 친구 관계를 강조하는 것은 장애인의 인격권을 존중하는 태도와 거리가 멀다. 친구가 아니어도 인간으로서 존중받고 인간다운 삶을 영위할 수 있도록 지원하고 차별과 혐오를 하지 않는 게 마땅하지, 친구니까 돕는다는 식의 감정적 동의가 필요한 것은 아니다.

출처: 정재선 (2023). 장애인과 일터, Vol. 333 JAN 2023.

2) 철학적 인간학의 관점에서의 장애인관

칸트(I. Kant, 1724~1804)와 피히테(J. G. Fichte, 1762~1814) 등에 의하여 처음으로 사용된 인간학(anthropologie)은 19세기 초까지만 하더라도 철학적인 의미에서 인간에 관한 학문을 의미하였다. 그러나 19세기 말에는 철학적인 개념으로서의 인간학은 없어지고, 그 대신 자연과학적 연구 분야, 즉 인간을 그 육체적인 현상에서 다루는 데서만 적용되었다. 그 후, 1920년대에 들어와서 막스 셸러(M. Scheler, 1874~1928)에 의해 다시 철학적 인간학이라는 말을 회복하였다.

인간학은 다음과 같은 세 가지 전제에서 출발한다.

- 인간의 본질은 초월적인 어떤 원리에 의해 파악될 것이 아니라, 다만 인간의 삶의 현상으로부터 이해되어야 한다.
- 인간의 본질은 결코 고정적 · 결정적으로 정의될 수 없으며, 따라서 인간에 대한 연구는 끝없이 전진할 수 있다.
- 어떤 하나의 특수한 삶의 형식이나 본질 현상이라도 그것을 지배적이고 결정적인 징표로서 절대화할 수는 없다.

그러면 철학적 인간학의 관점에서 장애인은 어떤 존재인가. 철학적 인간학의 기본 전제 중의 하나는 인간의 본질을 밝혀내는 유일한 텍스트는 삶의 현상이라는 것이다. 그런데 삶의 현상과 관점은 매우 다양하므로, '인간은 상대적인 존재'

라는 결론이 필연적이다. 그것은 철학적 인간학이 처음부터 초월적이고 관념적인 법칙을 배제하였기 때문이다. 따라서 어떤 하나의 현상도, 어떤 특수한 표현도 절대화할 수는 없다.

장애인에 대한 부정적인 관념이 완전인간 지향으로 말미암은 결과라고 전술한 바 있다. 그러나 철학적 인간학에 따르면, '완전인간이란 존재하지도 않고, 존재할 수도 없는 한낱 관념적인 개념에 불과하다. 철학적 인간학은 완전성을 거부하기 때문이다.

철학적 인간학은 인간을 고정적 · 결정적 존재로 파악하지 않는다. 인간의 본질은 육체적 차원이든 심리적 차원이든 간에 고정적 · 결정적으로 정의될 수 있는 성질의 것이 아니라는 것이다. 철학적 인간학에서처럼 인간을 발달적 혹은 변화무쌍한 존재로 인식한다면, 장애인에 대한 편견은 사라지게 될 것이다.

모두가 그렇다고 말하기는 어렵지만, 일반적으로 장애인은 병자(病者)가 아니다.[1] 그럼에도 불구하고 일반인들은 장애를 병 혹은 병을 앓은 후에 생긴 결과로 오해하는 경우가 많다. 설혹 장애인이 병과 관련이 있다 하더라도 철학적 인간학의 관점에서는 그것이 전혀 문제가 되지 않는다. 병이란 인간의 존재 방식으로 간주되기도 하는데, 이와 같은 관점에서 인간은 누구나 정도의 차이가 있을 뿐 모두가 병자라고 말할 수 있다. 만약 장애를 병의 결과로 나타난 현상으로 간주한다면 장애를 가지고 있지 않은 사람은 한 사람도 없다.

결론적으로 철학적 인간학의 관점에서 장애는 보편적인 현상에 불과하다. 따라서 장애인에 대한 부정적 시각 혹은 편견은 철학적 인간학의 세계에서 만큼은

1) 대부분의 경우 질병(disease), 질환(illness), 병(sickness)은 구별 없이 혼용되지만, 상황에 따라 특정 단어가 선호되는 상황이 있을 수도 있다. 질병은 생물학적 차원의 개념으로 병리학 혹은 생리학의 관점에서 생체내의 구조적 · 기능적 변화가 의학적으로 정의될 수 있는 상태를 의미한다. 질환은 개인적 · 사회심리적 차원의 개념으로 환자의 개인적 질병 경험을 의미한다. 병은 질병을 가진 개인이 나타내는 사회적 기능 이상을 뜻한다.

존재하지도 않고 존재할 수도 없다.

인간을 바라보는 관점: 결정론 대 자유의지론

인간을 바라보는 관점에는 결정론과 자유의지론이 있다. 결정론은 인간의 운명은 결정되어 있다는 입장이고, 자유의지론은 인간은 자율적으로 행동하는 존재라는 입장이다.
영화 〈마이너리티 리포트〉는 범죄 혐의가 있을 가능성만을 가지고 예비 범죄자를 잡아들이는 프리크라임시스템에 대해 주인공이 의문을 가지는 것에서 이야기가 시작된다. 인류의 오랜 난제 중의 하나인 결정론과 자유의지론 사이의 갈등을 첨예하게 다루고 있다.
시스템과 제도를 아무리 좋게 만들어도 그것을 현실에서 적용하고 활용하는 능력이 떨어지면 무용지물이 되는 것을 우리는 현실에서 자주 보게 된다. 미래는 결정된 것이 없고 인간은 자유의지를 가지고 있다면, 과연 시스템이 구축되어서 인간의 자유의지가 없어도 되는 것인지 그 의문의 끝이 없는 듯하다.

3) 한국인의 장애인관

다른 나라에 비해 한국인의 장애인관, 즉 장애인을 바라보는 안목이 부정적이라는 자조 섞인 말을 자주 한다. 실제로 우리나라 사람들이 장애인을 바라보는 눈이 그토록 부정적인가.

지금까지 장애인에 대한 사회인식이 부족하거나 바르지 못한 데 기인하여 볼썽사나운 일들이 최근에도 전국 곳곳에서 벌어지고 있다. 언어폭력에 가까운 장애인 폄훼 현상이 그칠 줄 모른다. 그렇다고 "우리나라 사람들은 장애인에 대해 부정적이다" 혹은 "한국인은 장애인에 대한 편견이 심하다"고 단정하기는 어렵다. 어쩌면 장애인에 대한 태도가 부정적이라기보다는 관련 시설이 들어서게 됨에 따라 집값과 땅값이 떨어지지 않을까 하는 현실적 이유에서 그 원인을 찾을 수도 있을 것이다.

어떤 사람들은 서구 선진국 사람들은 장애인에 대한 인권 사상이 매우 높고, 우리나라 사람들은 그렇지 못하다는 자괴적인 말을 하기도 한다. 그러나 이것도 다시 생각해 볼 문제이다. 본래 우리나라 사람들은 정이 많은 민족일 뿐 아니라, 다른 사람의 처지를 먼저 생각하면서 더불어 살아 왔다. 그와 더불어 인권 의식도 어떤 나라들보다 못하지 않다. 우리나라에서는 태어난 지 1년이 되면 두 살이라고 한다. 어머니 뱃속에 있던 10개월을 한 살로 쳐주고 있기 때문으로, 이것은 태아도 인격을 지닌 엄연한 '사람'으로 간주하는 셈이다. 그런데 서구에서는 나이를 말할 때, 몇 년 몇 개월이라고 말한다. 태아를 '사람'으로 취급하지 않는 것이다.[2)]

그럼에도 불구하고 서구 사회는 장애인의 천국으로 알려져 있고, 실제로 그런 측면이 많다. 그러나 그것은 장애인 인권에 대한 존중이 높아서만은 아닐 것이고, 장애인에 대한 편견이 없어서도 아닐 것이며, 더욱이 본래 인권 의식이 더 높기 때문도 아닐 것이다. 다만 법이 그렇게 할 수밖에 없도록 만들어져 있기 때문일 수도 있다.

우리나라 사람들의 장애인관이 부정적이라고 단정하는 것은 무리가 따른다. 또한 미국은 어떻고 일본은 어떻다는 식으로 말할 필요도 없다. 우리 민족의 마음속에는 본래 어려운 사람을 보면 참지 못하는, 우리 민족만이 지니고 있는 아름다운 정서가 가득 차 있다. 언젠가는 그 마음들이 밖으로 표출될 것으로 믿는다. 물론 낙인효과[3)]가 없는 것은 아니지만, 우리 민족의 마음속에는 본래 어려

2) 2023년 6월 28일, 새는 나이를 폐지하고 만 나이를 도입하였다(민법 제158조 [나이의 계산과 표시] 나이는 출생일을 산입하여 만 나이로 계산하고, 연수로 표시한다. 다만, 1세에 이르지 아니한 경우에는 월수로 표시할 수 있다). (시행 2023. 6. 28.)

3) 우리는 어떤 사람이 전과자라거나 혹은 정신과 병력을 가지고 있다고 하면, 왠지 모르게 색안경을 끼고 본다. 하지만 그런 치우친 세상 보기는 거기서 끝나지 않고 그런 사람들과 인간적인 교류조차 하지 않으려고 하는 경우도 있다. 이처럼 어떤 사람의 특성이나 과거 경력이 현재의 인물 평가에 미치는 영향을 낙인효과라고 한다.

운 사람을 보면 참지 못하는, 우리 민족만이 지니고 있는 아름다운 정서가 가득 차 있다. 언젠가는 그 마음들이 밖으로 표출될 것으로 믿는다. 언젠가는 장애인 시설에 대한 핌피(Please In My Front Yard: PIMPY)현상[4]이 나타날 것이라 믿는다.

4) 경제적으로 도움이 되는 사업이나 시설을 자신이 속한 지역에 유치하려는 현상으로 지역 이기주의의 하나이다.

참고문헌

강경희 · 안병주 · 이선재 · 황정보 · 김청아 (2007). 장애인 교육권 보장을 위한 특수교육법 고찰. **사회과학연구, 28**(2), 175-190.

곽금주 · 장성민 (2019). **한국 웩슬러 아동 지능검사**(5판). 서울: 학지사.

곽정란 (2004). 한국 장애인운동의 특수교육학적 고찰. 석사학위 논문. 대구대학교 대학원.

교육과학기술부 (2008). **장애인 등에 대한 특수교육법령 설명회 자료집**. 서울: 저자.

교육과학기술부 (2009). **학습장애 선별 기준. 미간행 자료**. 서울: 저자.

교육부 (2017). **특수교육 기본 교육과정 초등 1~2학년군 국어 교사용 지도서**. 서울: 미래엔.

교육부 (2018). **장애학생 인권보호 종합대책**. 세종: 저자.

교육부 (2022a). 2022 개정 초 · 중등학교 및 특수교육 교육과정 확정 · 발표. 보도자료.

교육부 (2022b). **특수교육 교육과정 총론**. 세종: 저자.

교육부 (2023a). **2023 특수교육 연차보고서**. 세종: 저자.

교육부 (2023b). **특수교육 기본 교육과정 초등 1-2학년군 국어 교사용 지도서**. 서울: 미래엔.

국가인권위원회 (2007). **장애인권리협약 해설집**. 서울: 저자.

국립국어원 (2024). **2023년 한국수어 활용 조사**. 서울: 저자.

권대훈 (2024). **학습 이론과 실제**. 서울: 학지사.

권영성 (1997). **헌법학 개론**. 서울: 법문사.

권준수 · 김붕년 · 김재진 · 심민섭 · 신일선 · 오강섭 외 7 (2023). **DSM-5-TR 정신질환의 진단 및 통계 편람**(수정판 5판). 서울: 학지사.

김경근 (2019), 교육격차 해소. 한국행정연구원 편, **포용국가의 이론과 사례 그리고 정책**. KIPA 연구보고서 2019-10, 576-607.

김경민 (2020). 유아교사들이 인식하는 장애유아 학대의 유형과 원인에 관한 의미연결망 분석. **복지상담교육연구, 9**(2), 1-31.

김기룡 (2014). 발달장애학생의 자기옹호측정 문항 개발 및 타당성 검증. **지체 · 중복 · 건강장애연구, 57**(3), 133-157.

김기룡 · 김삼섭 (2015). 통합교육 현장에서의 장애학생 인권 침해 실태. **특수교육, 14**(2), 57-79.

김기룡 · 도경만 · 정재우 · 김치훈 · 임용재 · 황윤재 (2017). **특수교육의 국가 책무성 강화 방안 연구**. 국립특수교육원.

김기룡 · 박경옥 · 이명희 · 김지연 (2018). **중증중복장애학생 교육권 보장 실태조사**. 서울: 국가인권위원회.

김도현 (2007). 차별에 저항하라. **한국의 장애인 운동 20년: 1987~2006년**. 서울: 박종철출판사.

김동일 · 이대식 · 신종호 (2016). **학습장애아동의 이해와 교육**. 서울: 학지사.

김병하 (2005). 장애인 당사자주의의 특수교육(학)적 함의. **특수교육학연구, 40**(1), 1-22.

김병하 · 이근용 (2015). 한국의 특수교육: 대구대학교. **한국특수교육문제연구소 학술대회 발표 자료집** (pp. 211-217.). 대구대학교 특수교육문제연구소.

김삼섭 (1998). 지체부자유학생의 가정환경, 자아개념 및 학업성적 간의 관계: 구조적 인과관계 모형의 탐색. **지체부자유교육, 12**, 17-35.

김삼섭, 박은혜, 김기룡 (2014). **장애학생 교육권 증진을 위한 실태조사: 통합교육 현장의 교육권 침해를 중심으로**. 서울: 국가인권위원회.

김삼섭 · 강민채 · 강우정 · 권희연 · 김기룡 · 김창호 · 나용기 · 박은송 · 박은영 · 박현주 · 백종남 · 오유정 · 오혜정 · 이미애 · 이석진 · 이옥인 · 임경원 · 전민정 · 정길순 · 정동일 · 정민호 · 정소영 · 최세민 · 최영종 · 홍재영 (2012). **특수교육학개론**. 서울: 신정.

김삼섭 · 곽정란 · 김기룡 · 김수연 · 나경은 · 도경만 · 박소영 · 백종남 · 이주언 · 정소영 · 정윤지 · 정재우 (2018). **장애인 등에 대한 특수교육법 개정 기초 연구**. 아산: 국립특수교육원.

김삼섭 · 김기룡 (2015). **통합교육 현장에서의 장애학생 인권 침해 실태**. 세종: 교육부.

김삼섭 · 김기룡 · 노진아 · 이명희 (2015). **유아교육기관에서의 장애유아 교육권 보장 실태조사**. 서울: 국가인권위원회.

김삼섭 · 임경원 (2008). **통합교육 둘러보기**. 서울: 시그마프레스.

김수동 · 김소아 · 김명숙(2000. 10). 캔필드의 자아개념 증진법: 나에 대한 정의 내리기. **교육개발, 124**, 130-137.

김수동 · 박주상 · 김소아 (2000. 7). 캔필드의 자아개념 증진법: 나를 찾아 떠나는 여행. **교육개발, 123**, 67-75.

김유리 (2009). 장애아동과 학대. **중복 · 지체부자유연구, 52**(2), 189-204.

김정화 (2014). 유아교사의 유아권리인식과 유아권리존중 실행에 관한 연구. **어린이문학교육연구, 15**(3), 343-364.

김종무 (2018). 장애인 등에 대한 특수교육법 시행 성과. **제25회 국내세미나 자료집**. 아산: 국립특수교육원.

김화수 · 이지유 · 엄윤지 · 최선영 (2019). 지적장애 성인의 상황에 따른 감정 표현 어휘다양도와 공감능력에 관한 연구. **지적장애연구, 21**(3), 75-102.

나경세 · 이소영 (2012). 정상인에서 메틸페니데이트가 학습에 미치는 영향. **소아청소년정신의학, 23**(2), 49-56.

노호현 (2021). 뇌병변장애인의 장애수용과 자아존중감이 삶의 만족도에 미치는 영향. 석사학위 논문. 제주대학교 보건복지대학원.

문수백 (2014). **카우프만 아동 지능검사 II**(K-ABC II). 서울: 학지사.

박경숙 · 정동영 · 정인숙 (2001). **KISE 한국형 개인 지능검사 개발 연구**. 아산: 국립특수교육원.

박선희 (2012). 지적장애 학생의 생활문 쓰기 표현 비교 분석. **지적장애연구, 12**(3), 193-211.

박은혜 · 김정연 · 표윤희 (2018). **지체장애학생교육**. 학지사.

박정석 (2009). 스포츠 활동이 청각장애인의 자아존중감과 직업적응력에 미치는 영향: 야구 종목을 중심으로. 석사학위 논문. 충북대학교 교육대학원.

박진아, 이경숙. 어린이집 아동학대에 대한 보육교사의 경험, 인식 및 상담 요구도에 관한 연구 -포커스 그룹 인터뷰를 중심으로. **유아교육연구, 35**(3), 27-54.

박혜경 (1991). 유아를 위한 총체적 언어교육 접근법의 효과에 관한 연구. 박사학위 논문. 이화여자대학교 대학원.

박혜진 · 배소영 (2003). 청각장애 유아의 어휘 발달. *Communication Sciences and Disorders, 8*(1), 66-81.

박효정 · 성용구 · 신명희 · 유승희 · 이영만 · 정재걸 · 정종진 등 (2006). 다중지능이론과 수업. 서울: 양서원.

백순근 (1999). Vygotsky의 ZPD 이론이 향상도 평가에 주는 시사점. **교육평가연구, 12**(1), 191-215.

백순근 (2019). **교육평가의 이론과 실제**. 교육과학사.

백종남 · 김삼섭 (2010). 발달장애학생의 다중지능 발달 특성. **지체중복 · 건강 · 장애연구, 53**(1), 217-239.

보건복지부 (2023). **2023년 장애인 실태 조사**. 세종: 저자.

보건복지부(2016). **국제기능 · 장애 · 건강 분류**. 세종: 저자.

보건복지부 · 중앙아동보호전문기관 (2018). **2017 전국아동학대 현황보고서**. 서울: 저자.

보건복지부 · 중앙장애인권익옹호기관 (2019). **2019 장애인 학대 현황 보고서**. 서울: 저자.

손일영 · 김해란 (2018). 아동기 정서적 학대경험과 대학생의 데이트 폭력 피해간의 관계: 정서표현 양가성의 매개효과. **청소년학연구, 25**(1), 115-140.

송기창 · 성태제 · 김영철 · 이원근 · 이병민 · 김미숙 · 김창환 · 홍후조 · 박상완 · 채재은 · 장창원 · 조혜영 · 조흥식 (2007). **교육정책 쟁점과 과제**. 서울: 한국교육개발원.

신민섭 · 조성준 · 전선영 · 홍강의 (2000). 전산화된 주의력장애 진단시스템의 개발 및 표준화 연구. **소아청소년정신의학, 11**(1), 91-99.

신민섭 · 조수철 (2010). **한국판 라이터 비언어성 지능검사**. 서울: 학지사.

안동현 (2000). 아동방임의 본질과 사회적 의미. **아동과 권리, 4**(1), 7-26.

양명희 (2016). **행동수정이론에 기초한 행동지원**. 서울: 학지사.

양순경 (2012). 유아권리에 대한 교사의 의식에 관한 연구. **아동교육, 21**(2), 181-196.

연진영 · 김선애 (1991). 아동의 자기-지식의 발달. **한국아동학회, 12**(2), 18-36.

오경자 · 이혜련 · 하은혜 · 홍강의 (2001). **K-YSR 청소년 자기행동평가척도**. 서울: 중앙적성연구소.

오경자 · 하은혜 · 이혜련 · 홍강의 (1997). **K-CBCL 아동 · 청소년 행동평가척도**. 서울: 중앙적성연구소.

오봉근 (2011). 지체장애인의 생활체육 참여에 따른 신체적 자기개념과 건강증진 행동 및 삶의 질의 관계. 박사학위 논문. 조선대학교 대학원.

오혜영 (2003). 한국 아동용 MFFT의 표준화 연구. 박사학위 논문. 성균관대학교 대학원.

유동철 (2004). 장애 패러다임 변화에 따른 장애운동의 역사고찰. **공공정책연구, 21**, 251-266.

유은혜 의원실 (2014). **국정감사 자료집. 미간행 자료**. 서울: 저자.

윤미선 (2007). 청각장애 아동의 진단과 평가 시 의사소통능력 평가의 중요성에 관한 질적연구.

Communication Sciences and Disorders, 12(3), 447–464.

이규식 (1980). 청각장애아에 관한 임상청각학적 연구. 박사학위 논문. 한국사회사업대학 대학원.

이근숙 (2003). 정신지체아동의 이야기 능력. 석사학위 논문. 단국대학교 대학원.

이미경 · 한경근 (2011). 중재학습경험전략을 적용한 이야기책 읽기가 중도 뇌성마비학생의 어휘력 및 읽기이해력에 미치는 효과. **지체 · 중복 · 건강장애연구, 54**(2), 181–209.

이미숙 (2015). 초등학교 저학년 경도 뇌성마비아동의 표현언어 특성. 석사학위 논문. 단국대학교 대학원.

이상아 (2017). 강화된 환경중심 언어중재(Enhanced Milieu Teaching)가 자폐성장애 아동의 자발화와 기능적 의사소통에 미치는 효과. 석사학위 논문. 부산대학교 대학원.

이석진 (2005). 한국 특수교육정책 발전과정에 관한 연구. 박사학위 논문. 공주대학교 대학원.

이석진 · 김삼섭 (2004). 한국 특수교육 입법정책의 변천에 관한 연구. **특수교육학연구, 39**(3), 25–53.

이소현 (2020). **유아특수교육**. 서울: 학지사.

이수광 (2000). 학생인권 신장 방안 연구. 박사학위논문. 강원대학교 대학원.

이양 (1990). 지각. 고영희 · 김동기 · 송인섭 · 심응철 · 윤영화 · 이승복 등. **심리학의 이해** (pp. 115–141). 서울: 양서원.

이연섭 · 이영재 · 조시화 (1982). **학습부진아의 인지과정 요인분석**. 서울: 교육개발원.

이은주 (2022). 6세 아동의 언어 및 문해, 비언어 수학적 사고 능력에 있어 말소리장애의 영향. *Communication Sciences and Disorders,* 27(4), 879–893.

이익섭 (2003). **한국장애해방운동의 역사: 특집논문.** 서울: 한국장애인연맹.

이진숙 · 황민아 (2007). 단순언어장애 아동의 개인화된 예측추론 특성 및 추론촉진 과제의 영향. *Communication Sciences and Disorders,* 12(2), 160–181.

이현진 (1994). 기억. 김정희 · 남기덕 · 박영호 · 송명자 · 송인섭 · 심용철 외. **심리학의 이해** (pp. 122–144). 서울: 학지사.

임성택 · 이금주 · 홍송이 (2023). **교육심리학**. eBook. 서울: 시그마프레스.

장은진 (2003). 주의력 결핍 과잉행동 아동을 위한 인지–행동적 아동 프로그램과 교사 훈련 프로그램의 효과. 박사학위 논문. 이화여자대학교 대학원.

정재선 (2023. 1). **장애인과 일터**, Vol. 333.

조가람 (2018). 특수체육 지도 현장에서 발생하는 장애아동 학대에 관한 연구. 박사학위 논문. 서울대학교.

조성숙 (2002). 자폐성장애아동의 의사소통행동 특성에 관한 연구. 박사학위 논문. 동국대학교 대학원.

조영숙 (2019). 장애아동 학대에 관한 제도개선 방향 연구. **법학연구, 19**(4), 247–271.

중앙아동보호전문기관 (2017). **2017 전국 아동학대 현황 보고서**. 서울: 저자.

중앙장애인권익옹호기관(2019). **2019 장애인 학대 현황 보고서**. 서울: 저자.

최복천 · 김유리 (2014). 장애아동 학대에 대한 연구 동향 분석. **특수교육 저널: 이론과 실천, 15**(4), 151–174.

최성규 (2008). 표본화 비율과 신호 대 소음 비율(SNR)이 감음신경성 청각장애학생의 어음변별력 향상에 미치는 효과 비교. **특수교육학연구, 43**(3), 177–192.

최지영 (2011). 스토리 맵 훈련이 학령기 뇌성마비아동의 이야기 이해와 산출에 미치는 효과. 석사학위 논문. 용인대학교 재활보건과학대학원.

최형보 · 강동욱 (2018). 장애아동 학대에 대한 법제도의 검토와 개선 방안. **아동보호연구, 3**(1), 97–128.

추연구 (2019). 학대가 발달장애아동에게 미치는 영향. **발달장애연구, 23**(4), 117–138.

한국심리학회 (2014). **심리학용어사전**. 서울: 저자.

한국특수교육학회 (2008). **특수교육대상자 개념 및 선별기준**. 공주: 저자.

한지숙 · 홍은주 (1998). 아동권리협약과 아동의 권리실현. **아동과 권리, 2**(2), 39–51.

홍강의 · 신민섭 · 조성준 · 한국정보공학(주) (1999). **주의력 장애 진단 시스템 사용설명서**. 미간행.

황정규 (1984). **인간의 지능**. 서울: 민음사.

Aboud, F., & Doyle, A. (1996). Parental and peer influences on children's racial attitudes. *International Journal of Intercultural Relations, 20*, 371-383.

Allport, G. W. (1954). *The Nature of Prejudice*. Addison–Wesley.

American Psychiatric Association (2022). *DSM–5–TR™ Update: Supplement to Diagnostic and Statistical Manual of Mental Disorders* (5th Ed.). Text Revision. Washington DC.

Ashley. S. (2023). **ADHD 아동을 위한 1000가지 베스트팁: 주의집중력과 긍정적 행동 향상을 위한 부모지침** (장은진 · 강알리샤 · 조주성 역). 서울: 학지사.

Atkinson, R. C., & Shiffrin, R. M. (1968). Human memory: A proposed system and its control processes. In K. W. Spence & J. T Spence(Eds.), *The Psychology of earning and motivation* (pp. 89–195). New York: Academic.

Atkinson, R. L., Atkinson, R. C., Smith, E. E., & Bem, D. J. (1990). *Introduction to Psychology* (10th ed.). Orlando: Harcourt, Brace, Jovanovich.

Bandura, A. (1977년). *Social Learning Theory*. Englewood Cliffs, NJ: Prentice Hall.

Bank–Mikkelsen, N. (1980). Denmark. In R. Flynn & K. Nitsch (Eds.), *Normalization, social integration and community services*. Austin, TX: RRO–ED.

Barron, M. A. (2000). *Surprising truths: The imlications of brain research*. http://nauticom.net/www/cokids/brain.html. November, 18th.

Bates, J. E.(1975). Effects of a child's imitation versus nonimitation on adults' verbal and nonverbal positivity. *Journal of Personality and Social Psychology, 31*(5), 840–851.

Biederman, J., & Faraone, S. V. (2005). Attention–deficit hyperactivity disorder(diagnosis and treat–ment). *Lancet, 366*, 237–248.

Bloom, B. S. (1964). *Stability and change in human characteristics*. New York: Wiley.

Blum, G. S. (1954). An experimental reunion of psychoanalytic theory with perceptual vigilance and defense. *Journal of Abnormal Social Psychology, 49*, 94–98.

Bodenhausen, G. V., & Wyer, R. S. Jr. (1985). Effects of stereotypes on decision making and in–

formation-processing strategies. *Journal of Personality and Social Psychology, 48*, 267-282.

Bogardus, E. S. (1933). A social distance scale. *Sociology and Social Research, 17*, 265-271.

Bouchard, J., & McGue, M. (1981). Familial studies of intelligence: A review. *Science, 212*(29), 1055-1058.

Braswell, L., & Bloomquist, M. L. (1991). *Cognitive-behavior therapy with ADHD children: Child, family, and school interventions*. New York: Guilford.

Brimer, R. W. (1996). **중증장애인의 교육과 재활** (김삼섭 옮김). 서울: 이화여자대학교 출판부. (원출판년도 1990)

Broadbent, D. E. (1958). *Perception and Communication*. London: Pergarmon.

Bruner, J. S. (1975). The ontogeny of speech acts. *Journal of Child Language, 2*, 1-19.

Bruner, J. S., & Goodman, C. C.(1947). Value and need as organizing factors in perception. *Journal of Abnormal Social Psychology, 42*, 33-44.

Byrne, B., & Gavin, D. (1996). The Shavelson Model revisited: Testing for the structure of academic self-concept across pre, early, and late adolescents. J*ournal of Educational Psychology, 88*(2), 215-228.

Calhoun, J., Acocella, J., & Goldstein, L. (1977). *Abnormal psychology: Current perspectives* (2nd ed.). New York: Random House.

Canfield, J., & Well, H. C. (1994). *100 ways to enhance self-concept in the classroom: A handbook for teachers, counselors, and group leaders* (2nd ed.). Boston: Allyn & Bacon.

Capaldi, E. J. (1970). An analysis of the role reward and reward magnitude in instrumental conditioning. In J. Reynierse(Ed.), *Current issues in animal learning*. Lincoln, Neb.: University of Nebraska Press.

Cattell, R. B. (1963). Theory of fluid and crystallized intelligence: A critical experiment. *Journal of Educational Psychology, 54*, 1-22.

Chomsky, N. (1959). Verbal behavior by B. F. Skinner. *Language, 35*, 26-58.

Cohen, G. (2015). Age differences in memory for text: Production deficiency or processing limitation? In L. L. Light & D. M. Burke(Eds.), Language, memory, and aging. New York: Cambridge University Press.

Craik, F. I. M., & Lockhart, R. S. (1972). Levels of processing: A framework for memory research. *Journal of Verbal Learning and Verbal Behavior, 11*, 671-684

Craik, F. I. M., & Tulving, E. (1975). Depth of processing and the retention of words in episodic memory. *Journal of Experimental Psychology: General, 104*, 264-294.

Cruickshank, W. M., & Paul, J. L. (1980). The psychological characteristics of children with learning disabilities. In W. M. Cruickshank (Ed.), *Psychology of exceptional children and youth* (4th ed.). Englewokd Cliffs, NJ: Prentice-Hall.

Dain, N. (1964). *Concepts of sanity in the United States, 1789–1895*. New Brunswick, NJ: Rutgers University Press.

Demarie–Dreblow, D., & Miller, P. H. (1988). The development of Children's strategies for selective attention: Evidence for a transitional period. *Child Development, 59*, 1504–1513.

Dempster, F. N. (1989). Spacing effects and their implications for theory and practice. *Educational Psychology Review, 1*, 309–330.

Dennis, W. (1951). A further analysis of reports of wild children. *Child Development, 22*, 153–158.

DiGangi, S. A., Maag, J. W., & Rutherford, R. B. (1991). Self–graphing of on–task behavior: Enhancing the reactive effects of self–monitoring on on–task behavior and academic performance. *Learning Disability Quarterly, 14*(3), 221–230.

Doll, E. (1962). A historical survey of research and management of mental retardation in the Unites States. In E. Trape & P. Himmelstein (Eds.), *Readings on the exceptional child: Research and theory*. New York: Appleton–Century–Crofts.

Dunlop, K. H., Stoneman, Z., & Cantrell, M. L. (1985). Social interaction of exceptional and other children in a mainstreamed preschool classroom. *Exceptional Children, 47*(2), 132–141.

Durant, W. (1944). *Caesar and Christ*. New York: Simon & Schuster.

Durant, W. (1966). *The life fo Greece*. New York: Simon & Schuster.

Ebbinghaus, H. (1913). *Uber das Gedachtnis*. Leipzig: Dunker. [Translated by H. Ruyer & C. E. Bussenius, 1913, Memory. New York: Teachers College, Columbia University.]

Eggen, P. D., & Kauchak, D. (2017). *Educational psychology: Windows on classrooms*. Rowman & Littlefield Publishers.

Ehrenfels, von C. (1890). Über Gestaltqualitäten. *Vierteljahresscher für Philosophie, 14*.

Ellis, A. K. (2001). Teaching for intelligence. In A. K. Ellis (Ed.), *Research on educational innovations*. Larchmont, NY: Eye on Education.

Erikson. H. (2022). **정체성** (윤초희 · 정현천 역). 서울: 교육과학사. (원출판년도 1968)

Eysenck, M. W. (2000). *Psychology: A student's handbook*. UK, Hove: Psychology.

Fiske, S. T., Cuddy, A. J., Glick, P., & Xu, J. (2002). A model of (often mixed) stereotype content: Competence and warmth respectively follow from perceived status and competition. *Journal of Personality and Social Psychology, 82*(6), 878-902.

Foucault, M. (1965). *Madness and ciilization*. New York: Random House.

Ganchrow, J. R., Steiner, J. E., & Dather, M. (1983). Neonatal facial expressions in response to different qualities and intensities of gustatory stimuli. *Infant Behavior and Development, 6*, 189–200.

Gardner, H. (1983). *Frames of mind: The theory of multiple intelligences*. New York: Basic Books.

Gardner, H. (1993). *Multiple intelligences: The theory in practice*. New York: Basic Books.

Gardner, H. (1999). *Intelligence reframed: Multiple intelligences for the 21st century*. New York:

Basic Books.

Garner, W. R. (1976). Interaction of stimulus dimensions in concept and choice processes. *Cognitive Psychology, 8*, 98–123.

Gibson, E. J., & Spelke, E. S. (1983). The development of perception. In J. H. Flavell & E. M. Markman (Eds.), *Cognitive development* (Vol. 3). New ork: Willey.

Gibson, E. J., & Walk, R. D. (1960). The "visual cliff." *Scientific American, 202*, 64–71.

Goffman, E. (1963). *Stigma: Notes on the management of spoiled identity*. Upper Saddle River, NJ: Prentice-Hall.

Goldenberg, J. L., & Roberts, T.-A. (2004). The Beast within the Beauty: An Existential Perspective on the Objectification and Condemnation of Women. In J. Greenberg, S. L. Koole, & T. Pyszczynski (Eds.), *Handbook of Experimental Existential Psychology* (pp. 71-85). The Guilford Press.

Gordon, I. E. (2004). *Theories of Visual Perception.* (3rd ed.) New York: Wiley.

Gordon, R. A., Bindrim, T. A., McNicholas, M. L., & Walden, T. L. (1988). Perceptions of blue-collar and white-collar crime: The effect of defendant race on simulated juror decisions. *The Journal of Social Psychology, 128*, 191-197.

Gore, M. T., & Janssen, K. G. (2007). What Educators Need to Know About Abused Children With Disabilities. *Preventing School Failure, 52*(1), 49-55.

Goyette, C. H., Conners, C. K., & Ulrich, R. F. (1978). Normative data on revised conners parent and teacher rating scales. *Journal of Abnormal Psychology, 6*, 211–236.

Greenberg, J., Solomon, S., & Pyszczynski, T. (1997). Terror management theory of self-esteem and cultural worldviews: Empirical assessments and conceptual refinements. In M. P. Zanna (Ed.), *Advances in experimental social psychology, 29*, 61-139. Academic Press.

Guilford, J. P. (1959). Three faces of intellect. *American Psychologist, 14*, 469–479.

Guttentag, R. E. (1985). A developmental study of attention and visual signals. *Journal of Experimental Child Psychology, 39*, 546–561.

Hagen, J. W., & Hale, G. A. (1973). The development of attention in children. In A. D. Pick(Ed.), *Minnesota Symposia on Child Psychology* (Vol. 7). Minneapolis: University of Minnesota Press.

Hall, C. S., & Lindzey, G. (1978). *Theories of personality* (3rd ed.). New York: Wiley.

Hallahan, D. P., Kauffman, J. M., & Lloyd, J. W. (1996). *Introduction to Learning Disability* (3rd ed.). Boston: Allyn & Bacon.

Hasher, L., & Zacks, R. T. (2022). Working memory comprehension, and aging: A review and a new view. In G. H Bower(Ed.), *The psychology of learning and motivation* (Vol. 22). Orlando, FL: Academic.

Hershkowitz, I., Lamb, M., & Horowitz, D. (2007). Victimization of Children With Disabilities. *American Journal of Orthopsychiatry, 77*, 629-635.

Hewett, F. M., & Forness, S. R. (1977). *Education of Exceptional Learners – Second Edition*. Binghamton, NY.: Allyn & Bacon, Inc.

Horn, J. L. & Cattell, R. B. (1966). Age differences in primary mental ability factors. *Journal of Gerontology, 21*, 210-220.

Huddy, L., & Feldman, S. (2009). On assessing the political effects of racial prejudice. *Annual Review of Political Science. 12*, 423-447.

Humphrey, L. G. (1962). The organization of human abilities. *American Psychologist, 17*, 475-483.

Huntze, S. (1985). A position paper of the Council for Children with Behavioral Disorders. *Behavioral Disorders, 10*(3), 167~174.

James, W. (1998). *Principles of Psychology*. New York: Holt.

Jenkins, J. C., & Dallenbach, K. M. (1924). Obliviscence during sleep and waking. *American Journal of Psychology, 35*, 605-612.

Jensen (1998). How Julie's brain learns. In The Best of Educational Leadership: 1998-1999. Alexandria, VA: Association of Supervision and Curriculum Development.

Jensen, A. R. (1969). How much can boost IQ and scholastic achievement? *Harvard Educational Review, 39*, 1-123.

Jonson-Reid, M., Drake, B., Kim, J., Porterfield, S., & Han, L. A prospective analysis of the relationship between reported child maltreatment and special education eligibility among poor children. *Child Maltreat. 9*(4), 382-394.

Kagan, J., Rosman, B. L., Day, D., Albert, J., & Philips, W. (1964). Information processing in the child: Significance of analytic and reflective attitudes. *Psychological Monographs, 78*(1, whole No. 578).

Kaiser, A., Alpert, C., & Warren, S. (1987). Teaching functional language: Strategies for language intervention. In M. Snell(Ed.), Baltimore: Paul H. Brookes.

Klingberg T., Fernell, E., Olesen, P. J., Johnson, M., Gustafsson, P., Dahlström, K., Gillberg, C. G., Forssberg, H., & Westerberg, H. (2005). *Journal of the American Academy of Child and Adolescent Psychiatry. 44*(2), 177-86.

Kvam, (2000). Is sexual abuse of children with disabilities disclosed? A retrospective analysis of child disability and the likelihood of sexual abuse among those attending Norwegian hospitals. *Child Abuse & Neglect, 24*(8), 1073-1084.

Lefrancois, G. R. (2006). *Theories of human learning*. (5th ed.). Belmont, CA: Thomson Wadsworth.

Lenneberg, E. H. (1967). *Biological foundations of language*. New York: Wiley.

Locke, K. D., Craig, T., Baik, K., & Gohil, K. (2012). Binds and bounds of communion: Effects of interpersonal values on assumed similarity of self and others. *Journal of Personality and Social Psychology, 103*(5), 879–897.

Lorch, E. P., Anderson, D. R., & Well, A. D. (1984). Effects of irrelevant information on speeded classification tasks: Interference is reduced by habituation. *Journal of Experimental Psychology: Human Perception and Performance, 10*, 850–864.

Mansell, S., Sobsey, D., & Moskal, R. Clinical findings among sexually abused children with and without developmental disabilities. *Ment Retard, 36*(1), 12–22.

McMurraly, J. L., Jones, M. W., & Khan, J. H. (2002). Cerebral palsy and the NICU graduate. *Neonatal Network, 21*(1), 53–57.

Merton, R. K. (1948). The self–fulfilling prophecy. *Antioch Review, 8*, 193–210.

Miller, G. A. (1956). The magical number seven, plus or minus two: Some limits on our capacity for processing information. *Psychological Review, 63*, 81–97.

Miller, P. (1990). The development of strategies of selective attention. In D. F. Bjorklund(Ed.), *Children's strategies: Contemporary view of cognitive development*. Hillsdale, NJ: Erlbaum.

Morris, P. E. (1993). *The Psychology of memory*. New York University Press.

Munsinger, H. (1975). Children's resemblance to their biological and adopting parents in two ethnic groups. *Behavior Genetics, 5*, 239–254.

Nirje, B. (1969). The normalization principle and its human management implications. In R. Kurgel & W. Wolfensberger (Eds.), *Changing patterns in resicential services for the mentally retarded*. Washington, DC: President's Committee on Mental Retardation.

Ormrod, J. E. (2004). *Human learning: Theories, principles, and educational applications*. (4th ed.). Upper Saddle River, NJ: Pearson Prentice–Hall.

Oseroff, A., Oseroff, C. E., Westling, D., & Gessner, L. J. (1999). Teachers' Beliefs about Maltreatment of Students with Emotional/Behavioral Disorders. *Behavioral Disorders, 24*(3), 197–209.

Ostrom, T. M., & Sedikides, C. (1992). Out–group homogeneity effects in natural and minimal groups. *Psychological Bulletin, 112*, 536–552.

Owens, J. K. (2021). Systematic reviews: Brief overview of methods, limitations, and resources. *Nurse Author & Editor, 31*, 50–72.

Palinscar, Brown, & Campione (1983). Reciprocal teaching of comprehension–fostering and monitoring activities. *Cognition and Instruction, 1*(2), 117–175.

Pan, S. M. (2007). Prevalence of Sexual Abuse of People with Intellectual Disabilities in Taiwan. *Intellectual and Developmental Disabilities, 45*, 373–379.

Piaget, J. (1970). *Structuralism*. New York: Basic Books.

Piaget, J. (1972). Intellectual evolution from adolescence to adulthood.

Pintrich, P. & Schunk, D. (2002). *Motivation in education: Theory, research, and applications* (2nd ed.). Upper Saddle River, NJ: Prentice Hall.

Pyszczynski, T., Greenberg, J., Solomon, S., Arndt, J., & Schimel, J. (2004). Why Do People Need Self-Esteem? A Theoretical and Empirical Review. *Psychological Bulletin, 130*(3), 435-468.

Reid, R., Trout, A. L., & Schartz, M. (2005). Self-regulation interventions for children with attention deficit hyperactivity disorder. *Exceptional Children, 71*, 361-377.

Riffel, L. A. (2018). **개별 학생을 위한 긍정적 행동지원: 심각한 문제행동을 보이는 학생을 위한 개별 중재** (박지연 · 김지수 공역). 서울: 학지사.

Rogers, C. R. (1951). *Client-centred therapy*. Boston: Houghton Mifflin.

Rubin, E. (1915). *Synsoplevede figurer*. Copenhagen: Glyndendalska.

Russell, P. (1985). The Education Act 1981-rethinking special educational needs in the United Kingdom. *International Rehabilitation Medicine, 7*, 33-38.

Scheuermann, B. K. & Hall, J. A. (2017). **긍정적 행동중재와 지원: 행동중재를 위한 최신 이론과 실제** (박지연 · 김진호 · 김미선 · 김은경 옮김). 서울: 시그마프레스.

Seckel, A. (2002). **당신의 눈은 믿을 수 없다** (신선영 역). 서울: 김영사. (원출판년도 2000)

Selling, L. (1940). *Men against madness*. New York: Greenberg Publishing.

Shaffer, D. R. (2005). **발달심리학** (송길연 · 장유경 · 이지연 · 정윤경 옮김). 서울: 시그마프레스. (원출판년도 2002)

Shavelson, R. J., Hubner, J. J., & Stanton, J. C. (1976). Self-concept: Validation of construct interpretations. *Review of Educational Research, 46*, 407-441.

Sherif, M. (1966). *In common predicament: Social psychology of intergroup conflict and cooperation*. Boston, MA: Houghton Mifflin Company.

Sherif, M., Harvey, O. J., White, B. J., Hood, W., & Sherif, C. W. (1961). *Intergroup conflict and cooperation: The robbers cave experiment*. Norman, OK: The University Book Exchange.

Sidanius, J., & Pratto, F. (1999). *Social dominance: An intergroup theory of social hierarchy and oppression*. Cambridge University Press.

Skinner, B. F. (1948). *The behavior of organisms: An experimental analysis*. New York: Appleton.

Skinner, B. F. (1969). *Contingencies of reinforcement*. Englewood Cliffs, NJ: Prentice-Hall.

Slavin, R. (2006). *Educational psychology; Theory and practice*. Boston: Allyn & Bacon. **교육심리학: 이론과 실제** (강갑원 · 김정희 · 김종백 · 박희순 · 이경화 · 장인실 옮김). 서울: 시그마프레스. (원출판년도 2003)

Sobsey, D., & Doe, T. (1991). Patterns of Sexual Abuse and Assault. *Sexuality and Disability, 9*, 243-259.

Sobsey, D., Randall, W., & Parrila, R. K. (1997). Gender differences in abused children with and without disabilities. *Child Abuse & Neglect, 21*(8), 707-720.

Sousa, D. (2014). *How the brain learns to read* (3rd. ed.). Boston: Allyn & Bacon.

Spearman, C. (1904). General intelligence, objectively determined and measured. *American Journal of Psychology, 15*, 201–293.

Sprenger, M. (1999). *Learning and memory: The brain in action*. Alexandria, VA: Association for Supervision and Curriculum Development.

Squire, L. R., Knowlton, B., & Muse, G. (1993). The structure and organization of memory. *Annual Review Psychology, 44*, 453–495.

Sternberg, R. J.(1984). Toward a triarchic theory of human intelligence. *The Behavioral and Brain Sciences, 7*, 269–315.

Stevenson, M., & Lamb, M. (1981). The effects of social experience. In M. Lamb(Ed.), *Infant social cognition: Theoretical and empirical considerations*. Hillside, NJ: Erlbaum.

Stroop, J. R. (1935). Studies of interference of in serial reactions. *Journal of Experimental Psychology, 18*, 643–662.

Sullivan, P. M., & Knutson, J. F. Maltreatment and disabilities: a population–based epidemiological study. *Child Abuse & Neglect, 24*(10), 1257–1273.

Tajfel, H. & Turner, J. C. (1986). The social identity theory of intergroup behavior. In S. Worchel & W. Austin (Eds.), *Psychology of Intergroup Relation* (pp. 7–24). Chicago, IL: Nelson Hall.

Tajfel, H., & Turner, J. C. (1979). An integrative theory of intergroup conflict. In W. G. Austin & S. Worchel (Eds.), *The social psychology of intergroup relations* (pp. 33–47). C.A: Brooks/Cole.

Tajfel, H., Billig, M. G., Bundy, R. P., & Flament, C. (1971). Social categorization and intergroup behaviors. *European Journal of Social Psychology, 1*, 149–178.

Tarpy, R. M. & Mayer, R. E. (1978). *Foundations of Learning and Memory*. Glenview, IL: Scott, Forsman

Thurstone, L. L. (1938). Multiple factor analysis. *Psychological Review, 38*, 406–427.

Tileston, D. W. (2005). *Ten best teaching practices: How brain research, learning styles and stand–ards define teaching standards*. Thousand Oaks, CA: Corwin Press.

Tipper, S. P., MacQueen, G. M., & Brehaut, J. C. (1988). Negative priming between response modal–ities: Evidence for the central locus of inhibition in selective attention. *Perception & Psychophysics, 43*, 45–52.

Tudge, J. (1992). Vygotsky, the zone of proximal development, and peer collaboration: Implications for classroom practice. In L. C. Moll (Ed.), *Vygotsky and education: Instructional implications and applications of sociohistorical psychology* (pp. 155–172). Cambridge University Press.

Verdugo, M. A., Bermejo, B. G., & Fuertes, J. (1995). The maltreatment of intellectually handicapped children and adolescents. *Child Abuse and Neglect, 40*(2), 497–506.

Vernon, P. E. (1960). *The Structure of Human Abilities*. London: Methuen.

Vygotsky, L. S. (1962). *Thought and language*. New York: Wiley.

Wagner, R. K., & Sternberg, R. J. (2002). Practical intelligence in real-world pursuits: The role of tacit knowledge. *Journal of Personality and Social Psychology, 48*, 436-458.

Walker, I., & Smith, H. J. (2001). *Relative Deprivation: Specification, Development, and Integration*. New York, NY: Cambridge University Press.

Wallin, J. (1955). *Education of mentallly retarded children*. New York: Harper & Row.

Wechsler, D. (1944). *The measurement of adult intelligence* (3rd ed.). Washington, DC: American Psychological Association.

Weintraub & Abeson, (1974). New education policies for the handicapped: A quiet revolution. *Phi Delta Kappa, 55*, 526-529.

Wertheimer, M. (1912). Experimental studies on the seeing of motion[translated by T. Shipley]. In *Classics in perception*. Princeton, NJ: Van Nostrand.

Wertheimer, M. (1923). Untersuchungen zur Lehre von der Gestalt, II. *Psychologische Forschung, 4*, 301-350.

Westwater, A., & Wolfe, P. (2000). The brain-compatible curriculum. *Educational Leadership, 58*(3), 49-52.

WHO (1997). *ICIDH-2: International classification of impairments, activities and participation*. A manual of dimention of disablement and functioning. Beta-1 draft for field trials. Geneva: Author.

WHO (2001). *ICF: Internation classification of functioning, disability, health*. Geneva: Author.

Wolf, R. M. (1964). The Identification and Measurement of Environmental process variables Related to Intelligence. Unpublished doctoral dissertation University of Chicago.

Wolfensberger, W. (1980). A brief overview of the principle of normalization. In R. Flynn & K. Nitsch (Eds.), *Normalization, social integration, and community services*. Austin, TX: PRO-ED.

World Health Organization (2010). *Adult ADHD Self-Report Scale-V1.1: ASRS-V1.1*. Geneva: Author.

Wylie, R. C. (1968). The present status of self theory. In E. F. Borgatta & W. W. Lambert(Eds.), *Handbook of personality theory and research*. Chicago: Rand McNally.

Yoshunaga-Itano, C., & Stredler-Brown, A. (1992). Learning to communicate: Babies with hearing impairments make their needs known. *Volta Review, 94*, 107-129.

Zeaman, D. & House, B. J. (1963). The role of attention retardate discrimination learning. In N. R. Ellis(Ed.), *Handbook of mental deficiency*. New York: McGraw-Hill.

Zilboorg, G., & Henry, G. (1941). *A history of medical psychology*. New York: W. W. Norton.

Zunich, M., & Ledwith, B. E. (1965). Self-concept of visually handicapped and sighted children. *Perceptual and Motor Skill, 21*, 771-774.

저자소개

김삼섭(金參燮)

공주대학교 교수
공주대학교 특수교육대학원 원장
동경도립대학 연구교수
한국특수교육학회 회장
한국지체중복건강장애교육학회 회장
교육부 교육과정전문위원회 위원
교육부 정책자문위원회 위원
중부대학교 대학원 원장

김기룡(金紀龍)

중부대학교 교수
전국장애인부모연대 정책위원장
전국장애인차별철폐연대 정책위원장
국가인권위원회 장애 차별 분야 전문위원
한국장애인평생교육복지학회 부회장
한국지체중복건강장애교육학회, 한국발달장애학회 이사
전 전국장애인교육권연대 사무처장
전 공주대, 건국대, 건양대 강사

특수교육의 심리학적 기초

1판발행 2025년 3월 10일 **1판 1쇄 발행**

지은이 김삼섭 김기룡
펴낸이 최용구 | 펴낸곳 도서출판 **신정**
주 소 (04316) 서울시 용산구 원효로 89길 19 (원효로1가)
전 화 02)3211-4782, 0266(영업부), 3211-4783(편집부), 3211-4784(팩스)
이메일 sjbook2002@naver.com | **홈페이지** www.sjbook.co.kr
등 록 2001년 5월 11일 제13-702호
마케팅 최용구 장만동 최충구 송대용 | **책임편집** 석기은 황가연

ISBN 978-89-5912-932-4 93370
정 가 29,000원